国家社科基金项目优秀成果：（13BTY049）当代运动训练经典理论研究

当代运动训练经典理论与方法

陈小平 等 著

人民体育出版社

图书在版编目（CIP）数据

当代运动训练经典理论与方法 / 陈小平等著 . -- 北京 : 人民体育出版社 , 2020（2024.9 重印）

ISBN 978-7-5009-5860-4

Ⅰ . ①当… Ⅱ . ①陈… Ⅲ . ①运动训练—研究 Ⅳ . ① G808.1

中国版本图书馆 CIP 数据核字 (2020) 第 180425 号

*

人 民 体 育 出 版 社 出 版 发 行
北 京 建 宏 印 刷 有 限 公 司 印 刷
新 华 书 店 经 销

*

710 × 1000 16 开本 23.75 印张 435 千字
2020 年 12 月第 1 版 2024 年 9 月第 5 次印刷

*

ISBN 978-7-5009-5860-4
定价：103.00 元

社址：北京市东城区体育馆路 8 号（天坛公园东门）
电话：67151482（发行部） 邮编：100061
传真：67151483 邮购：67118491
网址：www.psphpress.com
（购买本社图书，如遇有缺损页可与邮购部联系）

前 言

FOREWORD

尽管以提升运动员竞技表现为目的的运动训练可追溯到2000多年前的古希腊，但理论指导下的运动训练直到20世纪才出现。第二次世界大战结束后，竞技体育成为世界各国展现综合实力和文化自信的重要舞台，人类在积累运动训练实践经验和开展运动训练科学研究的过程中不断挖掘着自身潜能。在这一过程中，一些训练方法因一些运动员在重大比赛中的成功而广为人知，一些训练假设因得到科学的验证而上升为理论，其中的部分理论和方法因对世界运动训练实践影响深远而被奉为经典。这些经典理论与方法在指导当代运动训练实践的同时，在训练实践和科学研究的挑战与鉴别下，将一直走在不断创新、补充和更新的路上。

我们在国家社科基金的立项资助下完成了《当代运动训练经典理论与方法》项目的研究，并将研究成果撰写成书。本书紧扣运动训练的“经典”，遴选了训练分期、超量恢复、协调、训练负荷和肌纤维募集五个训练理论，核心力量训练、超等长训练、高强度间歇训练、同期化训练和柔韧训练五种训练方法，试图对当代运动训练经典理论与方法进行相对全面的展现。

全书共分为十个专题，每个专题对应一个运动训练经典理论或方法。每个专题包括若干构成该理论或方法的主要知识点，从概念、历史起源、发展与争论等方面对其进行介绍，以便使读者对这些经典理论或方法相关的重要人物、重大成果和核心结论有一个相对全面和系统的认识；每个专题对该领域的未来发展趋势进行了展望，并给出了与各经典理论或方法相关的重要参考文献，读者可据此进行拓展性阅读。此外，本书还为读者撰写了“导读”，分别从研究背景、筛选标准、研究思路和应用价值等方面进行了介绍。

国际发展与中国实践的密切结合是贯穿研究全过程的一个重要理念，也是本书的一个突出特点。我们在经典理论与方法的研究中充分考虑到我国竞技训练发展的现状，力求选择那些既对运动训练具有重大基础支撑和实践指导作用，又在中国运动训练理论研究与实践应用中相对薄弱、多有争论和发展迟缓的经典理论与方法，通过挖掘、梳理、辨析和总结使这些理论与方法更加贴近和深入我国的训练，在理论发展、科学研究和训练实践上发挥更多实际的指导作用。

本书可作为研究生阶段《运动训练学》相关课程的参考书籍，也可作为运动训练和运动人体科学专业学生的拓展读物，竞技训练领域的教练员、科研人员和运动员同样可以从本书中获益。我们期待本书将有助于读者更加全面和深入地了解运动训练的经典，并由此对世界运动训练科学化的发展进程形成客观和科学的认识，在此基础上提升自身的学习、执教和科研能力。当然，运动训练经典理论与方法在数量上远不止十个，对这些理论与方法的研究也会随着运动训练实践和科学研究的推进而不断发展。

本书得到了国家社科基金的资助和多位专家的指导，同时得到了国家体育总局科研所、宁波大学和人民体育出版社的大力支持，在研究和成稿过程中褚云芳、陈辉、付乐和尚磊做了大量辛勤和细致的工作，在此衷心感谢！最后，鉴于研究思路、视角的不同和作者水平有限，本书难免存在疏漏和不足，恳请读者提出指正。

作者

2020 年 3 月 1 日

导 读

GUIDE READING

当代运动训练的一个主要发展趋势是科学化训练水平的快速提高。自从20世纪初运动训练进入科学化发展阶段之后，世界上相继出现了一批经过长期反复实验和应用，对运动训练具有重大指导作用的经典研究成果。这些成果融合了大量多学科的基础理论与知识，包含了诸多训练实践的经验和规律，不仅对当时的运动训练具有重要推动作用，而且至今仍然是运动训练理论的主要支撑点，对当代竞技运动训练、大众健身训练和康复训练均具有不可替代的指导作用。与此同时，近年来竞技运动训练在世界体育职业化、商业化快速发展的背景下也发生了巨大变化，出现了一批新的训练理论与方法。这些理论与方法尽管还不属于“经典”，但它们基本都建立在严谨和规范的实验基础之上并具有更加扎实的生物学基础，对当前和未来世界竞技运动训练的发展均具有重大指导作用。

长期以来，尽管我国的训练理论经过多年的努力已经初具规模，但在许多方面仍然存在诸多问题，在整体上与世界先进水平存在较大的差距。这种令人堪忧的现状主要源于两方面的原因：其一是自身对训练理论研究的薄弱，缺乏具有自主知识产权的重大研究成果；其二是对国外训练理论的现状和发展缺乏全面、深入和系统地了解，尤其是对一些新的训练原理和方法的把握仍显浮泛粗糙，在一些重大问题上表现出各取所需、一叶障目甚至盲目浮躁。一些并非经典或不全面的，甚至是未经科学鉴定的理论与方法长期活跃在中国的竞技训练领域，一些对当前和未来发展具有重要甚至关键指导作用的理论却不能及时得到引进和推广，这种现象禁锢了我们的思想和理念，制约了我们的创新和发展。

为此，受国家社科基金立项资助并以优秀结题的《当代运动训练经典理论与方法》一书，是对当代运动训练理论与实践发展的一次系统梳理和深入总结。它不仅可以帮助我们开阔视域、启迪思路和提升鉴别能力，而且还能够引发我们对多年形成和固守的训练理念的反思和批判，促进我国竞技运动训练理论与实践的发展。

当代运动训练重大理论问题的筛选

运动训练理论的形成是一个综合多学科知识并通过大量研究成果积累的长期过程。对这一过程的总结首先遇到的就是要面对时间跨度大、涉及领域多、多种不同观点与认识的碰撞和交融等若干错综复杂的问题。为此，我们首先运用问卷调查和专家访谈的方法，对国内多个省队和国家队的教练员和国内外多位知名运动训练专家和学者进行了调研，在其基础上结合我国训练理论和实践发展过程中存在的问题和需求，筛选出若干当代训练理论的重点和关键问题。

在筛选过程中，我们以“代表性”“权威性”“先进性”和“实践性”为标准，在充分考虑传统的经典理论基础上，重点放在当前运动训练理论的创新和前沿问题上，以确保筛选出的问题能够代表和反映当代训练理论的发展，对训练理论和实践具有重要参考价值。在上述思路和原则的指导下，我们筛选出《运动训练模式的发展——从训练分期到“板块”分期训练理论》《运动训练基石的演变——从“超量恢复”学说到运动适应理论》《运动技能形成的基础——协调能力训练理论与实践演变与进展》《耐力训练进展——专项供能比例、训练负荷模式和摄氧量动力学》《力量训练的基础原则——肌纤维募集定律理论》《力量训练的发展——核心训练与功能性训练》《超等长训练的理论与实践进展》《速度训练进展——高强度间歇训练的理论与实践》《力量和耐力同期训练理论》和《柔韧训练理论与方法进展》10个运动训练的重大理论作为研究对象，它们分别涉及训练计划、负荷安排、技能学习和体能训练等不同领域，基本涵盖了运动训练的主要问题。其中既有长期对运动训练具有重要影响的传统经典理论，如分期训练理论（Periodization of Sports Training）和超量恢复模型（Supercompensation），也有近年来出现的热点问题，如核心力量训练（Core Strength Training）和高强度间歇训练（High Intensity Interval Training），同时还有多年以来我国训练领域关注不多甚至忽视的问题，如力量和耐力同期训练和柔韧训练问题。

展现经典和重大训练理论的全貌

以10个对当代运动训练具有重要作用和影响的理论领域作为研究对象，以构建这些理论过程中的重大研究成果为线索，对相关理论的起源、发展和趋势进行了全面、深入地挖掘和分析，力求展现其完整的理论体系。

在起源上，紧扣代表性人物和重大研究成果两个关键点，明确各个理论的主要创建人或阶段性代表人物及他们的典型研究成果。在纵向上，对这些“人”和“成果”在构建该理论过程中的贡献进行梳理和定位，客观展现他们在不同时期和阶段所发挥的作用及彼此之间的关系。在横向上，对同一时期的不同代表人物和典型研究成果进行比较和归类，厘清他们之间的异同。在分期训练的研究中，除了仍然肯定了苏联 L. P. Matveyev 和其代表作《运动训练基础》（The Fundamentals of Sports Training）对该理论的主要贡献作用之外，通过对文献的深入挖掘和研究，发现美国的 James Counsilman 和加拿大学者 Tudor O. Bompa 在同一时期也提出了分期训练的思想，尽管他们的思想主要针对游泳项目和力量训练，但在理论上仍然推动了分期训练的发展，是分期训练的阶段性重要成果。在“超量恢复”模型的起源上，我们对“肌糖原的超量恢复”和“运动训练的超量恢复”进行了区别界定，列出了在这两个不同阶段的代表性人物和典型成果。在错综复杂的运动协调能力的相关研究中，由于语言的原因，我们以往显然忽视了苏联运动生理学家 Bernstain 对该领域的卓著贡献，他在 1967 年其专著《运动协调与控制》一书英文版的发表，开启了当代“运动协调控制机制”的研究，其之后的运动分层控制理论（Saltzman）、平衡点控制理论（Feldman）和无管制支路集合假说（Scholz）等成果都是对 Bernstain 理论的补充和发展。在超等长训练的起源上，除了重点介绍苏联训练学者 Verchoschanskij 和其所做的四个相关实验，也肯定了意大利生物力学专家 Cavagna 的贡献。他对单块离体肌肉的研究成果及对骨骼肌中弹性能的储存与利用的系统研究都对超等长训练理论的发展具有重要贡献。

在发展上，在大量资料搜集和分析的基础上，梳理出各个理论的主要发展脉络及在发展过程中的主要研究节点，尤其是考证了在各个理论发展过程中起着重要推动作用的专家和学者，其中包括这些理论的后续跟进研究人员和翻译者。虽然他们并不是这些理论直接的创建者，但他们以其杰出的科学素养和敏锐的洞察力认识到这些理论对运动训练未来发展的影响和作用，在早期就致力于这些理论的引进和推广，为这些理论之后成为“经典”做出了卓越贡献。同时，任何重大理论的形成都要不断面临时代发展和科学进步的考验，都要经受各种不同观点和争论的挑战，其内容也在该过程中不断进行鉴别和梳理、淘汰与补充。所以，我们在研究过程中力求客观展现不同观点和争议，提供相关理论基础或研究证据，不对这些观点做有倾向性的选择或评价，给读者留出思考的空间。另外，我们还对部分经典理论在中国的发展，以及对我国运动训练实践和理论的影响进行了研究，填补了在这一方面的研究空白。

提取经典和重大训练理论的精髓

纵观运动训练理论的发展，大量重大训练理论是以生物学的研究成果为基础、以哲学和教育学等学科的思想为架构的综合体系，具有典型的多学科和跨学科特点。这些特点一方面提升了理论的基础性和科学性，另一方面也容易造成不同学科之间及基础学科与运动训练实践之间衔接不紧密、重点不突出和对运动训练的指导作用不明显等问题。因此，提取经典训练理论的精髓，从运动训练的角度和层面挖掘经典理论对训练实践的指导作用是本书的一项重要任务。

在以往研究中，对力量训练具有重要指导作用的经典——运动单位“募集”理论一般被归类于运动生理学的领域，很多教练员只将其作为一个生理学的研究成果，而并没有从该理论的应用方面认识负荷强度与不同类型运动单位募集之间的关系，缺乏从这一基础层面指导力量的训练，以至教练员在力量训练的关键环节——训练强度上出现专项针对性不强等问题，影响了训练的效果。因此，本书的《力量训练的基础原则——肌纤维募集定律理论》紧扣负荷强度与募集之间关系这一核心思想，明确了不同刺激负荷强度所对应的不同类型肌纤维的募集和兴奋程度，突出了该理论对力量训练的指导作用。

在20世纪80年代提出的“力量与耐力同期训练兼容性”的问题一直是国际运动训练领域的一个研究热点，也是我国运动训练长期忽视的问题。本书《力量和耐力同期训练理论》在梳理、分析和归纳大量研究成果的基础上，进一步明确在生理机制上，力量和耐力同期训练会对爆发力和最大力量的适应产生影响，而对耐力能力的适应不会或较少产生影响。在训练实践中，长跑和马拉松等耐力运动项目，采用跳深等超等长或爆发力类型的力量训练，会有效增加耐力运动员的运动经济性，从而提高竞技能力和运动成绩。

在运动训练的长期安排问题上，无论是传统的“分期训练”还是之后出现的“板块”分期训练模式，其核心均是以训练的“负荷量（强度）”为杠杆指导训练过程，它们之间的差别主要表现在训练负荷的“集中”或“分散”安排、不同能力的“依次”或“同时”发展等方面。在涉及大量神经——肌肉控制基础研究成果的协调训练理论的发展中，将对运动训练最具影响的“平衡能力”及其训练作为重点，从机理上研究了平衡能力与运动能力之间的关系，从方法上阐述了不同专项的平衡能力训练。

经典和重大训练理论对运动训练的现实指导作用

在研究上，我们没有止步于对经典和重大理论历史发展的研究，而是紧密结合当前运动训练的发展，尤其是我国运动训练的发展，进一步挖掘这些理论对当前运动训练的现实指导作用。

从运动训练的整体结构来看，理念、计划和方法是构建科学化训练体系的三大要素，其中竞技能力的长期计划是三要素的核心，训练理念是指导思想，不同的训练方法和手段是主要支撑。在被称为运动训练“软实力”的长期计划问题上，超量恢复、适应及之后出现的若干模型和理论是解释人体运动能力在训练中变化机制的经典，是制订长期训练计划的理论基础和依据。“分期”和“板块”分期是竞技能力长期形成和竞技状态短期调控的训练模式，它们在创建时间、理论基础和应用范围上存在不同，但在主体上具有相似性，对目前的运动训练仍然具有重要指导意义和作用。“核心力量”训练、“高强度间歇训练”是近年运动训练领域的热点，也是本研究的重要问题。我们针对当前运动训练的实际，对核心力量与传统的抗阻力量训练、高强度间歇训练与传统耐力训练之间的差别从生理基础和实践应用两个方面进行了深入研究，分析了它们对身体运动能力的不同作用，指出了当前运动训练中存在的问题，提出了应用时需要注意的问题、原则和要求。

运动训练理论的未来发展趋势

在我们对自然环境和人类自身的了解仍有许多空白和未知的今天，运动训练理论和方法必然还将在探索和研究中不断地改变、充实和发展。职业体育的蓬勃兴起，竞技赛事的快速增加和比赛竞争的日益激烈，不仅对运动训练提出了高要求，而且也对运动训练理论和方法的建设与创新提出了更高的要求。因此，在本书涉及的领域或问题上，我们均对其未来发展进行了专门阐述。

在总体上，运动训练理论和方法的发展在基础上将更加依托生物学和教育学等基础学科的研究，多学科和高科技的大规模介入将成为运动训练水平快速发展的引擎和动力。理论与实践的紧密结合是运动训练理论与方法未来发展的另一个主要动向，对于运动训练这一极具实践性的领域来说，理论对训练实践的指导作用、方法对训练效率的促进是衡量其科学性和实践性的重要客观依据。

目 录
CONTENTS

专题 1

运动训练模式的发展

——从训练分期到“板块”分期训练理论

陈小平

摘要：

制订长期的训练计划，根据训练对象的个体情况和比赛目标及人体各种能力发展的机制，对训练过程进行有目的、有针对性的分期设置和控制是当代运动训练科学化和系统化的一个鲜明标志。由苏联马特维耶夫和维尔霍山斯基分别在20世纪60年代和20世纪80年代创建的训练“分期”和“板块”分期训练理论，是引领运动训练长期计划模式的经典之作。马特维耶夫首次从多年和全年长期系统训练的视角，赋予了训练分期的实际内容，提出了不同训练时期负荷量与强度的不同比例关系和一般身体训练与专项训练的不同安排等重要训练原则。板块分期训练理论是在继承和批判的基础上提出了一个不同于传统分期训练理论的新的训练思路和模式，其主要应用范围为高水平运动员的训练。它在形式上继承了传统“分期”的框架结构和阶段划分，但是在内容上进行了发展和创新。在一段时间内的“高度集中训练负荷”、不同能力的“依次序列发展”和训练的“痕迹效应”是“板块”分期训练的三个重要原则，也是与传统分期理论的主要区别之处。“板块”分期训练理论并不是对马特维耶夫分期理论的取代，更不是颠覆，而是一种补充和修正，它的形成无疑是建立在前者的基础之上，是在一个局部，即高水平运动员的训练领域，提出了自己的学术观点和思想。

第一节　训练分期理论的起源与发展

在竞技运动训练发展的历程中，苏联马特维耶夫创建的“训练分期”理论占据重要地位，在某种程度上可以说是开启了世界竞技运动训练由微观到宏观、由零散到系统的一个新时代。在训练分期理论问世至今长达50年的时间里，它一直活跃在竞技训练的舞台上，不仅是教练员制订训练计划的基础和依据，也是大学体育专业教学和科学研究的重要内容和热点问题。同时，训练分期理论在其发展过程中不断进行更新和完善，也不断受到学术界的审视和质疑，这些不同学术观点的表达和争论同样加大了人们对该理论的关注和了解，也进一步促进了该理论的发展。

训练分期是指若干以建立受训者最佳竞技状态为目标的，具有特定训练内容和负荷的训练时间序列[1]。也有人认为训练分期是一个为达到专项能力目标而进行的以挖掘运动员潜能为目的的逻辑的和分阶段的训练控制过程[2]。2001年马特维耶夫在接受采访时说[3]：“分期就是将运动员的训练计划划分为专门的时间阶段（period）或时间周期（cycles）”。邦帕（Tudor O. Bompa）认为[4]，“分期这一术语来自于单词Period，是指对一个部分或一段时间的阶段划分，分期是一种将训练时间分成较小且容易管理的部分，也就是通常所说的训练阶段”。

在世界上，训练分期（training periodization）也被称为“训练周期（cycles of sports training）”。首先，从定义上看，训练分期主要还是指以某一重大比赛为目标和以1年或短于1年的训练为时间单位的训练阶段划分，在一个训练分期结束之后，下一个训练分期就会接踵而来，如此循环往复贯穿于整个运动训练过程。其次，在训练分期中，又出现了大周期、中周期和小周期等不同的训练模块，这些“模块”更是反复交替出现在全年训练中，其英文被称为“Cycles（周期）”，在加拿大学者邦帕的《训练分期理论与方法》专著中就有一个“训练周期（training cycles）”的专门章节，这也许是造成分期与周期混淆的另一个原因。

从上述对“分期”“训练分期”和“周期”的定义来看，目前世界上仍然没有一个统一的称谓，一直在分期（periodization）与周期（cycles）之间摇摆。德国权威《运动科学词典》（Sportwissenschaftliches Lexikon）在“训练分期（trainingsperiodisierung）”一词的解释中[5]，也专门提到分期与周期的问题，从局部上（一个分期）应称为“分期”，而在整体上（多年或一年）也许应该称为“周期”。根据上述定义、解释和各种看法，本文将尊重英文Periodization的原意，将马特维耶夫创建的理论称为“训练分期理论”。

一、训练分期理论的提出和核心

训练分期理论是苏联的马特维耶夫（L. P. Matveyev）在20世纪60年代创建

的。他的研究始于20世纪50年代初，背景是苏联正在准备1952年在芬兰首都赫尔辛基举办的第15届奥运会，由于这是苏联自建国以来第一次参加奥运会，所以将奥运会比赛视为向世界展示国家整体实力的窗口，受到举国上下的高度重视。马特维耶夫和他的团队参与了国家队游泳、举重和田径的径赛等相对较好计量项目的训练工作，同时还对其后至60年代一系列准备世界大赛的训练进行了跟踪研究。他从哲学、方法学和生物学等层面对这些项目数以千计优秀运动员的训练进行了总结和分析，并在此基础上进行了经验和理论提炼，1962年提出了运动训练分期理论》（Periodization of Sports Training），1964年正式出版了《运动训练分期》（Periodization of Sports Training）专著，标志着训练分期理论的问世[6]。1977年，马特维耶夫在其前期专著的基础上又出版了《运动训练基础》（The Fundamentals of Sports Training）一书[7]，该书不仅将分期理论作为重点列入其中，而且涉及诸多运动训练的基础学科和领域，全面概括和系统阐述了竞技运动训练的长期计划和实施。

运动员竞技能力（状态）的形成需经过“获得”“保持”和“消退”三个阶段，是训练分期理论创建的生物学基础。早在20世纪50年代，苏联的科学家莱图诺夫（Letunov）和普洛考普（Prokop）就从运动医学的角度对训练过程进行了阶段划分，提出运动员竞技状态的形成具有“训练水平上升阶段、竞技状态阶段和训练水平下降阶段并循环往复”的周期性特点[8]，加拿大的塞里（H. Selye）在同一时期也提出了人体的一般适应理论问题[9]。在这些学术思想和观点提出的背景下，马特维耶夫将以某一重大比赛为目标的运动训练过程在纵向上划分为准备期、比赛期和过渡期3个时期，并针对不同时期的特点提出了与之相对应的训练目标、训练任务和训练内容。同时，马特维耶夫并没有止步于上述宏观的分期设计，而是进一步筛选和分析了影响运动训练和比赛的若干因素，研究这些因素与运动能力之间及各个因素相互之间的关系，在横向上对这3个不同训练阶段赋予了实际的内容，提出了“不同训练时期负荷量与强度的不同比例关系”和“一般身体训练与专项训练在不同训练阶段的不同安排”两个贯穿整个训练过程的训练原则（图1-1）。

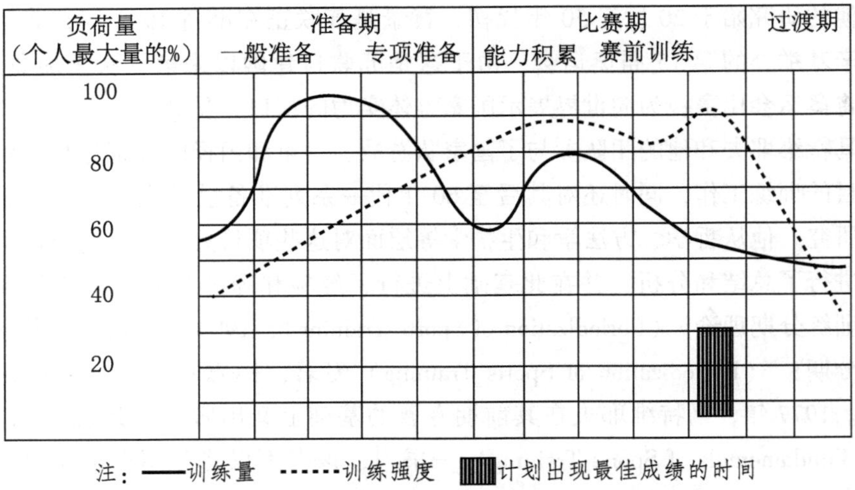

图 1-1　马特维耶夫周期训练理论年训练周期比例示意图（根据 Lewin，1974，150）

总体上，训练分期理论中吸纳了一些塞里的“应激—适应”思想，但似乎比其走得更远，它试图构建一个宏大而又贯穿训练始终的教练系统，在这个系统的操控下使运动员的最大运动能力能够在预先设定的某一时刻（重大比赛）表现出来。由图 1-1 可见，在准备时期，训练量与强度首先同时出现上升，但量的上升速度和幅度均大于强度，到准备期的中段训练量达到运动员个体的最高水平，即整个训练期的最大量阶段，保持一段时间之后开始出现下降，这一占准备期较多时间的阶段被称作“一般准备阶段”。随后，训练量出现较快的下降，并在准备期的后段与强度出现交叉，即出现以强度引导的训练趋势，该阶段被称为“专项准备阶段”。进入比赛期后，训练强度仍然继续保持上升的势头，在比赛期的中、后阶段出现约 10%的上下浮动，在重大比赛时达到其最高点。训练量在比赛期总体上一直维持在 80%以下水平，在刚进入比赛期时降至较低水平，但随着运动员对强度训练的适应而再次出现显著上升，此时训练量和强度出现阶段性的同时增长，强度维持在高位的量的回升进一步加大了训练负荷，该阶段也被称为“能力积累”，也是整个周期综合负荷最大的阶段。在该阶段之后，训练量和强度出现下降，随着重大比赛的临近，训练量在训练强度再次出现回升并达到年训练最高点的情况下出现较大幅度的下行，直至降低到比赛期的最低点，训练进入以消除运动员身体疲劳并提升运动能力为目标的“赛前训练阶段”。

图 1-2 是以游泳为例的“一般与专项训练”年训练分期示意图。在准备期，游泳的陆上一般训练和水上专项训练分别从高位和低位开始，并在约 3 个月的时

间维持在相应水平（一般准备阶段），之后一般训练量开始降低，同时专项训练量开始提升，训练进入专项准备阶段。在比赛期，一般与专项训练量出现交叉，专项训练的比例超过一般训练，并在比赛期内一直维持在高位；在恢复期，一般与专项训练进入调整期，准备开始新的周期训练。

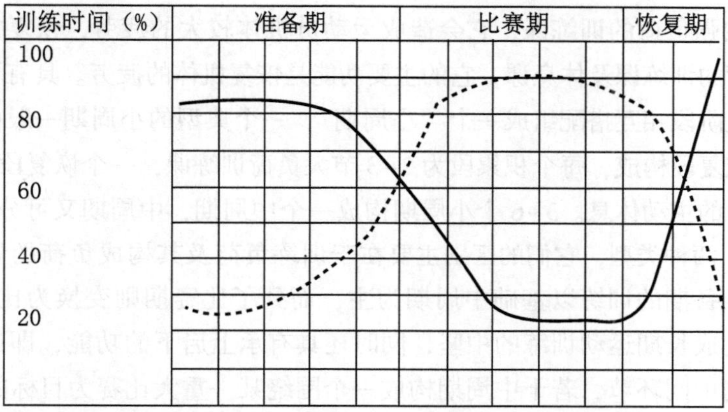

图 1-2　全年游泳陆上与水上训练比例（Lewin，1974）

尽管早在20世纪50年代中期，德意志民主共和国（简称民主德国）的哈雷（D. Harre）等人就出版了一般训练理论专著《一般训练和竞赛学导论》[10]，但马特维耶夫的《运动训练基础》一书显然在内容上更加丰富和系统，其中最突出的是增添了运动训练长期计划的理论与方法，更加全面和深入地分析了运动训练的动态变化过程，因此成为之后在世界上较其他"运动训练分期"专著更具影响力的训练理论专著。

该书由三部分内容构成。第一部分主要在宏观上描述了运动训练的基本特征及其所涉及的社会学、伦理学和教育学的知识和方法，将运动训练置于宏观体育的大背景下，提出并讨论了若干与运动训练密切关联或具有重要影响的问题，例如，训练与恢复和训练量与强度等之间关系的问题。第二部分主要列出了对训练和比赛具有重要作用和影响的若干具体要素，涉及心理、智力、技战术和身体素质等训练问题，主要从方法论的层面上对这些能力的训练进行了分析，并提出了若干训练的原则。第三部分是以分期训练为主题，重点介绍了年训练周期的划分和大周期（macro cycles）、中周期（meso cycles）和小周期（micro cycles）的概念。他将小周期界定为1周的训练，并将其进一步定义为多种不同的小周期，如训练（training）、比赛（competition）、导入（introductory）、冲击（shock）和恢复（rehabilitation）小周期等。每一个不同的小周期都有其各自的功能和特定的运用时间，如导入小周期通常发生在比赛小周期之前，其作用是引导运动员的身心进入比赛，而冲击小周期的主要特点是高强度和高密度的训练，一般运用在比赛期的能力积累训练。同时，马特维耶夫对在训练中经常出现的“训练小周期”也做了进一步的细化，将其分为“积累”和“恢复”2个训练阶段。积累是指相对较大或较强负荷的训练课，它会造成运动员机体较大的疲劳，恢复指较少或较低训练负荷的训练课及休息课，它的主要功能是恢复机体的疲劳。具有不同功能的积累和恢复阶段相互搭配组成一个“小周期”，一个典型的小周期一般由2个积累段和1个恢复段构成，每个积累段为2~3节大负荷训练课，一个恢复段为1~2节恢复课或一天的主动休息。3~6个小周期构成一个中周期，中周期又可分为“基础”和“比赛”两种类型，它们的区别主要在于训练负荷及其构成负荷的量和强度的不同，在准备期的训练以基础中周期为主，而到了比赛期则变换为比赛中周期。中周期是构成长期运动训练的中坚，同时还具有承上启下的功能，即连接小周期和大周期的中间环节，若干中周期构成一个围绕某一重大比赛为目标的大周期。

图1-3是全年单、双和三周期训练模式示意图。从周期划分来看，当时马特维耶夫训练分期理论把运动员全年参加重大比赛的数量只限定在1~3次之内，其原因可能有三，其一是当时竞技体育的比赛数量还远不如现在这么频繁；其二是马特维耶夫训练分期理论的数据主要来自于比赛数量较少的体能类项目；其三是他划分周期的依据并不是“重大比赛”，而是人体的最佳“竞技状态”，他认为在1年中运动员最佳竞技状态出现的次数是有限的，而且这些有限的最佳竞技状态的形成需要较长时间的准备（训练）。随着时代的发展和竞技体育商业化的兴起，比赛数量出现快速增长，全年分期的数量与赛事的增长之间出现了矛盾，这也成为马特维耶夫训练分期理论的一个具有争议的问题。

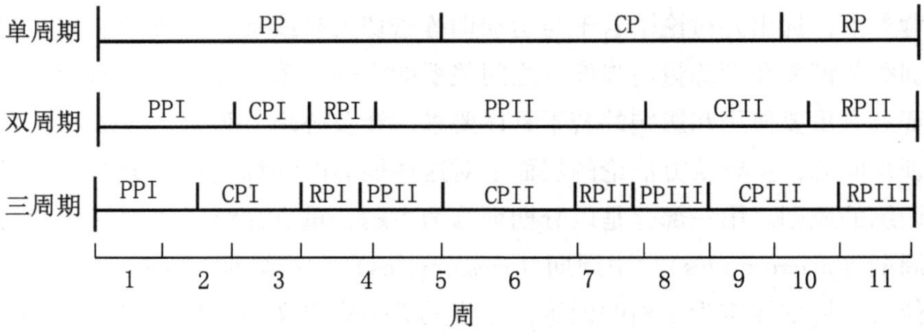

图1-3　全年单、双和三周期训练模式示意图（Martin 等 1993）

二、训练分期理论的发展及其意义

自训练分期理论问世以来，马特维耶夫曾多次对其进行补充和完善。1964年，在单周期的基础上增加了双周期和三周期，20 世纪 90 年代初期又增加了训练个体化的内容，强调在训练分期理论的实践应用中应考虑项目特点和运动员的个体情况[11]。

马特维耶夫的训练分期创建之后，迅速在世界范围内得到传播。1968 年，德意志联邦共和国（简称联邦德国）田径投掷教练，之后多年担任德国著名体育刊物《竞技体育》（Leistungssports）主编的施纳（P. Tschiene）将其专著《运动训练分期》（Periodization of Sports Training）翻译成德文出版[12]，这是对马特维耶夫训练分期理论第一次比较全面的介绍，是该理论走向世界的开端。1971年，世界著名中跑运动员，后成为德国哥廷根大学体育史学教授的德国人克鲁格（A. Krüger）再版了施纳的译著，并对该书进行了修订并补充了大量的马特维耶夫有关分期训练的新内容[13]。将训练分期理论推向世界发挥了至关重要作用的是苏格兰国家田径队教练，后成为英国田径国家队总教练的迪科（F. Dick），1975 年，他在《径赛技术》（Track Technique）上发表了题为《分期：年训练的方法》（Periodization：An Approach to the Training Year）”的综述文章[14]，较为全面和深入地介绍了马特维耶夫训练分期理论的主旨和内容，并且认为该理论是促进苏联田径项目在 20 世纪 60 年代迅速崛起的重要原因。迪科的文章是继德国的施纳和克鲁格之后首次用英语向世界推介了马特维耶夫的训练分期理论，其影响范围大大超越了前者，英国、美国及大量其他英语国家的教练员、运动员和学者这时才了解到马特维耶夫的训练分期理论，并通过它了解到苏联运动训练理论的研究状况和进展。此后，马特维耶夫的训练分期理论在世界上得到快速传播，截至 2001 年，他的《运动训练基础》一书已经被翻译为 40 多种语言，对世界竞技运动训练产生了深远和巨大的影响。

马特维耶夫训练分期理论也快速传入中国。在当时的国际形势下，中国与苏联的文化教育交流频繁，早期有关训练分期的理论主要来自 20 世纪 50—60 年代期间中国体育专业留学生归国后的介绍，在 1961 年出版的体育学院《体育理论》本科讲义中首次将该理论作为一条训练原则提出，即“周期训练的原则”[15]。从时间上来看，此时进入中国的训练分期显然并非来自马特维耶夫的经典分期理论，而是在其之前的一些零散和不系统的训练思想。20 世纪 60 年代中期，我国学者吴焕群对我国田径、游泳、滑冰、体操、举重和乒乓球等项目的分期训练状况进行了调研，并于1982年发表了题为《周期与训练》的文章[16]，回顾总结了该调研成果，这也许是我国最早的有关训练分期的研究。在此之后，分期训练的思想逐步进入我国竞技训练的理论与实践，1978年高大安等人翻译了马特维耶夫《运动训练分期问题》一书[17]，标志着该理论正式登陆中国。1998年，姚颂平翻译并出版了马特维耶夫的《运动训练基础》一书[18]，更加全面和深入地推动了经典分期理论在中国的发展。

20世纪60年代，对训练分期理论的探索和研究并不仅发生在苏联，几乎在马特维耶夫提出训练分期理论的同时，美国也涌现出一位里程碑式的运动训练理论学者——詹姆斯·康希尔曼（James Counsilman）。他曾经是世界优秀游泳选手并是一位拥有生理学博士学位和教授学衔的教练员，在20世纪50年代初就开始了他长达40年的游泳教练生涯。在塞里适应理论的启发和影响下，他认为运动员竞技能力的增长是机体对训练刺激的一个长期适应过程，该过程受到人体生物因素的影响并存在诸多训练规律，因此必须进行科学的规划和设计。1968年，他就将运动员的全年训练划分为准备前期、准备期、大运动量训练期和赛前训练期4个时期，提出“3+1”的周训练负荷模式（3天逐渐增加训练负荷直至最大，然后进行1天的恢复调整）[19]。他被誉为美国竞技运动科学化训练的先驱，是世界上最早关注训练负荷长期安排和竞技状态短期调控的学者之一，也是在训练实践中最早将心率、心电图和血红蛋白等生理生化指标运用于游泳训练，对训练过程进行监控的教练员。尽管他的研究成果主要体现在游泳项目上，1968年就出版了被誉为游泳训练“圣经”的《游泳的科学》（The Science of Swimming）一书，但他所提出的训练理念和所进行的训练尝试不仅对游泳项目而且对其他运动项目乃至整个运动训练理论的发展都产生了重大影响。卓著的科学化训练探索和领先的训练理念使康西尔曼的游泳训练取得了巨大成功，经他执教的运动员共创造了52项世界纪录，获得27枚奥运会金牌，其中最突出的是马克·施皮茨（Mark Spitz）在1972年慕尼黑奥运会上一人夺得7块游泳金牌，同时打破7项世界纪录，1976年蒙特利尔奥运会他又率领美国游泳男队夺得总共13块金牌中的12块。

在训练分期理论的发展过程中，还必须提到的是原罗马尼亚田径和赛艇国家队教练、现为加拿大约克大学（York University）教授的邦帕博士[20]。1963年，他在罗马尼亚提出了“力量分期训练”的理论，在1983年出版了《训练分期理论与方法（Periodization Theory and Methodology of Training）》[21]，之后该书分别在1990年、1994年、1999年、2009年和2018年再版并被译成多种语言，对训练分期理论的国际发展起到了重要推动作用。邦帕的训练分期理论与方法一书在其主要内容——训练分期上仍然秉承了马特维耶夫的经典分期理论的框架和精髓，但在此基础上增添了塞里应激—适应理论及大量的当代运动生物学的研究成果，在应用上也列举了更多的训练示例。

马特维耶夫训练分期理论的创建开启了运动训练长期计划与实施的先河，被誉为世界运动训练由盲目到科学、由无序到规律的“分水岭”。在分期理论问世之前，竞技训练基本还处于混沌和无序的状态，人们对运动训练的认识被局限在短期、微观和具体的目标、任务、方法上，还没有认识到多年和全年系统训练对竞技能力形成、保持和消退的影响作用，也无法做到使运动员的最佳竞技状态定时定点地在大赛中表现出来。

训练分期理论对竞技运动训练的主要贡献是：

（1）从整体与宏观的高度和哲学与方法论的层面，开启了对复杂的运动训练过程进行长期计划和控制的先河；

（2）以构建运动员的最佳竞技状态为目标，以探求训练负荷与机体对负荷应答的关系为关键，提出了“适时竞技状态高峰（peaking at the right time）”这一竞技运动训练的核心问题；

（3）给已有的不同训练时期（准备期、比赛期和恢复期）注入了实际内容，提出了两个对运动训练具有“杠杆”作用的训练原则：不同训练时期负荷量与强度的不同比例关系和不同训练时期一般身体训练与专项训练的不同安排。同时，还提出了大周期、中周期和小周期等不同类型和规模的训练模块，并对各个周期的构成、功能和实施时间进行了具体界定。

三、训练分期理论的不同观点和争论

世界上任何一个理论，包括经典理论，在其发展过程中都无法回避审视、质疑和批判的洗礼，都需要不断经受时代变迁和科学发展的检验。马特维耶夫的训练分期理论也不例外，在其创建50多年的历程中，一直都存在不同的观点和争论。

对马特维耶夫分期理论最早产生质疑的仍然来自苏联，从20世纪70年代中期开始，苏联就已经展开了一场围绕传统训练分期理论的争论，最早对该理论提出质疑的是曾在两届奥运会获得金牌的苏联功勋举重教练员，后成为医学博士的

A. H. 沃罗比耶夫，他在 1977 年出版了《举重—生理和运动训练问题》一书，认为分期理论对运动理论和实践具有极其重要的影响作用，应该从生物学和教育学的角度进行论证。他在书中明确提出了对马特维耶夫分期理论的质疑，认为该理论中的一些思想和观点，例如，量与强度在准备期的关系及强调“循序渐进”的训练指导思想，缺乏生物学基础理论的支持，已不能适应现代运动训练的需求[22]。与此同时，以博伊科（V. V. Boiko）、维尔霍山斯基（J. V，Verchoschanskij）和伊苏林（V. Issurin）为代表的一批学者也对该理论的应用范围提出了不同的意见[23]。之后，以世界著名链球教练员邦达丘克（A. Bondarchuk）为代表的一些苏联教练员[24]均提出他们的训练并没有或没有完全按照传统训练分期理论的模式进行，因此提出马氏理论可能并不适合高水平运动员的训练。20 世纪 90 年代末，维尔霍山斯基撰文对马特维耶夫分期训练理论做了总结性评论[25]，认为该理论存在缺乏基础理论和实验的支撑、不利于高水平运动员运动水平的继续提高和不适应当代多赛制的发展三方面的问题。

同时，对马特维耶夫训练分期理论的质疑也受到该理论支持者的批评，具有代表性的是乌克兰国立体育大学的普拉托诺夫（V. N. Platonov）教授，他在 2009 年发表了题为“全年运动训练分期理论：历史、现状、争论与发展前景”的综述文章[26]，对马特维耶夫的训练分期理论进行了回顾与展望，其中最为突出的是对苏联维尔霍山斯基等人对该理论的质疑与批评进行了回应。他的文章认为，在总体上，马特维耶夫创建的运动训练分期是一个在理论与实践两方面都具有坚实基础，并得到了俄罗斯及其大量其他国家长期运动训练验证的经典理论，以前、现在和将来都将对竞技运动训练具有重要的指导作用。同时，他也指出，来自各方面的批评“不仅刺激了马特维耶夫，也刺激了在这一领域工作的其他专家们去批判性地发展分期理论的各个方面、夯实其基础，使其更具有依据和实践价值[27]”。

马特维耶夫训练分期理论的争议也相继引起国际竞技训练领域的关注，特别是在那些受其训练思想影响较大的国家。最早将其分期理论译成德文的施纳博士先后翻译了博伊科和邦达丘克等人的专著[28,29]，在德国体育权威刊物《竞技运动》（Leistungssports）上刊发了有关该理论不同观点的综述性文章[30]，德国著名训练学学者马汀（Martin D.）等人在《训练学手册》（Handbuch Trainingslehre）一书中述评了有关经典分期（Trainingswissenschaft）训练理论的不同观点和争议，豪曼等人的《训练科学导论》（Einführung in die Trainingsgschaft）也将维尔霍山斯基等人提出的“板块”训练视为对训练长期计划和安排问题的一种新观点和新理论。西班牙运动生理学家、在赛前训练研究领域取得诸多研究成果的穆基卡

（Iñigo Mujika）认为，传统的训练分期理论存在不适应当前赛制、易造成过度训练、存在多种能力不兼容的矛盾等问题，已不适合优秀运动员的训练[31]。

在我国，对训练分期理论争论的学术关注始于20世纪80年代末，我国运动训练学学者过家兴教授率先对世界上有关该理论的争论进行了综述性研究[32]，进入2000年之后传统分期和“板块”分期训练开始成为我国训练领域的一个关注热点[33,34]，在之后的十多年中相继出现了大量的以“分期”“周期”和“板块”为关键词的研究论述[35,36,37,38]，他们集结了对这两个训练理论的支持、赞同、审视和批评等不同的观点和意见。

第二节 “板块”训练理论的起源与发展

“板块”训练分期是苏联学者在20世纪80年代中期提出的一个具有相对独立体系的训练理论，也是自马特维耶夫训练分期理论创建之后出现的另一个以运动员长期训练计划和安排为主要目标和内容，并对世界竞技运动训练产生了重要影响的分期训练思想。该理论是在世界竞技体育商业化和职业化迅速发展，传统分期理论已不能或不能完全解决诸如优秀运动员专项成绩继续提高、赛制大幅度增加和赛前竞技状态快速形成等一系列新问题的背景下提出的，它不仅给出了针对这些问题的应对措施，而且更重要的是向人们展示了解决这些问题的新视角和新理念。

1984年，“板块”分期训练的创始人维尔霍山斯基将其定义为，“在一个相对长的训练期间（15~27周），根据不同能力之间的相互作用与影响及机体对不同能力的适应特点，安排不同的重点负荷‘板块’，‘板块’由4~6周的重点训练负荷构成，如技术、力量、耐力等”[39]。根据苏联学者、现为以色列温盖特（Wingate）体育科学研究所研究员的伊苏林对“板块”训练分期的解释，“从其全面的意义来看，训练板块是指一种高度专项化集中式负荷的分期训练模式”[40]。

从上述板块分期训练的定义可以看出，板块分期训练理论并不是一个覆盖整个运动训练的面面俱到的训练理论，而是一个主要针对特定训练对象和时间阶段的补充性训练模块。

当然，与其他科学理论的形成一样，“板块”分期训练理论在其构建和发展过程中，也引起国际竞技训练理论和实践界的广泛关注，集结了赞同、疑惑和否定的各种不同意见。

一、"板块"分期训练理论的提出与核心

与其他重大训练理论和方法的形成一样，板块分期训练理论的问世也同样源于训练的实践。在20世纪80年代，一批苏联的田径、游泳和皮划艇等项目的高水平教练员，在其训练实践中首先创造性地运用了不同类型的"板块"训练，其中包括曾包揽1988年首尔奥运会男子链球金牌、银牌、铜牌的世界著名教练员邦达丘克（A. Bondarchuk）、世界著名游泳运动员波波夫（A. Popov）的教练员托瑞斯基（G. Touretski）、曾培养出奥运会游泳冠军并创造1500米自由泳世界纪录的萨鲁伊科夫（V. Saluikov）等多名优秀运动员的考施琴（I. Koshkin）和多次在奥运会和一系列世界大赛取得佳绩的苏联皮划艇主教练员卡维尔因（V. Kaverin）等人[41]。他们根据各自运动项目的特点，设计和实施了与苏联学者马特维耶夫分期训练模式不同的训练计划，并都取得了一系列成功。苏联学者维尔霍山斯基和伊苏林在这些成功经验的基础上，从理论上对这些训练进行了总结，于20世纪80年代中期提出了"板块"训练分期理论[42,43]。

2008年，已移居以色列的伊苏林出版了《板块分期——运动训练的创新突破》一书[44]，该书从理论和实际应用两个方面对已经问世近30年的"板块"分期训练理论做了系统的梳理，在原理论的基础上增添了大量运动生物学和训练学新的研究成果和案例，是迄今为止最完整和最权威的"板块"分期训练著作。

虽然早期"板块"训练的设计在一些名词上有所不同，如田径链球教练员邦达丘克将训练分为发展、比赛和恢复板块，游泳教练员托瑞斯基将训练分为一般、专项和比赛板块，而皮划艇教练员卡维尔因将训练分为积累、转换和实现板块，但是他们的训练计划在时间、目标、任务和衔接等方面都具有以下共同特征：

（1）每一个"板块"均由2~3周的中周期构成；

（2）每一个"板块"内的训练任务均集中在1~2项；

（3）不同"板块"紧密衔接并具有特定的顺序；

（4）不同的"板块"构成一个持续6~10周的训练阶段；

（5）多个训练阶段构成年训练周期。

"板块"训练周期理论的核心是，在不提高甚至降低整体训练负荷的前提下，利用"刺激-疲劳-适应"的能力提高机制并充分考虑到不同能力之间内在的机理联系，建立了以提高专项能力为目标的高度集中的专门训练负荷模式。训

练课、不同类型的周期（小、中和训练阶段）和大周期（年和多年训练周期）等三个模块构成了伊苏林“板块”训练分期理论的主要框架。

在训练的长期规划和设计上，“板块”分期训练理论的设计者们并没有将“小周期”作为运动训练的最小单位，而是根据高度集中的训练原则，将训练负荷集中到最小数量的靶目标——训练课上。他们将训练课从3个不同层面进行了划分，从教育学的组织结构上将其分为集体、个体和混合训练课，从训练任务上将其分为素质、技术、战术（或技战术）、测试和混合训练课，从训练负荷上将其分为极限、大量、次最大强度、中等和小量5个负荷级别的训练课。这些看似简单的分类，却极大方便了教练员的训练，他们可以根据训练的目标、任务和阶段有针对性地选用不同的训练课类型，同时还可以在横向上彼此打通分类的界限，形成多目标的复合式训练课。另外，他还提出了“核心训练课”的概念，在程度上与一般训练课相区别，在功能上超出一般训练课的作用。核心训练课是指那些“最重要的致力于解决当前主要训练问题的发展式训练课[45]”，其目标直指主要训练任务和关键能力。核心训练课要求教练员要特别注重运用方法学、组织学和心理学的理论和方法精心进行设计，同时也要求运动员注意力高度集中地投入训练。这种不同类型的核心训练课往往被投放到不同的训练小周期中，集中体现出该小周期的主要功能，如在准备期的负荷小周期中可以安排2～3次以基础力量或有氧耐力的核心训练课，它们不仅是该小周期的重点训练课，而且主导着该小周期的主要目标和负荷特点。

在每一节训练课中，量化各种不同训练内容的疲劳程度并强调各个训练内容之间的序列和兼容关系，是伊苏林“板块”训练分期理论中构建训练课的重要原则。他以运动生理学的相关理论为基础，分别给出了身体素质（速度、有氧耐力、无氧耐力和爆发力等）、技术（学习新技术和技术完善等）和协调灵敏等训练课对人体疲劳程度的影响作用，建议应以此为依据设计和安排训练，如应在体力充沛和良好状态下进行速度、爆发力和学习新技术的训练。在训练课及训练课内各项训练内容和手段的安排上，也要考虑各个训练内容对机体的不同生理影响以及不同能力之间的相互兼容问题，如速度和爆发力的训练应该安排在耐力和最大力量的前面，有氧耐力和最大力量不应该安排在同一节训练课中进行训练。

重视“小周期”的功能分类及将其设计成“微型板块”参与竞技状态的调控，是“板块”分期训练理论的一个突出特点。伊苏林的《“板块”分期训练》一书将小周期按功能分为6种（表1-1），并且给每一个小周期都设定了不同的目的、负荷水平、特征和持续时间，这种设计不仅进一步明确了各个小周期的不同职能，而且在时间上也做了具有弹性的规定，便于教练员在训练实践中根据不同的情况灵活应用。为了更加有针对性地把握小周期内的训练负荷走势，他还将训练课的5级疲劳等级引入小周期的训练，设计了单、双和三高峰的小周期负荷模式，并将“核心训练课”注入其中作为主导小周期的支柱性课程。伊苏林认为，高质量小周期的构建主要取决于两个因素，第一是核心训练课的选择和安排，第二是恢复方法和手段的应用。核心训练课的内容和方式引导了整个小周期的训练方向并基本决定了其训练效果，而核心训练课在一个小周期中的数量和出现的时间则基本决定了训练的疲劳程度和恢复效果。他非常重视训练中的恢复问题，认为恢复是训练刺激的保障，出色的运动能力都是在良好的恢复中得到提高和发展的，所以在一个小周期的核心训练课中及核心训练课之间合理地穿插安排精心设计的恢复训练手段或课程，是构建高质量小周期的重要条件。

表1-1　不同小周期的目的、负荷水平及负荷设计（Issurin，2008）

类型	目的	负荷水平	特征	持续时间
适应	对适宜负荷的初始适应	中	逐步增加训练负荷	5~7天
负荷	发展素质	次最大——高	使用大负荷和次最大负荷	5~9天
冲击	运用极限训练刺激发展能力	非常大极限	极限负荷的使用和总和	4~7天
赛前	赛前准备	中	使用专项方式来测试比赛	5~7天
比赛	参与比赛	高——非常高	运动游戏和专项竞技能力	2~7天
恢复	积极恢复	低	运用各种恢复手段	3~7天

“中周期”是“板块”分期训练的主干。2002年，伊苏林以全年不同时期的各个重大比赛为目标，在功能上将“板块”设定为3个彼此紧密衔接的类型，即积累板块、转换板块和实现板块，这种分类和命名显然沿用了苏联皮划艇总教练卡维尔因的设计，其原因可能与伊苏林曾多年参与该项目的训练和科研有关[46]。他曾连续12年（1978—1991年）担任苏联皮划艇队的科学顾问和科研组组长，参加了两届奥运会并取得6金、5银和1铜的优异成绩。他为各种类型的“板块”进行了功能定位，3个“板块”实质上就是2~6周的中周期，它们的功能和持续时间各异。积累板块主要发展基础能力，负荷特征为量大而强度低的训练，转换板块则由于已经临近比赛所以是以专项能力的训练为主，负荷特征变为降低量和提高强度的训练，实现板块是指已经进入赛前训练的阶段，主要以专项技战术的训练为主，负荷特征为减量、高强度和充分的恢复（图1-4）。

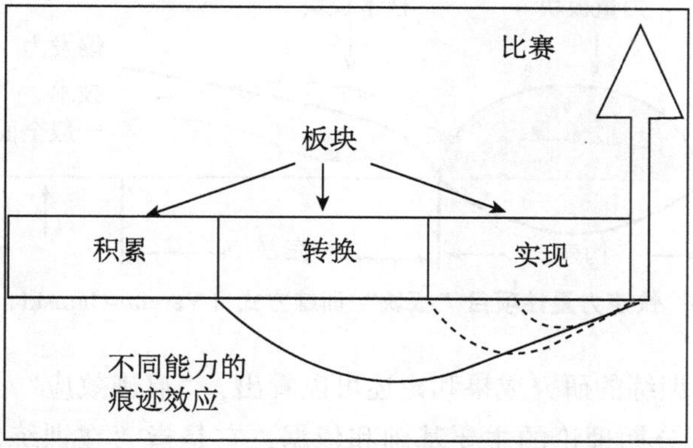

图 1-4 “板块”分期示意图（Issurin，2008）

维尔霍山斯基也对“板块”分期训练进行了实验研究，他以快速力量性项目为研究对象，设定 5~6 周的以发展最大力量为主的力量训练板块（图 1-5）[47]。他的研究显示，由于最大力量对爆发力具有直接的影响作用，所以在集中训练最大力量的期间爆发力始终处于“疲劳”状态，技术和一般能力也处于相对低潮。在力量训练板块结束之后，开始进入“技术”训练板块，此时由于训练的主角变成了技术，所以力量训练负荷急剧减少，爆发力反而出现“反弹”，形成了一个爆发力增长高潮，整体机能能力也由于力量板块的消失而出现一个上升的态势，这种态势又进一步促进了爆发力的快速增长，同时也提高了技术训练的质量，良好的一般能力（身体状态）、高质量的技术训练和突出的爆发力水平交融汇集，共同营造出一个出色的赛前竞技状态。因此，从运动能力形成的角度也将力量训练板块称为“构建阶段”，将随后爆发力等素质出现的反弹式增长称为“完善阶段”，在完善阶段之后是一次重大比赛，即实现阶段。由此可见，围绕着一次重大比赛而设计的力量板块的训练目的，一方面是集中发展运动员的力量能力，另一方面是为下一阶段专项技术的训练和对专项最具影响素质——爆发力的提高做潜在的准备。而在其后的“技术”训练板块，一方面得到了力量训练痕迹效应的后续支持，另一方面也为随后到来的比赛进行技术和能力的整合，3 个板块（中周期）各司其职并彼此环环相扣，共同形成了一个训练阶段（大周期）。

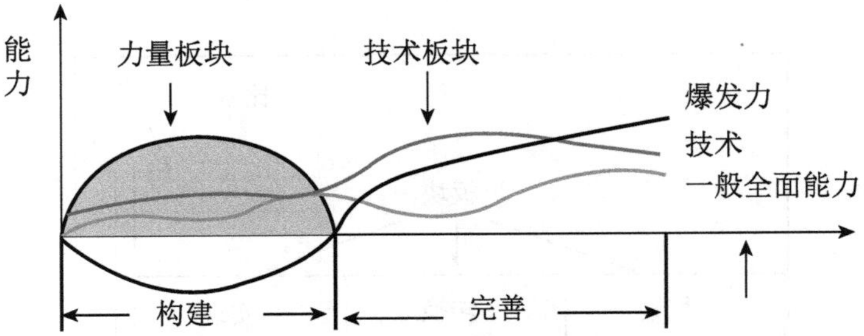

图 1-5　快速力量性项目“板块”训练方式（Verchoschanski，1998）

由上述板块训练的研究成果和论述可以看出，“痕迹效应”是一个始终贯穿于“板块”训练分期理论的主要基础和依据，它是指“在训练停止后，由系统训练引起的身体变化在超出一段时间后的延续效应”[48]。从“板块”的最小单位训练课的构建，一直到一个训练阶段或大周期的形成，都要考虑各种能力的形成、保持和消退特点，并以此为依据设计不同能力发展的先后顺序和相应训练时间。图 1-6 是伊苏林提出的微型板块对训练痕迹效应持久性作用的示意图，该图直观地给出了在某一重大比赛前积累、转换和实现三个不同功能中周期的构建、持续时间和彼此之间的衔接。他认为，当训练中出现不同能力的训练痕迹效应彼此无法衔接或能力之间出现不兼容的时候，需要对某种能力的痕迹效应进行适当延长，以便在比赛时各种能力同时达到最佳水平，此时就需要一种被称作“微型板块”的方法介入训练。微型板块是指时间较短的小周期，它是由几堂指向性强的训练课构成，可以分为有氧、无氧糖酵解或速度等类型，在训练过程中，尤其是比赛期或赛前训练期可以根据需要安排此类训练。微型板块的提出对体能类项目的比赛准备具有重要指导意义，田径的径赛项目、游泳、自行车和赛艇等项目经常会遇到赛前有氧或无氧能力不足及它们之间比例不匹配的问题，这些问题将对运动员的竞技状态产生决定性影响，微型板块的设计无疑是解决此类问题的最佳选择方案。

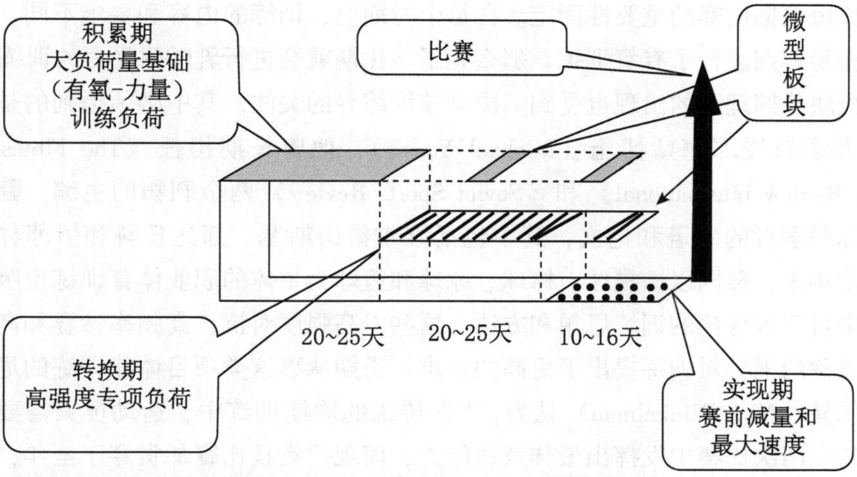

图 1-6 微型板块对训练痕迹效应持久性作用的示意图（Issurin & Lustig 2004）

二、“板块”训练分期理论的发展及其意义

自20世纪80年代中期“板块”训练分期理论在苏联创建之后，很快就引起了国际竞技训练界的关注，1985年联邦德国的施纳在德国《竞技体育》翻译发表了苏联著名教练员邦达丘克《年训练周期的改变》一书的摘要[49]，次年又将该书翻译成德语[50]，这是“板块”的概念首次传播到苏联以外的国家。此后，施纳又相继将“板块”训练理论创始人维尔霍山斯基的多篇文章和著作翻译成德文在联邦德国出版，其观点和理论受到联邦德国训练学者的高度重视。在德国运动训练学者马汀和豪曼（A. Hohmann）等人出版的训练学专著中[51,52]，均将“板块”分期训练作为长期运动训练计划和控制理论的一个重要学术观点和发展趋势，认为该理论是对经典训练分期理论的补充和发展。西班牙学者穆基卡（I. Mujika）在其专著《赛前减量与最佳竞技状态高峰》（Tapering and Peaking for Optimal Performance）中大量引用了“板块”的训练思想[53]。他认为[54]，当前世界竞技训练主要采用了两种不同于传统周期训练的模式。第一种是被称作“多周期”的训练模式，它并非把一年作为一个周期，而是根据比赛将其分为若干个相对独立的周期，在每个周期里也分为准备期、比赛期和过渡期，该训练模式最大的特点是训练的目标直指具体的赛事，训练方法和负荷的针对性更强，竞技能力可以出现多个高峰。第二种叫作“板块周期”训练，是一种负荷集中效益的训练模式。它将每个“板块周期”分为积累期、转化期和实现期，每个时期的

时间长短根据比赛的重要性而定。在每个时期里，训练的内容和要求不同，比如如果在积累期进行了有氧训练，那么到了转化期就会进行乳酸耐受力的训练。

板块分期理论的出现也受到美国竞技训练界的关注，其中必须提到的是美国加州大学教授耶塞斯博士（Michael Yessis），他曾长期担任《The Fitness and Sports Review International》和《Soviet Sports Review》两个刊物的主编，翻译了多部苏联学者的专著和论文，其中包括维尔霍山斯基、邦达丘科和伊苏林的专著。近年来，美国以橄榄球、棒球、冰球和篮球为主体的职业体育训练也吸纳了诸多来自于该理论的训练思想和方法，这些以高强度对抗、高频率参赛和高伤病风险著称的项目对训练提出了更高的要求。长期从事这类项目体能训练的尼克·温克尔曼（Nick Winkelman）认为，“在传统的周期训练中，运动员只需要在一年中的一两次比赛中发挥出最佳竞技能力，而现代竞技比赛却贯穿于全年，在全年中出现多个竞技状态高峰。于是，我们就需要新的模式来适应这种比赛安排，让运动员全年保持较高的竞技状态”[55]。

近年来，世界竞技训练界也开始尝试对“板块”分期训练理论进行实验性研究。西班牙的格尔斯亚—帕尔拉瑞斯（J. Garcıa-Pallares）等人对10名优秀男子皮艇运动员的纵向训练进行了研究[56]，结果表明，尽管在传统分期训练时间长于板块分期训练的情况下，以两种训练模式进行训练的运动员在最大摄氧量和第二通气阈摄氧量指标上没有显著性差异，但在最大摄氧量的桨频、拉桨速度和功率等指标上，“板块”分期训练的选手明显优于传统分期训练的选手，因此该研究认为“板块”训练分期模式对高水平皮艇运动员竞技能力的提高明显优于传统训练分期模式。挪威的罗内斯塔德（B. R. Rønnestad）等人也对传统分期训练和板块分期训练进行了系列研究，他们将高强度间歇训练（high-intensity training，HIT）作为“板块”插入训练，在相同平均训练时间、负荷、强度和不同强度分布的情况下，检验两种不同模式的训练效果。他们的研究结果显示，无论是受过良好训练的自行车运动员还是优秀越野滑雪运动员，在最大摄氧量、功率等指标上，“板块”分期训练的训练效果均明显优于传统分期训练[57,58]。

“板块”分期训练理论为我们提供了一个不同于经典的马特维耶夫训练分期理论的新的训练思路和方法。尽管它在形式上仍然继承了“分期”的框架结构，在一个分期内部也沿用了传统分期的阶段划分，但是在基础和内容上对传统训练分期进行了补充和变革。它没有从“一般与专项训练”和“训练量与强度”的宏观角度概括训练的过程，而是从高水平运动员竞技能力的“可塑空间”逐渐缩小，专项成绩的提高速度日趋缓慢，训练负荷与运动损伤的矛盾日益加剧等特点出发，提出了“高度集中专门负荷训练”的理念。该理念突破了传统分期训练中多种能力“面面俱到、均匀分布和同步发展”的训练方式，提出对少数量靶目标能力进行集中专门训练，既精准、高效地发展了这些重要的运动能力，又尽可能避免或降低了由于增大训练负荷而造成的过度训练和运动损伤的风险，为高水平运动员的训练开辟了新径。

“板块”分期训练理论的另一个亮点在于它拥有比较扎实的运动生物学基础背景，在宏观上高度重视“适应”理论对竞技训练的指导作用，强调训练与恢复的平衡关系，在微观上明确提出不同能力的“训练痕迹效应”，并将其作为发展各种能力、选择训练手段和确定各个“板块”持续时间及彼此衔接的基础和依据。

以“中周期”为基本结构的板块分期训练模式对“赛前减量”训练理论的研究和发展具有重要影响，它赖以为基础的“痕迹效应”同样也是调控运动员赛前竞技状态的重要依据，它的积累、转换、实现及“核心训练课”和“微型板块”等训练单元在操作层面上为赛前训练注入了新内容，提供了新方法。

理论与实践的紧密结合是板块周期训练模式的一个显著特点。该理论为教练员规划出从微观（每一次训练课）到宏观（年训练计划）的训练框架，并对该框架的各个部分赋予了具体的目标、任务、原则和训练内容，设计了诸如“核心负荷”“核心训练课”和“微型板块”等多种不同规格的训练单元，教练员可以根据所从事项目的特点、所处的训练阶段和运动员的具体情况进行选择和组合，也可以在实施过程中进行调整，极大方便了教练员的实际操作和应用。

第三节 “分期”与“板块”训练理论的异同

创建于20世纪60年代的马特维耶夫训练分期和在其之后80年代出现的“板块”训练分期，均是以竞技训练的长期计划和安排为主要领域的指导理论，在总体目标、领域和方向上并不存在本质的区别。然而，由于板块分期训练模式出现在经典训练分期理论之后，并且最早提出该训练模式的是一批高水平教练员，他们的训练尝试建立在传统的分期训练的基础之上，所以必然会涉及“板块”训练与经典训练分期理论的差别甚至争议等问题。

经典分期训练理论与板块分期训练理论的主要区别集中在以下4个方面（表1-2）：

第一，在应用范围上，经典训练分期理论的适用范围包括了从青少年到优秀运动员的所有训练，但板块分期训练显然并不是一个贯穿整个纵向训练过程和涵盖所有训练对象的一般理论，它的应用对象主要是那些已经经过多年系统训练的高水平运动员。从多年系统训练的角度来看，竞技训练可以分为选材、初级、中级和高水平训练等不同的训练阶段，各个阶段的训练均具有不同的特点，应该根据这些特点合理地选择和运用各种训练方法和手段。当前，随着职业体育的兴起，也随着以奥运项目为代表的竞技体育赛事在世界范围内的快速发展，各种赛事的大幅度增多已经成为一个不争的事实，而作为竞技比赛主体的高水平运动员的连续参赛能力与运动损伤和过度训练风险之间的矛盾也日益突出，传统的以少量参赛为前提的训练及那些不考虑运动员的健康和以缩短运动寿命为代价的急功近利的训练模式，显然已经不能适应竞技体育的发展。在此背景下，以板块分期为代表的训练模式（以及其他一些改良的全年多周期训练模式）被应用在高水平运动员的训练上，以应对和解决在这一特定训练阶段出现的问题。

第二，在科学基础上，尽管经典训练分期也运用一些运动生物学和教育学的理论作为其理论基础，从中可以看到“超量恢复”和“适应”等理论的影响，但从整体上看，其科学基础并不突出和显著，这也许与其创建的时代有关。与之相比，板块训练明确将“痕迹效应”作为该理论的生物学基础，在当代科学研究的基础上，提出了有氧耐力、无氧糖酵解耐力、最大速度（无氧无乳酸）、力量耐力和最大力量等重要能力的训练痕迹效应时间及相应的生理学背景，形成了对“板块”中周期训练的支撑。

第三，运动能力发展的模式是经典分期与“板块”分期训练理论的一个主要区别点，经典理论采用的是一种多种能力同步发展的模式，而“板块”分期则强调选择尽可能少的关键能力进行依次训练的模式。它们二者的区别并不简单地在于数量（多与少）和时间（同步与依次），而在于训练理念和方法的不同。对于高水平运动员来说，多年的训练已经将其训练负荷推到很高的水平，此时如果想再进一步提高运动成绩，就必然面对增加负荷与运动损伤和过度训练风险之间的矛盾。因此，板块训练的创建者们将传统的多种能力齐头并进的训练改为少数能力的依次发展的训练，以这样的方式在不提高，甚至降低总体训练负荷的情况下，仍然可以增加少数关键能力训练的局部负荷。同时，少数能力的依次训练不仅可以避免多种能力同时训练所产生的能力不兼容问题，而且还能够充分利用前一种能力的痕迹效应对后一种能力训练的促进作用产生“叠加式”训练的效果。

第四，“负荷”是竞技训练的核心，也是两种分期训练模式的主要区别之一。经典分期理论赋予了准备期、比赛期和过渡期具体的训练内容，建立了“不同训练时期负荷量与强度的不同比例关系”和“不同训练时期一般身体训练与专项训练的不同安排”两个贯穿整个训练过程的“杠杆”性负荷原则，推动了长期训练的计划性和系统性发展。然而，“板块”分期理论却认为这种训练模式对于高水平运动员来说已经失去了作用，高水平运动员的负荷适应水平已经达到很高的水平，那些一般的、均匀的和分散的训练负荷很难引起他们机体的反应。因此，他们将训练效应作为评价训练质量的唯一标准，提出了一种以提高运动员专项能力为主要目标的高度集中的训练负荷模式，以期在这种“冲击式”负荷的刺激下突破高水平选手已经形成的竞技稳态，在更高的水平上建立新的平衡。

表 1-2　经典训练分期与板块分期理论的主要区别（根据 Issurin，2007 改编）

	设计特点	经典分期	板块分期
1	应用领域	所有运动员	高水平运动员
2	科学基础	累加训练效应	累加和训练痕迹效应
3	能力发展	多种能力同步发展	少数能力依次发展
4	负荷特点	全面刺激	集中刺激

第四节　运动训练模式发展展望

运动训练的长期计划和实施是竞技运动训练中的一个极其重要的问题，也是一个涉及面广、影响因素多的复杂工程。因此，长期以来人们一直不断在探寻一个能够有效指导运动员长期训练的模式，马特维耶夫的训练分期理论和维尔霍山斯基等人的“板块”分期训练理论就是对该问题进行的有益尝试。当然，我们必须认识到这一问题的复杂性，在我们对人类自身的了解还有许多空白和未知的今天，至今我们仍然走在探索和求解的路上，现有的理论还不能或不能完全给出令人满意的答案。

一、明确运动训练的竞技能力与竞技状态的差别

在讨论运动训练分期问题时，我们首先要厘清竞技能力和竞技状态这两个不同的概念。竞技能力（performance capability）是指运动员在充分动员身体所有能

力储备，竭尽全力在某一运动专项上能够达到的最大能力，该能力主要取决于运动员个体的竞技潜能（天赋和训练）、精神抗压能力（运动能力在各种环境下的表现）和恢复能力[59]。竞技状态（state of performance）是指运动员在某一确定时刻所表现出的专项运动能力，它除了受到身体素质、技术和战术等因素的影响之外，还受到医学（健康状况和运动损伤）和心理（注意和期待）等因素的影响[60]。竞技状态可以通过相对短时间的训练形成，是一个运动员已具备竞技能力的暂时表现。对于每一个运动员来说，运动训练的主要目标就在于培养尽可能高的竞技能力，并且能够将其在比赛中充分表现出来，形成最佳的竞技状态。

从上述定义来看，竞技能力与竞技状态的区别主要在于形成的时间，竞技能力需要长期的培养和训练，需要根据专项需求分别打造或整体发展各种不同的能力，而竞技状态可以通过相对短时间的训练形成，是一个运动员已经具有竞技能力的暂时表现。竞技能力与竞技状态是每一个运动员都要具备的竞技要素，二者既相对独立又彼此影响，一个拥有出色竞技能力的运动员在不好的竞技状态下不可能表现出最佳的运动水平，而一个竞技能力低的选手即便在良好的竞技状态下也不能取得高水平的专项成绩。"能力"与"状态"的这种差别必然也会影响到运动员的训练，尤其是在多年和全年的长期训练中，能力的培养和状态的形成需要采取不同的训练策略和方法。例如，在训练水平上，青少年的训练应该以提高能力为主，而高水平运动员，特别是那些已经达到世界顶级水平运动员的训练则应更倾向于状态的把控；在训练时间上，在距比赛较远的准备时期应更加重视能力的发展，而随着比赛的临近则逐步要把训练的重心转向状态的形成。

从"能力"和"状态"的训练来看，经典分期和"板块"分期理论显示出各自不同的特点。经典训练分期理论强调长期准备和少量参赛的训练指导思想，以及夯实基础同时发展多种能力的具体训练措施，也许比较适合青少年以提高能力为主的训练。"板块"分期训练以中周期为主干强调多次参赛的训练指导思想，以及以集中负荷效应和少量能力依次发展为主要方式的训练，也许比较适应高水平运动员以提高或保持竞技状态为主的训练。因此，在训练实践中，教练员应该对两种训练模式有更加深入地了解，根据训练的对象、阶段和目标选择和应用不同的训练模式。

二、运用生物学理论和方法揭示竞技状态和高峰的形成规律

"竞技状态"在全年训练中的高峰（peaking）次数及形成与消退规律，是包

括经典分期和板块分期训练在内的各种长期训练计划和安排研究的主要问题，也是该领域不同学术观点和意见的主要分歧点。经典分期理论的创始人马特维耶夫认为[61]，运动员的最佳竞技状态需要形成、保持和消退这样一个过程，在其运动生涯中只会出现为数不多的所谓“巅峰”状态，在一年中出现的数量也是有限的，从奥运会的宗旨来看，竞技比赛是对人类运动极限发起的挑战，更快、更高、更强是竞技体育的目标，而不是商业化的“表演”。然而，在当代职业体育和竞技体育商业化快速发展的形势下，人们已经无法抗拒或漠视多赛事的现实，苏联的邦达丘克、维尔霍山斯基和伊苏林等人提出的“板块”分期训练就是想从缩短竞技状态形成时间的角度应对和解决多赛制的问题，他们试图通过“高度集中的专项化负荷”的方法不断打破高水平运动员能力稳态，在更高水平上构建新的平衡，加快竞技状态的形成速度。同时，还要尽可能规避高水平运动员的运动损伤和过度训练的风险，使高水平运动员在多次比赛中取得优异成绩。

然而，从上述观点可以看出，争论的焦点是竞技状态的形成速度和高峰，其实质应该是一个运动生理学的问题，即运动员的竞技状态究竟在一年中可以出现多少次的问题。对于这个问题，经典理论的支持者从宏观的角度认为[62]，苏联和受其影响的东欧国家在20世纪70—80年代，在世界重大比赛中达到个人全年最好水平的概率，以50%~60%的比例大幅度高于其后世锦赛和奥运会的20%~25%，这表明重视基础能力的长期准备训练有助于运动员在少数重大比赛中创造更加优异的成绩。然而，根据苏斯洛夫（F. P. Suslov）的数据[63]，世界优秀田径运动员美国的琼斯、俄罗斯的布勃卡和克斯塔蒂诺娃在20世纪90年代的年度竞技状态高峰次数都达到了7~11次，世界著名三级跳男子选手爱德华兹（Edwards）2001年比赛量达23次，其中夏季17次，冬季6次，所有比赛的成绩都在17m以上，这些数据从另一个方面也说明高水平运动员有可能在一年中出现多次竞技状态的高峰。上述来自经典训练分期和“板块”分期理论支持者的数据，都试图证明各自理论在竞技状态问题上的合理性，但遗憾的是争论的双方实际上都没有给出确切的回答，即高水平运动员最佳竞技状态的年出现率问题，至今还没有发现这方面具有说服力的研究成果。同时，我们也应注意到，不同的运动项目也许也是影响良好竞技状态出现频率的重要因素之一，耐力项目（田径中长距离跑）、爆发力项目（田径短跑跳跃）、球类项目和技巧类项目在比赛和训练中对运动员体力的输出和恢复显然存在很大的差异，运动员的竞技状态，尤其是最佳的竞技状态形成的时间和频率当然也存在很大的差异。

20世纪80年代，塞里的适应理论开始进入运动训练领域并被广泛接受，一些运动生理学者开始从运动适应的层面上研究竞技能力和竞技状态的形成问题，其中具有代表性的学者为爱沙尼亚的维禄（A. Viru）、德国的马德尔（A. Mader）和诺依曼（G. Neumann）。维禄是体育界最早全面和系统地将适应理论运用到竞技训练领域的学者，他提出了运动训练中的急性适应（acute adaptation）和长期适应（long-term adaptation）的概念[64]。马德尔以适应理论为基础，从细胞的新陈代谢的角度研究了人体机能能力在训练负荷刺激下的变化和适应问题[65]。德国学者诺依曼从时间层面上研究了人体机能在训练过程中的变化—适应，提出了"变化—适应的时间动态过程"的理论。他认为[66]，机体各器官系统受到足够大的外来刺激时就会产生"变化"，在反复施加负荷的情况下机体则出现"适应"，其具体表现为机能能力的提高。他从时间上将机体对训练的适应过程划分为4个阶段：

（1）肌肉运动支配程序的改变7~10天；

（2）能量储备和肌肉蛋白质的增加10~20天；

（3）神经—肌肉系统的适应——机能调节的最优化20~30天；

（4）各系统之间的协调配合出现改善30~40天。

诺依曼的研究给予我们启示，机体对训练刺激的适应具有先局部后整体的特性，不同的运动系统对刺激的应答时间不同，如果从训练分期的角度来看，一个"准备、比赛"周期（传统分期）或一个"积累、转换和实现"周期（板块分期）的构成至少应需要机体适应时间的下限。

从上述研究可以看出，尽管目前还没有一个令人满意的结论，但这些研究表明，"竞技状态"高峰和高峰的形成是一个人体生理学问题，它不能或不能完全运用哲学和方法论的方法得到解释。德国的依卡尔特博士（Ekkart）认为[67]，分期是什么？分期的实质就是以某一系列比赛或某一个比赛而客观存在训练过程的时间结构，该结构（分期）受到比赛时间、人体生理节律、身体的动态适应和项目特征等4个因素的影响，因此对训练分期的研究应该主要从这4个方面展开。早期将马特维耶夫训练分期理论翻译成外文的德国学者克鲁格在2015年也撰文总结了训练分期理论对世界竞技运动训练所发挥的重要作用，但同时也指出了包括经典分期和板块分期在内的训练理论存在的问题，认为科学研究和论证是使这些宏观的训练哲学进一步贴近训练实践的必经之路[68]。由此可见，目前我们已经知道竞技状态具有获得、保持和消退的特性，但是我们还不清楚这个过程的内在机制，不清楚所谓最佳竞技状态出现的次数和频率，当然也就无法绝对确定经典分期理论和"板块"分期理论哪一个更加适合高水平运动员的训练。

总之，竞技运动训练的最终目的就是最大限度地挖掘运动员的运动潜能，冲击人类的运动极限，创造优异的成绩。在这一目标下，运动训练的实质实际上就是通过施加各种运动训练负荷使运动员的机体在结构和机能两个方面出现符合专项需求的适应性改变。这种改变是一个复杂的过程，它不仅涉及人体多种能力横向的相互匹配，而且涉及各种能力从选材到成为优秀运动员不同训练阶段纵向的系统发展。因此，无论是训练的目标还是训练的过程都与人体的生物基础密切相关，应该深入认识和把握人体在不同负荷刺激下结构和机能的变化—适应规律，从人体对外来刺激（负荷）的应答（适应）的层面上，探寻最佳竞技状态的形成。

三、现代科技助力训练分期理论的未来发展

运动训练是一个试误过程，人类通过这个过程不断改进训练设计并提高训练效益。显然，训练分期理论的出现，推动了世界运动训练的试误过程从无序走向有序。然而，训练分期理论在运动训练试误过程中应用价值的真正发挥却取决于其由经验向科学迈进的程度。

当前，世界竞技体育在生物学基础研究和高科技设备研发两个方面的发展，对训练分期理论既是机遇也是挑战。生物学基础研究的不断深入，将逐步改变传统训练分期理论中那些依靠经验推导和宏观想象的内容，如对训练分期理论具有基础支撑作用的“超量恢复”和“适应”理论，随着被称为生命组学研究的深入或将出现革命性的进展，基因、蛋白质和代谢组学的研究成果必将拉近人们对运动能力增长和竞技状态形成机制的认识，训练分期理论也随之发生改变和发展。高科技、智能化和大数据分析装备在运动训练领域的运用使运动训练负荷的剂量化、精准化、个体化和快速反馈成为可能，这将势必改变分期训练理论中以量与强度、一般与专项为杠杆的宏观调控模式，负荷投入的设计将更加具体，方法的应用也会更加准确，理论对实践的指导意义大幅度提升。

研究已经证明，“量化”是运动训练科学化程度的一个重要标志，也是运动训练由经验走向科学的必经之路[69]。无论是训练分期理论的提出还是之后的发展，训练负荷的“量化”投入及其精准控制始终都是该理论的主要内容和研究问题，从这个角度来看，训练分期也可以说是训练负荷的分期，即为了在特定时间节点达到最佳竞技状态而采取的负荷强度和负荷量的调控。

现代科技的发展推动了训练负荷量化。人体运动是一个生物能转化为机械能

的过程[70]，这个过程的两个核心指标为代谢功率和机械功率，现代科技的发展为代谢功率和机械功率（或其衍生指标）的量化提供了可能。全球定位系统（GPS）在运动训练中的应用，使得时间、距离、速度的量化可以在更大时空范围内更为精细地实现[71]；心率表/带在运动训练中的应用使得生理学负荷的量化从实验室拓展到运动场[72]；功率计（如自行车的SRM系统）在运动训练中的应用使得机械功率的量化得以实现[73]；加速度计在运动训练中的应用使得变向类运动项目中的非直线负荷得以量化[74]；大数据分析技术在运动训练中的应用使得复杂训练过程中的规律得到逐步浮现[75]。这些现代科技的出现和发展，使得训练负荷得以更加全面和准确地量化，而这些被量化的负荷又丰富和完善了训练分期理论的内容。

由此可见，基础研究的深入和高科技的发展不仅推动训练分期理论的发展，同时也会改变甚至颠覆原有的传统认识。因此，无论是经典分期理论还是“板块”分期理论都必须主动进取，充分借鉴多学科基础研究的成果，充分运用高科技设备和方法，不断补充、更新和改进已有的理论。同时，我们也要认识到，运动能力的长期发展是一个受多种因素影响和制约的复杂过程，目前占据其主导地位的“传统分期训练模式”和“板块分期训练模式”仍然不能满足训练实践的需求，尤其在运动员潜能的充分挖掘、最佳竞技状态的准确预测和运动损伤风险的科学防治等方面还存在大量未解问题。

四、科学认识不同训练分期理论的学术价值和应用领域

准确认识马特维耶夫训练分期和“板块”分期训练理论各自的学术价值和应用领域，是客观和科学地学习和运用该理论的重要前提。马特维耶夫的分期训练是一个体系相对完整和全面的理论，它不仅涉及运动员的分期训练，而且在技术、素质等多方面均有涉猎和论述。“板块”分期训练在规模和范围上都小于经典分期理论，它在理论上主要围绕训练分期这一主题，在应用上主要针对高水平运动员的训练。另外，还需要强调的是，“板块”分期训练理论并不是对马特维耶夫经典理论的取代，更不是颠覆，而是一种补充和修正，这一点在伊苏林的《板块分期——运动训练的创新突破》一书中被很明确地提出[76]。他认为“当时提出的许多因素迄今仍对训练具有指导作用，包括层级分类法和训练周期术语、一般与专项训练准备的界定、训练量与强度以及短期、中期和长期计划的基本训练方法等”。同时，他还认为“我们期望40年前提出的理论迄今仍然适用我们的

训练显然是不现实的，一些原有的训练原则已不适用于现在的板块训练方法”。因此，“传统的分期训练目前仍然适用于一般水平运动员的训练，但不适合高水平运动员的训练”。由此可见，经典分期与“板块”分期并不是两种截然不同或对立的理论，我们可以想象如果没有马特维耶夫及其团队卓有成效的工作，那么也就不会有维尔霍山斯基等人的“板块”训练思想，“板块”分期训练理论的形成无疑是建立在前者的基础之上，是在一个局部，即高水平运动员的训练领域，提出了自己的学术观点和思想。

然而，我们也注意到，多年来对“板块”训练分期理论的褒贬往往掺杂着对马特维耶夫经典分期理论的态度，两种理论的部分支持者都试图证明各自理论的“唯一”正确性，然而这显然是不客观和欠科学的想法。因此，应该将这两种理论的争论重归“学术”的范围和语境，更多地从主旨、内涵、要素和观点的角度和层面比较它们的异同和对训练实践的指导作用。

通过上述对经典分期和“板块”分期训练的述评，我们应该认识到，尽管这两种理论在过去都极大地推动和促进了竞技运动训练的发展，现在也还在继续发挥着它们各自的作用，但它们仍不能满足训练实践的需求，仍不能完全解决运动员长期竞技能力发展和短期竞技状态调控的所有问题。对训练分期理论的建设一方面需要其自身的不断研究和完善，另一方面则需要其他相关学科和领域的支持和帮助，同时还需要各种不同观点和见解的交流和争论，如此才能不断提高训练分期理论的科学化水平，使其能够更加有效地指导运动训练实践。

参考文献

[1] Martin D, Carl K, Lehnertz K. Handbuch Trainingslehre [M]. Schorndorf: Verlag Karl Hofmann, 1993: 247.

[2] Stone M H, Stone M, Sands W A. The Concept of Periodization [M]. Champaign, IL: Human Kinetics, 2007: 259-286.

[3] 马特维耶夫. 北京“三高把脉119”运动训练国际论坛 [Z]. 北京, 2001.

[4] Bompa T O, Haff G G. Periodization: theory and methodology of training [J]. Human Kinetics, 2009.

[5] Bompa T O, Haff G G. Periodization: theory and methodology of training [J]. Human Kinetics, 2009.

[6] Röthig P. Sportwissenschaftliches Lexikon [M]. Schorndorf: Karl Hofmann, 1992: 525-526.

[7] Matveev L P. Das Problem der Periodisierung des sportlichen Trainings [M]. Moskau, 1964.

[8] Matveev L P. Fundamentals of sports training [M]. Moscow, Fizkultua i sport, 1977.

[9] Verchoschanskij J V. Das Ende der "Periodisierung" des sportlichen Trainings im Spitzensport [J]. Leistungssport, 1998, 5: 14-19.

[10] Selye H. The physiology and pathology of exposure to stress [J]. Med. Publ, Montreal, 1950.

[11] Harre D. (Hrsg) Einführung in der Allgemeine Training- und Wettkampflehre [M]. Sportverlag Berlin, DDR, 1957.

[12] Tschiene P. Die Priorität des biologischen Aspekts in der Theorie des Trainings [J]. Leistungssport, 1991, 6 (21): 5-9.

[13] Lev Pavlovich Matveyev, Periodisierung Des Sportlichen Training [M]. Bartels & Wernitz, 1968.

[14] Lev Pavlovich Matveyev, Periodisierung Des Sportlichen Training [M]. Bartels & Wernitz, 1971.

[15] Dick F. Periodization: An Approach to the Training Year [J]. TrackTechniq, 1975, 62: 1968-1969.

[16] 过家兴．对全年训练周期划分理论与实践的探讨 [J]．体育科学，1988，1：36-42.

[17] 吴焕群，王汝英，陈明达．周期与训练 [J]．体育科学，1982 (1)：39-43.

[18] 马特维耶夫．运动训练分期问题 [M]．高大安，等译，北京：人民体育出版社，1978.

[19] 马特维耶夫．竞技运动理论 [M]．姚颂平，译．哈尔滨：黑龙江科学技术出版社，1998.

[20] Counsilman J E. The Science of Swimming [M]. Englewood, NJ: Prentice Hall, 1968.

[21] Wikipedia. https: //en. wikipedia. org/wiki/Central Institute of Labour [EB/OL]. (2019-5-11) https: //en. wikipedia. org/wiki/Central Institute of Labour.

[22] Bompa T O, Haff G G. Periodization theory and methodology of training [M]. Human Kinetics, 2009.

[23] Bompa T O. Periodization theory and methodology of training [M]. Kendall/Hunt Publishing Company, 1983.

[24] A. H. 沃罗比耶夫．现代训练的某些构思 [J]．郭廷栋，译．江苏体育科技，1981 (2).

[25] Boiko V V. Die gezielte Entwicklung der Bewegungsfähigkeit des Sportlers. In Übersetzung P [M]. Tschiene, BAL Frankfurt, 1988.

[26] Issurin V. Block Periodization, Breakthrough in Sport Training [M]. Ultimate Athlete Concepts, 2008.

[27] Verchoschanskij J V. Das Ende der "Periodisierung" des sportlichen Training in Spizensport? [J]. Leistungssport, 1998, 28 (5): 14-19.

[28] 普拉托诺夫．全年运动训练分期理论：历史、现状、争论与发展前景 [J]．上海体育学院学报，2010，3 (34)：67-78.

[29] 普拉托诺夫．全年运动训练分期理论：历史、现状、争论与发展前景 [J]．上海体育学院学报，2010，3 (34)：67-78.

[30] Boiko V V. Die gezielte Entwicklung der Bewegungsfähigkeit des Sportlers. In Übersetzung P [M]. Tschiene, BAL Frankfurt, 1988.

[31] Tschiene P. Die Priorit - t des biologischen aspekts in der theorie des training [J]. Leistungssport, 1991, 21 (6): 5-9.

[32] Tschiene P. Veränderungen in der Struktur des Jahrestrainingszyklus [J]. Leistungssport, 1985, 15 (5): 5-12.

[33] Mujika I. Tapering and peaking for optimal performance [M]. Champaign, II: Human Kinetics, 2009.

[34] 过家兴．对全年训练周期划分理论与实践的探讨［J］．体育科学，1988（1）：36-42.

[35] 吕季东，杨再淮，邵斌，等．周期训练理论的基本原理及研究中的若干新问题［J］．上海体育学院学报，2001（1）：46-50.

[36] 郑晓鸿．运动训练分期理论发展回顾［J］．成都体育学院学报，2003（4）：32-36.

[37] 陈小平．对马特维耶夫“训练周期”理论的审视［J］．中国体育科技，2003（4）：6-7.

[38] 李庆，李景丽，顾扬，等．现代运动训练周期理论的思考和讨论［J］．体育与科学，2004（6）：52-55.

[39] 姚颂平．继承与弘扬马特维耶夫教授的运动训练学术思想［J］．体育科学，2006（11）：3-6.

[40] 姚颂平．运动训练分期理论的本质、现状和发展前景［J］．体育科学，2012（5）：3-11.

[41] Verchoschanskij J V. Der langfristig verzögerte Trainingseffekt durch konzentriertes Krafttraining [J]. Leistungssport, 1984, 14 (3): 41-42.

[42] Issurin V．板块周期——运动训练的创新突破［M］．王乔君，等译．北京：北京体育大学出版社，2011：11.

[43] Issurin V. Block Periodization, Breakthrough in Sport Training [M]. Ultimate Athlete Concepts, 2008.

[44] Verchoshanskij J V. Der langfristig verzögerte Trainingseffekt durch konzentriertes Krafttraining [J]. Leistungssport, 1984, 14 (3): 41-42.

[45] Issurin V, Kaverin V. Planning and design of annual preparation cycle in canoeing [M]. In: "Grebnoj Sport" (Rowing, Cnoeing, Kayaking), Moscow: FIS publisher, 1985: 25-29.

[46] Issurin V. Block Periodization, Breakthrough in Sport Training [M]. Ultimate Athlete Concepts, 2008.

[47] Issurin V. Block Periodization, Breakthrough in Sport Training [M]. Ultimate Athlete Concepts, 2008.

[48] Issurin V, Shkilar V. Zur Konzeption der Blockstruktur im Training von hochklassifizierten Sportler [J]. Leistungssport, 2002, 6: 42-45.

[49] Verchoshanskij J V. Effektiv trainieren: neue wege zur planung und organisation des trainingsprozesses, 1988.

[50] Issurin V．板块周期——运动训练的创新突破［M］．王乔君，等译．北京：北京体育大学

出版社，2011：12.

[51] Tschiene P. Veränderungen in der Struktur des Jahrestrainingszyklus [J]. Leistungssport，1985，15 (5)：5-15.

[52] Tschiene P. Veränderungen in der Struktur des Jahrestrainingszyklus [M]. In Sportwissenschaft in Hessen，Frankfurt，1986.

[53] Martin D，Carl K，Lehnertz K. Handbuch Trainingslehre [M]. Schorndorf：Verlag Karl Hofmann，1993：247.

[54] Hohmann A，Lames M，Letzelter M. Einführung in die Trainingswissenschaft [M]. Limpert Verlag Wiebelsheim，2003.

[55] Mujika I. Tapering and peaking for optimal performance [M]. Human Kinetics，2009.

[56] 陈小平，梁世雷，李亮．当代运动训练理论热点问题及对我国训练实践的启示—2011 杭州国际运动训练理论与实践创新论坛评述 [J]．体育科学，2012 (2)：3-13.

[57] 温科尔曼．杭州国际运动训练理论与实践创新论坛（主题报告）[Z]. 2011.

[58] García - Pallarés J，García - Fernández M，Sánchez - Medina L，Izquierdo M. Performance changes in world-class kayakers following two different training periodization models [J]. Eur J Appl Physiol ，2010，110：99-107.

[59] Rønnestad B R，Ellefsen S，Nygaard H，Zacharoff E E，Vikmoen O，Hansen J，Hallén J. Effects of 12 weeks of block periodization on performance and performance indices in well-trained cyclists [J]. Scand J Med Sci Sports ，2014，24：327-335.

[60] Rønnestad B R，Hansen J，Thyli V，et al. 5-week block periodization increases aerobic power in elite cross-country skiers [J]. Scand. J. Med. Sci. Sports，2015.

[61] Röthig P，Becker H，Carl K，Kayser D，Prohl R. Sportwissenschaftliches Lexikon [M]. Schorndorf：Karl Hofmann，1992：278.

[62] Röthig P，Becker H，Carl K，Kayser D，Prohl R. Sportwissenschaftliches Lexikon [M]. Schorndorf：Karl Hofmann，1992：284.

[63] 马特维耶夫．北京"三高把脉 119"运动训练国际论坛 [Z]．北京，2001.

[64] 普拉托诺夫．全年运动训练分期理论：历史、现状、争论与发展前景 [J]．上海体育学院学报，2010，3 (34)：67-78.

[65] Suslov F P. Annual training programmes and the sport specific fitness levels of world class athletes. In：Annual training plans and the sport specific fitness levels of world class athletes. 2001，http//www. coachr. org/annual training programmes. htm.

[66] 陈小平．当代运动训练热点问题研究——理论与实践亟待解决的问题 [M]．北京：北京体育大学出版社，2005：61-62.

[67] Viru A. Hormonal Mechanisms of Adaptation and Training [J]. Nauka，Leninggrad，1981.

[68] Mader A. Aktive Belastungsadaptation und Regulation der Proteinsynthese auf zellulaerer Ebene

[J]. Deutsche Zeitschrift Sportmedizin, 1990, 41: 4058.

[69] Neumann G, Schuele K. -P. Sportmedizinische Funktionsdiagnostik [M]. Barth Verlagsgesellschaft, 1989: 1317.

[70] Ekkart Training Periodization-What is it? International Throws Conference [Z]. Windsor, Ontario, Canada, 2007.

[71] Krüger A. Periodisierung des sportlichen Trainings im 21. Jahrhundert. Evidenzbasiert oder weiter so wie immer? [J]. Leistungsport, 2015, 32: 42-5.

[72] Mujika I. The alphabet of sport science research starts with Q [J]. International Journal of Sports Physiology & Performance, 2013, 8 (5): 465.

[73] 黎涌明，纪晓楠，资薇．人体运动的本质 [J]．体育科学，2014，34 (2)：11-17.

[74] Cummins C, Orr R, O'connor H, et al. Global positioning systems (GPS) and microtechnology sensors in team sports: a systematic review [J]. Sports medicine, 2013, 43 (10): 1025-1042.

[75] Achten J, Jeukendrup A E. Heart rate monitoring: applications and limitations [J]. Sports Medicine, 2003, 33 (7): 517-538.

[76] Lim A C, Edwards A G, Carver T C, et al. The use of a portable power meter to estimate aerodynamic and rolling resistance in road cycling [J]. Medicine & Science in Sports & Exercise, 2003, 35 (5): 8-17.

专题 2

运动训练基石的演变
——从“超量恢复”学说到运动适应理论

陈小平

摘要：

人体的运动能力为什么可以通过运动得到提高？这是一个人们长期努力要回答的问题，也是自运动科学化训练以来体育科学研究的重点和热点。“超量恢复”学说和“运动适应”理论是目前世界运动训练领域解释人体运动能力在训练中变化机制的经典。20 世纪 60 年代，人们发现肌糖原储备对人体耐力水平具有重要影响作用，肌糖原在极限运动后出现耗竭，在补充碳水化合物后其储备不仅恢复到运动前的初始水平而且超过该水平出现“超量恢复”。20 世纪 40 年代末苏联运动生物化学奠基人雅克夫列夫（N. N. Jakowlew）开始从运动训练的角度关注肌糖原超量恢复的问题，1975 年将肌糖原超量恢复扩展到整个竞技训练的范围，提出了运动训练的“超量恢复”学说。之后，相继出现了“疲劳—适应模型”“机能储备模型”“改变—适应的时间动态模型”和“能力潜能元模型”等一系列试图揭示运动训练与运动能力增长之间关系，对运动能力变化进行量化预测和评估的学说和理论。20 世纪 50 年代加拿大的塞里在医学领域提出了人体的“应激—适应”理论，该理论随后得到了部分竞技训练理论和实践专家的认同，影响到包括经典“超量恢复”学说在内的一系列竞技能力模型的理论构建和实践运用，成为运动训练的重要基础。但是，鉴于运动能力构成和发展的复杂性和当前人类对自身了解的局限性，迄今已有的各种模型还不能准确给出运动训练与运动能力之间的关系，还无法量化预测运动能力的发展，这方面还需要更加深入的研究。

第一节 “超量恢复”学说的起源与发展

人的运动能力为什么可以通过运动得到提高？人体的运动器官和系统为什么可以在运动训练中得到壮大？这样的问题是运动训练（包括竞技运动训练和大众健身训练）的基础和依据，是一个自运动训练进入科学化时代以来人们就开始关注的热点，也是迄今为止运动科学研究的一个重要领域。

早在19世纪末，一些生理学家就开始注意到运动对人体生理功能的影响。1890—1900年，德国科学家苏恩茨（N. Zuntz）就运用氧耗和二氧化碳代谢的方法测试人在安静和运动时的呼吸交换率（RER），他的研究发现人体运动的能量主要取决于膳食[1]，不同的膳食，脂肪、蛋白质或碳水化合物导致肌肉工作时能量代谢的不同。在这一时期，法国科学家萨尔考维斯基（E. Salkowski）第一个发现了肌肉收缩过程中无机磷酸盐从有机化合物中的释放现象[2]，为之后人体运动能量代谢的研究奠定了基础。1905年，德国人洛克斯（Roux）出版了《机体发展机制的报告和论文》一书，汇集了当时各种关于人体机能能力提高和发展的研究成果，从生理学的角度解释了人体对外来环境的刺激发生变化的机制[3]。他指出，机体器官细胞的蛋白质质量增长（肥大）或下降（萎缩）将引起机体平均功能负荷的代偿性增长或下降，进而导致机体能力的增加或降低。可以认为，这是早期从宏观上对人体能力发展的论述，它为以后“超量恢复”学说的建立提出了假设。在同一时期，一些科学家开始从另一个角度对人体运动进行观察和研究，1919年诺贝尔奖获得者丹麦科学家科汝（J. Krogh）和林德哈德（J. Lindhard）发现人的摄氧量在运动后5~10 min仍高于基础代谢水平的现象[4]，表明肌肉收缩的停止并不意味着机体运动功能和能量代谢活动的终止，参与运动的器官和系统在运动停止后仍需要一定的时间使其机能恢复到安静状态。该研究不仅为之后希尔（A. V. Hill）等人发现“氧债”的形成与消除现象奠定了基础，而且更为重要的是拓宽了人们对运动训练的认识，将运动结束后的机体活动纳入运动训练的范畴，开启了“运动后恢复（post-exercise recovery）”这一新的研究领域。在此之后，人们开始关注运动对人体能量代谢的影响及运动后人体能量代谢的变化等问题，这一研究领域的开启及其后续研究无疑为“超量恢复”学说的形成建立了研究基础。

一、“超量恢复”学说的提出和核心

进入20世纪20年代之后，世界上一批运动生理和生化学者发现肌肉中的磷酸肌酸（phosphocreatine）随着肌肉的收缩出现下降，而在收缩后的恢复期又出现合成，这是最早对能量物质在运动中的消耗和再合成的研究。其中具有代表性的研究为德国的埃博登（G. Embden）和阿德勒（E. Adler）[5]，美国的费斯克（C. H. Fiske）和苏巴罗夫（L. Subbarow）[6]、英国的P. 艾格莱通（P. Eggleton）和G. P. 艾格莱通（G. P. Eggleton）[7]等人的研究。他们的研究都证明，运动训练可以导致骨骼肌的糖原、肌氨酸和磷酸肌酸储备的增加，这是有关“超量恢复”学说的早期发现。

对人体运动时出现“超量恢复”现象的重要发现来自瑞典的博格斯通（J. Bergström）和胡尔特曼（E. Hultman）等人的研究。需要强调的是，这两位同在瑞典圣·艾瑞克医院（St. Erik’s Hospital）从事医学研究的科学家及其所率领的研究团队，在研究中首次使用了人体肌肉生物活检针刺技术，该技术的使用翻开了运动生理学和生物化学研究新的一页，对其后的研究产生了重大影响和积极推动作用。从营养的角度探索不同能量物质对肌肉力竭性持续收缩时间的影响，是他们最初的研究设想[8]，其结果发现，人体力竭性运动的时间与参与运动肌肉的肌糖原储备量高度相关，以蛋白质和脂肪类为主的食物会降低肌糖原的储备并进而减少力竭性运动的时间，而补充以碳水化合物为主的食物可以明显增加肌糖原恢复水平并延长运动时间。1966年，他们在世界权威刊物《自然》（Nature）上发表了题为“Muscle glycogen synthesis after exercise: an enhancing factor localized to the muscle cells in man”的论文[9]，该研究后来成为“肌糖原超量恢复（glycogen supercompensation）”和“碳水化合物负荷（carbohydrate loading）”两个著名经典学说提出的重要基础。在该项实验中，两名普通成年人以1200 kpm/min的负荷单腿骑功率车（一人用右腿骑车，左腿休息，另一人用左腿骑车，右腿休息）直至极限疲劳（运动终止），之后对受试者腿部股四头肌在训练后1~3天肌糖原的变化进行了活检（图2-1）。

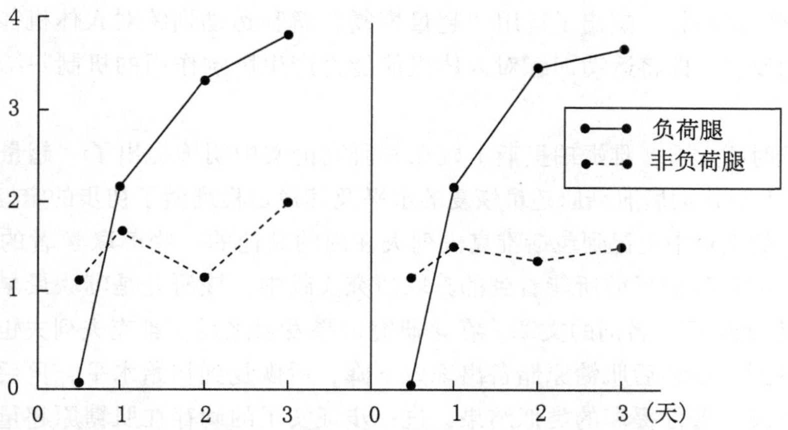

图 2-1　力竭负荷刺激后肌糖原的超量恢复（Bergström 等，1966）

研究结果发现，极限运动后肌糖原含量迅速下降接近枯竭，但在补充高碳水化合物的条件下，训练停止后的第 1 天肌糖原开始快速恢复并达到未训练腿的水平，第 2 天和第 3 天肌糖原储备继续增加并达到初始量两倍的水平。1967 年，该项目的主要参与者胡尔特曼在其发表的综述文章中指出，“一系列的研究结果已经证明，参与工作肌肉中的肌糖原储备是限制肌肉长时间从事大负荷运动的主要因素”[10]。这一结论已经超出研究者原实验的“营养”设计初衷，从能量代谢的角度为日后“肌糖原超量恢复”学说的提出奠定了基础。

20 世纪 40—50 年代，一些苏联科学家开始对运动对肌肉的影响这一命题产生兴趣，其中最突出的是著名生理学家帕拉丁（A. V. Palladin）和他所率领的研究团队。他们从 30 年代就开始进行肌肉运动的能量代谢研究，相继发现运动训练可以提高磷酸原和肌糖原的水平和肌肉黄素的含量[11]。在他们的研究基础上，以苏联列宁格勒体育学院生物化学部主任，后被誉为苏联运动生物化学奠基人的雅克夫列夫（N. N. Jakowlev）为首的一些苏联学者注意到肌糖原储备和营养补充对运动能力影响的问题，并开始从运动生物化学的角度进行这方面的研究。1948 年，与雅克夫列夫在同一研究所工作的同事雅姆珀里斯卡娅（L. I. Yampolyskaya）运用电刺激的方法对冬蛙运动后肌糖原储备的变化进行了测试。她的实验结果表明，冬蛙肌肉在 104 次/min 收缩频率下肌糖原出现持续的下降，在刺激停止后的休息期肌糖原出现明显和稳定的超量恢复现象，肌肉运动后肌糖原的超量恢复水平及其稳定性程度取决于肌肉收缩的强度和运动的持续时间[12]。在该研究中，作者根据人体负荷后肌糖原储备出现的“下降、恢复和超量恢复”的特性，提出了运用“超量恢复”解释运动训练对人体机能能力影响作用的设想，即将运动训练对人体机能能力产生影响作用的机制归结为“超量恢复”。

从时间上看，雅姆珀里斯卡娅在其研究论文中明确提出了“超量恢复”的概念，并对运动后肌糖原超量恢复的水平及其稳定程度做了初步的定性分析，尽管在她的文章中也提到包括雅克夫列夫在内的其他的一些苏联学者的类似研究成果，但就我们目前所能看到的苏联研究文献中，该研究是苏联最早提出肌糖原“超量恢复”名词的文章。在该研究成果发表之后，雅克夫列夫也相继通过实验得到了运动后肌糖原储备出现先下降，后恢复到初始水平，再后超过初始水平出现显著性提高的类似结果，进一步证实了的确存在肌糖原超量恢复这一事实[13]。

雅克夫列夫和他的团队不仅一直致力于运动训练的生化基础研究，而且其研究密切结合训练实践，对训练负荷、运动疲劳和超量恢复等问题非常关注，这也成了他们长期的研究重点。1972 年，他在“打破内环境稳定状态对训练效果的意义”一文中指出，训练负荷的实施就是打破机体已经形成的“内环境平衡（homoeostasis）”，运动能力的提高就是通过“超量恢复”的机理在高层次上建立新的“平衡”[14]。该论述第一次将肌糖原的超量恢复现象上升为解释整个运动训练效果的层面，明确将超量恢复作为人体运动能力提高的生理机制。1975 年，他又撰文对苏联运动生物化学的起源、发展和研究现状做了深入分析与总结，对训练过程中机体内环境的破坏与重新构建的机理问题进行了较大篇幅的论述，进一步提出通过增加训练的负荷量和强度使机体（特别是肌肉系统）出现“超量恢复”，进而达到改善机能能力的训练效果[15]。1977 年，雅克夫列夫在其专著《运动生物化学》中首次完整提出了“超量恢复”的学说[16]，并将其作为解释运动训练效果的理论基石（图 2–2）。

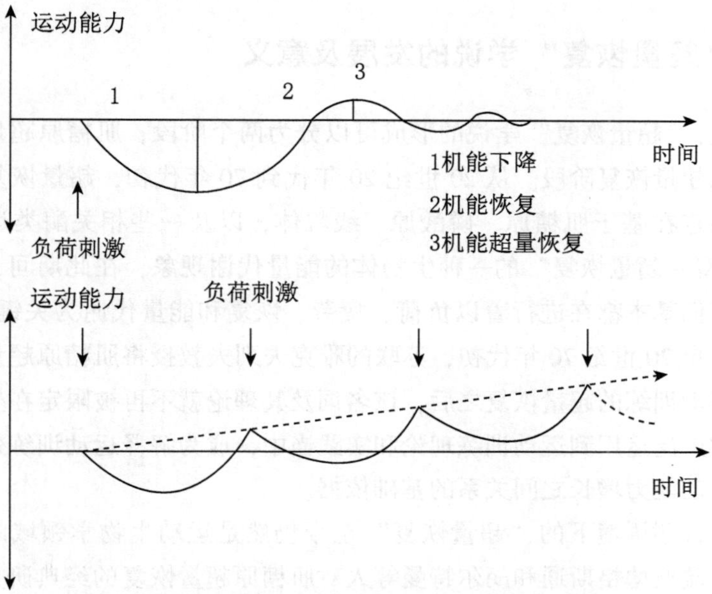

图 2-2　超量恢复示意图（Weineck，1994）

由此可见，尽管早在20世纪40年代在一些生理、生化的研究论著中就出现了“超量恢复”的名词，但那时“超量恢复”的内涵还只限于解释肌肉在运动负荷刺激下肌糖原的“下降—恢复—超量恢复”现象，而将这一研究结果扩展延伸到解释整个人体机能能力增长机制的“理论模型”，则是以雅克夫列夫的《运动生物化学》专著的发表为标志。此后，“超量恢复”学说逐渐得到运动生理、生化和运动训练界的广泛认同和接受，被大量研究课题、学术论著及课程教材所引用，成为指导竞技运动训练和体育健身的“经典基础理论”。在竞技训练领域，该学说不仅成为一个重要的解释训练负荷与机能增长关系的理论“模型”，而且也被制定成指导训练实践的一个重要训练原则，即超量恢复的训练原则。

至今，“超量恢复”学说仍然在运动训练领域占有重要位置，是解释运动能力通过训练得到增长的基础理论之一。“超量恢复”学说认为，机体在负荷的刺激下其能量储备、物质代谢及神经调节系统的机能水平出现下降（疲劳），在负荷后这些机能能力不仅可以恢复到负荷前的初始水平，而且能够在短期内超过初始水平，达到“超量恢复”的效果。如果在“超量恢复”阶段适时给予新的负荷刺激，“负荷—疲劳—恢复—超量恢复”的过程则可以不断地在高的水平层次上周而复始的进行，由此使机体的能力得到不断的持续提高[17]。

二、“超量恢复”学说的发展及意义

总体上，“超量恢复”学说的形成可以分为两个阶段，肌糖原超量恢复阶段和运动训练超量恢复阶段。从20世纪20年代到70年代初，超量恢复的概念主要还是被限定在基于肌糖原、磷酸原、线粒体，以及一些相关酶类运动后出现“下降—恢复—超量恢复”的一种生物体的能量代谢现象，在此期间，包括苏联在内的学者们基本都在进行着以负荷、疲劳、恢复和能量代谢为关键词的生理、生化研究。自20世纪70年代初，苏联的雅克夫列夫教授将肌糖原超量恢复的概念扩展为运动训练的超量恢复之后，该名词及其理论就不再被限定在生理和生化领域，而被广泛运用到运动训练理论和实践当中，成为解释运动训练效果变及训练负荷与运动能力增长之间关系的基础依据。

在能量代谢语境下的“超量恢复”至今仍然是运动生物学领域的研究重点和热点。在瑞典博格斯通和胡尔特曼等人对肌糖原超量恢复的经典研究之后，人们开始将研究的视角转向运动后的能量消耗和补充问题，并逐渐将其发展成一个相对独立的研究领域。研究人员对运动后的能量恢复进行了更为细致地划分，将从运动后即刻能量消耗的最低点到恢复到运动开始时的水平称为“能量储备的重新注入（repletion of energy stores）”，将超出能量储备原有水平的部分称为“超量恢复（supercompensation）”。其后的一些研究基本围绕着这两个阶段进行，重点集中在不同能量物质运动后的补充性恢复和超量恢复的时间、幅度及影响因素等问题。

在运动后能量物质的恢复（重新注入）方面，胡尔特曼等人对肌肉的高能磷酸化合物（ATP）、磷酸肌酸（CP）和糖原等能量物质的恢复速度进行了研究，其结果表明，磷酸原系统（ATP-CP）的恢复明显快于肌糖原，在运动终止后60 s ATP-CP就可以恢复到运动开始水平的70%左右，ATP的完全恢复大约需要2 min，而CP的完全恢复则需要3 min以上的时间[18]。特尔君格（R. L. Terjung）等人对不同类型肌纤维力竭训练后肌糖原的恢复速度进行了研究[19]，肌糖原运动后合成率最快的部位发生在氧化快肌（FOG），慢肌（SO）的合成速度比氧化快肌慢2倍左右，肌糖原合成速度最慢的是无氧快肌（FG）。他们还发现，在力竭性运动后肌糖原的恢复在时间上并不是线性的，30～60 min区间的肌糖原合成率最高，即运动后第一个30 min和60 min后的合成速度均低于第2个30 min。另外，还有研究发现运动后肌糖原的恢复分为快速和慢速两个阶段[20,21]，肌糖原的快速恢复期一般都发生在运动结束后的4~6 h，在快速合成阶段肌糖原的恢复速度主要取决于运动中肌糖原的消耗量，而在慢速阶段则取决于胰岛素的分泌水平。

在运动后能量物质的超量恢复方面，以雅克夫列夫为代表的苏联学者在20世纪60年代到70年代进行了大量研究，其研究发现，运动后肌糖原和磷酸原出现超量恢复的时间不同，肌糖原的超量恢复大约发生在运动结束后的1~24 h，而磷酸原的超量恢复则早于肌糖原[22]。研究还发现，肌糖原和磷酸原超量恢复发生的时间和程度与训练强度密切相关，在短距离高强度游泳后，肌糖原和磷酸原均出现快速合成，而在长距离低强度游泳后，两种能量物质的超量恢复速度和幅度均出现下降[23]。

在20世纪70年代中期，雅克夫列夫和他的研究团队将肌糖原超量恢复拓展为对整个运动训练进行解释的运动能力超量恢复学说之后，仍然继续从运动生物学的角度为该学说的建立寻找更多的依据。1978年，他们在动物实验中发现，骨骼肌线粒体蛋白在运动后即刻出现下降，而在1h恢复后实验组的线粒体蛋白明显高于对照组，从而确定肌肉线粒体也具有运动后的超量恢复现象[24]。在此之后的研究中，他们又发现磷酸原和肌糖原的超量恢复在慢肌的发生早于快肌[25]。

无论是早期的磷酸原和肌糖原的超量恢复，还是之后由雅克夫列夫提出的作为解释人体运动能力提高机制的超量恢复，都对竞技运动训练产生了重要和深远的影响。在理论上，“超量恢复”学说突出了运动训练的能量代谢基础，认为能量代谢水平及其在训练中的变化既是运动训练的目标也是运动训练的依据。同时，进一步强调了运动训练对身体能力的“延时”作用，引发并促进了运动后能量代谢的研究，使之形成了一个相对独立的研究领域，并且至今仍是运动生物科学研究的重点和热点，其相关研究结果不断成为支撑和指导运动训练的重要基础和依据。在实践上，人们通过“超量恢复”进一步认识到训练负荷和机体恢复是两个对运动训练效果具有同样重要作用的因素，它们之间存在某种的关系，这种关系在很大程度上决定了运动训练的质量和效率。因此，应在高度重视训练负荷投入的同时，加强对训练后机体各器官和系统恢复的关注。

三、“超量恢复”学说的不同观点和争论

自从将“超量恢复”作为解释整个运动训练的机制以来，该理论在运动训练领域得到迅速传播和认可，成为运动训练的基石，同时也受到运动科学界，尤

其是运动生物学领域学者的广泛质疑。

在20世纪60年代初苏联运动训练学者马特维耶夫（Matwejew，L. P.）就将超量恢复作为运动训练的基础，认为人体竞技能力的提高是一个“刺激—疲劳—恢复—超量恢复”的过程[25]。德国运动训练学者温奈克（Weineck J.）在其专著《最佳训练》（Optimales Training）中将“超量恢复”作为负荷与恢复最佳关系原则的生物学基础，提出了能力下降、能力恢复和能力超量恢复的三个阶段，同时也指出如果训练不当也会导致运动能力下降的风险[26]。加拿大运动训练学者邦帕（Bompa T. O.）和哈弗（Haff G. G.）在其对世界运动训练极具影响的《周期——运动训练理论与方法》一书中，将超量恢复和适应理论相结合，提出运动训练将对运动员造成三种不同的结果，正常训练、过度训练和超量恢复。他们认为，“超量恢复是运动和能量再生之间的一种关系，它能够在比赛前使运动员产生超量的机体适应，即生理的代谢和神经系统的唤醒”[27]。从这些有关论述来看，“超量恢复”理论的提出从能量代谢的角度为运动员机能能力的长期发展奠定了基础，促使教练员在制订训练计划时高度关注负荷和恢复的关系，将不同能量物质的储备、消耗和恢复作为影响运动能力发展的重要因素。

然而，雅克夫列夫的超量恢复理论也受到诸多运动生理学、生化学领域学者的质疑。德国著名运动生理学家蒂—玛瑞斯（de Marées）在其专著《运动生理学》中写道“所谓的‘超量恢复’至今仍然在许多方面缺乏科学的证据”[28]。科隆体育大学运动医学教授霍尔曼（Hollmann）和著名力量训练学者海廷格尔（Hettinger）认为，不能将肌糖原这一单一指标的超量恢复现象延伸扩展到解释整个机体对运动训练的适应[29]。德国著名运动生理学家齐默尔曼（Zimmermann）也强调，运动训练的适应是一个长期的、带有强烈个体特征的过程，而不像超量恢复模型描述的那样的简单[30]。在“超量恢复”学说创立多年以来，对该理论的争论一直没有停止，主要的批评和质疑集中在以下四个方面：

（1）缺乏足够的科学实验数据的支持，对机体肌糖原代谢的研究结果不能轻易延伸到对整个机体不同器官和系统的复杂适应机制进行解释的程度；

（2）“超量恢复”模型没有给出人体能力的极限。人体的运动能力，尤其是最大运动能力具有鲜明的生理极限特征，受到遗传因素的影响，并表现出很大的个体差别，它的发展是有限度的，同时还具有明显的个体差异；

（3）忽视了人体不同能力具有不同发展空间和不同发展速度的问题，只是从综合能力的角度描述了机能能力的增长；

（4）“超量恢复”模型强调了机能能力在负荷刺激下的提高，而忽视了机能能力的保持和在不良刺激下的下降。

没有给出人体能力的极限是超量恢复模型明显存在的一个问题。无论是运动员还是普通人，其机能能力必然受到遗传因素的影响和制约，系统和科学的训练只能最大限度地挖掘人体的能力，使这种能力在数量上尽可能接近“极限”，在动员速度上尽可能快速，在使用上尽可能经济。在目前的认知和技术条件下，运动训练显然还不能改变人体受遗传制约的形态和生理极限。在竞技能力上，受训练和无训练者、高水平与低水平运动员的区别主要在于对已经具有的机能储备的认识（选才）和挖掘（训练）的程度。建立在肌糖原超量恢复基础之上的运动训练“超量恢复”模型，显然还带有浓厚的能量代谢物质在训练刺激后的恢复和超量恢复色彩，而没有从整体上考虑运动训练对机体的所有影响，即运动能力的提高、保持和下降。如果不考虑人体的极限，简单地按照“超量恢复”模型给出的“负荷—疲劳—增长”关系，假定负荷的大小和实施的时机都没有问题，运动员的机能能力就有可能出现无限制的持续增长趋势。

这种训练思想对运动训练，尤其是优秀运动员的训练具有一定的误导作用。当运动员已经进入高水平训练阶段，机能能力接近生理极限时，教练员受“超量恢复”理论的驱使，仍然试图在训练负荷上有所突破，期待通过不断增加负荷量或强度获得更多的“超量恢复”，反复探试运动员的生理极限，使运动员长期处于满负荷训练的境地。这种训练违背了运动训练的一般常识和规律，不仅不能有效提高运动员的竞技水平，而且极易造成过度训练和损伤。德国学者马德尔（Mader）和哈特曼（Hartmann）对德国2000多名赛艇运动员进行了15年的跟踪研究（图2-3），其中44位研究对象成为奥运会、世锦赛和世界杯比赛的冠军。他们发现，如果以18岁的能力水平作为基准线的话，44位世界冠军运动能力的提高速度和幅度随着年龄的增长而下降，在24岁左右能力达到最高水平，24岁之后运动能力维持在0.3%~0.5%呈波浪式发展。从该研究成果可见，运动能力的增长是有限度的，越接近运动能力的生理极限其提高幅度和速度越小，当运动员达到个体最高运动水平时，运动能力的发展将趋于平缓的保持。从这一结果来看，“超量恢复”只强调了运动能力的增长，而忽视了运动能力的保持和下降，没有从提高、保持和下降这三个运动训练都有可能出现的结果上分析问题。在该理论的指导下，人们简单地认为，在运动员的整个运动生涯中负荷量与超量恢复将一直呈正比例线性增长，无论给予运动员什么样的刺激都应该得到良性的应答。一些教练员甚至认为，高水平运动员训练的主要特征集中体现在“大运动量”和“高强度”上，排斥甚至拒绝中、低量（强度）的训练内容，将训练质量简单地与“高负荷”挂钩，单纯以“疲劳”程度作为评价训练效果的指标和依据。但是，科学研究已经证明，人体对训练负荷的反应并不总是以机能能力的提高为结果，机体对刺激可能不产生反应（阈下刺激）或产生负面的反应（超过机体极限的刺激）。因此，必须认识到，最大的训练负荷并不一定能够获得最大的超量恢复效应，最佳的训练效果肯定位于运动员可承受的负荷区域。在训练中，教练员的任务不仅是对运动员施加负荷，更为重要的是了解该负荷对运动员的刺激程度，将负荷科学地掌控在良性范围之内。

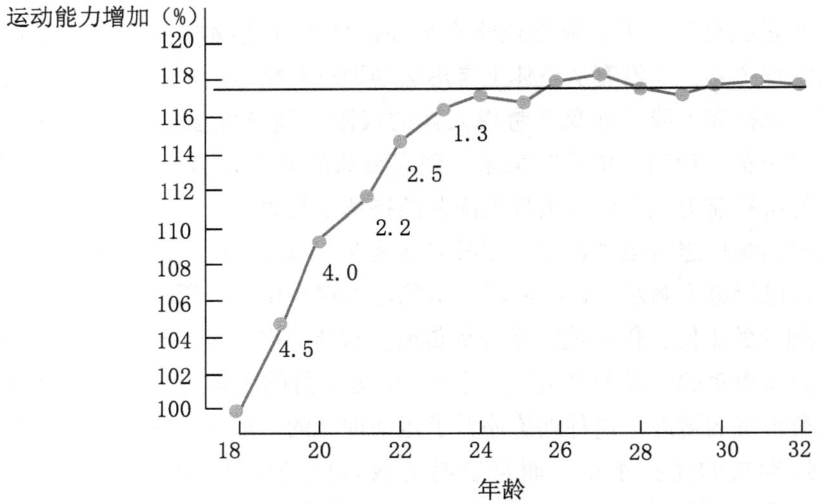

图 2-3 优秀男子赛艇运动员运动能力的增长规律（n=44）（Hartmann，2001）

运动训练是一个系统工程，大运动量和高强度必须建立在中、低负荷及有效的恢复基础之上。我们允许运动员疲劳的积累，但这并不意味着疲劳程度可以无限增加，适宜的、良性的和最大生理极限之下的负荷刺激是机体机能发生超量恢复的前提条件。从另一方面看，人体机能储备将随着年龄的增长而下降，这种机能储备的自然减少必然影响到运动员，尤其是成年高水平选手的训练。此时，运动损伤的概率随着能力储备的减少而增加，运动员在进入高水平训练阶段之后，为了避免损伤和过度训练的发生，训练的负荷量应该随着年龄的增长而逐渐下降，这种“下降”也许是维持高的运动水平，延长运动寿命的必要措施。

不同的运动器官和系统在同样负荷的刺激下疲劳的程度不同，刺激停止后疲劳恢复的速度也不同。盖勒（Geiler）1992 年对肌细胞和肌腱结缔组织细胞的不同疲劳及疲劳恢复的情况进行了研究，结果表明，在相同负荷的作用下肌细胞和肌腱、结缔组织细胞在疲劳程度上、恢复时间上和适应的水平上均存在较大的差异（图 2-4）[31]。由图 2-4 可见，在同样负荷的刺激下，肌细胞的疲劳速度和幅度均明显大于肌腱和结缔组织，在刺激后的恢复阶段，肌细胞疲劳的恢复速度和幅度也同样明显快于肌腱和结缔组织。肌肉与肌腱和结缔组织的这种疲劳和恢复的不同步特性在很大程度上决定了其“超量恢复”出现的不同时间，在训练中如果我们不了解这一规律，只单纯考虑肌肉的恢复，在肌肉恢复后就开始下一轮新的刺激，那么就很可能造成肌腱和结缔组织长时间得不到恢复而处于疲劳状态，长此下去肌肉与肌腱和结缔组织的力量就会出现大的“剪刀差”，形成强壮的肌肉和薄弱的肌腱和结缔组织，造成运动员肌腱和韧带等结缔组织的损伤。

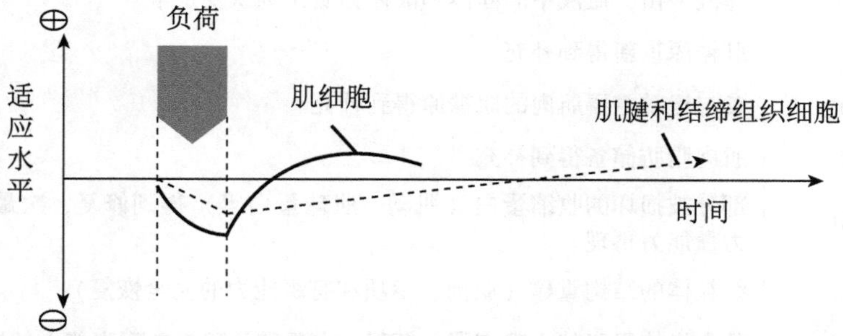

图 2-4　相同负荷刺激下肌肉和肌腱结缔组织细胞适应性的差异（Geiger，1992）

同时，还要认识到，机体内不同的能量物质的恢复速度也存在较大的差异。表 2-1 是运动员比赛或训练后机体内部不同物质的恢复速度[32]，它显示出机体内与运动有关的物质在运动后的恢复期具有不同的时间特征，即使竞技体育的训练并不一定需要机体在完全恢复之后再进行下一次训练，即允许一定范围内的疲劳积累，但是在训练计划的设计和实施过程中必须了解各种能量储备及运动器官和系统的恢复特点，这样才能够协调机体不同组织、器官和系统的恢复，尽可能避免整体或局部的过度训练。同时，机体不同能量物质恢复的时间特点还可以作为制订训练计划和选择训练方法的依据，而不能仅以机体的“超量恢复”这一总体和宏观概念作为指导训练负荷安排的唯一标准。

表 2-1　运动后机体恢复的时间特征（Neumann 等，1994）

时间	恢复特征
4~6 min	肌肉 CP 储备完全恢复
20 min	心率、血压恢复到初始水平
20~30 min	糖恢复：在补充碳水化合物后血糖暂时升高
30 min	体内酸碱储备获得平衡，乳酸值降至 3mmol/L
60 min	参与运动肌肉蛋白质合成障碍被消除
90 min	机体物质代谢由分解转向合成，蛋白质代谢增强促进了机体的恢复和适应
2 h	参与运动肌肉的感觉运动功能和神经肌肉的疲劳优先得到恢复
6 h~1 d	体液平衡，血液中的固体和液体物质比例恢复正常
1 d	肝糖原重新得到补充
2~7 d	参与运动主要肌肉的肌糖原得到补充
3~5 d	肌肉脂肪储备得到补充
3~10 d	部分被损坏的收缩蛋白（肌动、肌球蛋白等）得到修复，次最大耐力和力量能力再现
7~14 d	线粒体的结构重建（肌肉、专项和有氧能力的完全恢复）
1~3 w	整个机体紧张的心理恢复，短程、中程和长程 I/II 耐力能力的恢复

从上述分析可以看出，“超量恢复模型”并没有反映人体的机能极限、不同器官和系统的适应差异，以及不同运动员的个体特点等对人体机能能力的提高具有重要影响力的因素，所以直至今天该模型一直引起学术界广泛的争论。训练负荷刺激下运动能力的提高是一个复杂的过程，加之目前还有许多与之有关的问题没有结论，如机体“疲劳”的机制、运动后肌肉疼痛的原因等，它们均可能影响到对训练效果机理的科学解释。尽管在“超量恢复”学说提出的时代，还没有一个比之更完善的理论“模型”来解释机体在负荷条件下机能能力的提高这样一个复杂的过程，但必须认识到，作为一个重要的理论模型应该具有严格的科学性，而不能出现上述原则性的不足或失误。这些问题不仅会造成理论上的混乱，而且也会影响运动训练的实践。

第二节 “适应”理论的起源与发展

一、“适应”理论的提出与核心

“应激”和“适应”是各种生物体的基本特征。20世纪30年代，先后在加拿大麦基尔大学和蒙特利尔大学执教、被誉为“适应”理论之父的奥地利、匈牙利人塞里（H. Selye）从病理学的角度提出了生命的“应激（stress）”和“适应（adaptation）”问题[33]。他认为，任何一种作用于器官的侵害性刺激都是由专门病源性和非专门病源性两个部分组成，机体对非专门病源性刺激的反应称作“一般适应综合征（general adaptation syndrome，G. A. S.）”。1956年，塞里出版了著名的《生命的应激》（The Stress of Life）一书[34]，标志着“适应”理论的问世。他将人体的“一般适应综合征”或“应激反应”视为一个过程，并且将其分为报警（alarm）、抵抗（resistance）和疲惫（exhaustion）三个阶段。报警阶段是机体对刺激的一种生理唤醒和动员期，它又分为冲击阶段（shock）和应答冲击阶段（counter shock），抵抗阶段是机体对刺激的防御和忍耐，疲惫阶段是机体对刺激抵抗力的丧失期。1976年，塞里又提出“局部适应”的问题，一些器官或功能可以通过蛋白质结构的改变而发生局部性的适应[35]，这一点对运动训练尤为重要，通过专门有针对性的训练可以优先发展某一器官或系统的机能。在生物学上，“应激”是指人体对任何施加于他的刺激所做出的非特异性反应，“适应”是生物体调整自己适应环境的能力或促使生物体更适于生存的一个过程。机体在长时间的应激作用下可以提高对外来刺激的适应能力，如机体可以通过内分泌和植物神经系统的适应性改变来提高对病菌的防御能力。同时，“适应”还可以被分为不同的形式，如生理、心理、社会等不同的适应[36]。

从运动训练的角度来看，塞里的“适应”理论为运动训练构建了一个宏观的生物学基础，即人体对外在环境的自然适应过程。在该语境下，运动训练以它各种不同的方式形成了多种不同的“应激源（stressors）”，训练负荷就是外界对机体的一种刺激，而“适应”则是机体对训练负荷的“代偿性”变化，这种变化具有大小、快慢和优劣的特性，它的走向在很大程度上决定了运动能力的发展水平。在微观上，“适应”理论的核心观点“一般适应综合征”及其所包含的3个发展阶段形象地描述了人体与刺激的动态变换关系及在该关系下运动能力的各种变化。当运动员受到训练负荷的刺激时，机体首先出现“报警”反应，参与运动的各个器官和系统的工作强度显著提高，如神经—肌肉、心血管和能量代谢等系统的工作能力明显增强。随着负荷刺激的持续或增强，机体进入第 2 个应对级别，即抵抗阶段，在此阶段机体各个器官与系统不断与外来的负荷刺激进行对抗，刺激与抵抗形成胶着态势。运动能力的增长主要发生在这个阶段，机体在与训练刺激对抗的过程中逐渐提升自身的能力，在功能和结构上逐渐产生适应性改变。然而，此时尽管生物体一直在抵抗外来刺激的压力，但其自身也变得较为“脆弱”，也更易于受到其他外来刺激的冲击，如运动员在持续疲劳状态下更易于受到疾病和损伤等其他因素的干扰和侵害。在训练负荷的持续压力下，连续不断地疲劳积累导致机体进入疲惫阶段，在该阶段虽然机体已经对训练负荷产生了一定程度的适应，但在训练负荷仍然持续增加的情况下，其抵抗力就无法继续与之抗衡，一个额外的高负荷或长时间高负荷的维持都会对机体造成破坏性的打击，具体表现为竞技能力的下降甚至过度训练的发生。

运动“适应”理论具有以下特点：

（1）“适应”是以应激理论为基础，强调人体机能的提高是对包括训练负荷在内的整个外部环境的适应，“适应”的形成不仅取决于刺激，而且还受中枢神经的协调和支配；

（2）“适应”受到人体生理极限的限制，良性的适应只能在极限负荷之下获得，超越极限的刺激，尤其是长时间持续的极限或超极限刺激不仅不能使机体获得适应，而且还可能导致机能能力下降和运动损伤等负面效应；

（3）“适应”具有鲜明的“个体化”特征，不同的运动员对同一刺激会做出不同的反应，由此产生的适应，在程度、形成速度和表现形式上均有可能不同；

（4）既强调机体整体能力的适应，又承认局部器官和系统的适应，不同器官和系统适应的形成时间不同。

二、“适应”理论的发展及意义

塞里的应激-适应理论一经问世就受到竞技训练领域的关注。1960 年美国《径赛技术》（Track Technique）杂志主编威尔特（F. Wilt）就认识到塞里研究成果对运动训练的重要指导意义，发表了题为《应激与训练》（Stress and Training）”的文章[37]。在文章中，他认为塞里提出的人体具有一个有限度的适应能力的观点，为人们探索和解释运动能力在训练中变化的机制提供了一个崭新视角。随后，澳大利亚游泳国家队教练、悉尼大学讲师卡尔利勒（F. Carlile）也发表了“运动员与应激适应（The Athlete and Adaptation to Stress）”的文章[38]，认为运动员的训练是一个机体对训练负荷的适应过程，适宜的训练负荷可以提高运动员的运动能力，而不足或过大的训练负荷都会降低运动员的运动能力。

同时，他还从适应理论的角度指出了当时运动训练中存在大量不科学的训练方法和内容，提出应该从生物学、教育学和哲学等基础学科的角度和层面加强竞技训练的研究。

早期接受适应理论并将其思想运用到运动训练实践的典型代表人物是美国著名游泳教练员康希尔曼（James Counsilman）博士。20世纪50年代在美国印第安纳大学担任游泳教练的康希尔曼，在塞里的应激—适应理论刚一问世就将这一思想迅速引入他的游泳训练体系里，以该理论作为指导思想建立了被称为“印第安纳系统（the indiana system）”的游泳训练体系。1968年，在他撰写的被誉为当代游泳训练“圣经”的《游泳的科学》（The Science of swimming）一书中[39]，就将最大适应应激、循序渐进和动机作为制订训练计划的三大原则，并将运动员训练后的机体最大适应进一步分为不适应、疲劳、适应和超适应4个等级。他以一周的训练为例（图2-5），描述了运动员的训练负荷和机能表现可能出现3种不同的结果，如果运动员的训练负荷从星期一到星期五始终保持在“中等”水平的话，他的机体能力则处于“疲劳区域”，经过星期六和星期日的恢复其能力可以恢复到“适应区域”（A曲线）；如果运动员的训练负荷较高，机体疲劳程度处于疲劳区域的下限（但没有达到不适应区域），那么经过星期六和星期日的恢复机能能力则可能出现“超适应”的水平（B曲线）；如果运动员的训练负荷过大，机能能力下降到不适应区域，那么尽管他经过了星期六和星期日的休息，但他的机能能力水平仍然无法达到“适应区域”或“超适应区域”（C曲线）。显然，康希尔曼的训练引入了塞里的应激—适应理论的核心思想，基于适应理论的“预警、抵抗和衰弱”三段论将运动员的训练结果分为提高（超适应）、保持（适应）和下降（不适应）三种不同的结果，这些结果取决于训练负荷的适时和适量的投入。

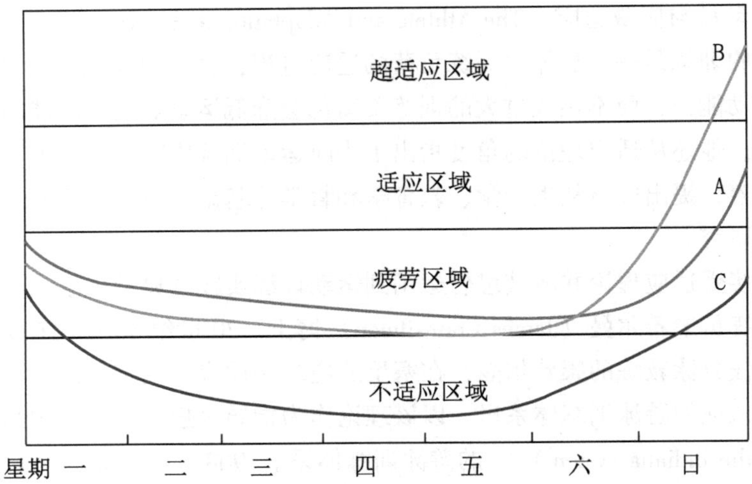

图 2-5　应激、疲劳、适应和超适应示意图（Counsilman，1968）

将塞里的应激—适应理论系统运用于运动训练领域的学者是爱沙尼亚塔尔图大学（The University of Tartu Estonia）的维禄（A. Viru）教授，1963 年，他在塔尔图大学获得生物化学博士学位，之后又获得爱沙尼亚科学院的生物学博士学位，长期担任爱沙尼亚体育科学学会主席和奥委会副主席，是世界运动生理、生化领域的著名学者。20 世纪 80 年代初，维禄开始运用适应理论指导运动训练[40]，他把机体一般的非专门性反应，即应激反应，看作专门适应形成的必备条件，一般应激水平的发展可以有力地支持特定系统适应能力的改善。他认为，训练的负荷是“应激源”，它必须是一个足够大和有效的刺激，这样才会对机体产生作用。机体能力在负荷刺激的作用下出现障碍（疲劳），又随着应激水平的提高形成新的平衡状态（能力提高）。机体对刺激的适应是一个在中枢神经支配和调控下的过程，中枢神经协调并校正不同器官和系统在负荷下的协作机能，使机体出现一种“有效的训练结果”。外界的刺激如果达不到或超出了中枢神经协调和控制的范围，机体则可能对该刺激不做出反应或出现负面反应。

2008 年，维禄撰写了《竞技训练的适应》（Adaptation in Sports Training）一书[41]，从应激—适应的角度全面和深入地诠释了运动能力在训练过程中的增长、保持和下降，是迄今唯一将运动训练放在机体适应背景下进行研究和讨论的重要学术成果。该书对与运动密切关联的神经—肌肉系统、内分泌系统和能量代谢系统在训练刺激作用下的变化进行了研究，不仅从传统的运动生理或运动生化层面对这些变化进行了阐述，而且从运动适应的角度对这些变化的原因进行了分析。

将“运动后恢复期（post-exercise recovery period）”作为一个章节进行专门论述，这是该书的一个主要特点。维禄认为，肌肉收缩的停止并非意味着机体运动的结束，运动后的恢复同样应纳入运动训练的范畴，应该关注各种重要能量物质运动后的恢复和超量恢复。在宏观上，他将运动后机体的恢复分为2个阶段和5个层面（图2-6），在运动后几分钟到几小时的快速恢复阶段，机体一些显示参与运动主要功能的指标，如心率、血压、乳酸等，首先快速恢复到训练前的安静水平，之后机体内环境平衡也恢复到运动前的状态，一些重要的在运动中大量消耗的能量物质储备，如ATP-CP和糖原等，也在该阶段被重新补充甚至出现超量恢复。在被称为延迟恢复（delayed recovery）的阶段，运动能力和机能将得到恢复和重建。关于延期恢复问题，维禄在书中强调，“关于身体机能和工作能力的延期恢复，一种错误的理解是该阶段开始于第一阶段的结束，然而该阶段实际上应开始于运动的结束”。也就是说，对于一些能量物质或机体能力来说，它们的恢复也同样开始于运动结束的即刻，但它们的恢复和重建比那些在短时间内能够快速恢复的功能和能量物质需要更长的时间，因此贯穿快速和延迟恢复两个阶段。

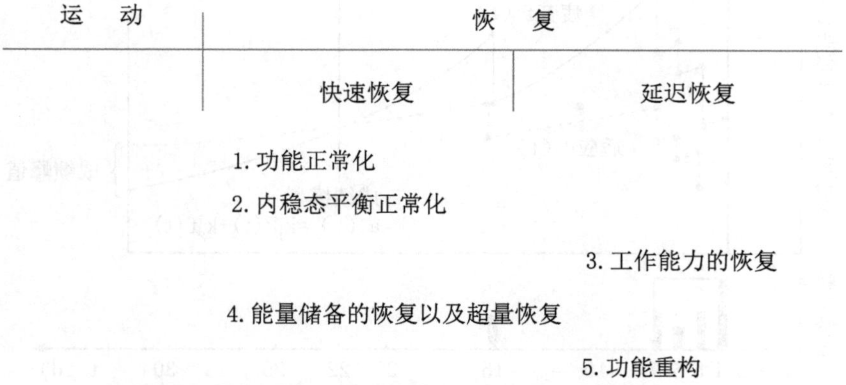

图2-6 运动后机体恢复的阶段划分（Viru，2008）

对适应理论在运动训练上应用做出重要贡献的还有班尼斯特（E. W. Banister）博士、教授。他早年在英国曼彻斯特大学（Manchester University）获得生理学博士学位，后到加拿大温哥华西蒙菲莎大学（Simon Fraser University）运动人体科学学院任教，曾担任该院院长并兼任《运动医学》（Sports Medicine）和《训练与康复》（Training and Rehabilitation）两个杂志的总编。班尼斯特和他的同事们从20世纪70年代开始关注运动训练中刺激、疲劳和适应三者之间关系的问题，以大学游泳运动员全年训练的数据为素材，建立了游泳运动员的疲劳—能力数学模型[42, 43]。1982 年，班尼斯特正式提出了具有一般意义的“疲劳—适应”模型[44]，与雅克夫列夫提出的“超量恢复”这一运用疲劳单一因素解释运动训练效果的模型比较，该模型也被称为运用疲劳和适应两个指标描述机能能力发展的双因素模型（图 2-7）。班尼斯特认为，人体在负荷的刺激下会同时出现机体疲劳和适应两种反应，这两种相互对抗（antagonistic）的反应会根据负荷的变化而变化，并且二者之间存在某种关系。在高负荷训练的情况下，疲劳的上升快于适应，其曲线高于适应曲线，但随着负荷的下降疲劳曲线的下降速度加快并逐渐与适应曲线出现交汇，其交汇点被认为是运动员出现最佳竞技状态的临界点，重大比赛应该在该临界点之后，即最佳竞状态区域出现。疲劳—适应双因素模型不仅展示了竞技能力长期发展的基本规律，而且给出了在一定负荷刺激下疲劳与适应的关系，人们可以通过实验找到二者之间的关系，使运动训练负荷过程的定量诊断和控制成为可能。

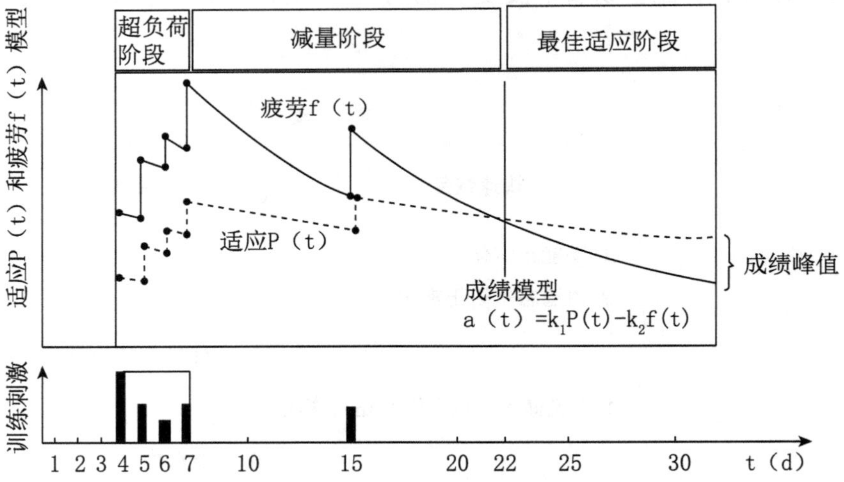

图 2-7　疲劳—适应模型（Banister，1982）

班尼斯特的疲劳—适应双因素模型对运动训练，尤其是赛前减量训练具有重要的指导意义，在某种意义上开启了赛前训练量化研究的先河。在其问世之后，人们运用该模型的思想或方法对多个运动项目进行了赛前训练的研究[45]，同时也在其基础上对模型本身进行了研究，提出了诸如“非线性模型（nonlinear model）”[46]等改进型赛前训练模型。

尽管班尼斯特的双因素模型已经比超量恢复模型有了很大的进步，人们可以借助该模型寻找负荷（疲劳）与适应（能力）之间的量化对应关系，预见未来竞技能力（状态）的发展水平，但是该模型仍然存在其局限性，人们无法通过该模型对所有运动项目进行预测和评估，只能对那些力竭性体能项目具有一定的指导意义。同时，该模型也不能区别不同的训练刺激对机体造成的不同类型的疲劳，如神经疲劳、肌肉疲劳和心血管疲劳等，只能从整体上构建刺激与疲劳和适应之间的关系，从而影响到模型的准确性。

20 世纪 80 年代末期，对“超量恢复”理论的争论促使人们对训练适应（training adaptation）的发生、发展和改变过程进行更加深入的研究。人们开始意识到人体运动能力的增长、保持和消退与人体运动生理学，尤其是能量代谢系统紧密相关，不能仅从投入（负荷刺激）和产出（能力改变）两个端口进行研究，而必须深入到训练过程中探求其各个器官、系统的变化。在这方面，较为典型的研究成果是德国的马德尔（Mader）的“机能储备模型”[47]和诺依曼（Neumann）的“改变—适应的时间动态”理论[48]。

20 世纪 80 年代末期，德国著名运动生理学者马德尔教授，曾先后在民主德国莱比锡体育科学研究所和联邦德国科隆体育大学工作，他以适应理论为基础，从细胞代谢的层面上研究了人体机能能力在负荷刺激下变化的问题。他认为，适应的个体因素藏匿在细胞的遗传机制之后，细胞蛋白质分解与合成周期使细胞质量和结构与长期形成的人体机能水平相适应。机体在细胞水平上的适应是通过对蛋白质分解与合成之间动态平衡的调节实现的，不同的蛋白质不仅有不同的存活时间（凋亡期），而且还有不同的衰减和再生期。人体不止有一个标准的细胞蛋白质代谢率，在负荷的作用下还有一个“机能受限性”蛋白质代谢率的提高（图 2-8）。在正常情况下蛋白质的凋亡期与再生期应当呈现一种动态平衡状态，运动员在良性负荷的刺激下蛋白质的合成将超过凋亡，如果这种合成的增加集中在一些对运动能力具有重要影响甚至决定性作用的蛋白质（如线粒体等），则机体运动能力必然提高。但是，如果运动员的负荷过大，超出了他们的最大生理极限，蛋白质的破坏将大于合成，机体的运动能力也将随之下降。因此，竞技能力的增长必须建立在良性的、最大机能容量之下的刺激基础之上，如果超过最大机能容量的刺激（机能负荷超过了机能储备的 15%），竞技能力不仅不会提高，还可能引起蛋白质的衰竭。此时，蛋白质的分解将大于合成，机体对负荷产生负面（消极）的适应，其结果是造成竞技能力的下降。

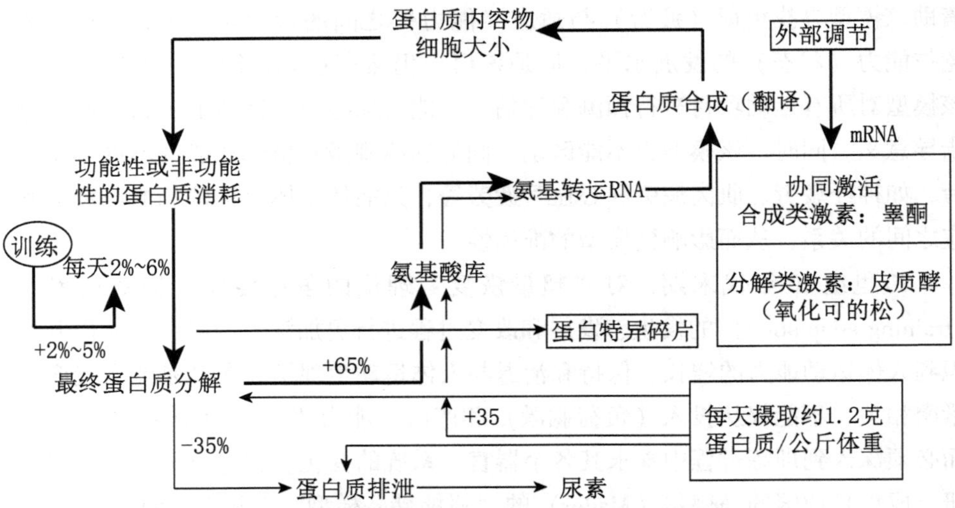

图 2-8　肌细胞蛋白质代谢示意图（Mader，1990）

马德尔在上述机体负荷时蛋白质合成的调节与主动适应的基础上，提出了一个解释人体运动能力通过训练改变的“机能储备模型”（图 2-9）。该模型建立的前提条件是：第一，认定有机体的适应能力具有一个受遗传决定的极限，这一受个体条件限制且可以枯竭的适应力被称为“适应储备”，其上限为“最大机能容量”；第二，机体具有多种不同的能力，不同能力的水平和发展空间不同；第三，机体对刺激的应答方式不同，既有短时间的反应，也有长时间的积累变化。据此，他提出机体拥有一个无时不存在的“现时机能容量”，它由一个潜在的并受遗传决定的“适应储备”和“现时生理负荷”共同构成，是机体各种不同能力已具备的各自的现时状态，也是至今为止机体对训练的适应程度。“现时机能储备”是一个区域，是“现时机能容量”与“现时生理负荷量”之间的差，它的顶端构成了现在可调动支配的“机能储备”的上限。如果运动员的“现时生理负荷量”越逼近“现时机能容量”，也就是说“机能储备”的余留量越少，说明训练负荷量是最佳的。如果训练负荷低于或超过了供支配的“现时机能”储备，则表明训练负荷的安排不正确。这两种情况均会影响训练的效果，过低的负荷不会引起机体的反应，机体也不会出现相应的适应，而过高的负荷同样不会给机体带来良性的适应，甚至会造成过度训练和损伤。

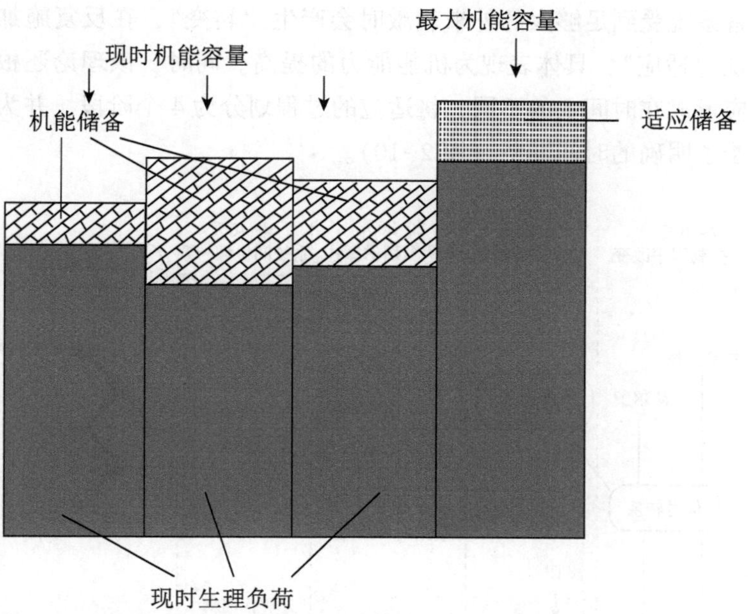

图 2-9 人体机能容量和储备示意图（Mader，1990）

人体拥有不同的“现时机能容量”，各个“现时机能容量”之间及其生理负荷与机能储备的大小也存在区别和差异，它们既是有限的，又在一定范围内是动态变化的。不同现时机能容量的总和构成了人体的“最大机能容量”，其中不同的机能储备又构成了总体的适应储备，对不同机能储备的挖掘，即生理负荷的不断增加，也是对整个机体“适应储备”上限的逼近。

马德尔机能储备模型的主要特点为：

（1）认为人体对外来刺激的适应能力，无论是长期还是短期的，均受遗传因素的影响，是有限度的；

（2）提出了“现时机能容量”概念，它以生物学的“应激”理论为基础，认为机体的“适应”是一个对机体本来就存在的“适应储备”的挖掘过程，而不是将其简单地归结为“超量恢复”；

（3）建立了负荷量与机能潜力之间的关系，并运用它作为评价训练负荷适宜与否的指标。

著名运动生理学者，长期担任民主德国体科所运动医学学术带头人的诺依曼教授在 1991 年提出了人体的“转变—适应”模型[49]。该模型从时间的角度对机体细胞和组织在运动训练负荷作用下的适应性变化进行了解释。该理论提出，当机体各器官系统受到足够大的外来刺激时会产生“转变”，在反复施加负荷的条件下则出现“适应”，具体表现为机能能力的提高。同时，该理论还根据各器官系统的适应形成在时间上的不同，将适应的过程划分为 4 个阶段，并为各个阶段的实现给予了明确的时间期限（图 2-10）。

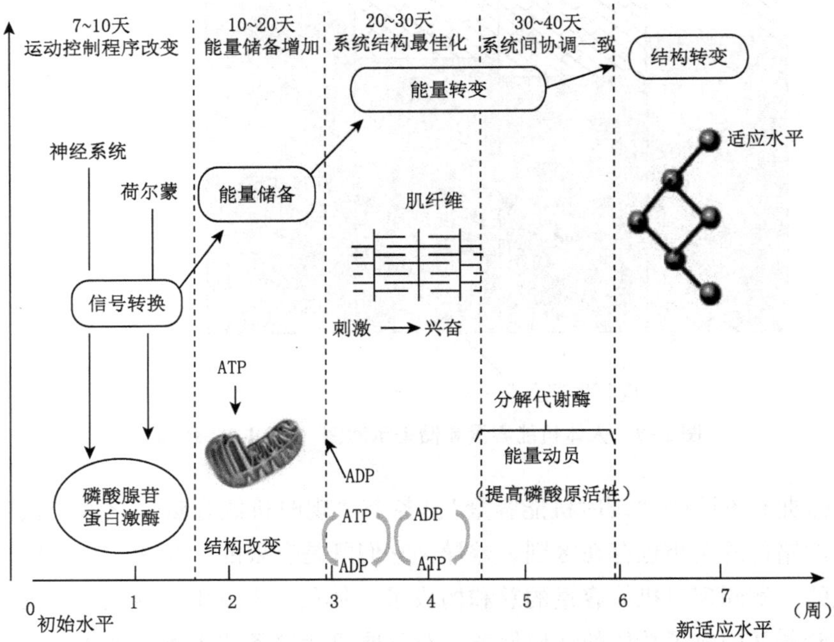

图 2-10　人体的“转变—适应”模型（Neumann，1991）

由图 2-10 可见，人体对运动训练产生适应性改变首先发生在神经—肌肉系统的层面，在第一个阶段 7~10 天的训练中肌肉细胞中的底物和神经对肌肉的支配程序出现相应的变化。在第二个阶段 10~20 天的训练中，机体的能量储备出现显著性增加，肌肉蛋白质的结构也出现变化。随后，运动适应进入第三个阶段 20~30 天的训练，具体表现为能量物质的动员和转换速度加快，肌肉的募集和收缩速度也得到相应的提高。当训练进行到 6 周左右的时候，机体适应进入到第四个阶段，这也是运动适应过程的最后阶段，参与运动的各个不同器官和系统之间的协调得到明显的改善，不仅运动时的动力出现明显增强，而且其经济性也得到显著优化。

该理论描述了在负荷情况下机体的平衡状态被破坏而产生“转变”，在连续适宜负荷的作用下又形成新的平衡，即一个从量变（积累作用）到质变的“适应”的过程。我们注意到，诺依曼的理论中没有运用传统的“超量恢复”来解释机体器官系统对负荷的反应，而称其为“转变”。依据这一观点，机体在外来负荷的作用下其平衡状态被破坏，具体的反应就是疲劳，当负荷条件不存在时，机体会得到恢复，如果反复对机体施加负荷刺激，则机体会由于负荷的累积效果对该刺激产生适应，具体表现为运动器官系统在形态机能方面的改变。这种适应是以刺激的累积效应为基础，首先实现机体器官形态的“代偿”性改变，然后产生功能上的适应。如力量训练使神经对肌肉的支配作用得到改善和骨骼肌面积得到增加，从而增大了力量。

20 世纪 90 年代之后，世界计算机技术的快速发展开启并推动了人体运动适应模型的智能化研究。2000 年，德国美因茨大学计算机系的珀尔（J. Perl）教授和科隆体育大学运动与训练研究所的梅斯特（Mester J.）教授提出了“竞技潜能元模型（performance potential metamodel）”[50, 51]，简称为 PerPot 模型。该模型秉承了“应激—适应”理论的核心思想，运用应力（strain）输入、应答（response）输出及二者对竞技能力（perfoemance）的影响三者之间形成的若干交互作用，以各种“元”，即不同的系统和功能的形式模拟竞技能力的适应过程（图 2-11）[52]。该模型认为，运动能力的改变是机体抵抗（antagonistic）外来刺激的结果，该结果具有滞后（delay）效应的特点，并且不仅表现为正面的能力提高而且也会出现负面的能力下降[53]。

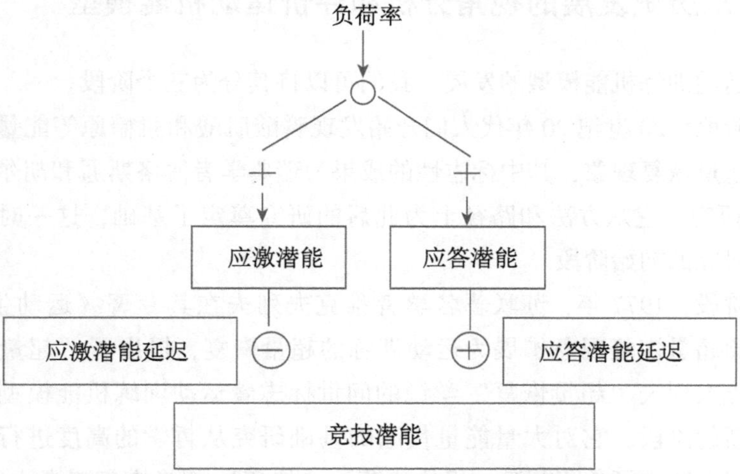

图 2-11　竞技潜能元（PerPot）模型（根据 Perl，2000）

与之前的竞技能力模型比较，PerPot 模型的突出特点在于构建了一个基于计算机和相关数学建模技术的模拟平台。在该平台上，人们可以通过一些已经被研究证明的刺激（训练）与应答（适应）之间的关系，如跑步强度与心率之间的关系、血红蛋白增长与耐力训练时间之间的关系等，模拟或预测竞技能力的发展趋势。

第三节　运动机能模型发展展望

运用“模型”揭示和解释运动能力的发展和变化是长期以来运动训练科学研究的一个重要领域，也是当前和未来发展的一个重要趋势。从“模型”的功能来看，它始终从两个方面影响着运动训练，首先是从源头探索运动训练对人体机能的影响，试图解释机能能力在运动训练刺激下产生变化的机制问题，因此被视为运动训练的基石；其次是研究“负荷—疲劳—适应”之间的关系，试图对运动训练的过程和结果进行诊断、预测和控制，使运动训练成为一个可操作的科学化过程，因此也被看作是实现训练科学化的关键。然而，从 20 世纪 20 年代就已经提出来的肌糖原超量恢复现象，到之后出现的运动训练超量恢复学说，再到目前以“适应”理论为基础和背景的各种“模型”在上述两个层面上显然还都不能满足运动训练的需求，仍然需要不断地深入研究。

一、从历史发展的视角分析和评价运动机能模型

纵观运动训练机能模型的发展，我们可以将其分为三个阶段。

第一阶段：20 世纪 20 年代人们开始发现磷酸肌酸和肌糖原等能量物质存在运动后的超量恢复现象，其中标志性的成果为瑞典学者博格斯通和胡尔特曼等人 1966 年的研究，它从方法和路径上为此后的研究奠定了基础，这一时期是运动机能模型研究的初始阶段。

第二阶段：1977 年，苏联著名学者雅克夫列夫在其专著《运动生物化学》中将肌糖原超量恢复现象扩展为运动训练的超量恢复，提出了“超量恢复”的学说。雅克夫列夫“超量恢复”学说的问世标志着运动训练机能模型的研究进入到一个新的阶段，它对大量能量代谢的基础研究从哲学的高度进行归纳和总结，在宏观上建立了负荷刺激—机体疲劳—（恢复）超量恢复三者之间的关系，构建了首个以解释运动训练效应为目标的理论模型。该模型首次超越了传统的运动生理、生化的生物学领域，没有将重点集中在磷酸肌酸、肌糖原等具体能量物

质在运动训练前后产生的复杂变化方面，而是将运动训练中的能量代谢过程简化并提炼为下降、恢复和超量恢复三个阶段，高度概括了在训练刺激下机体机能的变化规律。该模型的优点主要表现在两个方面：一是将机体在训练条件中的诸多复杂变化进行了高度简化和凝结，人们可以将其作为制订训练负荷和选择训练方法的依据，也可以将各种训练后机体的变化归因于“超量恢复”，便于教练员和运动员对训练负荷及其效果的理解；二是该模型具有运动生物学能量代谢基础的支撑，大量的实验研究已经证明肌糖原等能量物质超量恢复现象的存在，与之前的运动训练比较，超量恢复模型的应用无疑在一定程度上提高了运动训练的科学化水平。

第三阶段：20 世纪 50 年代中期塞里的适应理论问世之后，美国的威尔特和康希尔曼分别在理论和实践上率先将适应理论引入竞技运动训练，特别是康希尔曼在游泳训练上的卓越成功验证了适应理论对竞技运动训练具有重要的指导作用。1980 年，爱沙尼亚学者维禄开始深入推动适应理论在运动训练领域的发展，运用适应理论的思想解释机体在训练负荷下的变化，从此“适应”逐渐取代“超量恢复”成为竞技运动训练的基石。在 20 世纪 80 年代之后，运动训练机能模型的研究进入一个新的活跃期，相继出现了班尼斯特的“疲劳—适应双因素”模型、诺依曼的“改变—适应的时间动态”模型、马德尔的“机能储备”模型和珀尔的“竞技潜能元”模型。这些模型尽管在影响力上难以超越“超量恢复”和“适应”理论，但它们融合了当代先进的科技思想和技术，在运用层面上更加贴近运动训练实践，表现出较好的实操性。

长期以来，尽管一些学者不断对雅克夫列夫提出的“超量恢复”模型提出质疑，认为该模型存在诸多问题，但是我们应该注意到，在当时的体育科研水平下，该学说无论在生物学基础上还是在运动训练实践上都不失为是一个“最贴近”训练实际的模型。作为一名杰出的运动生化学者，雅克夫列夫和他的研究团队一直致力于从能量代谢层面探索人体机能能力在训练中变化的机制，而并非仅从哲学和方法论的角度解释这一问题。塞里适应理论在运动训练领域一直扮演着一种指导思想的角色，在某种程度上可以说是一种从宏观层面指导运动训练的思维方式或训练理念。在超量恢复之后出现的相当一部分模型是在适应理论思想的基础上或在其影响下构建和形成的，这些模型基本都以适应理论的“报警—抵抗—疲惫”机体对外来刺激反应的“三段论”为基础，强调人体机能能力的提高源于机体对外来刺激的适应，承认人体都具有个体的机能能力极限，重视不同大小和形式的刺激将引起机体不同的适应。

与“超量恢复”相比，“适应”理论在一些重要的条件上增加了“限制”，如提出了人体运动极限的存在，在一些具体的解释上更加符合运动的实际，再如强调了不同运动员个体和不同机能能力对负荷的不同“适应”，突出了个体差异和区别对待。在对运动训练机制解释的客观性方面，“适应”理论显然具有较多的优势。但是必须注意到，目前在“超量恢复”和“适应”理论问题上的争论并没有结束，尽管人们对“超量恢复”学说提出了质疑，但是依据“应激”理论将运动训练的生理、生化基础归因于机体的“适应”同样缺乏大量的具体实验数据的支持，人体运动能力提高的机制在许多方面仍然是“黑箱”，以目前的科学理论和技术还无法做到精确的量化解释。因此，我们应该站在历史发展的立场审视和评价超量恢复和适应这两个对运动训练最具影响的理论，继续加强这方面的深入研究。

二、运动机能模型研究的未来发展

从当代科学技术发展的总趋势来看，人体运动机能模型研究的未来发展主要集中在以下三个方面。

第一，以“超量恢复”和“适应”理论为主干的运动机能模型的多年发展，基本被限定在运动科学的范围内，即使是20世纪90年代基于一定计算机技术的“竞技潜能元”模型的问世，也只能称其为多学科在竞技运动训练研究领域的初步尝试，与当时的科技发展水平仍然存在较大差距。因此，将当前多学科和高科技的新理论和新技术运用于运动机能模型的研究，从多角度和层次开发和构建模型，大幅度提升其科学性，是该研究领域未来发展的一个主要趋势。

第二，进一步加强有关基础研究是运动机能模型研究未来发展的另一个主要趋势。人体机能模型涉及遗传和后天训练的两方面因素，涉及训练负荷和机体对负荷刺激的各种生理和心理反应及二者之间的关系，其中既有一般性规律又有个体性特点。因此，以模型为研究目标的若干基础研究，如基因、蛋白质、能量代谢和营养补充等问题，应成为模型研究的重要领域，这些领域的研究成果将成为未来模型构建的基础和依据。

第三，理论与实践的紧密结合是模型研究的一个重要发展方向。截至目前的各种运动机能模型在很大程度上大多停留在理论的层面，并不能或很好地应用于对运动训练的指导，即其理论意义高于实践作用。究其原因，一是人体和运动训练本身的复杂性和差异性，二是模型功能的客观性和可重复性，都还不能满足训练实践的需求。因此，在未来模型的研究中，应该将实际运用作为研究的重要目标，将训练负荷、机体疲劳和机体适应三者的关系作为研究的重点，运用模型指导运动员竞技能力的长期发展和竞技状态的短期调控。

参考文献

[1] Zuntz V N. Umsatz der Nahrstoffe. XI. Betrachtungen uber die beziehungen zwischen Nahrstoffen und Leistungen des Korpers [M].In: Handbuch der Biochemie des Menschen und der Tiere, edited by K. Oppenheimer. Jena, FRG: Fischer, 1911: 826-855.

[2] Roux W. (Hrsg): Vorträge und Aufsätze über Entwicklungsmechanik der Organismen [M]. Leipzig, 1905.

[3] Krogh J, Lindhard J. The changes in respiration at the transition from work to rest. [J]. Physiol, 1919, 53: 431.

[4] Embden G, Adler E. Uber die physiologische Bedeutung des Wechsels des Permeabilitatszustandes von Musklfasergrenzschichten [J]. Z physiol Chem, 1922, 118: 1-11.

[5] Fiske C H, Subbarow Y. Phosphorus compounds of muscle and liver [J]. Science, 1929, 70 (1816): 381-382.

[6] Eggleton P, Eggleton G P. The physiological significance of “phosphagen”. [J]. Physiol, 1927, 63 (2): 155-161.

[7] Bergström J, Hermansen L, Hultman E, et al. Diet, Muscle Glycogen and Physical Performance [J]. Acta Physiologica Scandinavica. 1967 (2-3), 71: 140-150.

[8] Bergström J, Hultman E. Muscle glycogen synthesis after exercise: an enhancing factor localized to the muscle cells in man [J]. Nature, 1966, 16 (210): 309-310.

[9] Hultman E. Physiological role of muscle glycogen in man, with special reference to exercise [J]. Circ. Res, 1967, 20-21: 199-1114.

[10] Palladin A V. The biochemistry of muscle training [J]. Science, 1945, 102 (3): 576-578.

[11] Yampolyskaya L I. Muscle glycogen supercompensation in restitution period after exercises of various character and duration [J]. Byull. Eksp. Biol. Med. (Moscow), 1948, 11: 358.

[12] Jakovlev N N. Biochemical foundations of the training of muscles [J]. Usp. Sovrem. Biol. (Moscow), 1949, 27: 257.

[13] Jakovlev N N. Biochemical foundations of the training of muscles [J]. Usp Sovrem Biol (Moscow), 1949, 27: 257.

[14] Jakowlev N N. Die Bedeutung der Homöostasestöruang für die Effektivität des Trainingsprozesse [J]. Medizin und Sport, 1972, 12: 367.

[15] Jakovlev N N. Biochemistry of sport in the Soviet Union: beginning, development, and present status [J]. Medicine and science in sports, 1975, 7 (4): 237-247.

[16] Jakowlev N N. Sportbiochemie [M]. Barth, Leipzig 1977.

[17] Röthig P. u. a. (Hrsg) Sportwissenschaftliches Lexikon [M]. Verlag Hofmann Schorndorf, 1992: 490-491.

[18] Hultman E, Bergstrom M J, Anderson M L. Breakdown and resynthesis of phosphocreatine and adenosingtriphosphate in connection with muscular work in man [J]. Scandinavian Journal of Clinical & Laboratory Investigation, 1967, 19: 56.

[19] Terjung R L, Baldwin K M, Winder W W, et al. Glycogen repletion in different types of muscle and in liver after exhausting exercise [J]. American Journal of Physionlogy, 1974, 226: 1387-1391.

[20] Piehl K. Time course of refilling of glycogen-induced glycogen depletion [J]. Acta Physiol Scand, 1974, 90: 297-302.

[21] Hermansen L, Vaage O. Lactate disappearance and glycogen synthesis in human muscle after maximal exercise [J]. American Journal of Physiong, 1977, 233 (5): E422.

[22] Chagovets N R. Biochemical changes in muscles in restitution period after physical work [J]. Ukr. Biochim. Zh (Kiev), 1957, 29: 450.

[23] Batuner L S. Restitution of energy potential of muscles after exercises close to maximal [J]. Sechenov Physiol J USSR, 1977, 63: 406.

[24] Jakovlev N N, Krasnova A F, Lenkova R L. et al. Effect of the adaptation to intensive muscle activity on the functional state of skeletal muscle mitochondria [J]. Cytologia (Moscow), 1978, 14: 197.

[25] Jakovlev N N. The expenditure and resynthesis of energy sources in muscles of various functional profile in regard to the character of load [J]. Sechenov Physiol J USSR, 1979, 65: 1796.

[26] Matwejew L P, Kolokolowa W M. Allgemeine Grundlagen der Körpererziehung [M]. Berlin (DDR), 1962: 20.

[27] Weineck J. Optimales Training [M]. Spitta Verlag GmbH, 2000: 32-35.

[28] Bompa T O, Haff G G. 周期——运动训练理论与方法 [M]. 李少丹，李艳翎，译. 北京：北京体育大学出版社，2011：11-15.

[29] De Marées H. Sportphysiologie [M]. Sport und Buch Strauß, 1996: 168.

[30] Hollmann W, Hettinger T. Sportmedizin, Arbeits- und Trainingsgrundlagen [M]. Stuttgart-New York, 1980: 135.

[31] Zimmermann E. Sportwissenschaftliches Lexikon [M]. Schorndorf, 1983: 423-424.

[32] Geiger A. Überlastungsschäden im Sport [M]. Stuttgart-New York, 1992: 189-190.

[33] Neumann G. Schuele K P. Sportmedizinische Funktionsdiagnostik [M]. Leipzig-Berlin-Heidelberg: Barth Verlagsgesellschaft, 1994: 13-17.

[34] Selye H. A syndrome produced by diverse nocuous agents [J]. Nature, 1936, 138 (2): 230-231.

[35] Selye H. The stress of life [M]. New York: McGraw-Hill, 1956.
[36] Selye H. Stress in health and disease [M]. Butterworth, Boston, 1976.
[37] Selye H. Einführung in die Lehre vom Adaptationssyndrom [M]. Stuttgart: G. Thieme, 1953.
[38] Wilt F. Stress and Training [J]. Track Technique, 1960 (1): 6.
[39] Carlile F. The Athlete and Adaptation to Stress [M]. Track Technique, September 1961: 56-158.
[40] Counsilman E J. The Science of swimming [M]. Prentice-Hall, Inc. Englewood Cliffs, New Jersey, 1968.
[41] Viru A. Das Problem der Vergrößerung der plastischen Reserven des Organismus im Trainingsprozeß [J]. Leistungssport , 1980, 10: 280-282.
[42] Viru A. Adaptation in Sports Training [M]. New York: Informa Healthcare, 2008.
[43] Banister E W, Calvert T. W. , Savage M. V. et al. A systems model of training for athletic performance [J]. Aust J. Sports Med. 1975, 7 (5): 61.
[44] Banister E W. Modeling Elite Athletic Performance [M]. Human Kinetics, 1982: 403-425.
[45] Mujika I. The influence of training characteristics and tapering on the adaptation in highly trained individuals: a review [J]. International Journal of Sports Medjcine, 1998, 19 (7): 439-446.
[46] Busso T. Variable dose-response relationship between exercise training and performance [J]. Med Sci Sports Exerc, 2003, 35: 1188-1195.
[47] Mader A. Aktive Belastungsadaptation und Regulation der Proteinsynthese auf zellulaerer Ebene [J]. Deutsche Zeitschrift Sportmedizin, 1990; 41: 40-58.
[48] Neumann G. Schuele K P. Sportmedizinische Funktionsdiagnostik [M]. Leipzig-Berlin-Heidelberg: Barth Verlagsgesellschaft, 1994: 13-17.
[49] Neumann G, Berbalk A. Umstellung und Anpassung des Organismus-grundlegende Voraussetzung der sportlichen Leistungsfaehigkeit [M]. In: Bernett P. , Jeschke D. (Hrsg.). Sport und Medizin Pro und Contra. W. Zuckschwerdt Verl. , Munchen, 1991: 415-419.
[50] Perl J. Antagonistic adaptation systems: an example of how to improve understanding and simulating complex system behavior by use of meta-models and on-line simulation [R]. 16th IMACS Congress. New Brunswick, NJ: Rutgers University. 2000.
[51] Mester J, Perl J. Grenzen der Anpassungs- und Leistungsfähigkeit aus systemischer Sicht—Zeitreihenanalyse und ein informatisches Metamodell zur Untersuchung physiologischer Adaptationsprozesse. Leistungssport 2000, 30, 1: 43-51.
[52] Perl J. PerPot: A Metamodel for Simulation of Load Performance Interaction [J]. European Journal of Sport Science, 2001, 1 (2): 1-13.
[53] Perl J. PerPot a meta-model and software tool for analysis and optimisation of load-performance-interaction [J]. International Journal of Performance Analysis in Sport, 2004, 4 (2): 61-67.

专题 3

运动技能形成的基础

——协调能力训练理论与实践演变与进展

曹春梅

摘要：

运动协调能力作为个体运动能力的基础，对运动员各项能力的发展具有举足轻重的作用。虽然在日常训练过程中，广大教练员和运动员都对运动协调能力的训练给予了充分的重视，但由于运动协调能力包含了多方面的子能力，使大家对运动协调能力的相关理论的了解不够充分。本章在对运动协调能力的起源和发展脉络、理论模型进行全面细致的梳理后，发现运动协调的相关研究于19世纪20年代分别在体育运动实践、发展心理学和运动生理学三个领域展开，学者们从各自的视角对运动协调（运动能力）的运动学指标进行测量、分析，并最终构建了常模，至此运动协调的研究完成了第一个黄金发展期。随着1967年苏联著名运动生理学家伯恩斯坦（Bernstain）的专著《运动协调与控制》英文版的发表，开启了关于运动协调控制机制的研究。随后，萨尔茨曼（Saltzman）提出的运动分层控制理论、费尔德曼（Feldman）提出的平衡点控制理论、肖尔茨（Scholz）等提出的无管制支路集合假说都是对伯恩斯坦（Bernstain）理论的补充和发展。在实践领域，上述理论主要应用于高水平运动员专项技术检测与评价。另外，协调能力的重要元素——平衡能力也受到广大学者的充分关注，在多个运动项目中开展了相关研究。

第一节 运动协调的含义

一、协调（Coordination）及运动协调的定义

协调（Coordination）一词最早出现在1605年，其含义是“有序组合（orderly

combination）”[1]。从协调的定义可以看出，它是一个非常宽泛的描述，没有对象，只有状态，伴随发展在众多领域中得到广泛使用，如心理学、医学、体育学、管理学、社会学和经济学。当然在不同的领域，学者们根据其表述内容的不同而给出了更具体的定义。而与运动协调相关的内容主要存在于机械控制、心理学、医学和体育学四个领域中（图 3-1）。

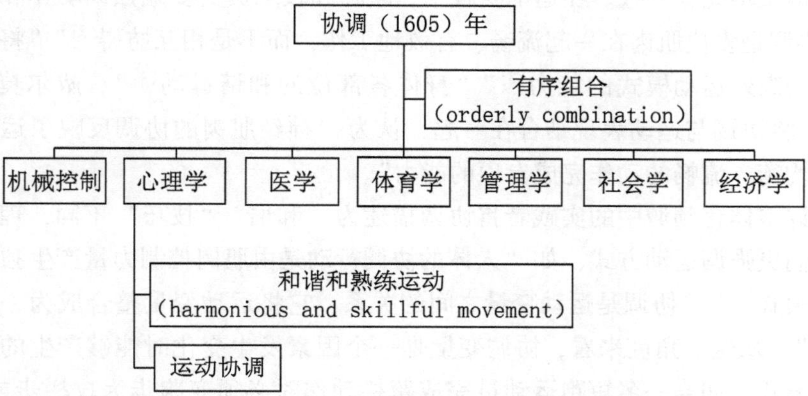

图 3-1 协调的众多应用领域

从协调的释义看，几个世纪以来其基本含义并没有发生大的变化，但近半个世纪以来运动协调的含义开始逐渐与“和谐和熟练运动（harmonious and skillful movement）”相关，在韦氏新世界词典（Webster's New World Dictionary，1988）中将运动协调定义为“和谐地调整动作，如完成复杂动作时的肌肉调整（harmonious adjustment of action，as of muscles in producing complex movements）”，运动协调与节奏（timing）同为技能（skill）的同义词。在有些词典中，没有给出具体关于协调的定义，而是用一些反义词对其进行表述，如在钱伯斯词典中，协调的反义词包括笨手笨脚（awkward）、脱节（disjointed）、不受控制的（disorganised）等；在罗杰国际词典中协调的反义词还包括笨拙（cumbrous）、僵硬（stiff）等。

从对“运动协调”的初始定义、同义词、反义词的分析可以看出，虽然它是一个用于描述状态的词语，但又是一个具有不同幅度的状态，即“运动协调”是可以分为不同程度的级别（图 3-2）。

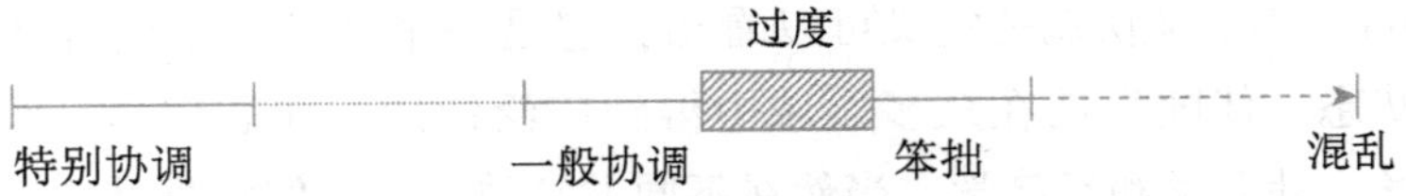

图 3-2　不同协调程度示意图[2]

在体育学领域，运动协调在理论研究和运动实践中又有不同的定义，二者表述相近但又不完全一致。在运动实践中，教师和教练员更多地强调动作和谐，如“运动协调是多块肌肉在一起流畅、有效地工作，而不是相互妨碍[2]”“将肌肉运动整合为高效运动模式的能力[3]”“身体各部位的和谐运动[4]”，威尔莫（Wilmore）[5]将协调与运动表现结合在一起，认为“神经肌肉的协调反映了运动员以平稳、均衡、流畅的动作完成专项的能力”。

与许多体育领域中的实践者将协调描述为“和谐”“技巧”不同，理论研究中学者们更强调运动方式，如“人体的协调行动是由肌肉控制力量产生独特的肢体运动模式[6]”“协调是运动变量之间的关系，它将运动变量整合成为一个运动单元[4]”；从这一角度来看，协调变量是一个因素发生变化时能够产生的一种新的协调方式，如当一名短跑运动员完成跨栏动作时必须变跑步为攻栏步或跨栏。也有些学者对协调的关注点集中于对整合动作的运动单元的描述，如多任务内部协调包括“将特定的肌肉动作融入有效的运动技能”[7]，空间位置协调需要“身体各部位与外部环境之间的精确配合”[8]；肢体协调是指“躯干四肢等不同部位一起有效地起作用，以便在游泳时协调一个人的运动”[9]。

综合上述各种对协调的定义和描述，我们认为，“运动协调的本质是人体神经合理控制肌肉产生的运动，（其）外部表现就是平稳、准确和有控制的（动作）运动”。运动协调的定义说明其是人体为完成某一动作目标、应用神经控制将肢体的运动学和动力学等多方面因素与外界环境“完美配合”的特定状态（图 3-3）。这种“完美配合”的状态与人体的神经、肌肉、骨骼各系统之间具有某种特定的内在关系[10]。

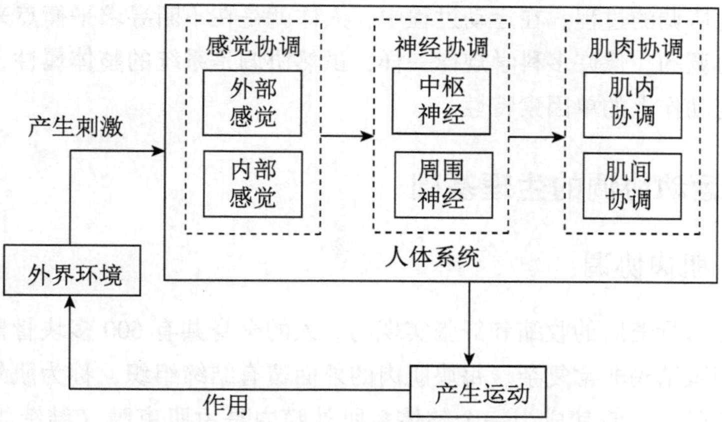

图 3-3 运动协调的内涵

二、运动协调的分类和要素

运动协调的定义说明人体的协调分为两个层面，一个是内部作用机理，一个是外显状态，起决定作用的是人体运动的内部作用机理。从人体运动的内部作用机理看，个体在完成目标动作过程中体现的协调包括感觉协调、神经协调和肌肉协调[10-12]。而对于运动员[13]展现出的与运动专项相关的协调能力，可将其分为一般协调能力和专项协调能力。一般协调能力指运动员完成各种运动活动时所需要的普适性的协调能力，专项协调能力则指运动员完成专项运动时所需要的专门性的协调能力。

运动生理学研究表明[14]，构成健康人体（特别表现在儿童和青少年）协调能力的基本要素有空间定向能力、节奏能力、反应能力、平衡能力和运动感知分辨能力。空间定向能力是指运动员对外界物体或现象的空间位置的判断及其对自身运动的空间位置判断的能力，主要评价指标是其对技术动作的精确控制水平；节奏能力是指运动员在练习过程中在完成动作的时间和力度上呈现出来的快慢、强弱有序变化的能力；反应能力是指人的神经系统及动作的快速应答能力；平衡能力是指人体维持平衡的本领；运动感知分辨能力指运动员对时间、空间、位置和身体运动时改变的知觉，它也是一种对空间、时间、定向运动预知和控制的能力。

例如，人体的平衡是指人体所处的一种稳定状态及不论处在何种位置，当运动或受到外力作用时，能自动地调节并维持姿态的能力[15]，平衡中姿态调整就是一个肌肉协调的过程。在运动过程中，人体就是在不断寻求平衡点来进行神经肌骨系统协调的，像许多科学规律一样，虽然协调是系统的整体属性，但它并不排斥在特定动作上的单因素特性。

三、运动协调的生理基础

（一）肌肉协调

运动是由骨骼肌的收缩和舒张实现的。人的全身共有600多块骨骼肌，每块骨骼肌的细微结构非常复杂。每块肌肉的外面覆有结缔组织，称为肌外膜。肌外膜包绕整块肌肉，使其成为一个整体，肌外膜内是由肌束膜（结缔组织）包绕的肌束（肌纤维束）。切开肌束膜，显微镜下可以看到单个的肌细胞（亦称为肌纤维），每条肌纤维外同样覆有结缔组织，称为肌内膜（图3-4）。肌纤维上有许多明暗相间的横纹，肌节是肌纤维的结构和功能单位，人类最长的肌纤维可达12cm，约含有50万个肌节。不同肌肉所含肌纤维的数量不同，肌纤维数目可从几百条（鼓膜张肌）到数百万条（腓肠肌内侧头）。

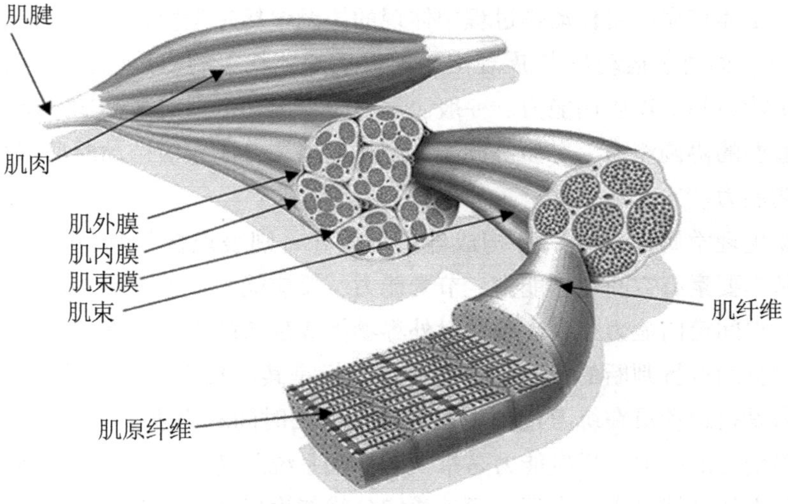

图3-4　肌肉的基本结构[16]

每块肌肉含有不同收缩速度和力量的肌纤维：Ⅰ型为慢缩型，Ⅱ型为快缩型。慢缩纤维在受到刺激时约需110ms达到最大收缩状态，而快缩纤维仅需50ms就能达到最大收缩状态。Ⅰ型肌纤维只有一种，Ⅱ型肌纤维可以分为许多亚型。

肌肉的协调是指肌肉的适宜和合理的用力，其中包括必须参加运动肌肉的用力大小程度和时间顺序（指肌肉紧张和放松的相互配合、兴奋出现的时序）[17]。如在短跑的后蹬瞬间，髋关节、膝关节的伸肌、足关节跖屈肌群都处于向心收缩状态，而髋关节、膝关节的屈肌和踝关节的背屈肌群均处于舒张状态；而在随后地向前摆动阶段，三关节的伸肌群由紧张变为放松，而髋关节、膝关节的屈肌群则从放松变为向心收缩[18]。肌肉的协调可分为肌肉内协调、肌间协调和肌群间协调，肌肉内协调是肌纤维的激活种类和数量；肌间协调指各块肌肉紧张和放松的协同配合；肌群间协调是肌群间紧张和放松的相互配合。

（二）神经协调

所有的身体活动都受到神经系统的调控，在身体的各个部位，神经纤维提供了电冲动传递和接收的环路。大脑就像一台计算器，整合所有传入信号，选择最合适的反应，然后指挥身体各部位做出恰当的动作。神经系统组成了一个重要的工作网络，让身体内部不同组织相互联系、相互协调，也使身体与外部世界相互协调。

神经系统在人体的运动协调中起主导作用，主要分为三个部分（图 3-5），即运动神经元、脊髓和脑。运动神经元直接控制肌肉的收缩，完成协调运动；脊髓是运动功能的低级中枢，主要完成人体运动协调的基本反射活动；脑是运动功能的高级中枢，对运动协调进行复杂的支配与调节作用[19]。根据脑对运动功能进行控制的作用，脑可以分为椎体系、椎体外系和小脑前庭系 3 个控制系统[20]。大脑皮层中与运动控制有关的主要有 3 个区域，即中央前回的初级运动区（4 区）、前运动区（6 区）和额叶眼区（8 区）。此外，第 6 区的附近偏向半球内侧面还有辅助运动区，顶叶皮层后部 5 区也与运动功能有关。其中额叶、颞叶、顶叶和枕叶的联络区皮层与运动的精细程度、复杂性和计划性等特点有关。小脑的主要功能是协同躯体各部分的协调（共济）运动，保持适度肌张力与躯体的平衡状态[21]。（图 3-6）

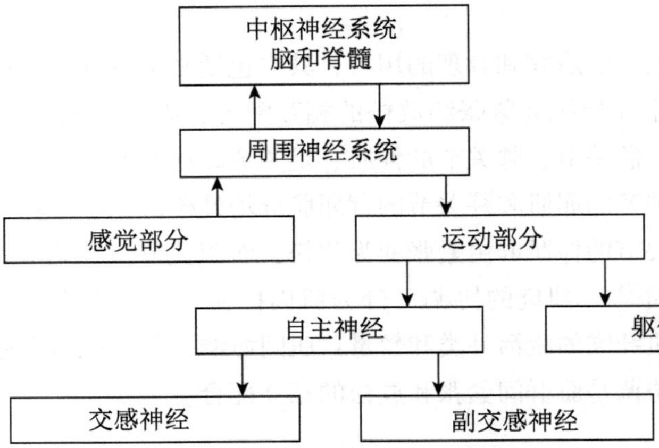

图 3-5　神经系统的结构图[16]

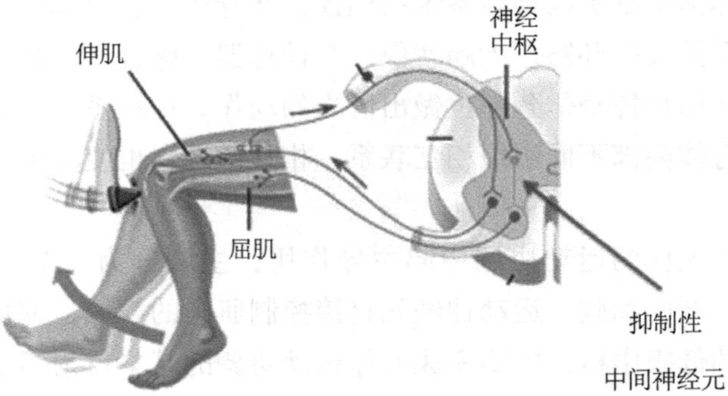

图 3-6　运动协调神经控制系统[21]

人体的结构和功能非常复杂，完成运动目标时需要与变化的环境相互配合，神经系统通过感觉器官感受外界环境的变化利用神经冲动的兴奋和抑制协调各部分的运动。神经的协调不仅包括中枢神经系统与外周神经系统的配合，还包括神经元传导连续冲动、冲动的频率、冲动到达肌纤维的准确时间的配合。

（三）感觉协调

身体对感觉刺激产生反应，是按照一定顺序完成的：

（1）感觉神经元接受刺激；

（2）产生动作电位通过感觉神经传递到中枢神经系统；

（3）中枢神经系统分析整合所有感觉，然后决定如何反应及反射性地引起躯体运动；

（4）动作电位从中枢神经系统传递至骨骼肌，产生反应。

感觉[22]是人们对客观事物属性的反映，是客观事物作用于感官，引起感受器活动而产生的最原始的主观映象（图 3-7）。因此，感觉是个体完成运动目标时设计运动策略的重要依据，同时也受个体神经活动能力的制约。根据刺激的来源，感觉可以被分为外部感觉和内部感觉。外部感觉主要包括视、听、嗅、味、触、温 6 个感觉系统，内部感觉包括痛、动、位置和平衡 4 个感觉系统。每种感觉系统都有自身特定的感官或感受小体，对外部产生的刺激发生反应，将刺激属性和强度转化为生物化学和生物电学信号，经感觉神经传入初级中枢再由脑和脊髓中的相应感觉通路，将感觉信息从初级中枢传向大脑皮层中的高级中枢。

感觉信息向中枢神经系统传递，需要外部感觉之间、内部感觉之间和内外部感觉之间的信息相互协调和统合。感觉协调是运动协调的信息源，神经系统根据感觉传递的信息结合运动目标，发出运动指令，并在达到运动目标前根据感觉信息反馈及时调整相关指令。

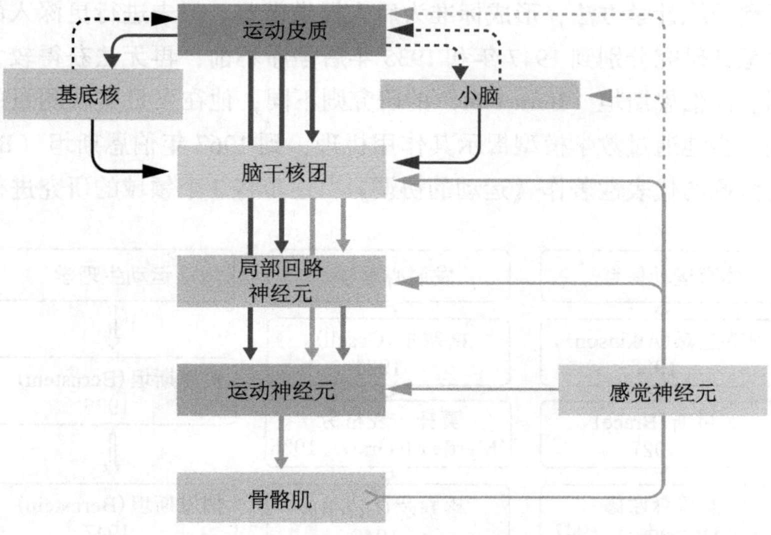

图 3-7　感觉—运动整合的过程[22]

第二节　运动协调理论的起源

关于运动协调研究的起源，虽然目前普遍被广大学者接受的是苏联学者伯恩斯坦（Bernstein），但经过细致梳理发现运动协调在体育实践、发展心理学和运动生理学等领域在 20 世纪初都启动了相关研究，只是由于学科差异、语言差异，相互之间未能互通有无、相互交叉。

图 3-8 为运动协调相关研究起源及发展初期的代表人物，由图可以看出 20 世纪 20 年代是运动协调起源的关键时期，在体育运动实践、发展心理学和运动生理学分别有学者展开研究。体育运动实践领域的研究重点主要集中在设计应用各种方法（如跑、跳、投等）综合评估少年儿童的协调能力，与我们当前的体质测试标准相似，代表性人物为阿特金森（Atkinson）[23]、布雷斯（Brace）[24]和爱普森谢德（Espenschade）[25]。在发展心理学领域，研究重点集中在对儿童（0~5 岁）不同年龄阶段运动协调能力的发展，是发展心理学的一个重要组成部分，代表人物为格塞尔（Gesell）[26-28]、莫托·麦格劳（Myrtle McGraw）[29]等。运动生理学领域的研究重点从对个体运动状态的描述性研究发展到对运动协调机理的研究，代表人物为我们广为熟知的伯恩斯坦（Bernstein）[30]。在这 3 个领域的研究中，体育运动实践和发展心理学方面的研究手段以测量为主，研究者通过大样本测量后利用统计学方法，形成标准为后人提供借鉴。但未进行更深入的原因分析，这也是其研究分别到 1947 年和 1935 年后停滞不前，再无法获得较大发展的根本原因。而伯恩斯坦（Bernstein）的研究则不同，他在大量实践测量的基础上试图更进一步地通过数学模型揭示其作用机理，到 1967 年伯恩斯坦（Bernstein）关于运动协调的代表性著作《运动的协调》[31]逐步将 3 个领域的研究进行统合。

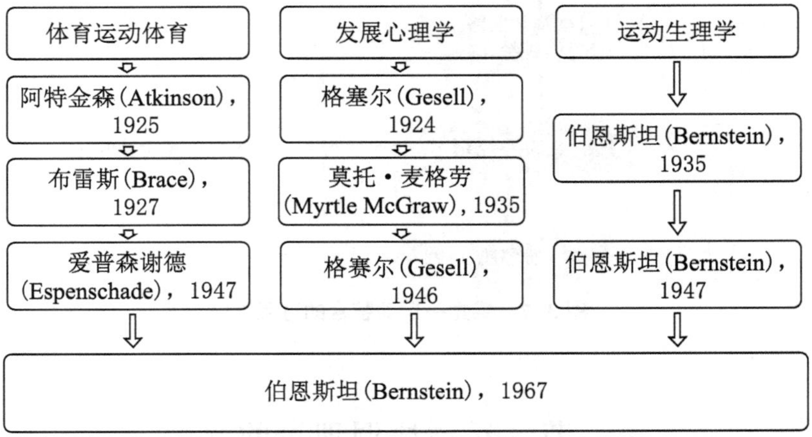

图 3-8　运动协调起源脉络图

本节将分别详细介绍体育运动实践、发展心理学和运动生理学领域关于运动协调的早期研究和取得的阶段性成果。

一、体育运动实践

运动协调在体育运动实践领域的起源得益于美国的体育教育思想。美国体育教育思想 19 世纪初起源于欧洲，其后美国独自创立了新的体系。哈佛医学院的沃伦博士（Dr. J. C. Warren）强调了运动对个体发展的必要性，分析总结了各种体育活动的特点并且帮助哈佛和波士顿建立体育馆，为广大学生从事体育运动创造了良好的环境。康涅狄格州哈特福德女子神学院的凯瑟琳・比彻（Catherine Beecher）首次提出了将体育引入教育中并构造出一种可以满足女性教育发展要求的方式。1885—1917 年，公立学校的体育设施已经开始逐步完善，到 1898 年，31 个州把体育设为必修科目。

体育活动在学校的蓬勃开展，为学者们对青少年的运动能力的研究奠定了基础。1925 年，拉塞尔・塞奇基金会（Russell Sage Foundation）康乐部的阿特金森（Atkinson）对费城的 6 所高中和纽约市科比高中（Bryant High School）的 9000 名学生的综合运动能力进行了测试（表 3-1）。阿特金森（Atkinson）的测试内容源于美国中小学生的日常体育活动内容，只是根据不同运动能力进行了挑选。

表 3-1　阿特金森（Atkinson）关于高中生运动能力的测试内容和评价（据[23]修改）

测试内容/能力	测试项目	测试方法	结果
生理指标	年龄		
	身高、体重		
跑	短跑	50 码快速跑	从一至四年级逐年下降
	土豆赛	端着土豆跑	
投	掷远	篮球掷远	前三年上升第四年下降
	投准	30 秒投篮	
跳	立定跨步跳	立定跨步跳	基本保持不变
攀爬	绳索攀登	十四英尺的绳索攀登	前三年变化不大，第四年有一个急剧上升

阿特金森（Atkinson）的研究还发现快速跑、篮球和掷远成绩好的学生，未必能够在土豆赛和投准项目上取得好成绩，这是因为土豆赛和投准项目需要更多的能力，这种成绩差异主要来源是运动的泛化能力。

从阿特金森（Atkinson）的研究开始，其后又有很多学者对不同群体的运动能力进行了测量，科普斯（Cozens）[32]以213名大一和大二男生为对象分析了大学生的运动能力水平。迪莫克（Dimock）[33]以553名青少年时期（12~16岁）男生为对象分析了受试人群在青春前期、青春期和青春后期力量和协调能力与生理发育的关系，测量发现上肢力量的增长最快（400%）、其次为躯干力量（55%），协调能力的增长最慢（22%）。爱普森谢德（Espenschade）[34]对165名青少年的运动能力进行了为期4年的观察和测量，在用Brace Test进行协调能力的评估中发现在13~16岁期间男女生协调能力的发展有显著差异，男生有明显的提高而女生则没有显著增加（图3-9）。爱普森谢德（Espenschade）[25]在分析了10~17.5岁男生和女生在不同年龄段完成Brace test测试项目的数量和得分情况，进一步对Brace test项目测试的能力进行了分类和测试的难度进行了分级。爱普森谢德（Espenschade）的研究还发现分类后的各能力在不同阶段的发展速度不同并存在男女差异，同时也指出Brace test中缺少对个体动态平衡能力的测试项目。爱普森谢德（Espenschade）的大量不同年龄段的测试为青少年运动协调能力的总体评估提供了数据支撑，为后续评估青少年运动能力发展水平奠定了基础。在此后一直到1967年，其他研究主要集中在测量方法和常模补充上。

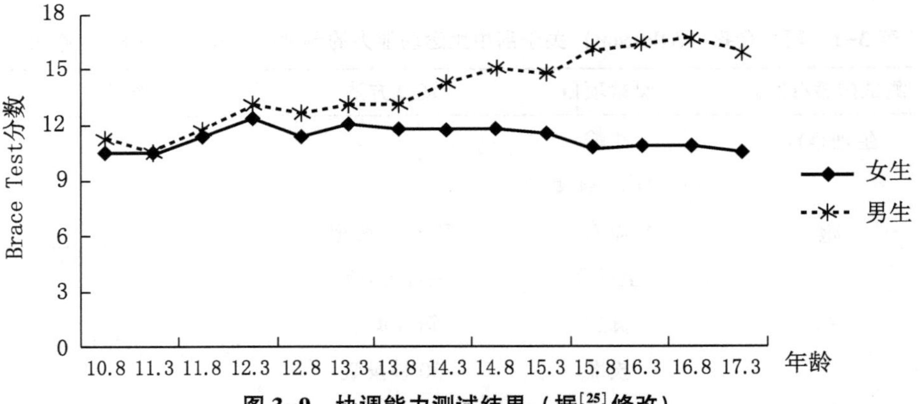

图3-9　协调能力测试结果（据[25]修改）

在对协调能力进行测量的研究中，广大学者普遍采用的方法是Brace Test，这种方法是布雷斯（Brace）[24]在综合分析相关研究和实践成果的基础上设计的一套定量评估运动能力的方法。Brace test包含不同难度的20个测试项目分为4个级别，测试个体的节奏、灵敏性、柔韧性、平衡能力和力量5个方面（表3-2）。

表 3-2 Brace Test 测试的能力分类和难度分级（据[34]修改）

分级	测试内容及方法	能力
一级	直线行走，脚尖贴着脚后跟	平衡
	向上纵跳，空中双脚击打 1 次，两脚分开落地	平衡
	从半蹲姿势转为分腿站立，手臂放于体侧	节奏
	向上纵跳，左转 90 度，落于原地	平衡
	向上纵跳，右转 90 度，落于原地	平衡
	从跪姿起跳，双脚落地，保持平衡	平衡
	向上纵跳，空中双脚击打 2 次	平衡
	纵跳，用手抓对侧的脚	柔韧
二级	双膝跪地，起立	腿部力量
	双手背后，向上纵跳，空中双脚击打 1 次	平衡
	向上踢右脚，至少达到肩膀高度	柔韧
	单脚站立，向前弯曲，双手着地，碰头，还原	平衡
	右单腿站立，从右膝下抓左脚，左膝着地，站起	腿部力量、平衡
	右脚前伸，屈膝，坐于左脚后跟，站起	腿部力量、平衡、柔韧
	以双手、双脚交叉的状态坐下、站起	腿部力量、平衡、柔韧
三级	仰卧坐起，脚不离地	腹部力量
	俯卧撑 3 个	臂/肩/腰部力量
四级	蹲姿，手从两侧握住踝关节，保持 5 秒	柔韧
	双手支撑 5 秒，身体其他部位在肘关节以上	臂/肩/腰部力量、柔韧
	左单足站立，右脚撑于左膝内侧，双手护臂，闭眼，保持 10 秒	平衡

二、发展心理学中的运动协调

图 3-10 William Preyer

动作技能的发展在发展心理学领域占有举足轻重的地位，是发展心理学的研究重点之一，而运动协调是动作技能的重要因素。在发展心理学领域最先展开的是关于幼儿活动的研究，据记载研究最早可能要追溯到 20 世纪达尔文针对自己孩子写的著名“传记”。德国生理学家普莱尔

(Preyer)[35]（图 3-10）的著作《儿童心理：人类生命最初几年的智力发育》的出版，标志着科学儿童心理学的产生，该书是第一部科学、系统的研究儿童感知和动作发展的论著，在本书中普莱尔（Preyer）进行了对自己孩子从出生到 3 岁的系统观察与描述。

到 20 世纪 20 年代，运动技能发展的研究进入黄金时期，电影技术的应用使研究人员能够更加客观、重复性地对被试进行研究。20 年间涌现出众多著名的学者，也产生了具有划时代意义的研究成果。美国著名心理学家阿诺德·格塞尔(Arnold Gesell）作为此时期最具代表性的人物，为婴幼儿的动作技能发展研究作出了突出贡献。1924 年，格塞尔（Gesell）应用电影技术记录了 12000 个婴儿的日常行为，系统梳理了婴儿期的各种行为，并分类总结出各类行为的时间发展特点，最终确定了各种行为模式和儿童发展的正常范围[27]。格塞尔（Gesell）的开创性研究专著一经发表即得到广泛的关注，不仅受到同行心理学家的欢迎也受到了普通大众的欢迎。此时期的另一些代表性研究分别为：雪莉（Shirley）对 25 个婴儿的纵向描述性研究、莫托·麦格劳（Myrtle McGraw）[29]的广为人知又具争议性的双子吉米和约翰尼（Jimmy & Johnny）研究[36]，南希（Nancy）、贝利(Bayley)、伯克利（ Berkeley）的发育研究[37]。1946 年，卡迈克尔（Carmichael）的“儿童心理手册”里两篇格塞尔（Gesell）和麦格劳（McGraw）所著的很有创意的文章[38]，证明了动作研究在这一领域的理论地位。

这个时期的里程碑式的成果主要表现在三个方面：动作技能的发展是一个形态生物学的过程，即行为形成的一种变化；行为变化是由生物学上的神经成熟决定的；运动模式的变化是从感知连接前的神经事件中产生，建立了早期运动技能发展常模。这一系列成果为后续幼儿早期发展各个方面（认知、语言和社会行为）的研究奠定了普适的、生物学基础，正如埃丝特·泰伦（Esther Thelen）[39]所说这些心理学先驱的工作太出色了，以至于到 60 年代运动技能的发展都没能取得更进一步的成果。

三、运动生理学中的运动协调

伯恩斯坦（Bernstein）是苏联著名生理学家，主要研究方向为心理理学和运动生理学。伯恩斯坦（Bernstein）关于运动协调的研究开始于 20 世纪 20 年代，直至 1966 年逝世他一直致力于与运动相关的研究，其工作主要分为三个阶段：

（一）1922—1935年，劳动运动的研究

1922年，伯恩斯坦（Bernstein）被聘为中央劳动研究所生物力学实验室高级科研人员，参与手工劳动的动作研究，研究人在自然条件下劳动运动的方法，研究目的在于提高个体的工作效率。伯恩斯坦（Bernstein）为了研究分析铁锤敲击金属的动作（著名的铁锤实验，图3-11），自己动手研制设计旋转自记摄影法（对观察结果进行数学处理的人体动作摄影测量法），建立了非周期性振荡数学分析法，可以用于神经生理学研究分析。伯恩斯坦（Bernstein）用旋转自记摄影技术跟踪受试者的动作，对于同一个人的同一技术采用多次循环拍摄，也让具有不同技术水平的受试者完成相同动作。研究表明大多数的运动像打—凿—锤，均是由较小的动作组成，任何一个较小的动作如有改变将会影响整体动作。

图3-11　伯恩斯坦（Bernstein）的铁锤实验

注：图a铁锤运动轨迹研究；图b Central Institute of Labor（中央劳动研究所生物力学实验室）[40]

伯恩斯坦（Bernstein）研发的旋转自记摄影法和非周期性振荡数学分析法对分析运动非常有效，不仅适用于人的劳动运动研究也适用于体育运动（走、跑、跳跃）和钢琴演奏。伯恩斯坦（Bernstein）在实验心理学研究所、国立音乐科学研究所、劳动保护研究所、全苏实验医学研究所、中央体育研究所等组织过一系列的实验研究，拉动了生物力学和神经生理学研究的广泛战线。

伯恩斯坦（Bernstein）在分析人体运动的生物力学基础上，开始分析运动器官是具有大量自由度且受多种“被动”物理作用力的复杂运动学链，到后来逐步确定了中枢任务与外周结果的反馈原则，即在效应器指令的非单值对应关系情况下如何达到单值对应的方法。通过关于效应的感觉信息，将应该完成的动作（预测行动结果）跟实际动作状态进行比较校核，然后人体根据两个结果差异产

生的修正效应信号矫正动作。

（二）1935—1947 年，运动结构理论

1935 年，伯恩斯坦（Bernstein）取得医学科学博士学位，开始了关于运动结构的一般理论研究[41]，也称为“运动冗余与协调控制”理论。伯恩斯坦（Bernstein）在研究中细致地确立了具有层次体系结构表现的多层次（按照纵向原则）组织运动系统的各项控制原则，分析中枢神经系统各个层次可能的作用，据此伯恩斯坦（Bernstein）建立了运动结构的一般理论。伯恩斯坦（Bernstein）进一步发现运动器官产生运动活动受神经系统支配，这个支配过程是神经在复杂运动学链系中如何限制自由度数的问题，即大家广为熟悉的伯恩斯坦（Bernstein）问题。

伯恩斯坦（Bernstein）认为人体的运动与控制该运动的神经系统（即运动指令）之间不是唯一确定的关系。人体是一个复杂系统，由 200 多块骨骼、600 多块肌肉构成，每一运动都涉及多个刚体、多个关节及大量的肌肉等基础元素，每一基础元素都是一个自由度，这些自由度的数目远远超过运动所在的空间的维数和确定唯一运动过程所需要的参数，所以人体运动存在自由度的高冗余性及“人体对运动器官冗余度掌握的过程”。

伯恩斯坦（Bernstein）及后继者先以人体上肢的简单运动（空间画椭圆）为对象[42]，分析了上肢运动中存在的 3 类典型的冗余模式：①手部运动路径的冗余。对于给定的运动任务或目标人手可以通过不同的路径实现，运动路径呈现非唯一性特点，铁锤实验也是这一冗余模式的典型代表。虽然受试者每一锤都能砸到目标上，但是从抬手到最终铁锤落下，手所通过的路径并不完全相同。②关节路径的冗余。即使当手的运动路径确定后仍然无法确定上肢各个关节的位移、速度和加速度等参数。③肌肉力和力矩的冗余问题。即使关节的运动轨迹确定后由于关节的多肌肉控制，仍然不能确定每一块肌肉作用在关节上的力和力矩。1947 年，伯恩斯坦（Bernstein）将自己第二阶段的研究成果归纳总结出版在《论运动结构》专著中，1948 年，伯恩斯坦（Bernstein）获得苏联的国家级奖。

（三）1947—1967 年，运动协调元（Movement Synergy）控制理论

在《运动结构》中，伯恩斯坦（Bernstein）已经提到人体运动受肌肉、骨骼、关节等众多因素的控制，造成大量的运动冗余，相同运动任务或目标存在多种不同运动模式。那么中枢神经系统（the Central Nervous System，CNS）是如何

对各种不同的冗余进行控制进而达到控制运动整体完成运动任务或目标的。伯恩斯坦认为中枢神经系统能够“功能上冷冻自由度”。举个简单的例子，汽车有4个车轮，如果它们都可以自由独立运动便非常难控制。如果采用功能上冷冻自由度的方法将两个后轮的部分自由度消除（冷冻），只允许它们围绕同一水平轴旋转，前轮也只允许它们在平行轴线上旋转由方向盘控制，汽车就会变得好操控。

基于此，伯恩斯坦（Bernstein）创造性地提出了“运动协调元”控制理论，运动协调元由肌肉和关节构成，运动结构由不同的协调元组合而成；神经对人体运动的控制正是利用协调元和运动结构来减少控制参数，降低运动的冗余度，将其逐步转化为肌肉和关节能够接受的简单指令[43]。

1967年，伯恩斯坦（Bernstein）将理论成果整理后发表了《运动协调和控制》《运动生理学》，这两部著作在运动控制领域具有代表性和重要的理论意义。如前所述，当时西方国家在运动协调领域的研究遇到瓶颈，伯恩斯坦（Bernstein）的理论研究激起了运动概念化的变革，动力学和控制论为运动协调的研究提供了全新的视角。

第三节 运动协调理论的发展

一、运动协调的神经生理理论发展

从第二节关于运动协调起源的相关研究可以发现，因为当时信息交流不够通畅及语言差异，研究人员从运动实践、心理学和运动生理学3个不同领域对运动协调展开了相关研究。运动实践是从能力测量角度，心理学是基于运动描述，受到方法学限制，到20世纪50年代运动训练和心理学基于运动描述的运动协调研究已经达到顶峰，这主要是运动常模建立后其他相关研究只能是对常模的修订。运动生理专家伯恩斯坦（Bernstein）基于运动学的研究不仅关注运动协调的外在表现，更应用数学方法对其原因进行了分析。1967年《运动协调与控制》英文版发行，其相关理论研究为西方学者所了解，为运动协调的研究提供了新的思路，将运动协调的研究从相对外显状态的描述转为对控制机制的研究，开启了运动协调研究的新阶段，运动生理学是以运动参数测量为基础。

基于伯恩斯坦（Bernstein）的运动协调理论，萨尔兹曼（Saltzman）[44]提出了运动分层（Hierarchically）控制理论，认为人体运动控制是包含了神经控制、肌肉和骨骼的分层控制，包括功能协调元和肌肉协调元。功能协调元是与给定任务相关的一系列关节变化（如关节角度按固定比例变化），肌肉协调元是由一组肌肉（可能髋关节）组成的、作为一个整体的运动单元。同时，萨尔兹曼(Saltzman)[44]指出运动协调元具有拓扑特性，人体完成运动任务或目标时由多个运动协调元共同作用完成，相互之间有不同的作用关系，如并行关系、时序关系，中枢神经系统通过控制这些运动协调元进而控制人体运动。

纽厄尔（Newell）[45]将运动协调的发展分为三个阶段：第一阶段中通过增加动作限制来消除自由程度（degrees of freedom，DOF），在这个阶段中通过在许多肌肉、骨骼等运动器官之间建立较强的耦合关系，尽可能将肌肉—骨骼系统的自由度数量降至最低；第二个阶段神经系统逐步释放（releasing）一些 DOF 使相关自由度自主整合提高运动成绩；第三个阶段为统合协调阶段，神经系统进一步释放自由度阶使神经—肌肉系统学会利用被动力（重力、惯性力、阻力等）来提高运动的效果，实现更加有效的协调方式[46]。

斯库纳（Schoener）和凯尔索（Kelso）[47]将动力学引入运动协调分层理论中，认为任何复杂的协调运动都具有随机性（stochastic）和非线性（nonlinear）两个动力学参数特征。中枢神经系统控制的肌肉—骨骼系统是一个多维度的、复杂的、协同的系统，冗余度决定其产生无限运动的可能，但非线性则使其产生适合特定条件的运动。斯库纳（Schoener）的观点还包含了人体协调运动受外界环境约束的观点，对人体表面冗余设计的另一种观点已被转换为丰盈原则。这个原则是建立在产生运动的系统是物理性的而非计算性的这一观点上的。此框架中将“控制器”一词作为中枢神经系统目前尚不清楚的物理现象—决策程序的代替物来应用。根据冗余原则，解决方案家族总能促进所有存在于基本变量中的动作，这个家族反映了基本变量范围内不同方向运动轨迹的不同稳定性，对重要动作变量产生反应而变化的方向与不变的方向相比稳定性更强 。实际上，相对大量的变异性的产生与重要动作变量的动作相关模式是相互兼容的，除了作为高稳定性动作的反映外，大量的变量还允许用同一套对基本动作没有负面影响的基本变量完成次要动作，如足球运动员在踢球的同时必须要用到参与保证纵向姿势稳定的躯干和四肢多块肌肉；学步的小孩在踢球时经常失去平衡并跌倒。当一个人学会如何将运动所涉及的肌肉协调统一到一个能够在肌肉活化产生大量变量的同时提供姿势稳定性的功能单元（协同效应）中时，踢球时就不会出现姿势不正确的问题了。这种丰富设计所产生的变量已被视为生物行为自由度和适应性的先决条件。

弗尔德曼（Feldman）[48]提出平衡点控制理论（The Equilibrium-point Hypothesis)，认为人体与外界环境是一个平衡状态，当平衡状态受到干扰（无论来自人体还是环境）时会激发人体产生适当的运动以恢复或保持平衡状态。Latash 等[49,50]进一步指出人体与环境之间的平衡状态有一个阈值，只有当干扰超过这个阈值时人体才会产生运动。平衡点控制理论吸收了一部分心理学认知理论的观点，将心理因素引入到协调控制研究中。

无论运动协调分层理论还是平衡点控制理论都是将人体运动系统产生的冗余作为问题解决，而肖尔茨 Scholz 等[51]提出的无管制支路集合（Uncontrolled Manifold）假说则将动作冗余看作是问题基础上的“奢侈品”，中枢神经系统对人体运动的控制一方面限制运动冗余维持运动任务或目标的稳定性，另一方面提供适当的冗余为运动的变异性提供条件。运动的变异性有助于人体抵御来自内外环境的干扰，导致变异特定动作模式的神经机制被称为“协同作用”。协同作用的特点可以用两个指标表示，基本变量中重要动作变量的平均分额（实验中）和试验基本变量的共变（图 3-12）。

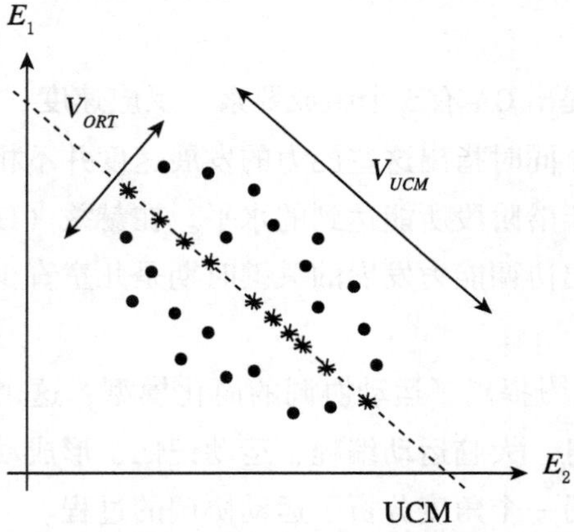

图 3-12　无管制支路集合理论示意图（引自[52]）

UCM 假说认为神经机制在基本变量的冗余空间将约束变量变到与预期重要动作变量值相协调的一个子空间（UCM）中。与此相反，沿 UCM 变异的约束相对较少。图 3-12 中的星星是产生两个变量（E1 和 E2）混合值的一个动作的精确解，而那些点是错误的尝试。虚线是这个动作的 UCM，而且沿着 UCM 的方差并不影响运动性能（VUCM，有时也称为“好”的方差），而方差正交于 UCM（VORT）影响工作性能，因此它有时称呼“坏方差”。我们已经使用了一个协同指数：ΔV =（V VUCMŸVORT）/ VTOT，其中 VTOT 是总方差元素变量的空间，每个方差指数每自由度在相应的空间来计算。当 $\Delta V > 0$ 时可以得出结论，这个动作协同稳定的性能变量，该指数也已经计算出来了。

二、运动协调的实践理论发展

随着美国儿童运动协调能力发展标准的建立，其相关研究转为沉寂，而此时东欧国家的学者开始从运动员的基础能力特征对其展开实验研究，表述为“coordination abilities”（CA），指出运动协调能力是运动员运动潜能不可缺少的组成部分，对运动员的运动成绩和运动水平有着重要的影响。

齐默尔曼（Zimmermann）[53]在1981年提出CA由7个要素组成，以排球项目为例分析了各能力对排球准备期训练的重要程度并进行了排序[54]：反应速度（30分）、动觉分化（28分）、空间定向（27分）、动作耦合（20分）、运动重建（18分）、节奏能力（13分）、平衡能力（12分）。科恩（Kohn）[55]在《运动协调的组成与训练》一书中详细分析了7个要素的定义、特点、影响因素及训练方法。

赫兹（Hirtz）[56]提出CA有5个组成要素：反应速度、动觉分化、节奏能力、平衡能力、定向能力，同时指出这些能力的发展速度并不相同并以百分比的方式列出了各能力在不同年龄阶段所能达到的水平。在赫兹（Hirtz）给出的指导性能力发展的年龄可以看出协调能力发展的关键时期是儿童青少年时期，持续时间为7~8年（8~16岁）。

迈内尔（Meinel）[57]提出了运动协调的简化模型，这个模型从系统的角度描述了运动协调接受信息、大脑运动编程、运动记忆、形成动作及与环境相互作用的过程，从系统论的另一个角度分析了运动协调的过程。

伊苏林（Issurin）[58]通过综述前人的研究，认为CA由6个要素构成：动觉分化、节奏能力、空间定向、复杂运动的反应、灵敏性和平衡能力（表3-3）。

表3-3 CA的基本构成要素（引自[58]）

CA基本要素	定义	评论
动觉分化	能够根据给定的条件区分运动的空间、时间和强度特征	这种能力受到来自不同受体的感觉输入的影响
节奏能力	注意、记忆、调整和再现运动表现的时间节奏和运动速度的能力	这种能力是实现在循环和非循环运动性能

续表

CA 基本要素	定义	评论
空间定向	能够在空间中确定并适当调节身体位置和运动行为	这种能力是正确执行空间运动任务的先决条件
复杂运动的反应	对必须从其他信号中识别出来的刺激作出准确和快速反应的能力	复杂运动反应的结果与决策过程有关
灵敏性	能够快速改变运动方向，对预先计划好的或突然的刺激做出反应	有两种模式："计划敏捷性"和"反应敏捷性"
平衡能力	在保持身体平衡稳定的同时控制身体空间位置的能力	应区分静平衡能力和动平衡能力

动觉分化是指在运动过程中各部位对感觉输入的感知及随后在运动表现中的空间、时间和强度特征的分化，这种能力对于有意识地调节运动模式和肌肉力量至关重要。空间特征的调节与运动的幅度、方向和速度有关，肌肉的力量和力量的应用也在等距和动态条件下进行调节。

运动节奏是任何运动能力的一个基本特征，节奏能力是一个至关重要的属性，在很大程度上决定了运动员在训练和比赛中的表现。这种能力表现为两种模式：①在循环运动中再现给定的预定运动速度的能力；②在非循环运动任务中再现特殊结构的运动节奏的能力。

空间定位主要包括判断和调节身体的位置、评估合作伙伴和对手的位置。此能力让运动员能够基于外部环境确定正确的运动行为，任何运动都需要评估和调节空间运动规律，而在对抗性项目中判断对手的位置和空间位移非常重要[59,60]。这种能力与认知技能密切相关，认知技能根据现有的空间信息提供足够的运动反应。

复杂运动反应指标则纯粹反映个体在必须选择适当反应时的协调潜能，包括决策过程。反应时间是体育实践和研究中应用最广泛的心理学、生理学指标之一，运动反应有两种基本类型：①简单运动的反应是运动员对一种刺激反应越快越好；刺激可以是听觉或视觉，运动动作可以是按下按钮或空格键等。②复杂运动的反应是运动员从其他刺激中识别出适当的刺激并作出反应。复杂运动反应常被称为"选择反应"和"多项选择反应"[61,62]，复杂的运动反应在很大程度上依赖于认知，不像简单的运动反应受视觉—感觉输入和中枢神经系统特性的制约。

灵敏性在体育活动中的表现要求在可预测和不可预测的情况下，使全身运动方向快速变化。在 CA 要素中的灵敏性包含两种模式：计划灵敏性，通常被称为改变方向的速度（CODS），运动员通过冲刺、停止和转弯来完成预先确定的任务；反应灵敏性，运动员执行的任务包括需要适当和快速反应的引入刺激[63]。

平衡能力对各种提高运动表现、预防运动损伤和康复有重要影响。平衡能力包括静态平衡和动态平衡：静态平衡的特点是保持身体位置稳定，肢体和重心的位移最小；动态平衡被认为是执行运动任务的能力，站立或移动在不稳定或狭窄的表面保持稳定的身体位置的能力[64]。

第四节　运动协调理论的实践应用

一、专项技术分析

运动协调相关理论的研究一般基于简单动作，但由于在体育领域中专项运动技术结构复杂、动作繁复、技巧性高的特点，大大增加了协调相关研究的难度，所以运动协调的研究主要揭示了局部的、表面的肢体或肌肉活动的运动协调特征[46]。

（一）不同运动水平运动员协调方式比较

根据前述运动协调相关理论，运动协调一般通过自由度（变量）之间的作用关系进行分析，林辉杰[46]等人系统总结了运动协调量化关系描述的方法，主要有：①时间序列法；②图像往返法；③向量分析法；④连续相对时相法；⑤互相关分析法；⑥函数型主成分分析法。运动协调量化关系描述的方法的多样性决定了运动实践中评价方法的多样性。

众多运动协调能力研究表明，不同运动水平的运动员之间的协调能力有显著差异，协调能力越好运动水平越高（表 3-4）。巴特莱特（Barlett）[65]通过对业余、俱乐部和优秀三种技术水平的运动员投掷标枪过程中肢体运动参数进行比较后发现，在业余者与优秀投掷运动员各自间的个体差异较大，俱乐部投掷运动员间的个体差异较小。伊万卡（Purenović-Ivanović）[66]等以年龄为依据将韵律操运动员分为 5 级（少儿初级：7~9 岁；少儿中级：9~12 岁；少儿高级：12~14 岁；青少级：14~16 岁；青年：16 岁及以上），分析了协调能力与运动成绩之间的关系，发现运动水平越高协调能力越好，而且对于少年运动员，协调能力水平决定运动成绩。

表 3-4 不同水平运动员协调能力比较（代表性研究）

作者（年）	专项	研究对象	结论
Bartlett 1996	投掷	业余 俱乐部 优秀	在业余者与优秀投掷运动员各自间的个体差异较大，俱乐部投掷运动员间的个体差异较小
Temprado 1997	排球	业余 专业	在肩和腕的协同方式上业余与专业运动员之间有本质性的区别，前者采用正相协同，后者则采用逆相协同
Wilson 2008	三级跳远	低水平 中等水平 高水平	在不同水平专业运动员中，运动协调的变异性与运动水平成“U”型关系，即相对低和高水平运动员的变异性大，中等水平的运动员变异性低
Preatoni 2010	竞走	低水平 高水平	在较高水平的竞走运动员中，髋、踝角度及垂直地面反作用力的熵值较高，与水平较低的竞走运动员有显著性差异
Seifert 2010	蛙泳	业余 专业	在运动过程中专业运动员存在两种上下肢协同方式，一种是同相的协同方式，另一种是中等异相协同方式，而业余游泳者只存在同相协同方式
Mullineaux 2010	篮球罚球	业余 专业	这些优秀运动员肘与腕协调变异性在罚球动作过程中逐渐变小，在接近球出手时投失的罚球动作中肘与腕协调变异性要显著性大于命中的罚球动作
孙有平 2010	铅球	业余 专业	发现在成绩好动作中主要发力肌肉的用力顺序均为左腿腓肠肌、左腿股外侧肌、右腿股二头肌、右侧背阔肌中部，表现出一种由下往上、由左至右的力量传递过程
Saha 2014	板球	不同水平	运动员的成绩表现受身体双侧协调性的影响，并且决定于低水平侧
Purenović-Ivanović 2016	韵律操	初学者到 国际水平 5 级	运动水平越高协调能力越好 对于少年运动员，协调能力水平决定运动成绩

（二）高水平运动员专项技术检测

运动协调测量方法的另一实践应用是对高水平运动专项技术进行测量（表 3-5），其对运动实践的指导作用有三个方面，其一，构建优秀技术模型，为较低水平运动员提供训练指导；其二，利用运动学和动力学模型，发现运动员技术的薄弱环节，加以改进；其三，设计高难动作，并对运动员完成此动作的能力进行估计评价。

表 3–5　高水平运动员专项技术检测

作者（年）	专项	部位	结论
Galloway 2002	投掷	上肢	对于实现大多数投球任务来说，肩的肌肉力矩决定着其净力矩以及加速度，互动力矩的贡献比较小，其他关节的运动则由肌肉力矩与互动力矩共同作用所引起
Hirashima 2003	投球	上肢	在投球动作中经常是最近侧端关节的肌肉力矩作用使其加速，从而通过互动力矩对远侧端关节产生影响
Hirashima 2007	投球	上肢	受试者采用互动力矩产生较大的肩内旋、肘伸展、腕屈曲的速度，这些互动力矩主要源自躯干与肩的肌肉力矩的作用，而不是肘与腕
Bartlett 2007	标枪	上肢	手臂动作对出手速度的贡献存在较大的差异，有些强调肩的水平伸展与屈曲完成对标枪的加速，有些则倾向于肩的转动作及肘伸展作为加速标枪的主要动作
Brétigny 2008	曲棍球	上肢	左手臂（前导）的关节间存在较大的相位差，这种差异沿着远侧端至近端方向增加
Gittoes 2010	短跑	下肢	与髋和膝协同相比，在支撑阶段中膝和踝的异相协同程度相对要高些，而且运动员间的变异性较小
Hug 2011	自行车	下肢	随着蹬踏力量、速度等参数的不同运动协调元的结构几乎保持稳定，然而其活动方式产生了明显的相位变化
Rota 2012	乒乓球	上肢 躯干	挥拍速度快的球员，竖脊肌、肱二头肌和桡侧腕屈肌激活早

二、青少年训练

（一）运动员“十年训练法则”

对于运动训练，人们广为熟悉的是周期训练、板块训练等分期计划的模型，但近年来另外一种以个体发育过程为基础的运动员纵向训练过程模型，逐渐被学者和教练员所接受。该模型以大量杰出运动员真实成长过程为数据基础[67]，分析他们成长过程中各个时期训练安排的特征和规律，总结得出运动长期发展计划（Long-Term Athletic Development，LTAD）[68]。该模型于1995年由巴以（Balyi）提出，20年来已经在加拿大（如高尔夫[69]、滑冰[70]、篮球[71]）、澳大利亚（游泳）[72]和英国（击剑）[73]等项目中得到广泛应用并制定了官方训练指导手册。随着实践应用以及样本量的扩大，巴以（Balyi）分别在2008年[74]、2012年[75]修订了这个模型，西蒙斯（Simmons）[76]和劳埃德（Lloyd）[77]等人也以该模型为基础进一步细化和发展了相关内容。

经过近20年的发展和完善，运动长期发展计划已经由最初的竞技运动成长规划发展为竞技运动员终身体育的理念。表3-6为运动长期发展计划摘录。

表3-6　运动长期发展计划摘录[75]

阶段	训练重点和目标
运动初始 ACTIVE START) 男：0~4/6岁 女：0~4/5岁	运动是日常生活的一部分，兴趣为主，注重身体素质运动技能的发展。训练重点是学习正确的运动技能，如跑步、跳跃、旋转、扭曲、踢腿、投掷、接球等；除睡眠时间外，坐和躺的时间不要超过60分钟；可以参与一些有组织的体育活动，营造积极主动的运动环境
奠定基础 （FUNdamentals） 男：6~9岁 女：6~8/9岁	以发展整体动作技能为目标，注重趣味性和参与性。整合心理、认知和情感的发展；重点发展竞技能力相关的ABC's能力：灵敏性、平衡性、协调性和速度，如跑、跳、旋转和投掷，力量训练多采用实心球、瑞士球等器材，以体重为负荷。训练不分期，但要有良好的结构
学习训练 （LEARN TO TRAIN） 男：9~12岁 女：8~11岁	该阶段为整体运动技能的发展阶段。在开始正式训练前要学会所有的基本运动技能、学会训练；整合心理、认知和情感的发展；力量训练多采用实心球、瑞士球等器材，以体重为负荷；开始引入配合能力的训练。训练采用单周期或双周期，每周3次专项训练、3次其他项目训练
系统训练 （TRAIN TO TRAIN） 男：12~16岁 女：11~15岁	专项运动技能、各大身体素质能力的发展阶段。由此运动员开始系统训练，在发展专项技能的同时开始进行有氧能力和力量训练，力量训练可以开始增加负荷；继续训练团队间的配合能力。训练采用单周期或双周期，每周进行6~9次的专项训练

续表

阶段	训练重点和目标
学会参赛 （TRAIN TO COMPETE） 男：16~22+/-岁 女：16~21+/-岁	综合调控运动、比赛、专项身体素质训练阶段。全面对运动员的运动、比赛和专项技战术能力进行训练，使其在各个方面达到比赛水平；整合心理、认知和情感的发展；进一步优化配合能力。训练采用单周期、双周期或三周期，每周进行 9~12 次专项技术、战术和身体素质训练
赢得胜利 （TRAIN TO WIN） 男：22+/-岁 女：21+/-岁	根据国际常规年龄数据确定最高竞技水平出现的年龄。保持或改善体能，进一步发展技术、战术和技能，构建训练和运动成绩所有相关因素模型。注意进行伤病预防休息，最大限度提高配合能力。单周期、双周期、三周期或多周期。每周进行 9~15 次专项技术、战术和身体素质训练
终身体育 ACTIVE FOR LIFE 男：16 岁至终生 女：15 岁至终生	退役后，每天至少进行 60 分钟中等强度或 30 分钟剧烈活动。从一项运动转移到另一项运动，从竞争激烈的运动转移到年龄分组比赛的运动，从竞技体育转向休闲体育从职业体育转为志愿服务。有一个更好的职业发展机会。 此阶段涵盖三类人群： （1）完成系统训练后，没有进一步进行专项训练者； （2）完成学会参赛阶段，但未能取得优异成绩者； （3）运动成绩达到世界顶端者

由表 3-6 的内容，可以发现我国青少年训练实践中应该加强如下两个方面。

1. 技术训练是青少年训练的重点

从巴以（Balyi）的运动长期发展计划可以看出，运动员从 6 岁开始进入训练打基础的阶段直到 16 岁技术训练一直贯穿始终并且是其要求的首要条目。虽然巴以（Balyi）没有要求“打基础”阶段进行周期性训练，但强调这一阶段是运动员培养运动素养和身体素质的关键时期，许多复杂的“高级”技术正是在这个阶段打下基础的。在“学习训练”阶段，男女生处于即将进入身体快速增长的阶段，此时神经系统也已基本发育完成，巴以（Balyi）认为这个阶段是技术学习的主要阶段，将上一阶段基本运动技能训练更进一步并重点关注技术学习。“系统训练”阶段虽然要求运动员专项技能和身体素质发展并存，巴以（Balyi）依然强调了此阶段运动专项技能的重要性。由此可见，在整个青少年训练阶段，尤其是青少年训练前期，运动技术都是作为重点进行训练的。

2. 协调能力是青少年训练的关键

在青少年训练的各个阶段巴以（Balyi）除了重点关注技术训练外，同时还提到了身体能力的训练，如在“打基础”提到要重点发展运动员的ABC’s能力，即灵敏性、平衡性、协调性和速度。Lloyd[77]总结了Balyi的模型在青少年时期各种身体能力发展的内容和重要程度（图3-13）。

青少年身体素质发展模型（女）

年龄（岁）	1	2	3	4	5	6	7	8	9	10	11	12	13	14	15	16	17	18	19	20	21+
年龄期	儿童早期					儿童中期						青少年									成年
生长率	←→←→←→快速增长									稳定增长					青春期突增						增长率下降
身体素质	柔韧性					柔韧性						柔韧性									
	敏捷性					敏捷性						敏捷性				敏捷性					
	速度					速度						速度				速度					
	平衡					平衡						平衡				平衡					
	协调					协调						协调				协调					
	功率					功率						功率				功率					
	力量					力量						力量				力量					
	肌肉肥大											肌肉肥大		肌肉肥大							肌肉肥大
	耐力					耐力							耐力					耐力			
训练结构	无结构					低结构					中等结构				高结构				超高结构		

图3-13 儿童青少年运动员在各阶段身体素质发展模型（女）

注：在身体素质项内，字号的表示重要程度，字号越大越重要。（修改于Lloyd和Oliver，2012）

由图3-13可以看出运动员的柔韧能力的发展主要在“打基础”和“学习训练”阶段，灵敏性、速度、平衡、协调等能力的发展与技术训练相似几乎贯穿整个青少年训练阶段，而且各方面需要均衡发展。在对这些能力的发展和训练手段进行论述时，巴以（Balyi）指出应该让运动员尽可能多地参加各种运动项目，利用运动中产生的跑、跳、旋转、扭曲、踢、投掷等动作及这些动作的综合运用，以达到发展灵敏性、速度、平衡、协调能力的目的。

值的指出的是，在图 3-13 的青少年身体素质发展模型中，力量训练始终作为重点贯穿全部训练过程。巴以（Balyi）指出力量训练在运动长期发展规划的各个阶段所起的作用不同，每一阶段力量训练所采用的手段也各不相同。在“打基础”和“学习训练”阶段进行力量训练主要是为了维持其他能力的学习和训练，所以力量训练主要以运动员的体重作为负荷，采用实心球、瑞士球等核心力量训练手段。

（二）提高技术训练效率的方法与手段

训练效率一直是广大运动员和教练员关注的问题，经济有效的训练方法不仅能够缩短训练时间、加快运动员的成才周期，更能降低运动损伤。运动技能学习和训练方法近年来也在持续不断地进行革新，如随着科技发展技术训练越来越多地使用虚拟现实[78]、计算机视频[79,80]等技术。研究发现动作观察、注意力、反馈、自我控制训练和睡眠是影响动作技能学习效率的主要因素[81]。

1. 同伴间动作观察

动作观察是学习简单和复杂动作的一种有效方法。契比克（Shebilske）[82]和谢伊（Shea）[83]的研究证实动作观察能够对动作技能学习起到独特、重要的作用，特别是当动作观察与训练相结合时，其效果更加明显。事实上，神经影像学实验已经发现人体在进行运动和观察运动时能够激活大脑中某些相同的区域[84,85]，包括运动前皮层、辅助运动区、顶下小叶、扣带回和小脑。在行为层面动作表达及其相关的过程机制与动作观察有相似的处理过程[86]，这一结论在很多研究中得到证实，影响动作技能学习的变量以相同的方式影响观察学习。如研究训练进度[87]、感觉信息[88]和反馈频率[89,90]的实验展示出观察者与行动者相似的模式。同时，谢伊（Shea）等人[91]的研究指出动作观察将为动作学习者提供独特的机会，提取协调动作的重要信息或评估动作策略的有效性，这对其即将执行的动作进行了重要的准备。从这一点来说动作观察为学习者提供了一个预处理动作执行过程的机会，这在实际训练中是无法实现的。谢伊（Shea）的二人组合训练很好地证实了其观点（图 3-14），在平衡能力训练过程中实验组（同时进行动作训练和动作观察）的错误率下降幅度最大。

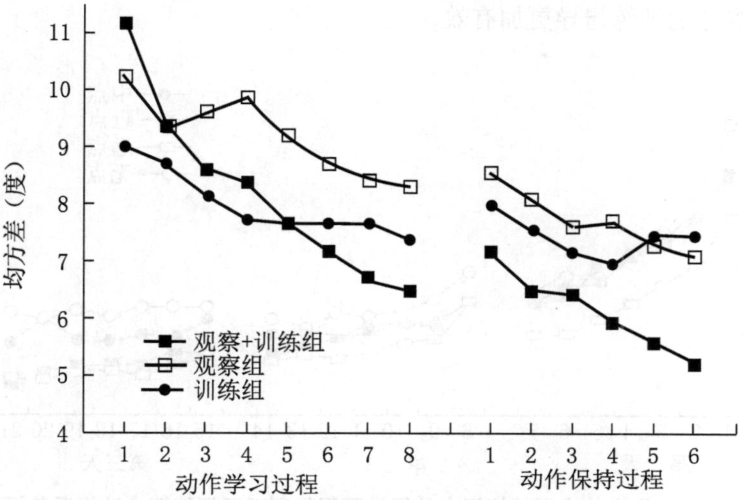

图 3-14　二人组合训练结果（Shea，1999）

2. 选择合适的参照点

运动技能学习所需的指导和反馈通常包括讲解训练动作、描述特定时间或空间位置身体某一部分如何与其他部位协同动作。为了能够清晰地进行动作讲解，指导者通常会选择一个位置作为参照点，这个参照点可以是身体的一个部位或外界环境的点、线、面。在运动技能学习中教练员经常讲解正确的运动模式或技术，重点放在身体各部位的协同动作，参照点通常选择身体的某个部位，如在指导赛艇运动员进行抓水技术训练时教练员会说“推桨至前端、两臂自然前伸、身体团身向前、把身体重心投向脚蹬板的前脚掌上；同时，双手迅速地做向前向上的弧形运动使桨叶快速插入水中迅速开始有力的蹬腿动作”。但有研究却发现这种指导的效率并不高，如果将重点集中在运动员动作与外部环境的相对关系上通常能取得更好的效果[92]，也就是说选择外界环境作为参照点能够使运动员更好地学习技术动作。这一结论在平衡能力训练[93]、高尔夫[94]、篮球[95]、飞镖[96]、美式足球[97]、纵跳[98]等方面都得到了证实。

在麦克内文（McNevin）等[99]人的平衡能力训练中，平衡板上标记了中点、近点、远点三个位置作为参考（图 3-15），受试者分为四组（第一组中点组，以中点作为参考点进行动作指导；第二组近点组，以近点为参考点进行动作指导；第三组远点组，以远点作为参考点进行动作指导；第四组控制组，只进行身体动作指导）。经过 3 天的训练得出了非常有益的结论（图 3-15），与控制组相比有外部环境参考的训练指导更加有效。

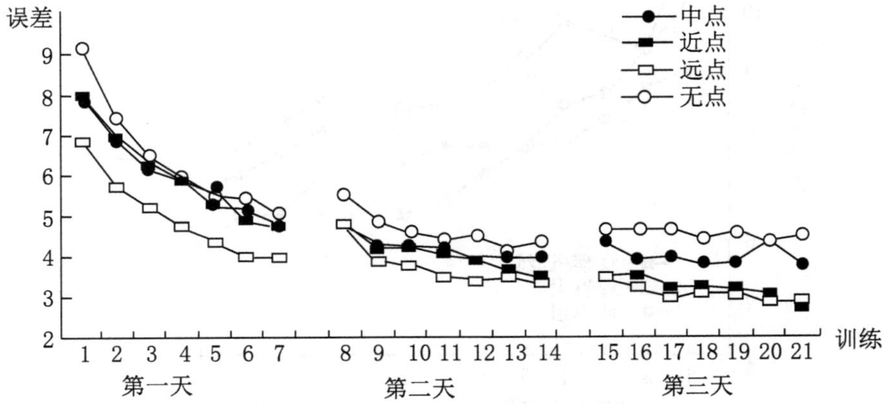

图 3-15　平衡能力训练标记点位置及不同组别三天训练期内动作误差幅度（McNevin 等，2003）

3. 合理利用反馈技术

来自于专家和辅助训练设备的反馈信息（外部信息反馈）能够有效地提高运动技能学习，这一观点已经被广大学者、教练员和运动员接受，各种反馈技术也普遍应用到日常训练中。关于外部信息反馈的分类有不同方式，从反馈呈现的内容看，反馈可以分为结果反馈（knowledge of results）和绩效反馈（knowledge of performance）；从反馈提供的时间看可以分为同步反馈和后续反馈；从反馈的手段看可以分为视频反馈、听觉反馈、触觉反馈和多模型外部反馈。

各反馈手段根据各自的特点在训练中起的作用也有所不同，在日常训练中应该充分考虑训练环境、训练内容和动作难度进而选择合适的反馈手段。西格里斯特（Sigrist）等人[100]分析发现每种反馈手段都有其最佳使用条件（图 3-16）。同步视觉反馈对于学习难度较大的技术动作具有很好的效果[101]，而后续视觉反馈则对于学习简单动作有效[102]。与视觉反馈相比较听觉反馈在一定程度上包含的信息较少，但它仍然可以被应用到运动技能学习过程中[103]，在训练中也存在有许多听觉反馈应用成功的案例[104,105]。触觉反馈目前还主要应用于简单动作的学习，多模型反馈是综合使用视觉反馈、听觉反馈和触觉反馈中的两种或以上，理论上多模型反馈对复杂动作的学习更具效果。

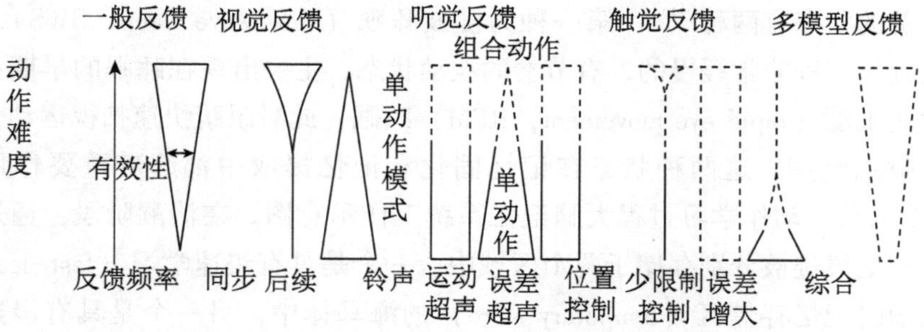

图 3-16 不同反馈手段随动作难度变化应用效果分析（Sigrist，2013）

4. 提高训练自主性

在大多数情况下，教练员制订训练计划和控制训练细节，如训练任务、训练强度、训练持续的时间等，甚至于决定提供反馈和指导的时间。因此教练员一般控制了训练的许多方面，运动员只是一个被动的实施者。但许多研究都一致性地发现如果能在运动技能学习过程中给练习者（运动员）一定程度的自我控制，训练效率将会得到进一步提升。也就是说，与完全遵照训练计划进行训练相比，增加一定程度的自我控制训练能够提高运动员的训练效率，这一结论已经在顺序敲击[106,107]和投掷训练[108,109]中得到证实。更有趣的是当允许练习者在训练中自主选择使用反馈时，不同人的使用比例存在巨大差别（从 11%～97%不等）。虽然反馈的使用比例会因训练任务的差别而有所不同，但我们依然可以看出练习者的选择比反馈频率更重要，自我控制训练能够让练习者更加积极地投入到训练中，从而提高训练动力[110,111]。

哈特曼（Hartman）[112]和沃尔夫（Wulf）[113]的研究都证实了自我控制训练在平衡能力训练中对训练的促进作用。在一个平衡训练任务中练习者可以在训练过程中自主选择使用何种辅助训练设备（向练习者反馈训练绩效），指导者鼓励练习者选择适合自身的最佳训练模式，结果发现训练效率有了很大的提高。从这些研究结果来看我们有理由认为在运动员的日常训练中应该适当地加入一些运动员自我控制训练。

5. 睡眠—大脑动作固化不可忽视的过程

以前我们对睡眠的认识只是一种休息的方式，现在已经有来自动物和人体的研究证明，睡眠在大脑的记忆合成过程中起到非常重要的作用。人的睡眠与动作学习有关的状态有两种[114]：第一种为慢波睡眠（slow wave sleep，SWS），此时脑电波处于一种非常缓慢的、有节奏的波动状态，主要出现在睡眠的早期；第二种为快速眼动（rapid eye movement，REM）睡眠，此时眼睛快速扫视运动，主要出现在睡眠晚期。这两种状态在记忆固化和记忆提取中都起着重要作用[115]，图 3-17 为某一动作学习过程大脑记忆系统工作示意图。在清醒阶段，通过训练形成的记忆痕迹被分别存储于两个区域中，一个是具有快速学习（fast-learning）功能的短时记忆存储区（temporary store）的海马体中，另一个是具有慢速学习（slow-learning）功能的长期记忆存储区（long-term store）的新皮质（新建神经突触联系）中。在接下来 SWS 过程中，短时记忆存储区内的记忆痕迹被重复激活，作用于长期记忆存储区新形成的记忆痕迹，促进其形成与短时记忆区内相似的神经联系（主动固化），这个过程促进了前期存储于长期记忆存储区的神经突触与周围神经突触的重组和整合。在 REM 睡眠阶段，长期记忆存储区独立运转，进一步加固新形成的神经突触联系。由此可以看出，睡眠对于运动技能学习的记忆过程起着重要作用，对于提高学习效率有着不可或缺的促进作用，在日常训练过程中教练员和运动员不仅要关心日间的技术训练过程，还要合理安排睡眠时间。

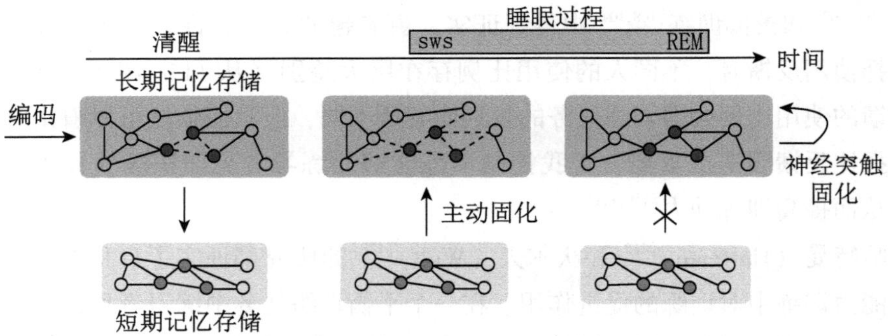

图 3-17 睡眠在运动技能学习中的重要作用（Diekelmann 和 Born，2010）

第五节 平衡能力的重要作用

协调能力有助于运动控制和过程监管，是运动的基础，因为这项技能有利于运动员控制自身运动行为。此外，它还能帮助运动员以较高的效率学习复杂的运动技能，对运动技能习得、优化具有重要的促进作用。平衡是协调能力的主要因素之一，相比于协调能力的多元性、难测量性，平衡能力测量的可操作性则更强，因此在许多运动训练实践研究中，平衡能力的量化评估和研究更加丰富。

平衡能力是指人体维持平衡的本领[13]。人体运动时总是与维持相对稳定的身体位置（操作姿势）相联系，即与保持平衡相联系。平衡是通过对抗使身体偏离适宜位置的力（惯性力、支撑反应力等）而达到的状态。人体保持稳定姿势的能力是保证人体基本静态位置的关键能力，也是人体有效完成某一动作的基础。

一、平衡能力的测量方法

平衡是维持身体重心垂直的过程，它依赖于快速、持续的来自视觉和前庭神经及体觉结构的反馈以完成一整套平稳的、协调一致的神经动作[116]。平衡能力可以分为静态平衡和动态平衡，静态平衡指的是姿势控制（或平衡性），即维持身体不动的能力，动态平衡则是在不平的表面上完成某项任务的同时能够保持/重获平衡状态或者用最小的外力去保持/重获平衡的能力。

（一）静态平衡能力测量

对于静态平衡能力的测量，传统的评价原理是测量保持特定平衡姿势的时间[117]，比较常用的是伯格站立测试，要求双腿站立、双手放在两侧、闭眼；有倾斜或倒向一侧的趋势时就被认为是本体感受的缺失[118]。因为缺乏敏感性和客观性，这种测试受到许多学者的诟病。为了弥补传统测试方法的不足，黎曼（Riemann）[119]于1999年发明了平衡错误检测系统（balance error scoring system，BESS），本系统要求受试者在稳定和不稳定表面上做出不同站立姿势，每个姿势都要求闭眼、双手放在臀部维持一定时间（如30秒），通过计算肢体运动误差统计得分。测试的动作姿势包括睁眼、双手离开臀部、抬起的腿落地、走步、跳跃、支撑脚的其他移动、抬高前脚掌或后脚跟、臀部移动超过30°的弯曲。

随着科技的进步，力量平台系统的发明为静态平衡能力的测量提供一种简单、实用、高效的定量方法，系统主要通过分析姿势移动状况以定量评估功能性平衡。常见的系统有Chattecx平衡系统（the chattecx balance system）、Equi测试（the equi test）、力量平台（the force plate）、Pro平衡大师（pro balance master）、敏捷平衡大师（the smart balance master）[120]。

这种系统基本是依靠嵌入平台中的压力计传感器记录足底压力中心位置

（centre of pressure，COP）的变化。COP的运动不仅反映了重心（centre-of-gravity，COG）的水平位置，也反映了由于下肢肌肉活动带来的地面反作用力的状况和站立时身体的移动有关，称为“身体晃动”（body sway）[121]。更准确地说身体晃动是指身体质量重心（COM）在前后轴和中轴上的持续的晃动。这一变量通常不能直接进行测试（如使用关节标记的运动分析），但已有研究证明力量平台的COP记录可以用来计算人体的COM[122]。经过数据处理能够计算出与身体晃动情况相关的一些参数，而身体晃动主要是指随时间变化COP位置的变化。典型的平台测量参数是平均COP位置（作为参考值）、前后轴和侧轴的晃动幅度、晃动速度及晃动面积。从力量平台中得出的COP值能够在变化的、可视的、表面条件下测得，根据研究选择合适的测量参数。

有些作者认为平台测试的可靠性差[123]，不同测试场合COP测量的可靠系数低。事实上根据以往的文献报道可知，平台测试的可靠性还是比较高的，而不同研究者得出不同的结论可能是由于研究方法、受试者的不同造成的。

（二）动态平衡能力测量

关于动态平衡，有一个简单的测试方法叫作星形偏移平衡测试（SEBT）[124]。它需要参与者保持单腿稳定站立然后利用另外一条腿在8个方向上达到最远的距离，当支撑腿稳定性不好时测试重新开始，数据要根据腿的长度进行标准化校正。至于静态平衡，由于对测量的客观性和可靠性要求更高及技术的相应进步，使得在测量儿童和成年人的动态平衡时力量平台测试成为研究中最常使用的测试方法。

力量平台评估动态平衡的经典就是跳跃测试。它要求受试者站在平台上保持双腿站立然后跳起（高度根据实验目的而定），落下时单腿着地迅速把手放在臀部并尽可能快地恢复到稳定的站立，同时保证面朝前方。在该测试的力量平台记录中可以提取出许多参数，最常使用的一个指标就是稳定时间（TTS），它是对神经肌肉控制的一个测量，包含感觉和力学系统来控制复杂的跳跃、着地任务[125]。稳定时间的垂直分量通常是这样计算的，落地后垂直分力达到并且保持在身体重量的5%范围内。稳定时间的前后轴和中侧轴分量通常是由序列估计计算。这种技术包含了一个算法来计算系列数据的累计平均值，这些数据连续每次增加1分，这项均值再跟整体均值对比，如果连续均值能够保持与整体均值的标准差在±0.25范围，那么认为该受试者是稳定的。2005年，一个新的参数称为动态姿势稳定指数（DPS）[126]，它是基于跳跃测试并且它还考虑到了着地后人体重心 COM 随平衡点变化的波动，用相关的 COP 波动在 3 个方向做出向量（ML、AP 和 vertical)，计算动力性运动（在此主要是指跳跃）后快速恢复到稳定站立状态所需要的时间。

还有研究通过交互设备来研究动态平衡条件，将设备放置在力量平台上，只有 1°的自由移动和产生的不稳定性。在这样的条件下还有可能研究在频域内 COP 的偏移来评估在平衡调控中哪条长神经回路或短神经回路更被优先选择。从 0~20Hz 的快速傅里叶变换可以在 COP 位移中得到应用，总的光谱能量可以被计算和分布在三个频段：低频（0~0.5 Hz)、中频（0.5~2.0 Hz)、高频（高于 2Hz)。已有证明表示低频主要针对视觉管理，中频针对小脑管理，高频针对本体感受管理[127]。与力量平台对比，生物稳定系统（BSS）使用一个圆形的平台，可以让受试者同时在前后轴和侧轴方向自由移动。平台的稳定性同样可以变化，通过平台底部的弹簧可以预先调试阻力，不同于在静态条件下测量 COP 的偏移，这个设备测量的是在静态条件下每个轴上倾斜的角度。因此，生物稳定系统似乎能够提供关于踝关节运动更特定的信息。

二、平衡能力与运动成绩

（一）不同运动员的平衡能力

表 3-7 为不同项目运动员的平衡能力比较研究。足球运动员的双腿动态或者相似的静止及动态平衡能力比体操运动员都要差，但是与游泳运动员相比，他们的动态双腿平衡能力水平相似，但是静止单腿平衡能力要好很多。与篮球运动员及主动控制性受试者相比，足球运动员有着更好的静态单腿和动态平衡能力。足球运动员经常在练习击球动作时用单腿支撑躯干，因此与篮球等其他项目的选手相比被认为具有较好的单腿平衡能力。与其他对照组相比，篮球运动员并没有表现出良好的平衡能力，他们与游泳运动员具有一样水平的静态单腿平衡能力，但是与足球运动员及体操运动员相比他们的静态和动态单腿平衡能力都要略逊一筹。与那些主动控制性受试者相比，其动态双腿平衡能力要差很多，静止双腿平衡能力则处于同一水平。与体操运动员相比，游泳运动员的动态双腿平衡能力要差，但是与足球运动员相比动态双腿能力处于同一水平，但是静止单腿平衡能力较差；与篮球运动员及那些主动控制性受试者运动员相比，他们的静止单腿平衡能力水平相差无几，不过他们的动态双腿平衡能力要比主动控制性受试者的选手要好。

许多跨项目研究已经发现与控制性项目相比，田径项目的运动员普遍具有很好的平衡能力，这也表明体育项目的参与能提高平衡能力。从已有数据来看，体操运动员普遍具有最好的平衡能力，其次是足球运动员、游泳运动员、主动控制性受试者运动员，最后是篮球运动员。这是因为篮球运动员由于极少参与单腿静止平衡运动，足球运动员在击球时经常进行动态单腿的运动，游泳运动员不经常进行静态或者动态的平衡运动，因此，很可能无法向运动感觉系统提供潜在的刺激，而这种刺激是加强平衡能力所必需的。令人惊讶的是，竟然没有任何射击运动员与其他运动员的平衡能力之间的比较研究。当与一组控制对象相比较时，射击运动员表现出非常好的静态双腿平衡能力，当他们身着重达 7~13.5kg 的竞赛服时他们的平衡能力会得到进一步提高。因为笨重的衣服和鞋子会对身体起到一定支撑作用，削减身体的摇摆。

表 3-7 各运动项目运动员的平衡能力对比

研究（年）	运动员及水平	平衡测试	结果（$p<0.05$）
Aalto et al. (1990)[128]	步枪和手枪射击者，国家级水平 8 男，2 女；对照控制组 27 人	静态平衡：27s 睁眼、闭眼单腿站立，CoP，穿和不穿竞赛服装	射击者比控制对照组的步枪选手有很更好的平衡能力。穿着竞赛服装比不穿有更好的平衡能力
Kioumourtzoglou et al.（1998）[129]	篮球运动员国家级水平 13 男，对照控制组 15 男	动态平衡：稳定仪，60s 双腿站，保持平衡板与水平面之间在 10 度内	篮球运动员的平衡能力较差，但是没有描述身高，或者说身高与结果不呈正态分布
Perrin et al. (2002)[130]	优秀的柔道选手 17 男，专业的芭蕾舞选手 14 女，对照控制组 21 男，21 女	静态平衡：20s 睁眼、闭眼单腿站立，CoP，穿和不穿竞赛服装 动态平衡：支撑面慢慢旋转，20s 睁眼、闭眼双腿站立于振动力台	柔道选手比控制组在所有的条件下都好。柔道比舞蹈选手眼睛睁开时具有更好的静态平衡能力。控制组的男女之间没有差别
Davlin (2004)[131]	优秀体操选手 29 男，29 女；优秀游泳选手 32 男，38 女；优秀的足球选手 30 男，28 女。控制组 31 男，30 女	动态平衡：稳定仪，30s 双腿站，保持平衡板与水平面之间在 5 度内	体操选手比其他所有人平衡性都要好，运动员比控制组的都要好。足球和游泳选手之间没有区别。男女之间没有区别
Schmit et al. (2005)[132]	大学径跑运动员 5 男，5 女。芭蕾舞运动员 5 男，5 女	静态平衡：30s 睁眼、闭眼双腿赤脚站立，CoP，有和没有泡沫垫	跑步运动员和芭蕾舞运动员之间没有区别，但是样本量太小
Bressel et al. (2007)[133]	大学体操运动员 12 女，大学足球运动员 11 女，大学篮球运动员 11 女	静态平衡：BESS，20s 闭眼双腿、单腿站立，在水平的和不平的地面上 动态平衡：SEBT，结果与四肢长度呈正态分布	足球运动员和体操运动员之间没有区别，体操运动员比篮球运动员有着更好的静态平衡能力，足球运动员的动态平衡能力比篮球运动员要好
Gerbino et al. (2007)[134]	大学足球运动员 32 女，现代舞和芭蕾舞 32 女	静态平衡：10s 睁眼、闭眼单腿赤脚站立，CoP，有和没有泡沫垫。 动态平衡：向后跳跃，重心偏移	20 项测试中，足球运动员有 5 项测试结果低于舞蹈运动员，剩下的 15 项测试二者无差别

续表

研究（年）	运动员及水平	平衡测试	结果（$p<0.05$）
Matsuda et al.（2008）[135]	一般水平的足球运动员10男，一般水平的篮球运动员10男，一般水平的游泳运动员10男，对照控制组10男	静态平衡：60s单腿CoP	足球运动员比所有的其他选手平衡能力都要好，每一组内四肢没有差别（篮球运动员并不比其他受试者高）
Shahheidari（2012）[136]	女学生运动员：游泳10人；足球10人；篮球10人；体操10人	静态平衡：BESS 动态平衡：SEBT	足球和游泳运动员平衡能力差
Bahadoran et al.（2012）[137]	优秀体操运动员16人，优秀摔跤运动员12人，对照组16人	静态平衡：30s睁眼、闭眼单腿站立，CoP	三组人群静平衡能力无显著差异
Kartal（2014）[138]	网球、足球、篮球、排球四个项目的运动员各20人	静态平衡：60s单腿CoP	网球运动员的静态平衡能力最好，排球和足球运动员次之，篮球运动员最差
Zhao et al.（2015）[139]	省队武术运动员29人，跆拳道运动员26人，射箭运动员20人，对照组大学生24人	静态平衡：睁眼、闭眼单脚站立；50cm高度单脚落地、50cm高度双脚落地；CoP	武术运动员动静态平衡能力最强，跆拳道运动员动态平衡能力强于射箭运动员，射箭运动员静态平衡能力强于跆拳道运动员，大学生组则介于跆拳道和射箭运动员之间
Kristoffer et al.（2015）[140]	大学生篮球、足球、排球、垒球女运动员共89人	动态平衡：BESS	篮球运动员的平衡能力最差，其次为足球，排球和垒球运动员相近

F：女；M：男；CoP：压力中心；BESS：平衡纠错评分系统；SEBT：星形偏移平衡测试

（二）不同竞赛水平的运动员平衡能力比较分析

在有些体育项目上，一些优秀的运动员比那些稍微差一点儿的对手表现出更好的平衡能力（表3-8），那些国际水平的射击选手通常比国家级选手表现出更好的双腿静止平衡能力；反过来，国家级选手又比那些初学者表现出更好的双腿静止平衡能力。与区域水平的选手相比，国家级的足球运动员有着明显的单腿和双腿静止平衡和单腿动态平衡优势。在射击方面，那些优秀选手比那些水平略差的选手具有更好的单腿静止平衡能力。单腿静止平衡并非是高尔夫选手必备的能力，但是单腿静止平衡通常被认为能影响挥杆时的力度变化。高尔夫选手有时也会被要求对没有水平放置的球进行挥杆练习，如上坡击球或下坡击球，或者将球置于一个特殊位置，需要选手一脚处于沙坑里一只脚处于草地里。优秀选手的较高的平衡能力得益于不断重复的经验积累，而这种重复练习会影响他们的运动反应及对相关感觉和视觉线索的注意力。训练经验也会提高他们的协调能力、力量及动作幅度范围，而这也会影响平衡能力。也有许多运动项目，人们认为那些优秀选手通常会具备更好的平衡能力，但是在高山滑雪、冲浪及柔道等项目上，不同竞技水平的选手并没有表现出来。与地区级的选手相比，在穿着滑雪鞋时国家级和国际级水平的滑雪运动员有着相似的静态和动态的双腿平衡能力，但是赤脚时静态和动态平衡比较差。为解释这种意料之外的结果，通常认为那些优秀的滑雪运动员将大量时间用在了着靴滑雪的练习上，因此对脚踝各种角度的控制稍差。在优秀选手和中等水平的休闲冲浪选手之间，他们的双腿静止平衡能力没有什么差别。冲浪运动是在一个极其不平衡、极其多变的环境下进行的，任何一个静止平衡测试不可能对他们的平衡能力进行区分，因此，对冲浪选手而言动态测试或许更为合适。

表 3-8 不同竞技水平的运动员之间平衡能力的比较

研究（年）	运动员及水平	平衡测试	研究结果（$p<0.05$）
Niinimaa and McAvoy (1983)[141]	优秀的步枪和手枪射击运动员 4 男，有经验的冬季两项选手 4 男，冬季两项新人 4 男；对照控制组 4 男	静态平衡，力台，双腿，CoP，稍息，同时射击，60s，4 分钟艰苦训练（骑自行车）前和后，模仿越野赛中的滑雪比赛	有经验的射击运动员比没有经验的运动员有更好的平衡能力，稍息时平衡能力比瞄准时要好，运动前平衡能力更好
Era et al. (1996)[121]	国际水平的步枪射击运动员 6 男，3 女，国家级水平的 8 男，新手 7 男	静态平衡，力台，双腿，射击时同时施加 CoP 影响，射击前的 7.5s 和 1.5s 持续 1.5s	国际水平的运动员比国内水平的运动员平衡能力要好，国内水平的选手要比新手好
Konttinen et al. (1999)[142]	国际水平的步枪射击运动员 6 男，国家水平的 6 男	静态平衡，力台，双腿，射击时施加 CoP 影响，射击前 6s	国际水平的选手比国家队的选手有着更好的平衡能力
Paillard et al. (2002)[143]	柔道选手，国内顶尖和国际水平共 11 男；地区水平选手 9 男	静态平衡，力台，双腿，CoP 影响，51.2，眼睛睁开，眼睛闭上	组间无差别
Noe and Paillard (2005)[144]	高山滑雪者，国际和国内水平选手 7 男，7 女	静态平衡，力台，51.2s，动态性平衡，力台上安置倾斜板，25.6s，两次都是双脚，CoP 影响，赤脚，膝盖展开，滑雪鞋和膝盖弯曲，眼睛睁开，眼睛闭上	穿着滑雪靴时，没有区别。但是国家级选手和国际选手的赤脚静态和动态性平衡能力不如区域水平滑雪者
Paillard and Noe (2006)[145]	足球运动员，职业的国家队的 15 男，地区业余的 15 男	静止平衡，力台，双腿，CoP 影响，51.2s，眼睛睁开，眼睛闭上	职业选手比业余选手有更好的平衡能力
Paillard et al. (2006)[146]	足球运动员，国家队 15 男 地区队 15 男	静态平衡，力台，51.2s，动态平衡，力台上放置倾斜板，25.6s，两个都单腿，CoP 影响，眼睛睁开，眼睛闭上	国家队选手比地区对选手有 更好的静态和动态性平衡能力

续表

研究（年）	运动员及水平	平衡测试	研究结果（$p<0.05$）
Sell et al.（2007）[147]	高尔夫选手：障碍等级<0，45m；障碍等级 0~9，120m；障碍等级<10~20，92m	静态平衡，力台，单腿，10s，GRF 影响，眼睛睁开，眼睛闭上	大多数技术好的高尔夫选手比其他组的选手有更好的平衡能力
Chapman et al.（2008）[148]	优秀冲浪选手 21 男；中等水平休闲性选手 20 男	静态平衡，平衡台，双腿，30s，影响，头部挺直，头部向后，眼睛睁开，眼睛闭上	组间无差距
Aliḉ et al.（2010）[149]	足球运动员 国家队、超级联赛、一级联赛、二级联赛、州联赛	动态平衡：T-test	组间无差异
Gerold et al.（2011）[150]	冬季两项射击运动员：高水平和低水平	静态平衡：姿态稳定，CoP	成绩好的运动员，身体摇摆幅度小
Butler et al.（2012）[150]	足球运动：高中生 38 人；大学生 37 人；职业运动员 44 人	动态平衡：Y-test	存在组间差异，运动水平高的足球运动员动平衡能力强
Ricotti et al.（2013）[151]	意大利足球比赛 1~10 个队伍	静态平衡：20s 睁眼单足站立，CoP 动态平衡：跳深，CoP	职业选手与非职业选手之间在动态平衡方面有很大差异
Kerr et al.（2016）[152]	芭蕾舞队员，团体和个体	动态平衡：三维测量	无组间差异

(三) 平衡能力与运动水平的关系

研究表明，平衡能力对许多运动项目的运动水平有重要影响（表3-9）。如射击时，无论是对优秀选手还是初学者而言，双腿静止平衡能力对射击的准确性有重要影响。其他与平衡能力无关的因素，如枪是否放置水平可能会对射击的准确性有影响。平衡能力对于初级弓箭手有重要影响，但是对于高级弓箭手没有影响。与初级选手相比，高级弓箭手有着更好的平衡能力，而高水平的平衡能力是成为一个优秀弓箭手的前提，在这种水平下选手身体晃动幅度很小，对于那些优秀有经验的选手来说，这并不会成为影响他们的因素。年轻的冰球运动员的动态平衡能力对最大滑行速度有着重要影响；在冰球运动中平衡能力极其重要，因为冰刀与冰面接触面积太小。根据多关节平衡系统所测可知在模拟雪橇起跑时动态单腿平衡能力与速度有关。优秀高尔夫选手的静态单腿平衡能力与某些动作的评分指标有关，如上果岭率（GIR）。有人提出在高尔夫挥杆动作过程中重量的变化及在不平的地面上的站立都需要足够的平衡能力才可以。一项关于单腿静止平衡的研究调查表明大学棒球投手的平衡点的姿势与投球准确率之间没有任何关系，之前有人认为平衡能力对于投球有重要影响，因为投球这个动作涉及在身体向上挥杆时的单腿站立，当向前跨出的腿的幅度达到最大时如何寻找一个“平衡点”的问题。

表 3-9 平衡能力与运动水平之间的关系

研究（年）	运动员及水平	平衡测试	运动能力	重大发现（$p<0.05$）
Mason and Pelgrim (1986)[153]	国家队初级弓箭手，有经验的弓箭手	静态平衡，力台，双腿，射箭时同时施加 CoP 影响，1s 后射箭	射箭的准确性	对于新手和经验不足的选手来说（$r=0.51$）平衡能力与射箭的命中率有关系。但是对于老手或者有经验的选手来说，并非如此
Ball et al (2003)[154]	国际水平的步枪手，4 男，2 女	静态平衡，力台，射击时同时施加 CoP 影响，1s 后射箭	射击命中率	4 个选手的平衡能力与射击的命中率有关系
Marsh et al. (2004)[155]	大学棒球选手 16 男	静态平衡，力台，单腿站立在平衡点，CoP 影响，10s，眼睛睁开，眼睛闭上	投球命中率—从接球者手套计算球飞的距离	没有关系
Behm et al. (2005)[156]	初高中冰球选手 30 男	动态性平衡，摇摆板上 30s 内进行定时平衡测试	最大滑雪速度	平衡能力与滑雪速度有关系，尤其是对于年轻选手（$r=0.65$）
Mononen et al. (2007)[157]	步枪射击手 58 男	静态平衡，力台，双腿，射击时施加 CoP 影响，3s 后射击	步枪射击的命中率	平衡能力与射击的准确性相关（$r=0.291-0.450$）
Platzer et al. (2009)[158]	国际水平的雪橇选手 13 男	动态平衡，双项平衡系统，单腿 30s	雪橇开始，刺激，结束以及最大速度	平衡能力对结束速度（$r=0.590$）有影响，但是与最大速度没有关系
Platzer et al. (2009)[159]	国际滑板选手 21 男，16 女	动态平衡，双指标平衡系统，单腿，30s	世界杯和国际联合会的得分点	没有关系

续表

研究（年）	运动员及水平	平衡测试	运动能力	重大发现（$p<0.05$）
Wells et al.（2009）[160]	优秀高尔夫选手 15 男，9 女	静态平衡，计时单腿站立	球速和距离，平均得分果岭率，短传配合措施，入球率	平衡能力与果岭率（r=-0.43）及切球后的击球距离有关系
Geddam et al.（2014）[161]	优秀运动员	静态平衡：身体摇摆	动态平衡：BESS	身体摇摆幅度与动态平衡能力成反比
Hammami（2016）[162]	青少年足球运动员 24 人	静态平衡：单腿站 动态平衡：Y-test	速度、灵敏性	静态、动态平衡能力与速度和灵敏性成正比

CoP：压力重心　F：女　M：男　R：相关系数

(四) 关于平衡训练引起的运动水平的提高的预设机制

在一项动作任务中由平衡训练引起的运动水平的提高到底有多大的影响至今仍未知。本体感受是感觉系统(能对连接部位提供信息,也能对其进行检测)的一部分,也是平衡系统的一部分,本体感受是否能够真的通过运动得到提高已被提出质疑。据推测,运动员通过平衡训练会变得更善于集中注意力,对于重要感知线索会更敏感还会做出更好地电动反应。如体操运动员在平衡木上的训练使他们全神贯注以确保他们能注意到所有的大的身体部分的运动速度,因此要将动作最小化以提高其运动水平。

平衡训练可能会导致特定任务下脊柱和脊椎层级上的神经的适应性。它可能会压制脊反射的兴奋性,如在完成某个动作时的肌肉伸展反射性,这会减少身体不稳定动作,提高体操和射击所要求的平衡能力。对肌肉延伸反应的压制可能会加强相对应的肌肉的收缩,这会导致关节的僵硬使关节稳定。训练过程中具体的任务会抑制皮质的兴奋性,这也会提高平衡性。据推测,平衡训练推动了运动动作控制的变化:从皮质到下皮层再到小脑。这些变化有助于解释为什么通过平衡训练能提高平衡能力而非动作技巧,如跳高项目。有必要指出:被减少了的脊柱和脊椎的兴奋性是依具体任务而定的,这在平衡训练过程中会有所表现。当然,这在其他的运动中并不明显,因此我们不能断言在各种不同的动作技巧中神经兴奋都会受到抑制,因为有可能恰好相反。

经研究发现,在跳跃着陆时,平衡训练提高了腹直肌的兴奋性,更高的肌肉兴奋性会优化肌腱和关节硬度,减少伸展时间,进一步提高离心—向心运动的能力,如反向运动跳。

最早的研究虽然发现经过6周平衡训练后的膝盖收缩的最大主动等角收缩力(MVIC)有所提升[163]。但后续的平衡训练研究[164,165]并没有引起多大的力量的显著提高。所有的证据表明力量的提高几乎不可能是对平衡训练的一个重大的适应,但是极有可能发生的是力量发展速度提高的效果。经过4周的平衡训练,在多关节单腿压腿动作中,力量发展效率(RFD)会得到提高,未经训练的单关节脚屈能力也会得到改善。RFD的提高会带来力量的增长,相应的,跳跃过程中的动作技巧运动水平都会得到提高。

在许多的运动项目中,针对项目本身固有的平衡训练的刺激,有大量的预设感觉适应。与其他的预设机制一样,他们的基础是一些低水平的证据而非那些有前瞻性的研究。有人建议,优秀运动员的重复性经验,如对优秀的冲浪手而言,通过神经系统的适应性会提高他们的平衡能力，减少对视觉输入依赖的同时增加对姿势控制方面的依赖，如本体感受。随着视觉对身体控制必要性的降低，使得有更多的注意力转移到其他的对平衡和运动水平有重要影响的感觉信号输入上。据报道，通过对运动员脚踝处的肌腱施加振动作用引起他们本体感受信息的错乱，经过一段时间后体操运动员比非体操运动员能够更为迅速地重新恢复平衡姿势。另外一项研究是针对不同水平的足球运动员，研究内容为扰乱后的感觉信息输入对姿势控制的影响。通过将受试者的足底皮肤感觉受体降温处理直至发麻来使感觉输入受到干扰，对小腿和大腿的肌肉进行电刺激，干扰牵张本体感觉信息，支撑颈部限制脊椎关节的发出的信息。研究发现，不管在受干扰还是不受干扰的情况下优秀选手都能表现出比较好的静态双脚平衡能力，有人总结认为这是因为优秀选手有一个很好的对身体轴线和垂直度的感知。为了证实那些旨在提高平衡能力的预设机制，仍然需要大量的高水平、前沿性研究作为证据。

三、平衡能力与姿态摆动

对于某些特定运动项目，运动员的静态或动态平衡是专项技术表现的限制因素之一。平衡障碍不仅会影响运动成绩更会增加运动员受伤的风险。因此，在运动专项训练中运动员受到干扰恢复平衡的能力被认为是运动员的重要基础能力之一，而对于运动员抗干扰维持平衡的能力通常采用重心运动轨迹进行评价，不同运动项目的运动员在这方面表现出的能力具有重大差异。

（一）姿态摆动与支撑面

支撑基础（base of support，BS）、接触面积（area of contact，AC）、支撑区域（area of support，AS）是影响个体姿态稳定的三个重要因素，而且对姿态的影响 BS>AC>AS。因此，在一个窄区域上维持平衡（如站在 2.47mm 宽冰鞋上的冰球运动员和 4.11mm 宽冰鞋上的守门员）通常比双脚站立相比更加困难。事实上冰鞋接触的面积只占脚掌的 1.03%（180 平方毫米与 17500 平方毫米），在滑冰运动员站立的姿态中支撑基础类似于两足支撑姿态。因此，对于花样滑冰或经验丰富的登山运动员来说站在狭窄和宽敞一些的地面上对于个体的姿态摆动没有很大区别。如卡彭特（Carpenter）[166] 等对体操运动员脚尖站立与冰球运动员冰鞋站立进行比较，结果发现两种站立姿态下运动员的重心（COP）速度没有显著差异。同样，这两种站立姿态的水平稍高于站在溜冰鞋上的曲棍球球员，这意味着姿态的稳定性并不会受到狭窄区域的影响，因为有一个类似双脚的支撑。

（二）姿态摆动与手脚支撑

在许多运动中平衡是在特定位置的稳定，如瑜伽运动头部的稳定、体操运动手部支撑的稳定、划船运动时坐在船上的稳定。运动中的平衡也指站在运动设备上的稳定，如运动员站在滑板或滑雪板上的稳定。福金（Forkin）[167]等人的实验发现，体操运动员的COP速度在双手支撑时比双足支撑时高出约10倍。另外，在某些运动状态下重心摆动的幅度前后方向要明显高于左右方向，在专项运动姿态上保持平衡的能力与站立姿态下保持平衡的能力有显著不同，因此在日常训练中需要考虑特定专项运动状态的稳定。

（三）姿态摆动与支撑高度

众所周知，脊髓反射系统用特定策略应对站姿稳定状态的变化，如果身体的稳定性下降和姿态摇摆幅度增大，那么H-反射（hoffmann's reflex）就会减少（如支撑基础降低、闭眼等情况）。相反，重心摆动减少必然伴随着脊髓兴奋性的增加（如增强的视觉反馈、机械支撑等）[168]。然而，当个体心理出现焦虑时，H反射的调节将不再遵循这种模式。西布利（Sibley）等人[169]研究了H-反射的调节作用，受试者分别站在40cm（高度较低）和160cm（高度较高）的平台上，当受试者接近平台的边缘时，H反射物在高度较高的条件下显著减少。遗憾的是这个研究中没有测量受试者的摇摆幅度，但根据卡彭特（Carpenter）等的研究可以证明体位威胁会减少晃动的幅度并增加摇摆频率，即受试者在危险状态下会通过提高调整频率降低摇摆幅度的策略来维持身体的稳定。因此，焦虑会诱导“紧”的姿态控制并在同一时间减小H反射活性。我们推测，在应对姿态不稳的状况时中枢神经系统会降低脊髓反射的贡献率，如果焦虑是改变姿态控制策略的唯一动力，那么它可能是通过降低H-反射和减小摇摆幅度来实现这一控制的。

为了研究体位威胁的作用[170]，对登山运动员和年轻的受试者站在不同高度的摆动速度进行了测量比较，受试者站立状态还包括是否闭眼，研究发现对于登山运动员不同站立高度、是否闭眼都没有产生COP速度的显著变化。另外，对于年轻受试者站在不同高度时COP速度表现出显著差异，即当支撑高度从地面到3m再到20m的高度时COP速度分别为84.2±8.6BPM、89.8±14.7BPM和121.6±19.0BPM，并且在眼睛睁开的状态下受试者表现出了心率显著增加的现象。调查问卷的分析还显示15个受试者中的7个出现了焦虑现象，该实验结果显示，由于受到高空的体位威胁在没有受过训练的项目上受试者姿态摇摆得更加明显。

（四）姿态摇摆与踝关节固定方式

自由式运动一般都是对踝关节进行或多或少的刚性固定，如穿靴子；在这种不同踝关节固定中，固定区域的高度会对年轻受试者的摇摆速度产生影响，如站在滑雪靴（踝关节的全固定）比站在雪板靴（踝关节的半固定）和赤脚受试者的 COP 摆动速度和幅度更大，这些结果表明刚性固定的方法不利于站在滑雪靴上。

在短期平衡训练中，踝关节固定方式的训练能够改善膝关节肌肉的神经肌肉活化模式，进而能够提高膝关节的稳定性[171]。但是，在滑雪或滑雪板长期训练中，如何影响运动员的姿态控制策略还并不十分清楚。研究结果显示，赤脚站立和站在滑雪靴上运动员的前后方向摇摆速度没有显著差异。另外，对于低水平受试者，当固定踝关节后 COP 摆动速度在内外方向显著提高。然而，高水平滑雪运动员在相同条件下其内外摇摆速度在两种条件下没有显著差异。这些研究表明固定踝关节滑雪者稳定性比普通人更好，很可能滑雪的专门培训抵消了固定踝关节动态的平衡。

（五）射击时的姿态摆动

姿态摆动对于射击项目运动员的竞技水平和静态平衡能力具有显著的相关性[116]，根据 Era 等人[172]的研究发现重心摆动变化是否在 10%以内决定了高水平射击运动员的比赛结果。然而训练的实践经验却表明，对于专业射击运动员，姿态摆动幅度增加并不会影响枪击的喷射精度。为了验证这一观点，用有经验的射手进行 60 发射击，同时测量射手摆动和射击成绩，结果发现随着射击次数的增加姿态摆动速度逐渐增加，射击成绩却没有被影响。在研究中同时还发现射手能够通过降低摇摆速度使射击水平维持不变并在 60 发射击的最后尽可能地做到与开始时一样准确的命中率。此研究结果表明专业射手的姿态摇摆不会影响其射击水平的发挥，这与那些坚持姿态的稳定性和射击的成绩相关的观点是不一样的。

（六）罚球投篮中的姿态摆动

在篮球项目中，运动员姿态的稳定性和运动成绩之间的密切关系已经被普遍认可[173]，具体地讲就是罚球命中率一直与低速水平运动和高稳定性有关。一项关于篮球运动员多次罚球的参数研究发现[174]，对于连续50次的罚球，运动员的出手瞬间COP速度在前后方向没有变化，而COP速度在左右方向却增加了近一倍，尽管如此，罚球不中的次数仅略有增加（平均4±1.7个，最多8个）。这个结果表明，COM左右方向的速度变化不会影响篮球运动员罚球出手的准确性。

（七）举重运动中的姿态摆动

非稳定抗阻运动逐渐成为专家和研究人员的关注热点。在这些训练中，人们往往仅对在不稳定表面上进行训练的强度参数进行分析，并没有考虑训练过程中姿态摆动随时间的变化信息。虽然利用测力台系统让我们能够记录COP参数，但值得注意的是这样的测量不足以获得COM的全部运动特征。基于运动分析（视频系统）或加速度计评估头、四肢和躯干的运动评估方法会比测力台系统更适合进行这样的分析。在贝汉姆（Behm）的研究中[175]，利用杠铃蹲起动作对两个不同举重专长的运动员举起重物的方式进行了评估，结果发现在下蹲过程中体重能够帮助克服姿态摆动。

（八）旋转练习后的姿态摆动

在现代舞蹈中使用一些非稳定训练方法改善运动员的平衡、协调、力量和空间定位能力。在一项关于旋转与姿态的研究中比较了高水平舞者、花样游泳和年轻人旋转后重心摆动的差异。结果表明，在所有组别中摆动速度与被试者能够完成的转数有密切关系，即摆动速度增加与转数增加的最大比例为1∶0.5。高水平舞者和花样游泳运动员COP明显较高，年轻受试者COP的拟合曲线是先实现较高转数、后稍微增加，然后才逐渐下降恢复到静止水平。与此相反，高水平舞者和花样游泳运动员COP速度逐渐增加到一个速度后即维持稳定，这意味着高水平舞者和花样游泳运动员的旋转比未经过专门训练的年轻人能够更快地调整平衡。

第六节　未来展望

运动协调的根本是人体神经系统合理控制肌肉产生运动，形成的外部表现就是产生平稳、准确、有控制的运动，是个体运动能力的基础，对运动员各项能力的发展具有举足轻重的作用。长期以来人们通过不断的努力，从理论和实践领域对运动协调的研究取得了较大进展，提出了各种不同的理论假说。但是由于运动协调涉及神经对肌肉和骨骼的控制、人体与外部环境的相互作用及我们对神经系统认识的缺乏等原因，人们对运动协调的认识还不够充分、全面，今后我们仍需要在如下三个方面开展相关研究。

第一，加强关于神经系统对运动控制的研究。由神经生物学领域相关研究发现，中枢神经系统运动控制起着主导作用，而目前相关理论涉及神经对运动的控制还比较少。

第二，弥补关于运动协调能力测量和训练方法的研究不足。运动协调能力包括 5 个要素，即空间定向能力、节奏能力、反应能力、平衡能力和运动感知分辨能力，而对其中任何一项能力的全面测试都还没有一种简单易行的方法。由于测量评估方法的复杂性，导致在日常训练中教练员对运动协调能力的忽视。

第三，开展青少年运动协调发展规律与神经生理发展的关系研究。现有相关研究发现，6~10 岁期间是运动协调能力发展的敏感期，在青少年运动员长期训练发展计划中应把协调能力的训练作为 6~10 岁期间运动能力发展的重点。

参考文献

[1] Etymology T B Do. The Barnhart dictionary of etymology [M]. HW Wilson Co, 1988.

[2] Hunter M D. A dictionary for physical educators [M]. Bloomington: Indiana University, 1966.

[3] Schurr E L. Movement experiences for children: A humanistic approach to elementary school physical education [J]. Peabody Journal of Education, 1975, 53: 60.

[4] Freedson P. Dictionary of the sport and exercise sciences [M]. Champaign, Ⅲ: Human Kinetics Books, 1991.

[5] Wilmore J H. Athletic training and physical fitness: physiological principles and practices of the conditioning process [J]. Danvers mass: Allyn & Bacon, 1976.

[6] Putnam C A. A segment interaction analysis of proximal-to-distal sequential segment motion patterns [J]. Medicine and Science in Sports and Exercise, 1991, 23 (1): 130-144.

[7] Curtis S R. The Joy of Movement in Early Childhood [M]. Teachers College, Columbia university, 1982: 141.

[8] Sage G H. Introduction to Motor Behavior: A Neuropsychological Approach [J]. Reading, mass: Addison-Wesley, 1977: 167.

[9] Hornby A S, Wehmeier S, Ashby M, et al. Oxford advanced learner's dictionary of current English [J]. The Univ. Pr, 1989: 163-178.

[10] 杨义勇．人体神经肌骨系统运动协调及其控制机理的研究 [D]. 北京：清华大学，2004.

[11] Li L, van den Bogert E C, Caldwell G E, et al. Coordination patterns of walking and running at

similar speed and stride frequency [J]. Human Movement Science, 1999, 18 (1): 67-85.

[12] Fung Y. Biomechanics: mechanical properties of living tissues [M]. Springer Science & Business Media, 2013.

[13] 田麦久，刘大庆．运动训练学第三版 [M]. 北京：人民体育出版社, 2012：165.

[14] 邓树勋，王健，乔德才．运动生理学 [M]. 北京：高等教育出版社, 2005.

[15] 武明．人体运动平衡策略的研究 [D]. 北京：清华大学, 2002.

[16] 威尔莫尔美，科斯蒂尔美，凯尼美．运动生理学 [M]. 北京：北京体育大学出版社, 2011：26.

[17] 初立光．对动作“协调性”实质的分析 [J]. 河北体育学院学报, 2004, 18 (2)：81-82.

[18] Zajac F E. Muscle coordination of movement: a perspective [J]. Journal of Biomechanics, 1993, 26 (11): 109-124.

[19] 沈正，林庶芝．生理心理学 [M]. 北京：北京大学出版社, 2007：164.

[20] 沈正，林庶芝．生理心理学 [M]. 北京：北京大学出版社, 2007：169.

[21] 沈正，林庶芝．生理心理学 [M]. 北京：北京大学出版社, 2007：175.

[22] 沈正，林庶芝．生理心理学 [M]. 北京：北京大学出版社, 2007：28.

[23] Atkinson R K. A study of athletic ability of high school girls [J]. American Physical Education Review, 1925, 30 (7): 389-399.

[24] Brace D K. Measuring motor ability: A scale of motor ability tests. New York: AS Barnes, 1927.

[25] Espenschade A. Development of motor coordination in boys and girls [J]. Research Quarterly. American Association for Health, Physical Education and Recreation, 1947, 18 (1): 30-44.

[26] Gesell A. Pre-school child from the standpoint of public hygiene and education [J]. Journal of education, 1923: 258-260.

[27] Gesell A. The mental growth of the pre-school child [J]. The Journal of Nervous and Mental Disease, 1926, 64 (2): 201.

[28] Gesell A, Amatruda C S, Thompson H. An atlas of infant behavior [M]. New Haven: Yale University Press, 1934.

[29] Mcgraw M B. Growth: A study of Jimmy and Johnny [M]. New York: Appleton-Century, 1935.

[30] Bernstein N A. Studies of the Biodynamics of Locomotions (Normal Gait, Load and Fatigue) [M]. Moscow: Institute of Experimental Medicine (in Russian), 1935.

[31] Bernstein B N. The co-ordination and regulation of movements [J]. Journal of Neuropathology & Experimental Neurology, 1967, 27 (2): 348.

[32] Cozens F W. The Measurement of General Athletic Ability in College Men [J]. American Physical Education Review, 1928, 33 (10): 634-638.

[33] Dimock H S. A research in adolescence I. Pubescence and physical growth [J]. Child Development, 1935, 6 (3): 177-195.

[34] Espenschade A. Motor performance in adolescence including the study of relationships with measures of physical growth and maturity [J]. Monographs of the Society for Research in Child Development, 1940, 5 (1): 126.

[35] Preyer W, Brown H W. The mind of the child, Part 1: The senses and the will: Observations concerning the mental development of the human being in the first years of life [M]. New York: Appleton, 1888.

[36] Shirley M. The sequential method for the study of maturing behavior patterns [J]. Psychological Review, 1931, 38 (6): 507.

[37] Bayley N, Jones H E. Environmental correlates of mental and motor development: A cumulative study from infancy to six years [J]. Child Development, 1937: 329-341.

[38] Carmichael L E. Manual of child psychology [J]. Education Source, 1946, 15: 118-119.

[39] Thelen E. Motor development: A new synthesis [J]. American psychologist, 1995, 50 (2): 79-95.

[40] https://en.wikipedia.org/wiki/NikolaiBernstein#Further_reading [EB/OL]. (2017-12-15).

[41] Bernstein N A. On the construction of movements [M]. Moscow: Medgiz, 1947.

[42] Lacquaniti F, Soechting J F, Terzuolo S A. Path constraints on point-to-point arm movements in three-dimensional space [J]. Neuroscience, 1986, 17 (2): 313-324.

[43] 杨义勇，王人成，贾晓红，等．人体上肢协调控制机理的研究进展及其面临的若干问题 [J]. 生物医学工程学杂志，2003，20（4）：738-741.

[44] Saltzman E. Levels of sensorimotor representation [J]. Journal of Mathematical Psychology, 1979, 20 (2): 91-163.

[45] Newell K M. Coordination, control and skill [J]. Advances in Psychology, 1985, 27: 295-317.

[46] 林辉杰，严波涛，刘占锋，等．运动协调的定量方法以及在专项技术分析领域的研究进展 [J]. 体育科学，2012，32（3）：81-91.

[47] Schoner G, Kelso J A. Dynamic pattern generation in behavioral and neural systems [J]. Science, 1988, 239 (4847): 1513-1520.

[48] Feldman A G. Once more on the equilibrium-point hypothesis (λ model) for motor control [J]. Journal of motor behavior, 1986, 18 (1): 17-54.

[49] Latash M L. Motor synergies and the equilibrium-point hypothesis [J]. Motor control, 2010, 14 (3): 294-322.

[50] Latash M L, Levin M F, Scholz J P, et al. Motor control theories and their applications [J]. Medicina (Kaunas, Lithuania), 2010, 46 (6): 382-392.

[51] Scholz J P, Schöner G. The uncontrolled manifold concept: identifying control variables for a functional task [J]. Experimental brain research, 1999, 126 (3): 289-306.

[52] Wu Y, Latash M L. The effects of practice on coordination [J]. Exercise and sport sciences reviews, 2014, 42 (1): 37–42.

[53] Zimmermann K. Die Ausbildung koordinativer Fähigkeiten und ihre Bedeutung für die technische bzw. technisch–taktische, Leistungsfähigkeiten der Sportler/Zimmermann K., Nicklisch R [J]. Theorie und Praxis der Körperkultur, 1981 (10): 764–768.

[54] Zimmermann K. Wesentiche koordinative Fahigkeiten fur Sportspiele. Theor [J]. Und Prax. KK, 1982 (6): 439–443.

[55] Koeln. Koordinatives anforderungsprofil und koordinationastraining – Grundlagen, analyse, methodic [M]. Berlin: Sport und buch strauss, 1999.

[56] Hirtz P. Koordinative Fahigkeiten im Schulsport (Coordination abilities in School Sport) [M], Berlin: Volk und Wissen Volkseigener Verlag, 1985.

[57] Meinel/Schnabel G. Bewegungslehre–Sportmotorik [M]. Berlin: Sportverlag, 1987.

[58] Issurin V B, Vladimir I L. Coordination abilities of athletes: Basics of manifestation, evaluation and elucidation: A review [J]. Journal of athletic enhancement, 2017, 6 (2): 1–8.

[59] Monteiro L, Chambel L, Cardoso M. Elite and sub–elite judokas: the factors behind international success. Proceedings of 2011 Scientific Congress on martial arts and combat sports [C]. 2011, Viseu: 73–76.

[60] Davis P, Benson P R, Pitty J D, Connorton AJ, Waldock R. The activity profile of elite male amateur boxing [J]. Int J Sports Physiol Perform, 2015, 10 (1): 53–57.

[61] Nakamoto H, Mori S. Sport–specific decision–making in a Go/NoGo reaction task: difference among nonathletes and baseball and basketball players [J]. Percept Mot Skills, 2008, 106 (1): 163–170.

[62] Williams L R, Walmsley A. Response timing and muscular coordination in fencing: a comparison of elite and novice fencers [J]. J Sci Med Sport, 2000, 3 (4): 460–475.

[63] Oliver J L, Meyers R W. Reliability and generality of measures of acceleration, planned agility, and reactive agility [J]. Int J Sports Physiol Perform, 2009, 4 (3): 345–354.

[64] Hrysomallis C. Balance ability and athletic performance [J]. Sports Med, 2011, 41 (3): 221–232.

[65] Bartlett R, Müller E, Lindinger S, et al. Three–Dimensional Evaluation of the Kinematic Release Parameters for Javelin Throwers of Different Skill Levels [J]. Journal of Applied Biomechanics, 1996, 12 (1): 58–71.

[66] Purenović–Ivanović T M, Popović R, Stanković D, et al. The importance of motor coordination abilities for performance in rhythmic gymnastics [J]. Facta Universitatis, Series: Physical Education and Sport, 2016, 14 (1): 63–74.

[67] Côté J. The influence of the family in the development of talent in sport [J]. The sport psycholo-

gist, 1999, 13 (4): 395-417.

[68] Balyi I. Sport system building and long-term athlete development in British Columbia [J]. Coaches Report, 2001, 8 (1): 22-28.

[69] Thompson J. Long-term player development guide for Golf in Canada [R]. Royal Canadian Golf Association, 2010.

[70] Banack H R, Bloom G A, Falcão W R. Promoting long term athlete development in cross country skiing through competency-based coach education: A qualitative study [J]. International Journal of Sports Science and Coaching, 2012, 7 (2): 301-316.

[71] Canada Basketball. Canada basketball athlete development model [R]. Retrieved from http://www.basketball.ca/files/LTAD.pdf.

[72] Raleigh V. Long term development in swimming [R]. Australian Swimming Coathes & Teachers Association, 2011.

[73] Ford P, De Ste Croix M, Lloyd R, et al. The long-term athlete development model: Physiological evidence and application [J]. Journal of sports sciences, 2011, 29 (4): 389-402.

[74] Balyi I, Bluechart M, Cardinal C. Long term athlete development strategy [R]. Swimming Canada, 2008.

[75] Balyi I. Long-term participant development (LTPD) [R]. South Africa Tennis, 2012.

[76] Simmons C. Long-Term Player Development (LTPD) Model [J]. Coaching, 2005: 14-19.

[77] Lloyd R S, Oliver J L. The youth physical development model: A new approach to long-term athletic development [J]. Strength & Conditioning Journal, 2012, 34 (3): 61-72.

[78] Seymour N E. VR to OR: a review of the evidence that virtual reality simulation improves operating room performance [J]. World journal of surgery, 2008, 32 (2): 182-188.

[79] Xeroulis G J, Park J, Moulton C, et al. Teaching suturing and knot-tying skills to medical students: a randomized controlled study comparing computer-based video instruction and (concurrent and summary) expert feedback [J]. Surgery, 2007, 141 (4): 442-449.

[80] Utley A, Astill S. Motor control, learning and development [J]. International Journal of Sports Science and Coaching, 2008, 3 (2): 297-299.

[81] Wulf G, Shea C, Lewthwaite R. Motor skill learning and performance: a review of influential factors [J]. Medical education, 2010, 44 (1): 75-84.

[82] Shebilskem W L, Regian J W, Arthur W, et al. A dyadic protocol for training complex skills [J]. Human Factors: The Journal of the Human Factors and Ergonomics Society, 1992, 34 (3): 369-374.

[83] Shea C H, Wright D L, Wulf G, et al. Physical and observational practice afford unique learning opportunities [J]. Journal of motor behavior, 2000, 32 (1): 27-36.

[84] Gallese V, Goldman A. Mirror neurons and the simulation theory of mind-reading [J]. Trends in cognitive sciences, 1998, 2 (12): 493-501.

[85] Grezes J, Decety J. Functional anatomy of execution, mental simulation, observation, and verb generation of actions: a meta-analysis [J]. Human brain mapping, 2001, 12 (1): 1-19.

[86] Adams J A. Use of the model's knowledge of results to increase the observer's performance [J]. Journal of Human Movement Studies, 1986, 12 (2): 89-98.

[87] Blandin Y, Proteau L, Alain C. On the cognitive processes underlying contextual interference and observational learning [J]. Journal of Motor Behavior, 1994, 26 (1): 18-26.

[88] Shea C H, Wulf G, Park J, et al. Effects of an auditory model on the learning of relative and absolute timing [J]. Journal of motor behavior, 2001, 33 (2): 127-138.

[89] Badets A, Blandin Y. Observational learning: Effects of bandwidth knowledge of results [J]. Journal of motor behavior, 2005, 37 (3): 211-216.

[90] Badets A, Blandin Y. The role of knowledge of results frequency in learning through observation [J]. Journal of Motor Behavior, 2004, 36 (1): 62-70.

[91] Shea C H, Wulf G, Whltacre C. Enhancing training efficiency and effectiveness through the use of dyad training [J]. Journal of motor behavior, 1999, 31 (2): 119-125.

[92] Wulf G. Attention and motor skill learning [M]. Champion: Human Kinetics, 2007.

[93] Wulf G, Mercer J, Mcnevin N, et al. Reciprocal influences of attentional focus on postural and suprapostural task performance [J]. Journal of motor behavior, 2004, 36 (2): 189-199.

[94] Perkins-Ceccato N, Passmore S R, Lee T D. Effects of focus of attention depend on golfers' skill [J]. Journal of sports sciences, 2003, 21 (8): 593-600.

[95] Zachry T, Wulf G, Mercer J, et al. Increased movement accuracy and reduced EMG activity as the result of adopting an external focus of attention [J]. Brain Research Bulletin, 2005, 67 (4): 304-309.

[96] Wulf G, Su J. An external focus of attention enhances golf shot accuracy in beginners and experts [J]. Research quarterly for exercise and sport, 2007, 78 (4): 384-389.

[97] Zachry T L. Effects of attentional focus on kinematics and muscle activation patterns as a function of expertise [D]. University of Nevada, Las Vegas, 2005.

[98] Wulf G, Zachry T, Granados C, et al. Increases in jump-and-reach height through an external focus of attention [J]. International Journal of Sports Science and Coaching, 2007, 2 (3): 275-284.

[99] Mcnevin N H, Shea C H, Wulf G. Increasing the distance of an external focus of attention enhances learning [J]. Psychological research, 2003, 67 (1): 22-29.

[100] Sigrist R, Rauter G, Riener R, et al. Augmented visual, auditory, haptic, and multimodal feedback in motor learning: A review [J]. Psychonomic bulletin & review, 2013, 20 (1):

21-53.

[101] Ranganathan R, Newell K M. Influence of augmented feedback on coordination strategies [J]. Journal of motor behavior, 2009, 41 (4): 317-330.

[102] Blandin Y, Toussaint L, Shea C H. Specificity of practice: Interaction between concurrent sensory information and terminal feedback [J]. Journal of Experimental Psychology: Learning, Memory, and Cognition, 2008, 34 (4): 994-1000.

[103] Secoli R, Milot M, Rosati G, et al. Effect of visual distraction and auditory feedback on patient effort during robot-assisted movement training after stroke [J]. Journal of neuroengineering and rehabilitation, 2011, 8 (1): 1-10.

[104] Eriksson M, Bresin R. Improving running mechanics by use of interactive sonification [J]. Proceedings of ISon, 2010: 95-98.

[105] Helmer R, Farrow D, Ball K, et al. A pilot evaluation of an electronic textile for lower limb monitoring and interactive biofeedback [J]. Procedia Engineering, 2011, 13: 513-518.

[106] Chiviacowsky S, Wulf G. Self - controlled feedback: Does it enhance learning because performers get feedback when they need it ? [J]. Research quarterly for exercise and sport, 2002, 73 (4): 408-415.

[107] Chen D D, Hendrick J L, Lidor R. Enhancing self-controlled learning environments: the use of self- regulated feedback information [J]. Journal of Human Movement Studies, 2002, 43 (1): 69-86.

[108] Chiviacowsky S, Wulf G, Medeiros F L D, et al. Learning benefits of self-controlled knowledge of results in 10-year-old children [J]. Research Quarterly for Exercise and Sport, 2008, 79 (3): 405-410.

[109] Janelle C M, Barba D A, Frehlich S G, et al. Maximizing performance feedback effectiveness through videotape replay and a self-controlled learning environment [J]. Research Quarterly for Exercise and Sport, 1997, 68 (4): 269-279.

[110] Ferrari M. Observing the observer: Self-regulation in the observational learning of motor skills [J]. Developmental review, 1996, 16 (2): 203-240.

[111] Mccombs B L. Self-regulated learning and academic achievement: A phenomenological view [J]. Self-regulated Learning and Academic Achievement, Springer, 1989: 51-82.

[112] Hartman J M. Self-controlled use of a perceived physical assistance device during a balancing task 1 [J]. Perceptual and motor skills, 2007, 104 (3): 1005-1016.

[113] Wulf G, Toole T. Physical assistance devices in complex motor skill learning: Benefits of a self-controlled practice schedule [J]. Research quarterly for exercise and sport, 1999, 70 (3): 265-272.

[114] Stickgold R. Sleep - dependent memory consolidation [J]. Nature, 2005, 43 (7):

1272–1278.

[115] Walker M P, Brakefield T, Morgan A, et al. Practice with sleep makes perfect: sleep-dependent motor skill learning [J]. Neuron, 2002, 35 (1): 205–211.

[116] Nashner L M. Practical biomechanics and physiology of balance [M]. Handbook of balance function testing, 1993: 261–279.

[117] Graybiel A, Fregly A R. A New Quantitative Ataxia Test Battery: APPENDIX A. Postural Equilibrium Tests and Clinical-Type Ataxia Tests: Apparatus, Administration, and Scoring Procedures [J]. Acta oto-laryngologica, 1966, 61 (1-6): 292–312.

[118] Sperryn P N. Athletic Injury Assessment [J]. British journal of sports medicine, 1986, 20 (3): 117.

[119] Riemann B L, Guskiewicz K M, Shields E W. Relationship between clinical and forceplate measures of postural stability [J]. Journal of Sport Rehabilitation, 1999, 8: 71–82.

[120] Guskiewicz K M, Perrin D H. Research and clinical applications of assessing balance [J]. Journal of Sport Rehabilitation, 1996 (5): 45–63.

[121] Era P, Schroll M, Ytting H, et al. Postural balance and its sensory-motor correlates in 75-year-old men and women: a cross-national comparative study [J]. The Journals of Gerontology Series A: Biological Sciences and Medical Sciences, 1996, 51 (2): M53–M63.

[122] Morasso P G, Spada G, Capra R. Computing the COM from the COP in postural sway movements [J]. Human Movement Science, 1999, 18 (6): 759–767.

[123] Huxham F E, Goldie P A, Patla A E. Theoretical considerations in balance assessment [J]. Australian Journal of Physiotherapy, 2001, 47 (2): 89–100.

[124] Gribble P A, Hertel J. Considerations for Normalizing Measures of the Star Excursion Balance Test [J]. Measurement in Physical Education & Exercise Science, 2003, 7 (2): 89–100.

[125] Wikstrom E A, Powers M E, Tillman M D. Dynamic Stabilization Time After Isokinetic and Functional Fatigue [J]. Journal of Athletic Training, 2004, 39 (3): 247–253.

[126] Wikstrom E A, Tillman M D, Smith A N, et al. A New Force-Plate Technology Measure of Dynamic Postural Stability: The Dynamic Postural Stability Index [J]. Journal of Athletic Training, 2005, 40 (4): 305–309.

[127] Nagy E, Toth K, Janositz G, et al. Postural control in athletes participating in an ironman triathlon [J]. European Journal of Applied Physiology, 2004, 92 (4): 407–413.

[128] Aalto H, Pyykkö I, Ilmarinen R, et al. Postural stability in shooters [J]. ORL journal for oto-rhino-laryngology and its related specialties, 1990, 52 (4): 232–238.

[129] Kioumourtzoglou E, Derri V, Tzetzis G, et al. Cognitive, perceptual, and motor abilities in skilled basketball performance [J]. Perceptual & Motor Skills, 1998, 86 (3): 771–786.

[130] Perrin P, Deviterne D, Hugel F, et al. Judo, better than dance, develops sensorimotor adapta-

bilities involved in balance control [J]. Gait & Posture, 2002, 15 (2): 187-194.

[131] Davlin C D. Dynamic balance in high level athletes [J]. Perceptual & Motor Skills, 2004, 98 (3 Pt 2): 1171-1176.

[132] Schmit J M, Regis D I, Riley M A. Dynamic patterns of postural sway in ballet dancers and track athletes [J]. Experimental Brain Research, 2005, 163 (3): 370-378.

[133] Bressel E, Yonker J C, Kras J, et al. Comparison of Static and Dynamic Balance in Female Collegiate Soccer, Basketball, and Gymnastics Athletes [J]. Journal of Athletic Training, 2007, 42 (1): 42-46.

[134] Gerbino P G, Griffin E D, Zurakowski D. Comparison of standing balance between female collegiate dancers and soccer players [J]. Gait & Posture, 2007, 26 (4): 501-507.

[135] Matsuda S, Demura S, Uchiyama M. Centre of pressure sway characteristics during static one-legged stance of athletes from different sports [J]. Journal of Sports Sciences, 2008, 26 (7): 775-779.

[136] Shahheidari S. Comparison of balance control in female athletes in different sports [J]. Medicina dello sport; rivista di fisiopatologia dello sport, 2012, 65 (1): 37-47.

[137] Bahadoran R, Ghasemzadeh Y, Soleimani T. Investigating lower limb strength and static balance in elite gymnasts and wrestlers with non- athletes [R]. Melbourne, 30th Annual Conference of Biomechanics in Sports, 2012.

[138] Kartal A. Comparison of Static Balance in Different Athletes [J]. Anthropologist, 2014, 18 (3): 811-815.

[139] Zhao K, Chen F. Difference Analysis of the Balance Stability of the Athletes of Different Disciplines [J]. Sport Science Research, 2015, 20 (1): 152-154.

[140] Malapira K R , Boiteau H , Segura L E , et al. Differences in Collegiate Female Athletes on Balance and Stability Measures [C] // SWACSM. 2015.

[141] Niinimaa V, Mcavoy T. Influence of exercise on body sway in the standing rifle shooting position [J]. Canadian Journal of Applied Sport Sciences Journal Canadien Des Sciences Appliquées Au Sport, 1983, 8 (1): 30-33.

[142] Konttinen N, Lyytinen H, Era P. Brain Slow Potentials and Postural Sway Behavior During Sharpshooting Performance [J]. Journal of Motor Behavior, 1999, 31 (1): 11-20.

[143] Paillard T, Costes-Salon C, Lafont C, et al. Are there differences in postural regulation according to the level of competition in judoists? [J]. British Journal of Sports Medicine, 2002, 36 (4): 304-305.

[144] Noé F, Paillard T. Is postural control affected by expertise in alpine skiing? [J]. British Journal of Sports Medicine, 2005, 39 (11): 835-837.

[145] Paillard T, Noé F. Effect of expertise and visual contribution on postural control in soccer [J].

Scandinavian Journal of Medicine & Science in Sports, 2006, 16 (5): 345-348.

[146] Paillard T, Noé F, Rivière T, et al. Postural Performance and Strategy in the Unipedal Stance of Soccer Players at Different Levels of Competition [J]. Journal of Athletic Training, 2006, 41 (2): 172-176.

[147] Sell T C, Tsai Y S, Smoliga J M, et al. Strength, flexibility, and balance characteristics of highly proficient golfers [J]. Journal of Strength & Conditioning Research, 2007, 21 (4): 1166-1171.

[148] Chapman D, Needham K G, Lay B, et al. Effects of experience in a dynamic environment on postural control [J]. British Journal of Sports Medicine, 2008, 42 (1): 16-21.

[149] Alić H, Rađo I, Talović M, et al. Differences in football players' of varied levels of competition in different balance capabilities [J]. Sport Science, 2010, 3 (10): 103-106.

[150] Sattlecker G, Lindinger S, Buchecker M, et al. Postural balance and rifle stability in high and low level biathletes [C] // 16th Annual congress of the european college of sport science (ECSS) 16th Annual congress of the european college of sport science (ECSS). 2011.

[151] Ricotti L, Rigosa J, Niosi A, et al. Analysis of Balance, Rapidity, Force and Reaction Times of Soccer Players at Different Levels of Competition [J]. Plos One, 2013, 8 (10): e77264.

[152] Kerr S, Olivier B, Green A, et al. Analysis of balance and body positioning in ballerinas with different levels of skill : sport science [J]. Journal of Physical Activity and Health, 2016: 883-895.

[153] Mason B R, Pengrim P P. Body Stability and Performance in Archery [J]. Excel Dec. 1986, 3 (2): 17-20.

[154] Ball K A, Best R J, Wrigley T V. Body sway, aim point fluctuation and performance in rifle shooters: inter- and intra-individual analysis [J]. Journal of Sports Sciences, 2003, 21 (7): 559-566.

[155] Marsh D W, Richard L A, Williams L A, et al. The Relationship Between Balance and Pitching Error in College Baseball Pitchers [J]. Journal of Strength & Conditioning Research, 2004, 18 (3): 441-446.

[156] Behm D G, Wahl M J, Button D C, et al. Relationship between hockey skating speed and selected performance measures [J]. Journal of Strength & Conditioning Research, 2005, 19 (2): 326-331.

[157] Mononen K, Konttinen N, Viitasalo J, et al. Relationships between postural balance, rifle stability and shooting accuracy among novice rifle shooters [J]. Scandinavian Journal of Medicine & Science in Sports, 2007, 17 (2): 180-185.

[158] Platzer H P, Raschner C, Patterson C. Performance-determining physiological factors in the luge start [J]. Journal of Sports Sciences, 2009, 27 (3): 221-226.

[159] Platzer H P, Raschner C, Patterson C, et al. Comparison of physical characteristics and performance among elite snowboarders [J]. Journal of Strength & Conditioning Research, 2009, 23 (5): 1427–1432.

[160] Wells G D, Elmi M, Thomas S. Physiological correlates of golf performance [J]. Journal of Strength & Conditioning Research, 2009, 23 (23): 741–750.

[161] Geddam D E, Amick R Z, Stover C D, et al. Sway balance score as an indication of improved function in an elite athlete [J]. Medicine and Science Sports & Exercise, 2014, 46 (5): 208–208.

[162] Hammami R, Granacher U, Makhlouf I, et al. Sequencing effects of balance and plyometric training on physical performance in youth soccer athletes [J]. Journal of Strength & Conditioning Research, 2016, 30 (12): 3278–3289.

[163] Heitkamp H C, Horstmann T, Mayer F, et al. Gain in strength and muscular balance after balance training [J]. Int J Sports Med 2001, 22 (4): 285–290.

[164] Holm I, Fosdahl M A, Friis A, et al. Effect of neuromuscular training on proprioception, balance, muscle strength, and lower limb function in female team handball players. Clin J Sport Med 2004; 14 (2): 88–94.

[165] Gruber M, Gollhofer A. Impact of sensorimotor training on the rate of force development and neural activation. Eur J Appl Physiol 2004; 92 (1–2): 98–105.

[166] Carpenter M G, Frank J S, Silcher C P. Surface height effects on postural control: a hypothesis for a stiffness strategy for stance [J]. Journal of Vestibular Research, 1999, 9 (4): 277–286.

[167] Forkin D M, Koczur C, Battle R, et al. Evaluation of kinesthetic deficits indicative of balance control in gymnasts with unilateral chronic ankle sprains [J]. Journal of Orthopaedic & Sports Physical Therapy, 1996, 23 (4): 245–250.

[168] Taube W, Leukel C, Gollhofer A. Influence of enhanced visual feedback on postural control and spinal reflex modulation during stance [J]. Experimental Brain Research, 2008, 188 (3): 353–361.

[169] Sibley K M, Carpenter M G, Perry J C, et al. Effects of postural anxiety on the soleus H–reflex [J]. Human Movement Science, 2007, 26 (1): 103–112.

[170] Zemková E. Balance Readjustment after Different Forms of Exercise: A review [J]. International Journal of Applied Sports Sciences, 2009, 21 (1): 45–60.

[171] Gruber M, Bruhn S, Gollhofer A. Specific adaptations of neuromuscular control and knee joint stiffness following sensorimotor training [J]. International Journal of Sports Medicine, 2006, 27 (8): 636–641.

[172] Era P, Konttinen N, Mehto P, et al. Postural stability and skilled performance—a study on top–

level and naive rifle shooters [J]. Journal of Biomechanics, 1996, 29 (3): 301-306.

[173] Perrin P, Perrin C, Courant P, et al. Posture in basketball players [J]. Acta oto-rhino-laryngologica Belgica, 1991, 45 (3): 341-347.

[174] Hudson J L. Prediction of Basketball Skill Using Biomechanical Variables [J]. Research Quarterly for Exercise and Sport, 1985, 56 (2): 115-121.

[175] Behm D G, Drinkwater E J, Willardson J M, et al. Canadian Society for Exercise Physiology position stand: The use of instability to train the core in athletic and nonathletic conditioning [J]. Applied Physiology Nutrition & Metabolism, 2010, 35 (1): 109-112.

专题 4

耐力训练进展

——专项供能比例、训练负荷模式和摄氧量动力学

黎涌明

摘要：

体育项目的专项供能比例是教练员形成自己的训练理念和制订训练计划的重要理论基础。对于耐力项目而言，专项供能比例直接影响教练员在耐力训练模式上的选择。在过去40多年中，人们在专项供能比例的认识上逐步推进，这种变化主要体现在对有氧供能重要性认识的改变（如全力运动有氧/无氧供能主导时间点由2min缩短至75s），对这一特征认识的变化也带来了训练负荷模式的演变。耐力训练负荷的模式由以前的乳酸阈模式（低/中/高强度负荷分别为40%/40%/20%）逐渐演变为两极化模式（低/中/高强度负荷分别为80%/5%/15%）。对于耐力项目而言，有氧供能系统起着至关重要的作用，而氧气从外界被摄入人体并参与代谢供能的过程又属于摄氧量动力学的范畴。提高摄氧量动力学的幅度（运动中的峰值摄氧量），缩短摄氧量动力学的时间常数（运动中更快的摄氧量募集）是提高有氧供能能力的重要途径。本章分别从专项供能比例、训练负荷模式和摄氧量动力学三方面介绍了耐力训练模式，并结合最新研究成果重新给出了不同体育项目的有氧供能比例，介绍了耐力训练负荷模式的历史演变，以及摄氧量动力学的计算方法和影响因素。

第一节　专项供能比例

一、专项供能比例的历史发展

对专项供能比例的研究最早可以追溯到1920年。此后有关专项供能比例的

研究是沿着两个方向发展的，这两个方向在有氧供能量的计算方面是一致的，但是其对无氧供能量的计算却有所不同。

第一个方向是围绕氧亏来发展的。克罗（Krogh）和林哈德（Lindhard）于1920年提出了氧亏（oxygen deficit）[90]，此后氧亏被用于最大强度和次最大强度运动过程中的无氧供能的计算。艾史唐德（Astrand）等人在其1970年出版的《运动生理学》著作中首次给出了高强度运动下不同运动时间所对应的有氧供能比例[3]，这些数据正是基于早期（1960年）对氧亏的研究提出的[2]。在这些研究中，需氧量和实际摄氧量的差值即氧亏，而需氧量是由功率自行车的实际做功除以假设的做功效率（23%）计算得来的。到了20世纪80年代，不同的学者分别对氧亏进行了研究，并为最大累积氧亏法（maximal accumulated oxygen deficit，MAOD）的提出奠定了基础[52,70,110,117]。1988年，挪威学者德博（Medbo）等人较为完整地提出了MAOD[110]。根据这种方法，先通过递增负荷测试得到摄氧量和运动强度的直线关系，然后将此关系直线外推到高强度，即可得到需氧量。相比艾史唐德（Astrand）等人采用的固定运动效率（23%），MAOD采用的是每个个体运动的经济性/效率（即摄氧量和运动强度关系直线的斜率）。在得到需氧量（代表总能量供应量）、实际摄氧量（代表有氧供能量）和氧亏（代表无氧供能）后，再运用能量当量（每mL氧气相当于21.131J能量[142]）将所有的氧气量转换成能量值。截至目前，MAOD是用于高强度能量供应计算最为常用的方法[100]。

第二个方向是围绕着三大供能系统（磷酸原—糖酵解—有氧供能系统，PCr-La-O_2）来发展的。克罗（Krogh）和林哈德（Lindhard）于1920年首次报道了运动结束后一段时间实际摄氧量高于安静值（即运动后过量氧耗）；希尔（Hill）等人在1923年的研究报道中将这种现象命名为氧债（oxygen debt）[72]。早期的观点认为，氧债的出现主要是为了清除运动过程中产生的乳酸，但是马格利亚（Margaria）等人在1933年的研究报道中认为氧债是由两部分组成的，第一部分是用于清除乳酸（乳酸部分），第二部分主要用于重新合成运动所消耗的磷酸原和储存运动所消耗的肌肉中的氧（非乳酸部分）[108]。1963年，马格利亚（Margaria）等人给出了乳酸和氧气之间的换算当量，即1mmol/L乳酸相当于3mL的氧气（即换算当量为3.3mL O_2/kg/mm）[106]。1981年，帝·普兰佩罗（di Prampero）等人给出的换算当量为3.0mL O_2/kg/mm[44]。因此，糖酵解供能量可以通过运动过程中净生成的血乳酸量换算成氧气量。此外，纳登（Knuttgen）[85]和罗伯特（Robert）等人[126]在70年代对氧债的非乳酸部分进行了研究，这为计算磷酸原供能量提供了可能。也有一些研究尝试通过特定肌肉量中的磷酸原值来计算磷酸原供能量[33,44]。相比于糖酵解供能量和磷酸原供能量的试算，有氧供能量的计算就少有争议，它是基于运动过程中的实际摄氧量进行计算，当高强度运动中的呼吸商>1.0 时，1mL 的摄氧量就相当于 21.131J 的能量[142]。因此，三大供能系统的供能量都能计算成能量值。

二、专项供能比例的计算方法

（一）最大累积氧亏法（MAOD）

MAOD 是由三个不同的研究组于 1980 年提出的[52,70,110,117]，但是经 1988 年梅博（Medbo）等人的研究而广为人知[110]。这一计算方法的理论前提为[109]：①能量供应包括有氧和无氧两部分（表 4-1）；②中等强度（35%～90% VO_{2max}）运动时摄氧量（VO_2）与运动强度成线性正相关（图 4-1 左），由于无氧供能可以忽略不计，实际 VO_2 即为此强度运动下的需氧量，将强度-VO_2 关系直线外推到≥90% VO_{2max} 的强度区间即可得到高强度运动下的需氧量；③高强度运动时，由强度-VO_2 关系直线外推得到的需氧量减去实际 VO_2 即得到该强度下的氧亏（图 4-1 右），高强度运动时累积 VO_2 占总需氧量的百分比即有氧供能比例。运用 MAOD 计算有氧供能比例时，受试者需要进行二次测试。第一次为多级测试，需要进行 8～10 级（每级 8～10min）强度的持续运动，以得到强度-VO_2 的关系直线（$y=ax+b$），但后期被简化为 4～8 级（每级 5min）；第二次为所要计算供能比例的高强度运动。相比于第二种计算方法，第一种方法的特点在于无创性（无须采集血乳酸），目前这一方法为使用频率最高的方法[101]。

表 4-1 MAOD 的供能量计算途径

能量供应量	计算途径
总能量	累积需氧量
有氧供能量	累积摄氧量
无氧供能量	累积氧亏

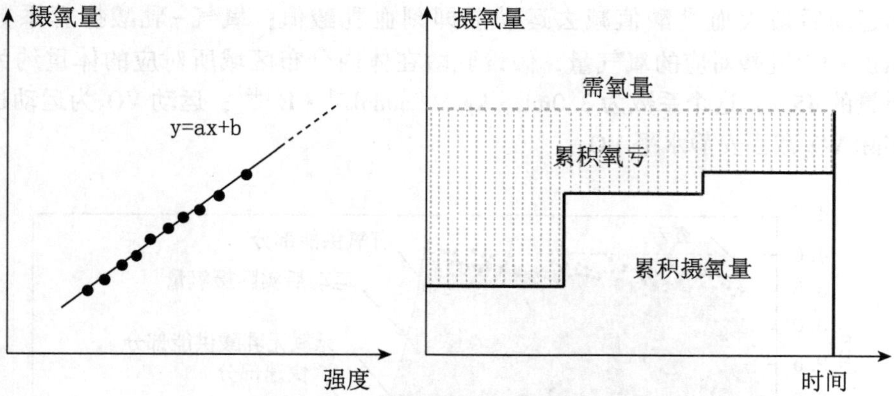

图 4-1　最大累积氧亏法示意图

（二）$PCr-La-O_2$

$PCr-La-O_2$是基于三大供能系统（磷酸原部分、糖酵解部分、有氧部分）的供能比例计算方法。这种方法认为糖酵解部分的能量供应可以由运动中血乳酸的净增加量计算获得，而磷酸原部分的能量供应可以通过运动后氧债的快速部分或者单位体重的磷酸原量来计算获得。基于氧债的快速部分计算磷酸原供能量的方法是由贝内克（Beneke）等人在综合前人研究基础上于 2002 年提出来的[19]，这种方法认为运动后的 VO_2可以分为快速部分和慢速部分（以运动后 3min 为分界点），二者之和（+安静值）即运动后的实际 VO_2。而运动后前 3min 的实际 VO_2 减去慢速部分（由运动后第 2 个 3min 的实际 VO_2 曲线前推至第 1 个 3min 获得）即磷酸原供能部分对应的 VO_2（图 4-2）。选用 3min 这个时间点作为快速部分和慢速部分的分界点一直存在争议，一些学者建议根据每个个体的实际情况确定个体化的分界点，但是二者并没有造成磷酸原供能量的显著差异。三部分能量供应量可以由如下公式计算获得：

磷酸原部分 = VO_{2PCR}（mL）× 能量当量（$J \cdot mL^{-1}$）

糖酵解部分 = 运动生成血乳酸量（$mmoL \cdot L^{-1}$）× 氧气-乳酸换算系数（$mL \cdot kg^{-1} \cdot mmoL^{-1} \cdot L$）× 体重（kg）× 能量当量（$J \cdot mL^{-1}$）

有氧部分 = 运动 VO_2（mL）× 能量当量（$J \cdot mL^{-1}$）

有氧供能比例 = 100 × 有氧部分 /（磷酸原部分 + 糖酵解部分 + 有氧部分）

其中，VO_{2PCR}为运动后 VO_2的快速部分[85,107,126]；能量当量为 1mL 氧气所产生的热量，当呼吸商>1.0 时，能量当量为 21.131$J \cdot mL^{-1}$[143]；运动生成血乳酸量为运动后最大血乳酸值减去运动前即刻血乳酸值；氧气-乳酸换算系数为 1mmoL · L^{-1}乳酸对应的氧气量，假设乳酸在体内分布区域所对应的体重约为身体质量的 45%，这个系数为 3.0mL · kg^{-1} · $mmoL^{-1}$ · L [44]；运动 VO_2为运动过程中实际 VO_2减去安静水平 VO_2。

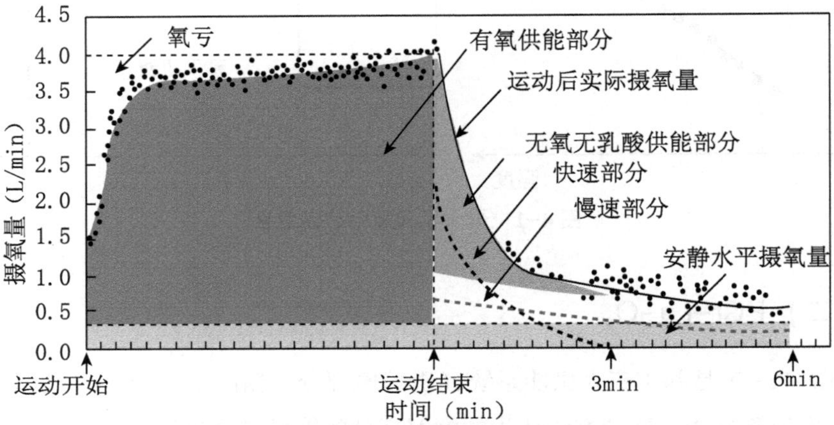

图 4-2　基于氧债快速部分计算供能比例的示意图

运用单位体重的磷酸原量计算无氧无乳酸供能的方法是由威尔基（Wilkie）于 1980 年提出的[38]，这种方法认为人体肌肉内的磷酸原量是相对固定的。根据这种方法，三部分能量供应量可以由如下公式计算获得[33]：

$$E=E_{an}+\alpha \dot{V}O_{2max}t_p+\alpha \dot{V}O_{2max}\tau\ (1-e^{-tp\tau^{-1}})$$

$$E_{an}=\ (0.418kJ \cdot kg^{-1}+\beta\ [La]_b)\ m_b$$

$$\text{有氧供能比例} = 100 \times (E-E_{an})\ /\ E$$

其中 E 为总能量，E_{an}为无氧供能量；α 为能量当量，即 1mL 氧气所产生的热量，当呼吸商>1.0 时，能量当量为 21.131J · mL^{-1}[143]；VO_{2max}为运动中达到的最大 VO_2，t_p为运动时间，τ 为 VO_2从运动开始达到最大值的时间常数；0.418kJ · kg^{-1}对应为参与运动的肌肉量最大为体重的 30%时，每公斤湿肌净分解 18.5mmoL 磷酸原的能量当量；β 为血乳酸的能量当量（0.0689kJ · kg^{-1} · $mmoL^{-1}$）[44]；$[La]_b$为运动中净生成的血乳酸量；m_b为受试者体重。相比于第一类方法，第二类方法测试流程相对简单，受试者只需要进行一次测试。

三、不同竞技体育项目比赛的供能比例

对不同体育运动有氧供能比例的描述是众多运动生理学和运动训练学教材的

必有内容。这类研究报道最早可追溯到瑞典生理学家艾史唐德(Astrand)等人1970年所著的Textbook of Work Physiology[3]。尽管此后出现了大量有关不同体育运动供能比例的研究文献，但是众多教材仍然沿用了艾史唐德（Astrand）等人的供能比例数据。

根据艾史唐德（Astrand）等人1970年的研究数据[3]，10s、1min、2min和4min有大肌肉参与的高强度运动中，有氧供能比例分别为20%、30%、50%和70%（图4-3）。尽管这些数据在后续版本教材中有所修改，但是有氧供能主导和无氧供能主导（50%）的分界点仍然为2min[4]。其他学者在1970年也尝试给出不同持续时间下的供能比例，但这些数据中有氧供能主导和无氧供能主导的分界点甚至>2min[53,82]。1970年的这些学者给出的数据被后期的运动生理学和运动训练学教材和著作广为引用（表4-2）[4,8,26,74,81,121,145,149,157]，鲍尔斯（Powers）和豪利（Howley）[121]甚至根据这些数据给出了各个体育项目的供能比例，该比例也被邦帕（Bompa）和哈夫（Haff）在其2009年出版的《周期训练——理论和方法》中引用[26]。根据这些数据[121]，体操、摔跤、击剑、足球、篮球、排球等项目的有氧供能比例为10%左右，100m游泳、400m跑为20%左右，网球、曲棍球、足球等项目为30%左右，拳击、速度滑冰1500m为50%左右，赛艇为60%左右。

表4-2 专项供能比例存在错误的国外教材和著作举例

作者	出版年	书名
Astrandetal[6]	2003	Textbook of work physiology
Badtke[7]	1995	Lehrbuch der Sportmedizin - Leistungentwicklung, Anpassung, Belastbarkeit, Schul- und Breitensport
Bompa & Haff[10]	2009	Periodization-theory and methodology of training
Hollmann & Strueder[19]	2009	Sportmedizin: Grundlagen fuer koerperliche Aktivitaet, Training und Praeventivmedizin
Kahl[20]	2005	Rahmentrainingskonzeption-Kanurennsport and Kanuslalom
Power & Howley[30]	2007	Exercise physiology: Theory and application to fitness and performance
Thompson[34]	2009	Introduction to coaching-the official IAAF guide to coaching athletics

续表

作者	出版年	书名
Weineck[35]	1986	Sportbiologie
Wilmoreetal[37]	2008	Physiology of sport and exericise

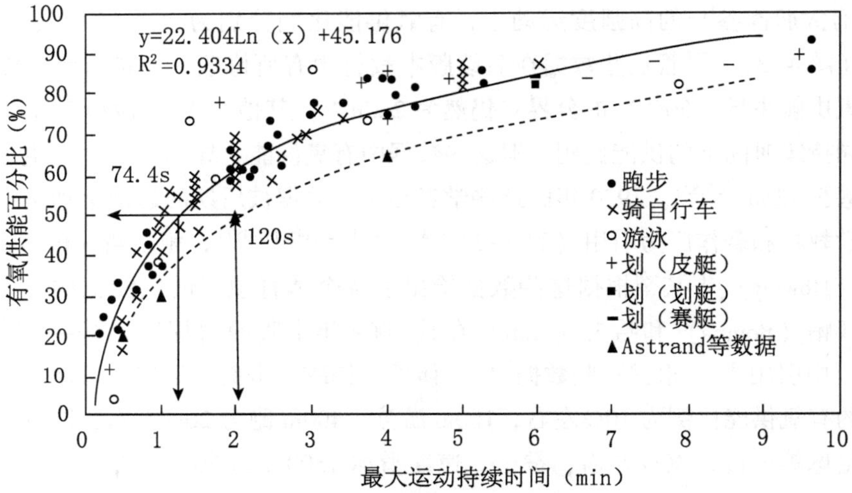

图 4-3　艾史唐德（Astrand）等[3]和研究文献中有关有氧供能比例的数据[169]

随着对人体能量供应过程认识的深入，以及 VO_2 和血乳酸测试技术的完善，对体育运动的供能特征研究自 1980 年起迅速增加。图 4-3 是对 39 篇文章的 156 个供能比例数据进行的分析，其中涉及跑步、自行车、游泳、皮划艇和赛艇五种运动方式[165]。结果表明，有氧供能比例与高强度运动的持续时间成对数正相关 [$y=22.404\times Ln(x)+45.176$，$R^2=0.9334$，y 为有氧供能百分比（%），x 为持续时间（min）]，其中有氧供能主导和无氧供能主导的分界点为 74.4s。尽管这个发现是来自对不同研究文献数据的综述，但是对同一运动方式不同时间或距离的研究[113,141,168]，以及同一运动时间或距离不同运动方式的研究[165]都表明有氧供能比例与高强度运动的持续时间确实成对数正相关。通过比较实证研究和艾史唐德（Astrand）等人有关有氧供能比例的数据，可以发现艾史唐德（Astrand）等人的数据低估了有氧供能。

对非周期性项目供能比例的研究同样表明，以艾史唐德（Astrand）等人的数据为依据给出的非周期性项目的供能比例同样低估了有氧供能。对花样滑冰（4min17s）[71]、空手道格斗（4min27s）[18]、激流回旋皮划艇（85.7s）[161]、艺术体操（90s）[61]等项目能量供应特征的研究表明，这些非周期性项目的有氧供能比例分别为74.1%、77.8%、45.2%和49%。而邦帕（Bompa）和哈夫（Haff）在《周期训练——理论和方法》中提及花样滑冰和体操的有氧供能比例只有20%和0%[26]。由于供能特征研究方法的局限性，无法运用气体代谢仪对一些非周期性项目进行测试（如无法让摔跤和击剑运动员戴上呼吸面罩进行模拟比赛），因此很难对这些体育运动直接进行供能特征的研究。但是，这些体育项目的供能比例仍然可以参照图4-3中的公式进行推测，并且由于大多数非周期性项目的运动形式为多种动作方式组合下的间歇性运动，运动员在这过程中有静止和慢速运动时刻（如格斗对抗类项目的非接触环节，球类项目的走动环节），因此非周期性项目的有氧供能比例要大于或等于将该项目相应持续时间代入图4-3公式得到的有氧供能比例值，如男子柔道每局的持续时间为5min，将5min代入图4-3公式，得到有氧供能比例为81.2%。因此，柔道每局运动的有氧供能比例≥81.2%，而邦帕（Bompa）和哈夫（Haff）在《周期训练——理论和方法》中提及的有氧供能比例为0%[26]。另外，由于图4-3公式的来源数据中最长持续时间为10min；因此，图4-3公式的适用范围为持续时间≤10min的高强度运动。当持续时间为10min时，计算得到的有氧供能比例为96.8%。对于持续时间>10min的周期性和非周期性项目来说，其有氧供能比例都可认为>96.8%，而邦帕（Bompa）和哈夫（Haff）在《周期训练——理论和方法》中提及的几种球类项目的有氧供能比例分别为0%（足球，冰球，排球）、10%（篮球，手球，网球）、20%（曲棍球）、30%（水球）[26]。

图4-3中所综述的文献数据都是来自以上两大类计算方法，这两大类计算方法是目前用于研究供能特征的主要方法。因此，图4-3得到的公式能够较为准确地反映体育运动中的有氧供能特征，不同体育运动项目的供能比例能够运用此公式进行描述。

周期类体育项目可以直接将全力运动的持续时间代入公式，如孙杨在2012年伦敦奥运会上400m自由泳的夺冠时间为3min40.14s，将此时间代入公式可得到孙杨该次运动的有氧供能比例为74.3%。但是该公式中x（即全力运动的持续时间）需≤10min，当全力运动持续时间>10min时，可以认为有氧供能比例>96.8%，如马拉松、公路自行车、1500m自由泳等。格斗对抗类体育项目、武术套路和体操类项目可以将每局或每回合的持续时间代入公式得到有氧供能比例。由于这类体育项目运动过程中有低强度运动环节，因此实际有氧供能比例要高于直接代谢公式计算得到的数值。如成年武术套路的表演时间>1min20s，那么这类项目的有氧供能比例为>51.6%。集体球类项目和隔网球类项目由于每场或每局的比赛时间>10min，因此无须利用公式进行计算，其有氧供能比例>96.8%。举重、投掷、跳跃等持续时间<10s 的项目，同样无须利用公式进行计算，其有氧供能比例<16%（图 4-4）。

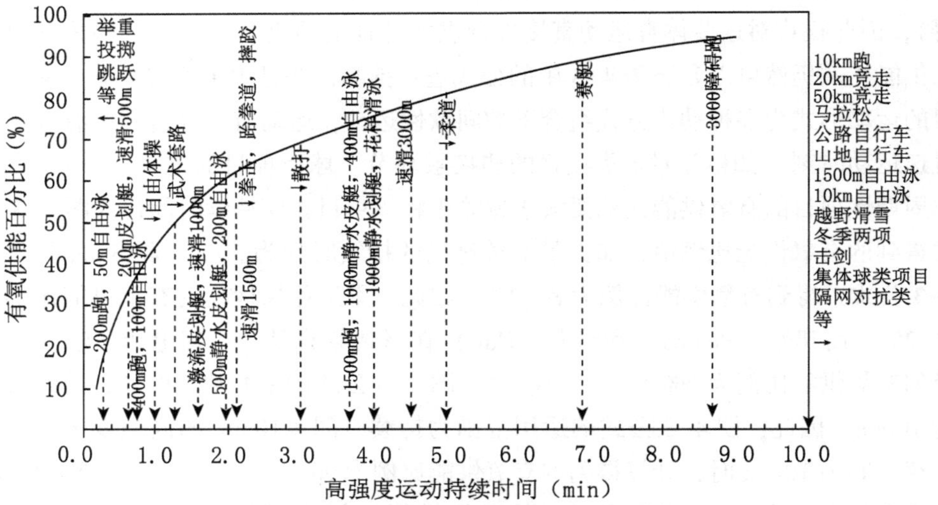

图 4-4　不同体育运动的有氧供能比例[169]

（←表示小于此点对应的有氧供能比例，→表示大于此点对应的有氧供能比例）

该公式同样可以用于制订运动能力的评价方法。当全力运动持续时间>5min时，有氧供能比例>80%，决定此类运动的主要因素为有氧能力，即有氧能力好的运动员能够在>5min 的全力运动中有好的表现。因此，>5min 的全力运动可以作为评价有氧能力的一种方法。当全力运动持续时间<20s 时，有氧供能比例<20%，无氧供能比例则>80%，决定此类运动的主要因素是无氧能力，即无氧能力好的运动员能够在<20s 的全力运动中有好的表现，因此<20s 的全力运动可以作为评价无氧能力的一种方法。

第二节　训练负荷模式

一、训练负荷模式的历史发展

运动训练是一个不断刺激和适应的过程。通过以训练负荷的形式进行刺激，以监控测试的形式了解适应，人体这个“黑箱”才逐步被打开。运动员提高运动能力所需的有效训练负荷是建立在人体生物学适应的基础上，人体在不同运动方式下运动的生物学特征决定着运动员提高运动能力所能承受的有效训练负荷。对于跑步、自行车、游泳、赛艇、皮划艇和速度滑冰这六种周期性运动项目而言，训练负荷的量与强度更易于进行量化记录和分析。因此，有关训练负荷模式的研究主要针对周期性耐力项目。

毋庸置疑，所有周期性耐力项目的运动成绩（或竞技能力）在过去一个世纪内都出现了大幅提升。如图 4-5 为静水皮划艇项目历年世锦赛或奥运会冠军艇成绩的变化，在过去的七十几年，这个项目的运动成绩提高了 30%~40%[164]，类似的情况也发生在其他周期性耐力项目。这些运动成绩提高的背后离不开选材、组织形式、体育装备等方面的进步和改善，但是训练负荷模式的演变对周期性耐力项目运动成绩的提高起了核心作用。

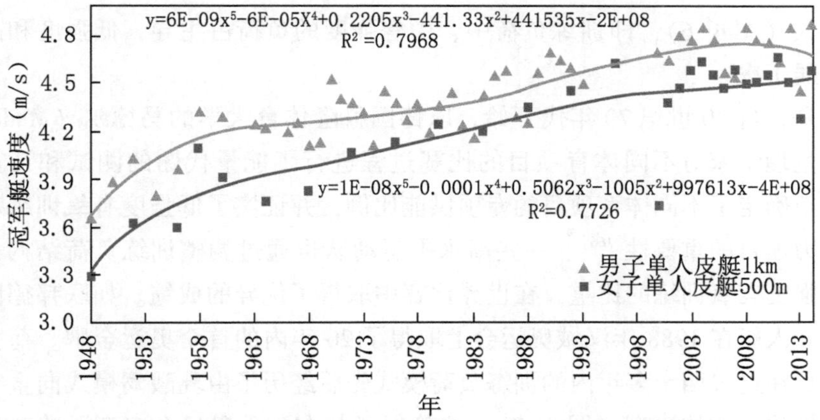

图 4-5 静水皮划艇历年世锦赛或奥运会冠军成绩的变化[164]

在过去的一个多世纪内，周期性耐力项目的训练负荷模式先后经历了乳酸阈模式、金字塔模式和两极化模式三种训练负荷模式。这三种训练负荷模式既与不同年代运运动员运动水平的高低有关，也与人们对运动训练的生物适应过程的认识水平有关。第二次世界大战结束后，各国运动员的训练逐渐系统化，一些国家甚至开始组建国家队，并为运动员提供专门的训练场地和设施，这都为运动训练负荷（以负荷量为主）的增加提供了条件。由于这个时期各体育项目的竞技水平都不高，因此训练负荷量的增加直接带来比赛成绩的大幅提高（图 4-5 所对应的 1948—1963 年）。

1959 年，德国科隆体育大学的霍尔曼（Hollmann）受邀在第三届泛美运动医学大会上做了有关气体代谢和血乳酸的报告，首次提出了无氧阈（通气阈和乳酸阈）相关概念[73]。1964 年，美国生理学家沃滋瓦塞曼（Wasserman）等人首次提出无氧阈的概念[148]。1976 年，马德尔（Mader）等人发现跑步运动方式的最大乳酸稳态为 4 mM 左右，并由此确定了 4 mM 乳酸阈这一相对客观的评价指标。尽管不同学者对无氧阈（通气阈或乳酸阈）有着不同的定义，但基本达成共识的是，无氧阈在递增负荷运动过程中，机体由有氧供能为主向无氧供能为主发生转变的临界强度。这一临界强度也被认为是刺激有氧能力的最佳强度。由于人体以无氧阈强度进行运动只能维持 30~60min，因此运用这个强度进行训练往往采用间歇训练的方式进行。在训练实践方面，一批采用间歇训练的运动员纷纷在世界大赛中斩获佳绩，如捷克中长跑运动员埃米尔·扎克贝克（Ernil Zatopek）在 1952 年赫尔辛基奥运会上夺得 5000m、10000m 和马拉松三枚金牌[22]。因此，在 20 世纪 80 年代之前，周期性耐力项目的训练负荷模式大都为金字塔式（图 4-6），即训练负荷中，中等强度的负荷占主导，低强度和高强度的负荷居于次。

但是，自 20 世纪 70 年代开始，以德国科隆体育大学的马德尔（Mader）为代表的生理学家对不同体育项目的比赛过程进行了能量代谢的测试和计算机模拟，重新确定了不同体育项目的专项供能比例，并证实了低强度有氧训练对于周期性耐力项目的重要性[166]。一些高水平运动队也通过调整训练负荷结构，逐渐增加低强度有氧训练的比重，在世界比赛中取得了优异的成绩。如联邦德国的男子赛艇 8 人艇在 1988 年汉城奥运会上取得了 20 年内的首个奥运金牌。荷兰速度滑冰项目在过去四十多年内的训练负荷模式先后经历了由乳酸阈模式向金字塔模式和两极化模式的演变（图 4-7），这确保了其在冬季奥运会速度滑冰项目上的统治地位（其在 2014 年索契冬奥运会上获得速度滑冰 12 个项目的 8 枚金牌和 23 块奖牌）。进入 21 世纪，周期性耐力项目对低强度有氧训练的重要性基本达成共识，世界高水平运动员的训练负荷模式大都为金字塔式或两极化式。

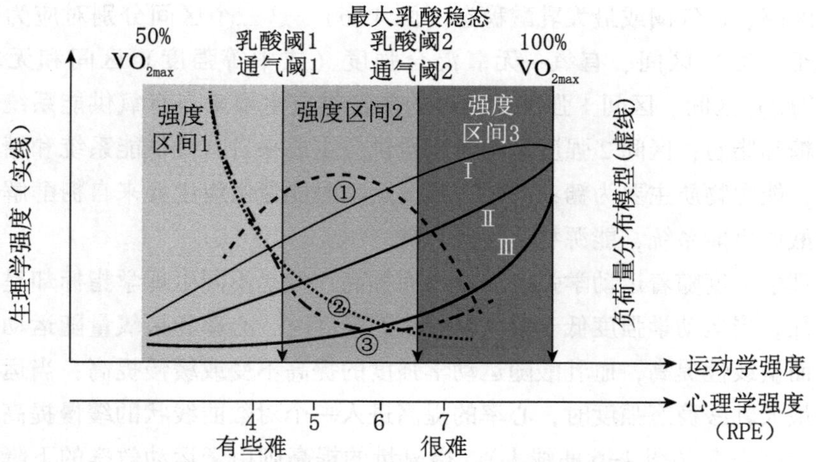

图 4-6 训练强度划分标准与训练负荷分布模型[167]

注：Ⅰ、Ⅱ和Ⅲ对应为心率、摄氧量和血乳酸；①、②和③对应为乳酸阈式、金字塔式和两极化式负荷模型。

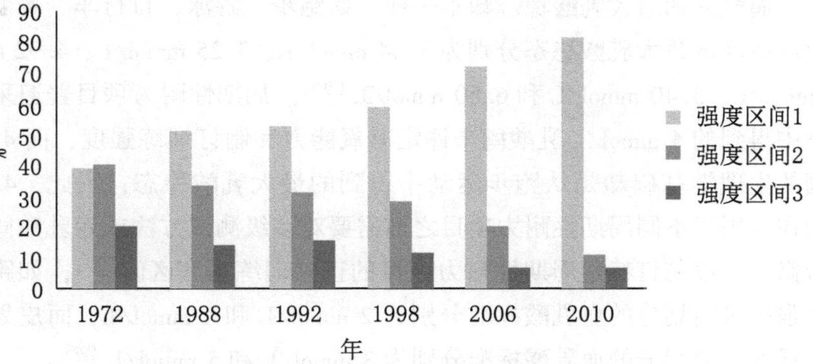

图 4-7 荷兰速度滑冰项目训练负荷模式演变[116]

二、训练负荷统计方法

训练负荷统计的前提是对训练强度的标准化划分。周期性耐力项目的训练强度一般可表示为运动学强度（如速度和功率）、生理学强度（如心率、血乳酸和摄氧量）和心理学强度（如自我疲劳感觉度，RPE）（图 4-6）。训练强度越高，单位时间内需要的能量就越多，这种强度下可持续的运动时间就越短。按照生理学特征，周期性耐力项目的训练强度可以划分为三个区间，这三个区间的划分依据为乳酸阈、通气阈或最大乳酸稳态（图 4-6）。这三个区间分别对应为有氧强度（或低强度）区间、有氧—无氧混合强度（或中等强度）区间和无氧强度（或高强度）区间。区间 1 强度运动时的能量供应主要来自有氧供能系统，能源物质为糖和脂肪；区间 2 强度运动时能量供应主要来自有氧供能系统和糖酵解供能系统，能源物质主要为糖；区间 3 强度运动时能量供应主要来自糖酵解供能系统和磷酸原供能系统，能源物质主要为糖。

生理学强度随着运动学强度的提高而提高，但是不同生理学指标却呈现出不同的特征。当运动学强度低于最大乳酸稳态强度时，心率和摄氧量随运动学强度的提高而呈线性提高，血乳酸随运动学强度的提高不变或缓慢提高；当运动学强度高于最大乳酸稳态强度时，心率的提高进入一个对数曲线状的缓慢提高期，直至达到最高心率（图 4-6 曲线Ⅰ），摄氧量的提高则由于运动效率的下降，进入一个指数曲线状的快速提高期，直至达到 VO_{2max}（图 4-6 曲线Ⅱ），血乳酸随运动学强度的提高也呈指数型快速提高，直至达到最大血乳酸[40,105,119]（图 4-6 曲线Ⅲ）。不同周期性耐力项目训练强度划分的依据一样，但是不同周期性耐力项目对应的乳酸阈、通气阈和最大乳酸稳态却不一样，如跑步、游泳、自行车、赛艇、皮划艇和速度滑冰的最大乳酸稳态分别为 3.44 mmol/L、3.25 mmol/L、4.92 mmol/L、3.05 mmol/L、5.40 mmol/L 和 6.60 mmol/L[165]。周期性耐力项目普遍采用从多级测试中得到的 4 mmol/L 乳酸阈来评定有氧能力和制订训练强度，而 4 mmol/L 乳酸阈的生理学基础却是从跑步运动中得到的最大乳酸稳态；因此，4 mmol/L 乳酸阈在应用于不同周期性耐力项目之前需要对多级测试方法或者乳酸阈的固定值进行修正，以制订特定周期性耐力项目的正确训练强度区间[165]，如跑步项目的三个强度区间划分的血乳酸标准分别为 2 mmol/L 和 4 mmol/L，而皮划艇项目的三个强度区间划分的血乳酸标准分别为 3 mmol/L 和 5 mmol/L[99]。

在确定了训练强度的划分标准后，就可以对训练负荷进行量化统计。常用的负荷统计方法包括强度区间累积时间法（time-in-zone）、课次目标心率法（session-goal）、跟踪记录法（documentation）、训练日记分析法（diary）、课次主观疲劳法（session RPE）等[27]。强度区间累积时间法是对训练过程中的原始心率数据按强度区间进行时间统计[137]，课次目标心率法是对训练课次的平均心率按强度区间进行统计[137]，跟踪记录法是跟踪记录训练过程并按强度区间进行时间统计[46,56,65,102]，训练日记分析法是对运动员的训练日记进行统计分析[23]，课次主观疲劳法是对整堂训练课次主观疲劳度的评分（不同疲劳程度分别对应 0~10）与课次持续时间的乘积进行统计分析[51]。强度区间累积时间法和跟踪记录法对间歇训练课次中的强度训练和间歇进行了区分，而课次目标心率法和课次主观疲劳法将间歇训练课次中的强度训练和间歇作为一个整体进行统计，因此前两种方法统计出来的训练负荷呈现“金字塔式”（高强度比例低于中等强度），后两种方法统计出来的训练负荷呈现“两极化式”（高强度比例高于中等强度）。但是，无论采用何种负荷统计方法，周期性耐力训练的训练负荷都以低强度为主[23,46,56,65,102,162]。一些学者试图给出一个具体的比例，如赛乐尔（Seiler）等人提出“80-20 定律”，即专项训练负荷（如水上项目的水上训练）中约 80%为低强度，20%为中等强度和高强度[138]。但是周期性耐力项目的时间跨度从数分钟到数小时，试图给出一个适用于众多项目的负荷分布规律似乎有失妥当。

三、高水平周期性耐力项目运动员的负荷模式

由于生物学适应特点和训练组织形式的不同，不同运动水平的周期性耐力项目运动员所适合的负荷模式并不相同。对于低水平运动员，其各种生物学指标（如 VO_{2max}、无氧阈和经济性）并未达到个人最高水平，训练适应的可提高空间较大，因此大多数的训练负荷（或训练方法）都会对机体产生一种良性刺激，带来运动员运动能力的提高。对于青少年运动员尤其如此，青少年运动员（或业余运动员）由于学习或工作，无法保证足够的训练量（如高水平周期性耐力项目运动员年训练小时数约为 800～1000 小时）。这意味着青少年运动员的训练频率低（如每天一堂训练课），训练课次间的间歇时间相对较长（如≥24 小时），这为他们进行更多的高强度训练提供了可能，因为他们在高强度训练课后有相对充足的恢复时间。如研究表明，相比于低强度持续训练，高强度间歇训练对于低水平运动员和健身人群是一种省时有效的训练方法[58,115]。在这种背景下，低水平运动员和青少年运动员的训练负荷有相当比例的是中等强度负荷和高强度负荷，低强度负荷的比例相对较低，因此，他们的训练负荷模式更倾向于乳酸阈模式。20 世纪 80 年代之前的“高水平”运动员尽管属于“高水平”，但相比于当今的世界高水平，当时的“高水平”并不属于真正的高水平。因此，他们以乳酸阈模式的负荷模式仍能实现运动能力的提高，并在国际大赛上取得优异的成绩。但是，大量训练实践的例子表明，当他们的训练负荷模式由乳酸阈式转变成金字塔式或两极化式后，其运动能力可以进一步提高[160]。

进入 21 世纪，高水平的周期性耐力项目的运动员的训练负荷大都呈现金字塔式和两极化式，并且金字塔式的训练负荷也有朝两极化式的方向发展。表 4-3

是来自不同周期性耐力项目运动员的训练负荷分布，可以看出其训练负荷模式都为金字塔式或两极化式。而不管是金字塔式还是两极化式，他们的训练负荷中有70%~94%属于低强度。对于高水平运动员，中枢适应（如 VO_{2max}）已接近或达到个人的最高水平，运动能力的进一步提高主要来自外周适应（如乳酸阈）和动作效率（如跑步经济性）的提高[15]，而外周适应，如线粒体的数量和质量的增加、毛细血管丰密度的增加、代谢酶活性的增加等，需要一种低强度的持续性的负荷刺激。动作效率也需要在低强度（因此才能够长时间）下多次重复才能实现。不同运动水平的周期性耐力运动员的适应过程如图 4-8 所示。

表 4-3　高水平耐力项目运动员训练负荷分布

项目	国家	运动水平	负荷分布			负荷来源
			低强度	中强度	高强度	
速度滑冰[116]	荷兰	奥运奖牌选手	75%~85%	10%~20%	5%~10%	全年训练
场地自行车 4000m 团体追逐[136]	德国	奥运金牌	94%	4%	2%	全年训练
中跑和长跑[47]	西班牙	国家级和地区级	71%	21%	8%	8 月至次年 2 月所有训练
马拉松运动员[24]	葡萄牙和法国	国际级	78%	4%	18%	奥运测试赛前 8 周所有训练
长跑[23]	肯尼亚	国际级	85%			赛前 8 周所有训练
赛艇[66]	德国	国际级	70%~94%	5%~22%	1%~8%	全年水上训练
赛艇[60]	德国	国青队	95%	2%	3%	全年水上训练
自行车[162]	西班牙	U23 国际级	70%~78%	20%~22%	2%~8%	11 月至次年 6 月所有训练
短距离越野滑雪[133]	挪威	国家级和国际级	80%~84%	5%~7%	9%	测试前 6 个月耐力训练

注：低强度≤无氧阈 1，无氧阈 1≤中强度≤无氧阈 2/最大乳酸稳态，高强度>无氧阈 2/最大乳酸稳态[137]。

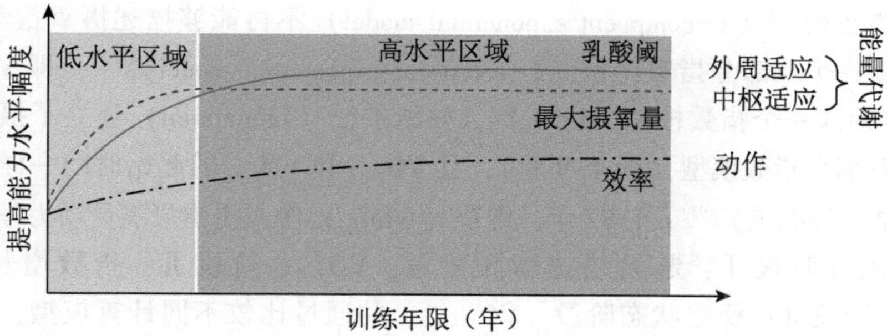

图 4-8　周期性耐力项目训练适应模型

第三节　摄氧量动力学

一、摄氧动力学的历史发展

对摄氧量动力学（Oxygen Uptake Kinetics）的研究可追溯到100年前（1913年），丹麦哥本哈根大学的克罗（Krogh）和林哈德（Lindhard）在生理学杂志（Journal of Physiology）上描述了不同运动负荷下 VO_2 从安静向运动状态的变化过程，并发现摄氧量 VO_2 动力学与运动负荷的强度有关[89]。1920年二人再次发文，全面描述了 VO_2 从安静到运动再到恢复的过程，并首次提出氧亏（oxygen deficit）的概念，指出运动开始阶段产生的氧亏在运动中没有得到"补偿"，但是在运动后可以[91]。此后三十多年，对摄氧量动力学的研究主要集中于运动后的 VO_2 变化。1923年，希尔（Hill）等人首次提出氧债（oxygen debt）的概念，并认为氧债是将乳酸转化为糖原所需[72]；1933年，马格利亚（Margaria）等人证明氧债与乳酸的清除无关，并将运动后恢复阶段的 VO_2 分为快速部分（或无氧非乳酸部分）和慢速部分（或无氧乳酸部分）[107]；进入1950年，对摄氧量动力学的研究加强了对运动开始阶段 VO_2 变化的关注；1956年，亨利（Henry）等人认为运动开始阶段的 VO_2 同样可以分为无氧非乳酸部分和无氧乳酸部分[68]；1961年，艾史唐德（Astrand）等人报道了高强度运动中 VO_2 在快速增长后还存在慢速增长的现象[5]；1966年，安史克斯（Auchinclos）等人报道了 VO_2 在运动开始后的前20s存在突然增加的现象[6]。

目前通用的三阶段摄氧量动力学则始于维普（Whipp）等人1972年的研究，其研究了不同强度恒定负荷运动下的摄氧量动力学，发现随着运动强度的增加，单部分指数模型（1-compoent exponential model）不再能够描述摄氧量动力学，而是需要一个双部分指数模型（2-compoent exponential model）[152]，即 $VO_{2\text{-}FC}$ 和 $VO_{2\text{-}SC}$ 各对应一个指数模型。1974 年，林纳尔松（Linnarsson）建立了摄氧量动力学的双部分指数模型（图 4-9 左），且 $VO_{2\text{-}FC}$ 和 $VO_{2\text{-}SC}$ 的起始时间一样（都以阶段 I 结束为起点）[103]；1982 年，维普（Whipp）等人提出摄氧量动力学可分为三个阶段（阶段 Ⅰ：起始快速增长阶段，$VO_{2\text{-}C}$；阶段 Ⅱ：指数增长阶段，$VO_{2\text{-}FC}$；阶段 Ⅲ：稳定状态阶段，$VO_{2\text{-}SS}$），并通过比较不同计算模型，证明将 VO_2 阶段 I 结束时间点设为对 VO_2 进行单部分指数模型计算的起始时间点进行分析更加准确[150]；1991 年，巴斯托（Barstow）和莫尔（Mole）认为 $VO_{2\text{-}FC}$ 和 $VO_{2\text{-}SC}$ 的起始时间不一样，$VO_{2\text{-}SC}$ 在 $VO_{2\text{-}FC}$ 结束后才开始，并提出了计算摄氧量动力学的新的模型（图 4-9 右）[14]；1996 年，巴斯托（Barstow）等人根据摄氧量动力学的三个阶段提出了完整的计算模型，其中高于乳酸阈强度的运动对应的阶段 Ⅲ 为 $VO_{2\text{-}SC}$[12]。

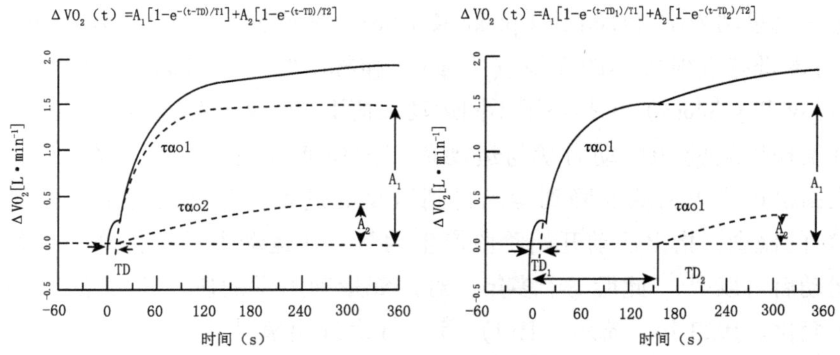

图 4-9　摄氧量动力学的不同计算模型

注：左部分为 Linnarsson 等人的模型[103]，右部分为 Barstow 和 Mole 的模型[14]，ΔVO_2 为相对安静状态或空载负荷状态增加的 VO_2，TD 为延时，A 为 VO_2 的提高幅度，ταo 为时间常数。

二、摄氧量动力学的生理学特征

摄氧量动力学实际反映的是肌肉在做功过程中氧化磷酸化的过程，由于直接测试肌肉 VO_2 具有创伤性（肌肉活检）或技术要求高（如磁共振波谱分析），因此对摄氧量动力学的研究对象主要为外呼吸（口鼻呼吸）的 VO_2[79]。尽管外呼吸 VO_2 要高于肌肉 VO_2（由呼吸系统、心血管系统和用于保持姿态的辅助肌肉等身体其他部位代谢消耗)[79]，但是研究已证实外呼吸的摄氧量动力学能够真实反映肌肉代谢的动力学（二者差异<±10%）[13,59,128]，图 4-10 为中等强度（空心圆）和高强度（实心圆）恒定强度运动时外呼吸 VO_2与肌肉磷酸肌酸（PCr）浓度动力学的曲线，二者具有高度相似性[128]。因此，运用外呼吸摄氧量动力学来研究肌肉摄氧量动力学成为操作性强的有效方法。本章所述的摄氧量动力学也是指外呼吸的摄氧量动力学。

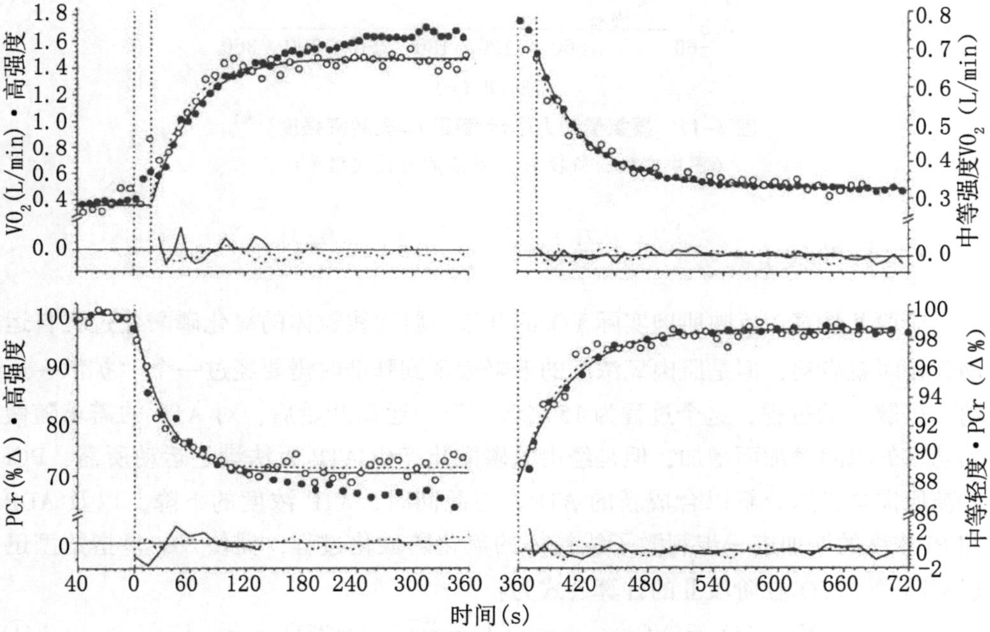

图 4-10 摄氧量动力学与肌肉磷酸肌酸浓度动力学[128]

（一）阶段 I

在恒定负荷或全力运动中，VO_2从运动开始到结束的动力学可以分为三个阶段（图 4-11）。阶段 I 对应为运动开始后 VO_2的起始增加部分，但是这部分 VO_2并不代表运动中肌肉的实际 VO_2，其出现是由运动开始后心输出量、肌肉做功带来的静脉回流和流向肺部的血流量三方面的增加造成的，因此阶段 I 也称为“心动力性阶段”（cardiodynamic phase）或“起始阶段”（initial phase）[13,30,150]。在一些研究中，阶段 I （前 20s）在摄氧量动力学的计算中被删除或不参与计算。

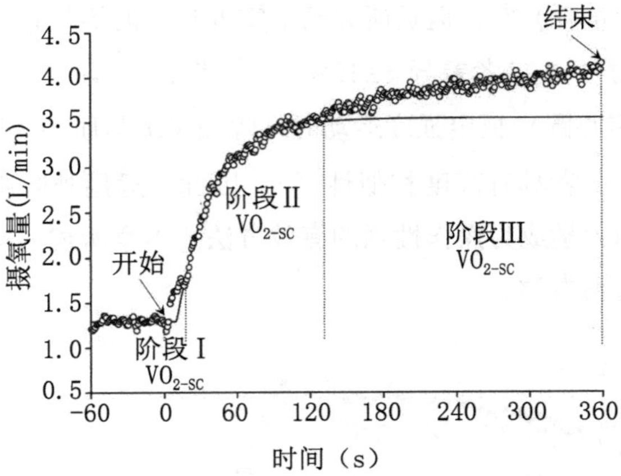

图 4-11　摄氧量动力学示意图（>乳酸阈强度）[30]

（图中实线为阶段Ⅱ所对应的对数模型曲线）

（二）阶段Ⅱ

阶段Ⅱ是真正反映肌肉实际 VO_2 的开始。肌肉线粒体的氧化磷酸化过程自运动开始时就启动，但是肌肉氧浓度的下降表现到肺部时需要经过一个“扩散—运输—扩散”的过程，这个过程为 15~20s[151]。运动开始后，对 ATP 的需求随做功功率的瞬间增加而增加，但是经由氧磷酸化产生 ATP 无法满足运动所需，PCr 和糖原需要迅速分解以合成新的 ATP。与此同时，ATP 浓度的下降，以及 ADP 和 Pi 浓度的增加进一步刺激了线粒体的氧化磷酸化过程，促使 VO_2 呈指数型迅速提高[76]。VO_2 在阶段Ⅱ的计算公式为：

$$VO_2(t) = VO_{2基础值} + a \times [1 - \exp(-(t - TD)/\tau)] \quad ①$$

其中 $VO_2(t)$ 为运动开始后 t 时间后对应的 VO_2，$VO_{2基础值}$ 为阶段Ⅰ结束即刻对应的 VO_2，a 为阶段Ⅱ VO_2 的增长幅度，TD 为阶段Ⅱ开始相对运动开始的延时，τ 为阶段Ⅱ的时间常数，exp（n）为 e^n。因此，当 $t=\tau$ 时，$VO_2(t) = VO_2(\tau) = VO_{2基础值} + a \times (1 - \exp(-(\tau - 0)/\tau))$（当阶段Ⅰ删除时，TD 为 0），即 $VO_2(\tau) \approx 63\% a$。依此类推，当 $t=2\tau$ 时，$VO_2(\tau) \approx 86\% a$；当 $t=3\tau$ 时，$VO_2(\tau) \approx 95\% a$；当 $t=4\tau$ 时，$VO_2(\tau) \approx 98\% a$。即 $t=4\tau$ 时 VO_2 基本达到 VO_{2-SC}。并且 τ 越大（如 45 秒），达到 VO_{2-SC} 的时间（4τ，如 180 秒）就越长，氧亏就越多；当 τ 越小（如 10 秒），达到 VO_{2-SC} 的时间（4τ，如 40 秒）就越短，氧亏就越少（图 4-12）[79,125]。

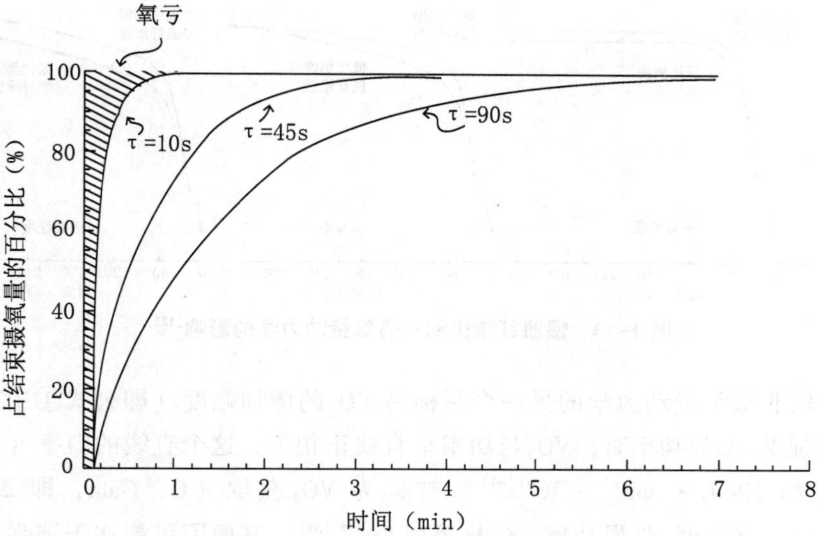

图 4-12　不同 τ 对应的氧亏示意图[79]

尽管截至目前有关制约摄氧量动力学的因素的争论仍在进行[146]，但研究已发现，τ 与恒定负荷运动的强度无关[14,135,152]。影响氧运输和氧利用的一些因素对 τ 有影响，其中与氧运输相关的因素包括血液含氧量（如缺氧和吸入一氧化碳延长 τ）[104]、吸烟（延长 τ）[129]，运动姿态（如仰卧运动相对直立运动延长 τ）[88]、心血管疾病[139]和肺部疾病[114]（延长 τ）；与氧利用相关的因素包括耐力训练（提高线粒体浓度，缩短 τ）[62,76,83,111]、长期卧床（延长 τ）[41]、NO（延长 τ）[80,84]、肌纤维比例（慢肌比例高缩短 τ）[42,122]（图 4-13）、线粒体浓度和毛细血管丰富度（浓度和丰富度提高缩短 τ）[132]。最近一则研究对低强度有氧训练组和高强度间歇训练组进行了 2 周的干预训练，但前者 τ 未变化，后者 τ 明显缩短[9]，这说明一方面 2 周的低强度有氧训练可能不足以带来有氧能力的明显提高（进而缩短 τ），另一方面 2 周的高强度间歇训练同样可以达到缩短 τ 的效果。另外，τ 也存在性别和年龄差异，青春期前的男童 τ 短于女童 τ[49]，人由少年儿童期向成年期和老年期的发展过程中，τ 会延长，其原因可能是氧化磷酸化酶浓度和肌纤维募集方式的差异和变化[1,7,43,48,50,98,130,155]。其他方面，高强度的准备活动（或前负荷）[29,34,57]和“快起动”的全程节奏[75,159]被证明可以缩短 τ；服用富含硝酸盐的甜菜根并不能改变高水平自行车运动员的摄氧量动力学的 τ[39]。

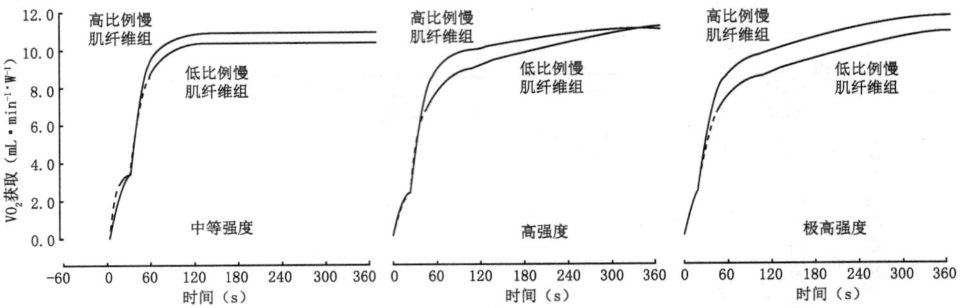

图 4-13　慢肌纤维比例对摄氧量动力学的影响[122]

阶段Ⅱ摄氧量动力学的另一个指标是 VO_2 的增加幅度（即公式①中对应的a）。当强度<临界功率时，VO_2 与功率呈直线正相关，这个直线的斜率（自行车运动时约 $10mL \cdot min^{-1} \cdot W^{-1}$[64]）被称为 VO_2 获取（G，Gain，即 $\Delta VO_2/\Delta$ 功）[79,152]。当强度>临界功率，G 显著减小[135,154]，其原因可能在于该强度下无氧代谢产生的 ATP 量大幅增加，并生成大量血乳酸[124]。另外，研究也发现，相同强度下，低骑频的 G 显著高于高骑频[123]。

（三）阶段Ⅲ

阶段Ⅲ所对应的 VO_{2-SC} 是运动中一个非常重要，但是却未被引起足够重视的生理学反应[78]，有关 VO_{2-SC} 的生理学致因一直以来也备受争议。2000 年之前，众多因素先后被怀疑是导致恒定负荷运动时 VO_{2-SC} 出现的原因，包括乳酸的积累[10,11,37]、体温的增加[63]、肾上腺的分泌[140]、血浆钾离子[55,158]等。但是，这些因素又被后续的研究所排除。普尔（Poole）等人在狗动脉内注射乳酸，但是并未导致 VO_{2-SC} 的出现[118]；科佳（Koga）等人通过外在干扰提高肌肉温度并未带来 VO_{2-SC} 幅度的显著增加[87]，这一发现也得到卡萨布里（Casaburi）等人的支持[37]；乌麦克（Womack）等人发现，人工注射肾上腺素并未带来 VO_{2-SC} 的显著变化[158]；普尔（Poole）等人发现钾离子的增加发生在恒定负荷运动的前 3min，此时 VO_{2-SC} 还未出现[120]。进入 21 世纪，随着一些技术（如肌电和核磁成像等）在 VO_{2-SC} 研究中的应用，参与运动的肌肉被认为是导致 VO_{2-SC} 的主要原因[86,92]。对 VO_{2-SC} 致因的研究转而集中到参与运动的肌肉（或肌纤维），认为 VO_{2-SC} 主要与肌肉工作效率的下降有关，而下降的原因包括肌纤维（很可能是快肌纤维）的额外募集[93-95,153]和已被募集的肌纤维（主要为慢肌纤维）的疲劳[32,69,147,163]。相比于慢肌纤维，快肌纤维的工作效率低[96,144,156]，并且根据肌纤维在运动中的募集定律，慢肌纤维在低强度或运动开始时首先被募集，当运动强度增加时或慢肌纤维出现疲劳时，快肌纤维被更多地募集起来[67]。因此，VO_{2-SC}的出现（>3min）很可能与快肌纤维的募集有关，此推论也得到众多研究的支持，包括前负荷运动（priming exercise）使快肌纤维提前疲劳以减小正式负荷下VO_{2-SC}的幅度[28,45]、高骑频增加VO_{2-SC}的幅度[123]、运动前糖消耗减小VO_{2-SC}的幅度[35,93]、人工阻断慢肌纤维募集增加VO_{2-SC}的幅度[95]、耐力训练减小VO_{2-SC}的幅度[76,134,158]、快肌纤维比例高的群体VO_{2-SC}的幅度[12,122]。但是后期研究发现，全力运动中伴随肌肉做功效率下降和VO_2增加的是积分肌电信号（反映肌纤维募集）的下降，表明在全力运动中VO_{2-SC}的出现不一定需要快肌纤维的募集[147]，此观点也在动物实验中得到证实[163]。因此，目前对VO_{2-SC}的最新观点认为，VO_{2-SC}的出现很可能由快肌纤维的额外募集和已被募集的慢肌纤维的疲劳两方面原因造成，其他非做功肌肉的代谢氧耗也会导致一小部分VO_{2-SC}（图4-14）[37,63]。

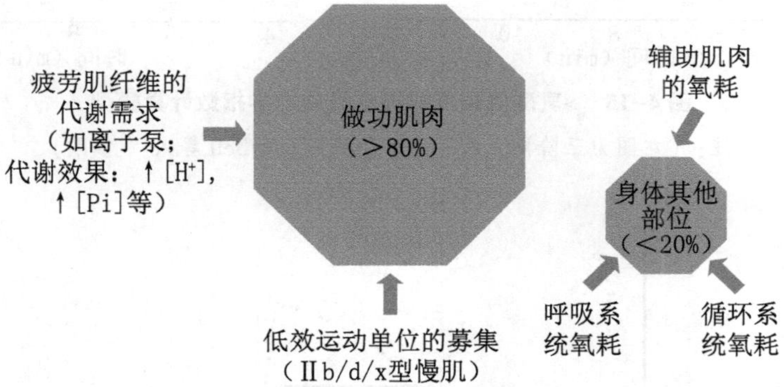

图4-14　VO_{2-SC}的可能致因[78]

三、摄氧量动力学的测试和计算方法

对摄氧量动力学的量化研究得益于计算模型的确定。目前摄氧量动力学的计算模型主要为三阶段指数模型[17,31]，或二阶段指数模型[20,77]，二者区别在于分析时包含阶段Ⅰ与否（图4-15）。摄氧量动力学主要用来测试恒定强度负荷下VO_2的变化情况，这类测试由三个负荷阶段组成，第一个阶段为空载或低强度的恒定强度运动，主要目的在于让机体进入一个稳定的VO_2基础值；第二个阶段，负荷增加到测试要求的恒定强度（如乳酸阈强度，因此摄氧量动力学测试前需要进行多级负荷测试以标定运动强度)；第三个阶段，负荷恢复到空载或低强度的恒定负荷（图 4-16）[14,20,77]。标准测试中每个阶段的持续时间为 6min，但是文献中第一个阶段的持续时间为 2~15min，且有研究将安静值作为 VO_2 基础值；第二个阶段的持续时间为 6~8min，或者至受试者力竭；部分研究中没有第三阶段[14,20,21,25,36,77]。摄氧量动力学同样可以被用来研究非恒定强度运动下 VO_2 的变化情况，包括全力运动[127,147]或不同全程节奏的高强度运动[75]。

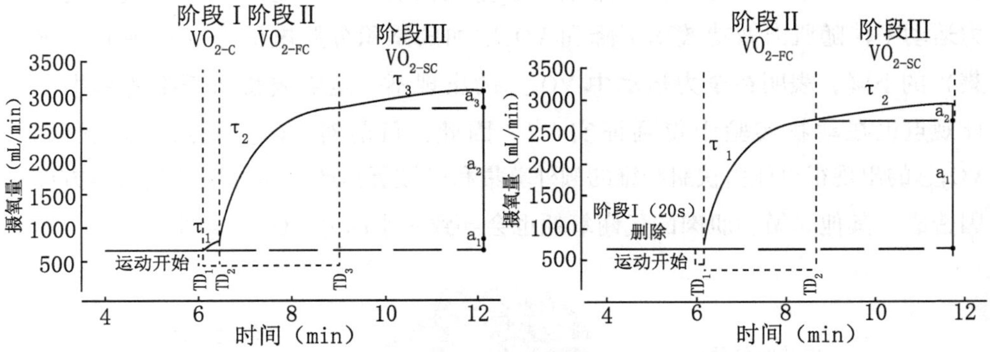

图 4-15 >乳酸阈强度时摄氧量动力学指数计算模型

注：（左图为三阶段，右图为二阶段）（据 Bell 等人[17]修改）

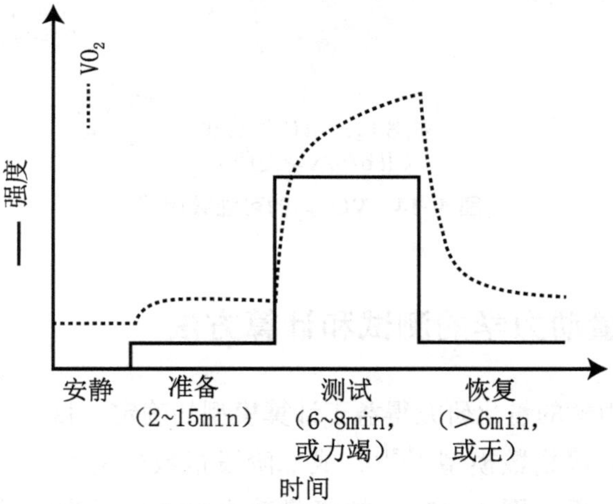

图 4-16 恒定强度负荷的摄氧量动力学测试示意图

进行摄氧量动力学的分析前先要对原始数据进行人工检查，剔除一些由咳嗽、吞咽、叹气等造成的异常数据点，以及超过基于连续五次呼吸四倍标准差的数据点。由于目前气体代谢仪大都为 Breath x Breath 型（即记录每次呼吸的数据），因此在进行下一步分析前需要先利用软件（仪器自带测试和分析软件即可）将每次呼吸的数据转化为每秒数据。如果每名受试者在同一条件下进行多次测试，则需要将多次测试的数据按运动开始时间对齐后进行平均，以减小不同呼吸数据点的波动程度[97]。当强度>乳酸阈强度时，摄氧量动力学的计算方法如图 4-15 所示，对应公式为②或③（分别为三阶段和二阶段对应的指数模型）[14,17]。其中 VO_2（t）为 t 时刻对应的 VO_2；a_0为 VO_2的基础值，一般取正式运动前 2min 的空载负荷运动或低强度热身运动的 VO_2的平均值（即图 4-16 准备阶段最后 2min）；a_1、a_2和 a_3分别对应三个阶段 VO_2的提高幅度；TD_1、TD_2和 TD_3分别对应三个阶段开始时间的延迟时间；τ_1、τ_2和 τ_3分别对应为三个阶段的时间常数；exp（n）为以 e^n。当阶段Ⅰ参与模型计算时，对应公式为②，当阶段Ⅰ（一般为 20s[20,77]）不参与模型计算时，对应公式为③。当强度<乳酸阈强度时，摄氧量动力学的计算方法同样可以参照图 4-15，对应公式为④或⑤（分别为三阶段和二阶段对应的指数模型）[14,17]，只是 VO_{2-SC}没有出现，取而代之的是 VO_{2-SS}（即图 4-15 中阶段Ⅲ无 VO_{2-SC}部分实线，VO_{2-FC}延伸的虚线变为实线）。摄氧量动力学的计算模型中具有重要意义的指标包括 VO_{2-FC}对应的 τ、VO_{2-FC}对应的 a 和 VO_{2-SC}对应的 a。

$$VO_2(t)=a_0+a_1\{1-\exp[-(t-TD_1)/\tau_1]\}+a_2\{1-\exp[-(t-TD_2)/\tau_2]\}+a_3\{1-\exp[-(t-TD_3)/\tau_3]\} \quad ②$$

$$VO_2(t)=a_0+a_1\{1-\exp[-(t-TD_1)/\tau_1]\}+a_2\{1-\exp[-(t-TD_2)/\tau_2]\} \quad ③$$

$$VO_2(t)=a_0+a_1\{1-\exp[-(t-TD_1)/\tau_1]\}+a_2\{1-\exp[-(t-TD_2)/\tau_2]\} \quad ④$$

$$VO_2(t)=a_0+a_1\{1-\exp[-(t-TD_1)/\tau_1]\} \quad ⑤$$

四、摄氧量动力学对训练的意义

（一）能量代谢研究由结果分析到过程分析的进步

对摄氧量动力学的研究推动了对 VO_2的研究由结果到过程的转变。以往有关 VO_2的研究主要集中于 VO_{2max}/VO_{2peak}、通气阈、特定强度（如乳酸阈）对应的 VO_2、递增测试中对应的 VO_2-功率的关系、运动中的累积 VO_2、运动中的累积氧亏及基于 VO_2的能量代谢等，这些研究无疑有助于对人体运动能量代谢特征的认识，如 VO_{2max}与耐力项目运动能力相关性的发现使 VO_{2max}成为运动员选材和训练监控的基本指标[112,131]，通气阈计算方法的发明使无创性（相对于乳酸阈）无氧阈（和无氧阈）的研究变为可能[16]，多级测试中对应的 VO_2-功率的直线关系在研究中被用来标定运动强度[4,74,121]，并且成为最大累积氧亏法计算能量代谢的理论基础[110]，目前能量代谢供能量研究中最普遍的三种计算方法都是基于 VO_2[19,38,110]。但是随着竞技体育竞争的日益激烈，决定比赛胜负的差异越来越小，对运动能力提高机制的研究要求越来越精细，摄氧量动力学不仅关注 VO_2的整体变化（如阶段Ⅰ和阶段Ⅱ的幅度），同样关注 VO_2的变化速率（如 τ）。尽管目前有关高水平运动员摄氧量动力学的研究为数不多，但对 VO_2由结果分析到过程分析的进步将有助于对运动训练的生理效应有一个更深入的认识。

（二）对传统 VO2-功率/速度直线关系的挑战

截至目前，许多生理学教材上仍将 VO_2和功率/速度的关系描述成直线递增[4,74,121]。VO_2和功率/速度直线关系的确定是基于递增强度测试，这些测试的强度大都小于临界功率，并且每一级的持续时间往往小于 3min。但是当将此直线关系外推至大于临界功率的强度区间时就会低估实际 VO_2，低估部分对应为 $VO_{2\text{-}SC}$的幅度（图 4-17 左图阴影部分，中图空心方框和实心圆点之间的差异，右图实线），因为当运动强度大于乳酸阈，尤其是大于临界功率且运动时间大于 3min 时，$VO_{2\text{-}SC}$将会出现。因此，VO_2和功率/速度关系直线应用时需要加以强度区间限定，即强度<临界功率，甚至小于乳酸阈。

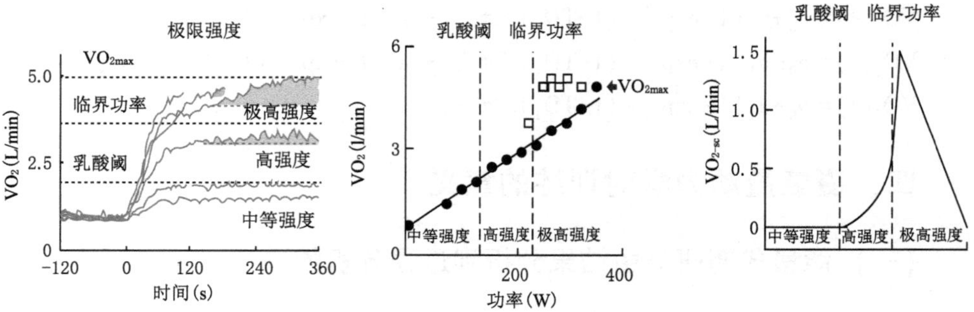

图 4-17　$VO_{2\text{-}SC}$对 VO_2-功率直线关系的挑战

注：（据 Wilkerson 等人[154]和 Poole 等人[119]修改）

（三）对能量代谢计算方法的启示

目前能量代谢供能量研究中最普遍的三种计算方法都是基于 VO_2[19,38,110]，最大累积氧亏法是将次最大强度下递增测试得到的 VO_2-功率直线关系外推到运动实际做功强度区间而得到每一功率对应的需氧量，而需氧量和实际 VO_2之间的累积差即累积氧亏，需氧量、实际 VO_2和累积氧亏分别对应总供能量、有氧供能量和无氧供能量[110]。威尔基（Wilkie）[38] 和贝内克（Beneke）[19] 二人的方法对有氧供能部分和无氧乳酸供能部分的计算原理一样，有氧供能部分的计算跟最大累积氧亏法一样基于累积摄氧量，无氧乳酸供能部分的计算都是基于运动中的累积血乳酸量，二人方法的差异在于无氧无乳酸部分的计算原理，威尔基（Wilkie）是基于单位体重对应的 ATP 含量（0.418 kJ/kg 体重[161]），而贝内克（Beneke）是基于运动后氧债的快速部分。如上文所述，VO_2-功率直线关系外推到大于临界功率的强度区间时将会造成对 VO_2的低估，因此 MAOD 在一定程度上会带来对无氧供能量的低估（进而对有氧供能百分比的高估），这三种方法对于有氧供能量的计算原理都是基于实际 VO_2。因此，无论采用何种计算方法，对于运动员而言，有氧供能能力的改变都是经由摄氧量动力学特征的改变来实现的。慢肌纤维比率高的运动员的选拔，线粒体和毛细血管丰密度的增加，高强度准备活动，以及“快起动”的全程节奏等，都可以通过加快 VO_2从安静或空载负荷状态进入运动状态的动员速率（即缩短 τ）和/或减小 $VO_{2\text{-SC}}$ 的幅度来实现有氧供能能力的提高，进而提高运动员的耐受度。

参考文献

[1] Armstrong N, Barker A R. Oxygen Uptake Kinetics in Children and Adolescents: A Review [J]. Pediatr Exerc Science, 2009, 21 (2): 130-147.

[2] Astrand I, Astrand P, Christensen E, et al. Myohemoglobin as an Oxygen-Store in Man [J]. Acta Physiol Scand, 1960, 48: 454-460.

[3] Astrand, Per-Olof , Kaare Rohdahl. Textbook of Work Physiology [M]. New York: McGraw-Hill, 1970.

[4] Astrand, Per-Olof , Kaare Rohdahl. Textbook of Work Physiology [M]. Champaign: Human Kinetics, 2003: 257.

[5] Astrand P O, Saltin B. Oxygen Uptake During the First Minutes of Heavy Muscular Exercise [J]. Appl Physiol, 1961, 16: 971-976.

[6] Auchincloss J Gilbert R, Baule G. Effect of Ventilation on Oxygen Transfer During Early Exercise [J]. Appl Physiol, 1966, 21 (3): 810-818.

[7] Babcock M A, Paterson D H, Cunningham D A, et al. Exercise on-Transient Gas Exchange

Kinetics Are Slowed as a Function of Age [J]. Med Sci Sports Exerc, 1994, 26 (4): 440-446.

[8] Lehrbuch Der Sportmedizin—Leistungentwicklung, Anpassung, Belastbarkeit, Schul- Und Breitensport [M]. Leipzig: Johann Ambrosius Barth Verlag, 1995: 59-64.

[9] Bailey S J, Wilkerson D P, Dimenna F J, et al. Influence of Repeated Sprint Training on Pulmonary O_2 Uptake and Muscle Deoxygenation Kinetics in Humans [J]. J Appl Physiol, 2009, 106 (6): 1875-1887.

[10] Barstow T J. Characterization of VO_2 Kinetics During Heavy Exercise [J]. Med Sci Sports Exerc, 1994, 26 (11): 1327-1334.

[11] Barstow T J, Casaburi R, Wasserman K. O_2 Uptake Kinetics and the O_2 Deficit as Related to Exercise Intensity and Blood Lactate [J]. J Appl Physiol, 1993, 75 (2): 755-762.

[12] Barstow T J, Jones A M, Nguyen P H, et al. Influence of Muscle Fiber Type and Pedal Frequency on Oxygen Uptake Kinetics of Heavy Exercise [J]. J Appl Physiol, 1996, 81 (4): 1642-1650.

[13] Barstow T J, Lamarra N, Whipp B J. Modulation of Muscle and Pulmonary O_2 Uptakes by Circulatory Dynamics During Exercise [J]. J Appl Physiol, 1990, 68 (3): 979-989.

[14] Barstow T J, Mole P A. Linear and Nonlinear Characteristics of Oxygen Uptake Kinetics During Heavy Exercise [J]. J Appl Physiol, 1991, 71 (6): 2099-2106.

[15] Bassett D, Howley E T. Limiting Factors for Maximum Oxygen Uptake and Determinants of Endurance Performance [J]. Med Sci Sports Exerc, 2000, 32 (1): 70-84.

[16] Beaver W L, Wasserman K, Whipp B J. A New Method for Detecting Anaerobic Threshold by Gas Exchange [J]. J Appl Physiol, 1986, 60 (6): 2020-2027.

[17] Bell C, Paterson D H, Kowalchuk J M, et al. A Comparison of Modelling Techniques Used to Characterise Oxygen Uptake Kinetics During the on-Transient of Exercise [J]. Exp Physiol, 2001, 86 (5): 667-676.

[18] Beneke R, Beyer T, Jachner C, et al. Energetics of Karate Kumite [J]. Eur J Appl Physiol, 2004, 92 (4): 518-523.

[19] Beneke R, Pollmann C, Bleif I, et al. How Anaerobic Is the Wingate Anaerobic Test for Humans? [J]. Eur J Appl Physiol, 2002, 87 (4): 388-392.

[20] Berger N J, Tolfrey K, Williams A G, et al. Influence of Continuous and Interval Training on Oxygen Uptake on-Kinetics [J]. Med Sci Sports Exerc, 2006, 38 (3): 504.

[21] Bernasconi S, Tordi N, Perrey S, et al. Is the Vo_2 Slow Component in Heavy Arm-Cranking Exercise Associated with Recruitment of Type Ii Muscle Fibers as Assessed by an Increase in Surface Emg? [J]. Appl Physiol Nutr Metab, 2006, 31 (4): 414-422.

[22] Billat L V. Interval Training for Performance: A Scientific and Empirical Practice Special Recommendations for Middle-and Long-Distance Running. Part I: Aerobic Interval Training [J].

Sports Med, 2001, 31 (1): 13-31.

[23] Billat V, Lepretre P M, Heugas A M, et al. Training and Bioenergetic Characteristics in Elite Male and Female Kenyan Runners [J]. Med Sci Sports Exerc, 2003, 35 (2): 297-304.

[24] Billat V L, Demarle A, Slawinski J, et al. Physical and Training Characteristics of Top-Class Marathon Runners [J]. Med Sci Sports Exerc, 2001, 33 (12): 2089-2097.

[25] Billat V L, Hamard L, Bocquet V, et al. Influence of Light Additional Arm Cranking Exercise on the Kinetics of VO_2 in Severe Cycling Exercise [J]. Int J Sports Med, 2000, 21 (5): 344-350.

[26] Bompa, Tudor O, Haff, Gregory G. Periodization: Theory and Methodology of Training [J]. Human Kinetics, 2009.

[27] Borresen J, Lambert M I. The Quantification of Training Load, the Training Response and the Effect on Performance [J]. Sports Med, 2009, 39 (9): 779-795.

[28] Burnley M, Doust J H, Ball D, et al. Effects of Prior Heavy Exercise On VO_2 Kinetics During Heavy Exercise Are Related to Changes in Muscle Activity [J]. J Appl Physiol, 2002, 93 (1): 167-174.

[29] Burnley M, Doust J H, Jones A M. Effects of Prior Heavy Exercise, Prior Sprint Exercise and Passive Warming on Oxygen Uptake Kinetics During Heavy Exercise in Humans [J]. Eur J Appl Physiol, 2002, 87 (4-5): 424-432.

[30] Burnley M, Jones A M. Oxygen Uptake Kinetics as a Determinant of Sports Performance [J]. Eur J Sport Science, 2007, 7 (2): 63-79.

[31] Burnley M, Jones A M, Carter H, et al. Effects of Prior Heavy Exercise on Phase Ii Pulmonary Oxygen Uptake Kinetics During Heavy Exercise [J]. Journal of Applied Physiology, 2000, 89 (4): 1387-1396.

[32] Cannon D T, White A C, Andriano M F, et al. Skeletal Muscle Fatigue Precedes the Slow Component of Oxygen Uptake Kinetics During Exercise in Humans [J]. The Journal of Physiology, 2011, 589 (3): 727-739.

[33] Capelli C, Pendergast D R, Termin B. Energetics of Swimming at Maximal Speeds in Humans [J]. Eur J Appl Physiol, 1998, 78 (5): 385-393.

[34] Carit R A C, Greco C C, Denadai B S. The Positive Effects of Priming Exercise on Oxygen Uptake Kinetics and High-Intensity Exercise Performance Are Not Magnified by a Fast-Start Pacing Strategy in Trained Cyclists [J]. PloS one, 2014, 9 (4): e95202.

[35] Carter H, Pringle J S, Boobis L, et al. Muscle Glycogen Depletion Alters Oxygen Uptake Kinetics During Heavy Exercise [J]. Med Sci Sports Exerc, 2004, 36 (6): 965-972.

[36] Carter H, Pringle J S, Jones A M, et al. Oxygen Uptake Kinetics During Treadmill Running across Exercise Intensity Domains [J]. Eur J Appl Physiol, 2002, 86 (4): 347-354.

[37] Casaburi R, Storer T W, Ben-Dov I, et al. Effect of Endurance Training on Possible Determi-

nants of VO_2 During Heavy Exercise [J]. J Appl Physiol, 1987, 62 (1): 199-207.

[38] Ceretelli P, Whipp B. Equations Describing Power Input by Humans as a Funtion of Duration of Exercise. in. Exercise Bioenergetics and Gas Exchange [M]. Amsterdam: Elsevier, 1980.

[39] Christensen P M, Nyberg M, Bangsbo J. Influence of Nitrate Supplementation on Vo2 Kinetics and Endurance of Elite Cyclists [J]. Scand J Med Sci Sports, 2013, 23 (1): e21-e31.

[40] Conconi F, Ferrari M, Ziglio P G, et al. Determination of the Anaerobic Threshold by a Noninvasive Field Test in Runners [J]. J Appl Physiol, 1982, 52 (4): 869-873.

[41] Convertino V A, Goldwater D J, Sandler H. VO_2 Kinetics of Constant-Load Exercise Following Bed-Rest-Induced Deconditioning [J]. J Appl Physiol, 1984, 57 (5): 1545-1550.

[42] Crow M T, Kushmerick M J. Chemical Energetics of Slow-and Fast-Twitch Muscles of the Mouse [J]. J Gen Physiol, 1982, 79 (1): 147-166.

[43] Delorey D S, Kowalchuk J M, Paterson D H. Adaptation of Pulmonary O_2 Uptake Kinetics and Muscle Deoxygenation at the Onset of Heavy-Intensity Exercise in Young and Older Adults [J]. J Appl Physiol, 2005, 98 (5): 1697-1704.

[44] Di Prampero P E. Energetics of Muscular Exercise [J]. Rev Physiol Biochem Pharmacol, 1981, 89: 143-222.

[45] Dimenna F J, Fulford J, BAILEY S J, et al. Influence of Priming Exercise on Muscle [Pcr] and Pulmonary O_2 Uptake Dynamics During 'Work-to-Work' knee-Extension Exercise [J]. Resp Physiol Neurobi, 2010, 172 (1): 15-23.

[46] Englert M, Kiessler R. Analysen Und Erkenntnisse Aus Der Sicht Des Spitzensports Im Kanurennsport Und Kanuslalom [J]. Z Angew Trainingswiss, 2009, 1: 24-39.

[47] Esteve-lanao J, San Juan A F, Earnest C P, et al. How Do Endurance Runners Actually Train? Relationship with Competition Performance [J]. Med Sci Sports Exerc, 2005, 37 (3): 496-504.

[48] Fawkner S G, Armstrong N. Longitudinal Changes in the Kinetic Response to Heavy-Intensity Exercise in Children [J]. J Appl Physiol, 2004, 97 (2): 460-466.

[49] Fawkner S G, Armstrong N. Sex Differences in the Oxygen Uptake Kinetic Response to Heavy-Intensity Exercise in Prepubertal Children [J]. Eur J Appl Physiol, 2004, 93 (1-2): 210-216.

[50] Fawkner S G, Armstrong N, Potter C R, et al. Oxygen Uptake Kinetics in Children and Adults after the Onset of Moderate-Intensity Exercise [J]. J Sports Sci, 2002, 20 (4): 319-326.

[51] Foster C, Florhaug J A, Franklin J, et al. A New Approach to Monitoring Exercise Training [J]. J Strength Cond Res, 2001, 15 (1): 109-115.

[52] Foster C, Keuettel K, Thompson N N. Estimation of Anaerobic Capacity [J]. Med Sci Sports Exerc, 1989, 21 S27.

[53] Interval Training: Conditioning for Sports and General Fitness [M]. Saunders Philadelphia, 1974.

[54] Francescato M, Cettolo V, Di Prampero P. Oxygen Uptake Kinetics at Work Onset: Role of Cardiac Output and of Phosphocreatine Breakdown [J]. Respir Physiol Neurobiol, 2013, 185 (2): 287-295.

[55] Gaesser G A, Poole D C. The Slow Component of Oxygen Uptake Kinetics in Humans [J]. Exerc Sport Sci Rev, 1996, 24: 35-71.

[56] Garcia-Pallares J, Sanchez-Medina L, Perez C E, et al. Physiological Effects of Tapering and Detraining in World-Class Kayakers [J]. Med Sci Sports Exerc, 2010, 42 (6): 1209-1214.

[57] Gerbino A, Ward S A, Whipp B J. Effects of Prior Exercise on Pulmonary Gas-Exchange Kinetics During High-Intensity Exercise in Humans [J]. J Appl Physiol, 1996, 80 (1): 99-107.

[58] Gibala M J. High-Intensity Interval Training: A Time-Efficient Strategy for Health Promotion? [J]. Curr Sports Med Rep, 2007, 6 (4): 211-213.

[59] Grassi B, Poole D C, Richardson R S, et al. Muscle O_2 Uptake Kinetics in Humans: Implications for Metabolic Control [J]. J Appl Physiol, 1996, 80 (3): 988-998.

[60] Guellich A, Seiler K S, Emrich E. Training Methods and Intensity Distribution of Young World-Class Rowers. [J]. Int J Sports Physiol Perform, 2009, 4 (4): 448-460.

[61] Guidetti L, Baldari C, Capranica L, et al. Energy Cost and Energy Sources of Ball Routine in Rhythmic Gymnasts [J]. Int J Sports Med, 2000, 21 (3): 205-209.

[62] Hagberg J, Hickson R, Ehsani A, et al. Faster Adjustment to and Recovery from Submaximal Exercise in the Trained State [J]. J Appl Physiol, 1980, 48 (2): 218-224.

[63] Hagberg J, Mullin J, Nagle F. Oxygen Consumption During Constant-Load Exercise [J]. J Appl Physiol, 1978, 45 (3): 381-384.

[64] Hansen J E, Sue D Y, Oren A, et al. Relation of Oxygen Uptake to Work Rate in Normal Men and Men with Circulatory Disorders [J]. Am J Cardiol, 1987, 59 (6): 669-674.

[65] Hartmann U, Mader A, Hollmann W. Heart Rate and Lactate During Endurance Training Programs in Rowing and Its Ralation to the Duration of Exercise by Top Elite Rowers [J]. FISA COACH, 1990, 1 (1): 1-4.

[66] Hartmann U, Mader A, Petersmann G, et al. Verhalten Von Herzfrequenz Und Laktat Waehrend Ruderspezifischer Trainingsmethoden-Untersuchungen Bei a- Und B-Kaderrudern Und Deren Interpretation Fuer Die Trainingssteuerung [J]. Dtsch Z Sportmed, 1989, 40 (6): 200-212.

[67] Henneman E, Somjen G, Carpenter D O. Functional Significance of Cell Size in Spinal Motoneurons [J]. J Neurophysiol, 1965, 28 (3): 560-580.

[68] Henry F M, Demoor J C. Lactic and Alactic Oxygen Consumption in Moderate Exercise of Graded Intensity [J]. J Appl Physiol, 1956, 8 (6): 608-614.

[69] Hepple R T, Howlett R A, Kindig C A, et al. The O_2 Cost of the Tension-Time Integral in Isolated

Single Myocytes During Fatigue [J]. Am J Physiol-Reg I, 2010, 298 (4): R983-R988.

[70] Hermansen L, Medbo J I. The Relative Significance of Aerobic and Anaerobic Processes During Maximal Exercise of Short Duration. in. Physiological Chemistry of Training and Detraining [M]. Basel: Kager, 1984. 56-57.

[71] Hermsdorf M, Spiegel S, Knoll K, et al. Entwicklung Eines Energetisch Orientierten Anforderungsprofils Im Eiskunstlaufen. in. Bisp - Jahrbuch: Forschungsfoerderung 2010/2011 [M]. Bonn: Bundesinstitut fuer Sportwissenschaft, 2011.

[72] Hill A, Lupton H. Muscular Exercise, Lactic Acid and the Supply and Utilization of Oxygen [J]. Q. J. Med., 1923, 16: 135-171.

[73] Hollmann W. 42 Years Ago—Development of the Concepts of Ventilatory and Lactate Threshold [J]. Sports. Med., 2001, 31 (5): 315-320.

[74] Hollmann W, Strueder H K. Sportmedizin: Grundlagen Fuer Koerperliche Aktivitaet, Training Und Praeventivmedizin [M]. Stuttgart: Schattauer, 2009. 68, 501-507.

[75] Jones A, Wilkerson D, Vanhatalo A, et al. Influence of Pacing Strategy on O_2 Uptake and Exercise Tolerance [J]. Scand J Med Sci Sports, 2008, 18 (5): 615-626.

[76] Jones A M, Burnley M. Oxygen Uptake Kinetics: An Underappreciated Determinant of Exercise Performance [J]. Int J Sports Physiol Perform, 2009, 4 (4): 524-532.

[77] Jones A M, Dimenna F, Lothian F, et al. 'Priming' Exercise and O_2 Uptake Kinetics During Treadmill Running [J]. Resp Physiol Neurobi, 2008, 161 (2): 182-188.

[78] Jones A M, Grassi B, Christensen P M, et al. Slow Component of VO_2 Kinetics: Mechanistic Bases and Practical Applications [J]. Med Sci Sports Exerc, 2011, 43 (11): 2046-2062.

[79] Jones A M, Poole D C. Oxygen Uptake Dynamics: From Muscle to Mouth-an Introduction to the Symposium [J]. Med Sci Sports Exerc, 2005, 37 (9): 1542.

[80] Jones A M, Wilkerson D P, Koppo K, et al. Inhibition of Nitric Oxide Synthase by L-Name Speeds Phase Ii Pulmonary VO_2 Kinetics in the Transition to Moderate-Intensity Exercise in Man [J]. J Physiol, 2003, 552 (1): 265-272.

[81] Kahl J. Dkv-Rahmentrainingskonzeption-Kanurennsport Und Kanuslalom [M]. Duisburg: Deutscher Kanu- Verband- Wirtschafts- und Verlags GmbH, 2005. 128-134.

[82] Keul J. Die Bedeutung Des Aeroben Und Anaeroben Leistungsvermoegens Fuer Mittel- Und Langstrekenlaeufer (Innen) . in. Lehre Der Leichtathletik 17+18 [M]. 1975.

[83] Kilding A, Winter E, Fysh M. A Comparison of Pulmonary Oxygen Uptake Kinetics in Middle-and Long-Distance Runners [J]. Int J Sports Med, 2006, 27 (05): 419-426.

[84] Kindig C A, Mcdonough P, Erickson H H, et al. Nitric Oxide Synthase Inhibition Speeds Oxygen Uptake Kinetics in Horses During Moderate Domain Running [J]. Respir Physiol Neurobiol, 2002, 132 (2): 169-178.

[85] Knuttgen H G. Oxygen Debt after Submaximal Physical Exercise [J]. J Appl Physiol, 1970, 29 (5): 651-657.

[86] Koga S, Poole D C, Shiojiri T, et al. Comparison of Oxygen Uptake Kinetics During Knee Extension and Cycle Exercise [J]. Am J Physiol Regul Integr Comp Physiol, 2005, 288 (1): R212-220.

[87] Koga S, Shiojiri T, Kondo N, et al. Effect of Increased Muscle Temperature on Oxygen Uptake Kinetics During Exercise [J]. J Appl Physiol, 1997, 83 (4): 1333-1338.

[88] Koga S, Shiojiri T, Shibasaki M, et al. Kinetics of Oxygen Uptake During Supine and Upright Heavy Exercise [J]. J Appl Physiol, 1999, 87 (1): 253-260.

[89] Krogh A, Lindhard J, The Regulation of Respiration and Circulation During the Initial Stages of Muscular Work [J]. J Physiol, 1913, 47 (1-2): 112-136.

[90] Krogh A, Lindhard J. The Changes in Respiration at the Transition from Work to Rest [J]. Journal of Phyiology, 1920, 53 (6): 431-437.

[91] Krogh A, Lindhard J. The Changes in Respiration at the Transition from Work to Rest [J]. J Physiol, 1920, 53 (6): 431-439.

[92] Krustrup P, Jones A M, Wilkerson D P, et al. Muscular and Pulmonary O_2 Uptake Kinetics During Moderate - and High - Intensity Sub - Maximal Knee - Extensor Exercise in Humans [J]. J Physiol, 2009, 587 (8): 1843-1856.

[93] Krustrup P, Derlund K S, Mohr M, et al. Slow-Twitch Fiber Glycogen Depletion Elevates Moderate-Exercise Fast-Twitch Fiber Activity and O_2 Uptake [J]. Med Sci. Sports Exerc, 2004, 36 (6): 973-982.

[94] Krustrup P, Derlund K S, Mohr M, et al. The Slow Component of Oxygen Uptake During Intense, Sub - Maximal Exercise in Man Is Associated with Additional Fibre Recruitment [J]. Pflügers Archiv, 2004, 447 (6): 855-866.

[95] Krustrup P, Secher N H, Relu M U, et al. Neuromuscular Blockade of Slow Twitch Muscle Fibres Elevates Muscle Oxygen Uptake and Energy Turnover During Submaximal Exercise in Humans [J]. J Physiol, 2008, 586 (24): 6037-6048.

[96] Kushmerick M J, Meyer R A, Brown T R. Regulation of Oxygen Consumption in Fast-and Slow-Twitch Muscle [J]. Am J Physiol-Cell Ph, 1992, 263 (3): C598-C606.

[97] Lamarra N, Whipp B J, Ward S A, et al. Effect of Interbreath Fluctuations on Characterizing Exercise Gas Exchange Kinetics [J]. J Appl Physiol, 1987, 62 (5): 2003-2012.

[98] Leclair E, Berthoin S, Borel B, et al. Faster Pulmonary Oxygen Uptake Kinetics in Children Vs Adults Due to Enhancements in Oxygen Delivery and Extraction [J]. Scand J Med Sci Sports, 2013, 23 (6): 705-712.

[99] Li Y, Niessen M, Chen X, et al. Maximal Lactate Steady State in Kayaking [J]. Int J Sports

Med, 2014, 35 (935-942.

[100] Li Y, Niessen M, Chen X, et al. Overestimate of Relative Aerobic Contribution with Maximal Accumulated Oxygen Deficit (Maod) —a Review [J]. J Sports Med Phys Fitness, 2014, E-pub First):

[101] Li Y, Niessen M, Chen X, et al. Overestimate of Relative Aerobic Contribution with Maximal Accumulated Oxygen Deficit (Maod) —a Review [J]. Journal of Sports Medicine and Physical Fitness, 2015, 55 (5): 377-382.

[102] Li Y, Zi W, Cao C, et al. Training of a Female World-Elite Rower in Pre-Olympic Year [J]. Med Sci Sports Exerc, 2012, 5 (41): 687-688.

[103] Linnarsson D. Dynamics of Pulmonary Gas Exchange and Heart Rate Changes at Start and End of Exercise [J]. Acta Physiol. Scand. Suppl. , 1974, 415 (415): 1-68.

[104] Linnarsson D, Karlsson J, Fagraeus L, et al. Muscle Metabolites and Oxygen Deficit with Exercise in Hypoxia and Hyperoxia [J]. J Appl Physiol, 1974, 36 (4): 399-402.

[105] Mader A, Heck H. A Theory of the Metabolic Origin of "Anaerobic Threshold" [J]. Int J Sports Med, 1986, 7 (S1): S45-S65.

[106] Margaria R, Cerretelli P, Diprampero P E, et al. Kinetics and Mechanism of Oxygen Debt Contraction in Man [J]. J Appl Physiol, 1963, 18 (2): 371-377.

[107] Margaria R, Edwards H T, Dill D B. The Possible Mechanism of Contracting and Paying the Oxygen Debt and the Role of Lactic Acid in Muscular Contraction [J]. Am J Physiol, 1933, 106 (3): 689-714.

[108] Margaria R, Edwards H T, Dill D B. The Possible Mechanisms of Contracting and Paying the Oxygen Debt and the Role of Lactic Acid in Muscular Contraction [J]. Am J Physiol, 1933, 106 (3): 689-715.

[109] Medbo J I. Accumulated Oxygen Deficit Issues. in. Exercise Physiology: From a Cellular to an Integrative Approach (Biomedical and Health Research) [M]. Amsterdam: IOS Press BV, 2010.

[110] Medbo J I, Mohn A C, Tabata I, et al. Anaerobic Capacity Determined by Maximal Accumulated O_2 Deficit [J]. J Appl Physiol, 1988, 64 (1): 50-60.

[111] Mezzani A, Grassi B, Jones A M, et al. Speeding of Pulmonary Vo2 on-Kinetics by Light-to-Moderate-Intensity Aerobic Exercise Training in Chronic Heart Failure: Clinical and Pathophysiological Correlates [J]. International journal of cardiology, 2013, 167 (5): 2189-2195.

[112] Mikulic P. Maturation to Elite Status: A Six-Year Physiological Case Study of a World Champion Rowing Crew [J]. Eur J Appl Physiol, 2010.

[113] Nakagaki K, Yoshioka T, Nabekura Y. The Relative Contribution of Anaerobic and Aerobic Energy Systems During Flat-Water Kayak Paddling [J]. Jpn J Phys Fitness Sports Med, 2008, 57 (2): 261-270.

[114] Nery L E, Wasserman K, Andrews J D, et al. Ventilatory and Gas Exchange Kinetics During Exercise in Chronic Airways Obstruction [J]. J Appl Physiol, 1982, 53 (6): 1594-1602.

[115] Niklas P, Li W, Jens W, et al. Mitochondrial Gene Expression in Elite Cyclists: Effects of High-Intensity Interval Exercise [J]. Eur J Appl Physiol, 2010, 110 (3): 597-606.

[116] Orie J, Hofman N, De Koning J J, et al. Thirty-Eight Years of Training Distribution in Olympic Speed Skaters [J]. Int J Sports Physiol Perform, 2014, 9 (1): 93-99.

[117] Pate R R, Goodyear L, Dover V, et al. Maximal Oxygen Deficit: A Test of Anaerobic Capacity [J]. Med Sci Sports Exerc, 1983, 15 (2): 121-122.

[118] Poole D C , Gladden L B, Kurdak S, et al. L- (+) -Lactate Infusion into Working Dog Gastrocnemius: No Evidence Lactate Per Se Mediates Vo_2 Slow Component [J]. J Appl Physiol, 1994, 76 (2): 787-792.

[119] Poole D C, Jones A. Oxygen Uptake Kinetics [J]. Compr Physiol, 2012, 2 (2): 933-996.

[120] Poole D C, Schaffartzik W, Knight D R, et al. Contribution of Exercising Legs to the Slow Component of Oxygen Uptake Kinetics in Humans [J]. J Appl Physiol, 1991, 71 (4): 1245-1260.

[121] Exercise Physiology: Theory and Application to Fitness and Performance [M]. New York: Mc-Grow Hill, 2007. 33-38.

[122] Pringle J S, Doust J H, Carter H, et al. Oxygen Uptake Kinetics During Moderate, Heavy and Severe Intensity "Submaximal" Exercise in Humans: The Influence of Muscle Fibre Type and Capillarisation [J]. Eur J Appl Physiol, 2003, 89 (3-4): 289-300.

[123] Pringle J S, Doust J H, Carter H, et al. Effect of Pedal Rate on Primary and Slow-Component Oxygen Uptake Responses During Heavy-Cycle Exercise [J]. J Appl Physiol, 2003, 94 (4): 1501-1507.

[124] Pringle J S, Jones A M. Maximal Lactate Steady State, Critical Power and Emg During Cycling [J]. Eur J Appl Physiol, 2002, 88 (3): 214-226.

[125] Reis J F, Alves F B, Bruno P M, et al. Effects of Aerobic Fitness on Oxygen Uptake Kinetics in Heavy Intensity Swimming [J]. Eur J Appl Physiol, 2012.

[126] Roberts A D, Morton A R. Total and Alactic Oxygen Debts after Supramaximal Work [J]. Eur J Appl Physiol, 1978, 38 (4): 281-289.

[127] Rodriguez F, Keskinen K, Keskinen O, et al. Oxygen Uptake Kinetics During Free Swimming: A Pilot Study [J]. Biomechanics and Medicine in Swimming IX. Publications de l' Universite de Saint-Etienne, Saint-Etienne, 2003, 379-384.

[128] Rossiter H, Ward S, Kowalchuk J, et al. Dynamic Asymmetry of Phosphocreatine Concentration and O_2 Uptake between the on-and Off-Transients of Moderate-and High-Intensity Exercise in Humans [J]. J Physiol, 2002, 541 (3): 991-1002.

[129] Rotstein A, Sagiv M, Yaniv-Tamir A, et al. Smoking Effect on Exercise Response Kinetics of

Oxygen Uptake and Related Variables [J]. Int J Sports Med, 1991, 12 (3): 281-284.

[130] Sabapathy S, Schneider D A, Comadira G, et al. Oxygen Uptake Kinetics During Severe Exercise: A Comparison between Young and Older Men [J]. Respir Physiol Neurobiol, 2004, 139 (2): 203-213.

[131] Saltin B, Astrand P O. Maximal Oxygen Uptake in Athletes. [J]. J Appl Physiol., 1967, 23 (3): 353-358.

[132] Saltin B, Helge J W. Skelettmuskulatur, Körperliche Aktivität Und Gesundheit [J]. Der Orthopäde, 2000, 29 (11): 941-947.

[133] Sandbakk, Holmberg H C, Leirdal S, et al. The Physiology of World-Class Sprint Skiers [J]. Scand J Med Sci Sports, 2011, 21 (6): e9-e16.

[134] Saunders M J, Evans E M, Arngrimsson S A, et al. Endurance Training Reduces End-Exercise Vo_2 and Muscle Use During Submaximal Cycling [J]. Med Sci Sports Exerc, 2003, 35 (2): 257-262.

[135] Scheuermann B W, Barstow T J. O_2 Uptake Kinetics During Exercise at Peak O_2 Uptake [J]. J Appl Physiol, 2003, 95 (5): 2014-2022.

[136] Schumacher Y O, Mueller P. The 4000-M Team Pursuit Cycling World Record: Theoretical and Practical Aspects [J]. Med Sci Sports Exerc, 2002, 34 (6): 1029-1036.

[137] Seiler K S, Kjerland G O. Quantifying Training Intensity Distribution in Elite Endurance Athletes: Is There Evidence for an "Optimal" Distribution? [J]. Scand J Med Sci Sports, 2006, 16: 49-56.

[138] Seiler S. What Is Best Practice for Training Intensity and Duration Distribution in Endurance Athletes [J]. Int J Sports Physiol Perform, 2010, 5 (3): 276-291.

[139] Sietsema K E, Cooper D, Perloff J K, et al. Dynamics of Oxygen Uptake During Exercise in Adults with Cyanotic Congenital Heart Disease [J]. Circulation, 1986, 73 (6): 1137-1144.

[140] Sjostrom L, Schutz Y, Gudinchet F, et al. Epinephrine Sensitivity with Respect to Metabolic Rate and Other Variables in Women [J]. Am J Physiol-Endoc M, 1983, 245 (5): E431-E442.

[141] Spencer M R, Gastin P B. Energy System Contribution During 200- to 1500-M Running in Highly Trained Athletes [J]. Med Sci Sports Exerc, 2001, 33 (1): 157-162.

[142] Stegmann J. Leistungsphysiologie: Physiologesche Grundlagen Der Arbeit Und Des Sports [M]. Stuttgart: Georg Thieme Verlag, 1977. 66-76.

[143] Stegmann J. Leistungsphysiologie: Physiologische Grundlagen Der Arbeit Und Des Sports [M]. Stuttgart: Georg Thieme Verlag, 1991. 56-59.

[144] Stienen G, Kiers J, Bottinelli R, et al. Myofibrillar Atpase Activity in Skinned Human Skeletal Muscle Fibres: Fibre Type and Temperature Dependence [J]. J Physiol, 1996, 493 (Pt 2): 299-307.

[145] Introduction to Coaching—the Official Iaaf Guide to Coaching Athletics [M]. Monaco: International Association of Athletics Federations, 2009. 79-85.

[146] Tschakovsky M E. Is It or Isn't It Oxygen Delivery? The Debate over What Limits Oxygen Uptake Kinetics Continues [J]. Exercise and sport sciences reviews, 2014, 42 (1): 2-3.

[147] Vanhatalo A, Poole D C, Dimenna F J, et al. Muscle Fiber Recruitment and the Slow Component of O_2 Uptake: Constant Work Rate Vs. All-out Sprint Exercise [J]. Am J Physiol-Reg I, 2011, 300 (3): R700-R707.

[148] Wasserman K, Mcilroy M B. Detecting the Threshold of Anaerobic Metabolism in Cardiac Patients During Exercise [J]. Am J Cardiol, 1964, 14 (6): 844-852.

[149] Sportbiologie [M]. Erlangen: Ludwig Auer GmbH Donauwoeth, 1986. 174-181.

[150] Whipp B J, Ward S A, Lamarra N, et al. Parameters of Ventilatory and Gas Exchange Dynamics During Exercise [J]. J Appl Physiol, 1982, 52 (6): 1506-1513.

[151] Whipp B J, Ward S A, Rossiter H B. Pulmonary O_2 Uptake During Exercise: Conflating Muscular and Cardiovascular Responses [J]. Med Sci Sports Exerc, 2005, 37 (9): 1574.

[152] Whipp B J, Wasserman K. Oxygen Uptake Kinetics for Various Intensities of Constant-Load Work [J]. J Appl Physiol, 1972, 33 (3): 351-356.

[153] Wilkerson D P, Jones A M. Influence of Initial Metabolic Rate on Pulmonary O_2 Uptake on-Kinetics During Severe Intensity Exercise [J]. Resp Physiol Neurobi, 2006, 152 (2): 204-219.

[154] Wilkerson D P, Koppo K, Barstow T J, et al. Effect of Work Rate on the Functional 'Gain' of Phase Ii Pulmonary O_2 Uptake Response to Exercise [J]. Resp Physiol Neurobi, 2004, 142 (2): 211-223.

[155] Williams C A, Carter H, Jones A M, et al. Oxygen Uptake Kinetics During Treadmill Running in Boys and Men [J]. J Appl Physiol, 2001, 90 (5): 1700-1706.

[156] Willis W T, Jackman M R. Mitochondrial Function During Heavy Exercise [J]. Med Sci Sports Exerc, 1994, 26 (11): 1347-1353.

[157] Wilmore J H, Costill D L. Physiology of Sport and Exericise [M]. Champaign: Human Kinetics, 2008.

[158] Womack C J, Davis S E, Blumer J L, et al. Slow Component of O_2 Uptake During Heavy Exercise: Adaptation to Endurance Training [J]. J Appl Physiol, 1995, 79 (3): 838-845.

[159] Wood M A, Bailey S J, Jones A M. Influence of All-out Start Duration on Pulmonary Oxygen Uptake Kinetics and High-Intensity Exercise Performance [J]. J Strength Cond Res, 2014, Publish Ahead of Print.

[160] Yu H, Chen X, Zhu W, et al. A Quasi-Experimental Study of Chinese Top-Level Speed Skaters' Training Load: Threshold Versus Polarized Model [J]. International journal of sports physiology and performance, 2012, 7 (2): 103.

[161] Zamparo P, Tomadini S, Didone F, et al. Bioenergetics of a Slalom Kayak (K1) Competition [J]. Int J Sports Med, 2006, 27 (7): 546-552.

[162] Zapico A, Calder F N, Benito P, et al. Evolution of Physiological and Haematological Parameters with Training Load in Elite Male Road Cyclists: A Longitudinal Study [J]. J Sport Med Phys Fit, 2007, 47 (2): 191.

[163] Zoladz J A, Gladden L B, Hogan M C, et al. Progressive Recruitment of Muscle Fibers Is Not Necessary for the Slow Component of Vo_2 Kinetics [J]. J Appl Physiol, 2008, 105 (2): 575-580.

[164] 黎涌明. 静水皮划艇比赛成绩 75 年发展分析 [J]. 中国体育科技, 2012, 48 (3): 69-74.

[165] 黎涌明. 不同运动方式的能量代谢——共性与区别 [J]. 体育科学, 2013, 33 (12): 81-86.

[166] 黎涌明. 世界赛艇科学的德国流 [J]. 体育科学, 2013, 33 (6): 77-84.

[167] 黎涌明. 周期性耐力项目的训练量与强度 [J]. 体育科学, 2015 (2): 67-72.

[168] 黎涌明, 陈小平, 马格特·尼森, 等. 静水皮艇 500 米供能特征 [J]. 中国体育科技, 2013, 49 (2): 3-7.

[169] 黎涌明, 毛承. 竞技体育项目的专项供能比例——亟待纠正的错误 [J]. 体育科学, 2014, 34 (10): 93-96.

专题 5

力量训练的基础原则

——肌纤维募集定律理论

于洪军

摘要：

肌纤维的募集定律是力量训练中的基础理论。本章从该理论提出背景入手，在参考原始文献的基础上去理解和认识该理论，意在提供更好运用此理论来指导力量运动实践的方法。本文采用了 HistCite 文献计量学学术史的研究方法，对该理论对竞技体育学术史的发展影响情况进行了分析和讨论。文章最后提出，在力量训练的实践中，需要遵循大负荷原则、力竭性训练负荷原则，以募集更多肌纤维参与运动，更好地发展力量能力，同时并对募集理论指导下的传统力量和核心力量训练问题展开讨论，认为核心力量训练是一种协调稳定能力的训练，是传统抗阻力量训练的一种有益补充。刺激肌纤维的增长和募集，必须要通过抗阻力量来实现，传统抗阻力量训练对力量能力的提高发挥着不可替代的根本性作用。

第一节　肌纤维募集定律的起源与发展

当今，世界竞技力量训练理论发展已经进入一个活跃时期，各种新的力量训练理论、训练方法不断涌现，如单组力量负荷训练法、金字塔力量训练法、核心力量训练法、振动力量训练法等。在力量训练中，任何训练方法和手段都应该以力量训练过程中肌肉收缩的生物学基础为基石。正如陈小平指出[1]："运动生物学知识是训练理论的重要基础，它从自然科学的方面对训练理论形成支撑，是制定训练目标和任务、选择训练方法和手段，以及控制训练过程和检验训练效果的依据"。因此，我们要站在运动训练生物学基础的视角上，冷静地去分析和鉴别运动训练理论发展过程中的学术观点和争论，对训练基础理论形成和发展的过程有一个全面的认识、客观的把握，以甄别各种训练方法的科学性，更加科学地指导训练实践。

肌纤维募集定律（size principle），即肌肉在收缩过程中，运动单位对快肌纤维和慢肌纤维在募集过程中的先后顺序的规律，是人体运动，尤其是力量训练中刺激快肌纤维和慢肌纤维产生适应性变化的基础理论。我国的教练员和运动员在力量训练的过程中，往往注重于运动的形式，未深入地分析和理解力量训练的生理学基础，因此出现了诸如强调肌肉的肥大而忽视神经支配、不清楚力量的增长和消退的时间等问题[1, 2]。

一、肌纤维募集定律的提出背景和溯源

（一）肌纤维募集定律提出的背景

任何科学研究的发现，都是以前人研究为基础取得新的进步和发现的，肌纤维募集定律的提出也不例外。从运动单位被发现到该理论的提出大概经历了 40 年的时间。

1925 年，英国牛津大学生理学教授查尔斯・谢尔顿（Charles Sherrington）首次在研究中提出了运动单位的概念[50]，即一个脊髓 α-运动神经元或脑干运动神经元和受其支配的全部肌纤维所组成的肌肉收缩的最基本单位称为一个运动单位。埃杰顿（Edgerton）等人[39]对青蛙运动研究的实验中首次发现了不同运动强度下的动物下肢肌纤维募集差异问题。该研究报道，中等强度下青蛙跑步时神经主要募集慢肌纤维（I 型）参与运动，最大强度间歇运动（跳跃活动）中主要募集快肌纤维（IIb 型）参与运动。埃杰顿（Edgerton）等人对肌纤维募集的差异有所观察但当时并未对肌纤维的不同特点进行深入分析和研究。直到 1929 年，查尔斯・谢尔顿（Charles Sherrington）在牛津大学退休前的最后一批学生[62]，来自新西兰的丹尼・布朗（Denny-Brown）在对猫体的下肢生理肌肉实验中用照相机技术首次发现和区分了肌纤维中的红肌（慢肌）和白肌（快肌）的不同生理特点[36]。

在此基础上，1938 年发现红、白肌纤维的丹尼・布朗（Denny-Brown）和贝尼贝克（Pennybacker）在《横纹肌收缩和运动》（Fibrillation and fasciculation in voluntary muscle）一文中阐述了随着外力的不断增大肌纤维的收缩也按照一定的顺序不断增大，即小的慢肌纤维的运动单位首先动员，随后大的快肌纤维随后得到募集的现象。虽然，仅仅是提出了一个想法和发现了这种现象（与埃杰顿等人

1927年的发现的现象类似），并未在实验中进行量化，也未从生理机制上对该现象进行深入研究，但是他们的研究报道，极有可能为后来海勒曼（Henneman）发现和证实肌纤维的募集定律（size principle）提供了很大的启发。

1941年，高斯（Gasser）等人的研究报道[42]，神经突触的大小对应着神经冲动频率的高低，即不同大小的神经突触会在神经冲动和募集过程中存在着一定的顺序。这个发现为随后电刺激下观察不同负荷刺激中神经冲动的传导奠定了基础。1957年，海勒曼（Henneman）在科学杂志（Science）上报道了电刺激下的神经募集不断增加的现象[45]。其在研究中发现，在电刺激的作用下，随着刺激强度的增加同侧坐骨神经刺激信号以不断上升顺序被激活和募集，该现象以单个曲肌运动突触（single flexor motor axons）的形式在细胞外神经前单肌纤维（ventral root filament）上被记录下来。当电刺激停止后，突触兴奋冲动信号释放是以与募集相反的顺序恢复，即首先兴奋的神经突触，去募集化最晚而后兴奋的神经突触，去募集化最早，他认为这种不同大小神经突触兴奋具有一定顺序的现象会适用于所有神经系统。进入20世纪60年代，生理学领域中的一些关键生物学技术的发明为海勒曼（Henneman）通过技术手段定量研究肌纤维的募集情况提供了可能。1963年，金·艾格尔（King Engel）和他的同事们在国家健康研究所研发了有关肌肉组织的化学研究技术为定量研究不同快慢肌纤维特点提供了技术支持[40]。1965年，哈佛大学生理学教授海勒曼（Henneman）利用肌肉组织化学技术等手段，在对猫体的肌纤维募集特点的研究中提出了肌纤维的募集定律（表5-1）。

表5-1　肌纤维募集定律提出背景的相关研究历程

年份	研究者	论文题目	研究发现
1925	Liddell，EGT Sherrington，C S	Recruitment and some other features of reflex inhibition	首次提出了运动单位概念
1927	Eggleton，Philip Eggleton， Grace Palmer	The Inorganic Phosphate and a Labile Form of Organic Phosphate in the Gastrocnemius of the Frog	发现了青蛙在不同运动负荷下，肌纤维募集有差异的现象
1929	Denny-Brown，D	The histological features of striped muscle in relation to its functional activity	首次提出了肌纤维快肌纤维和慢肌纤维的概念
1938	Denny-Brown，D， Pennybacker，J B	Fibrillation and fasciculation in voluntary muscle	发现了肌纤维募集过程中的存在快肌纤维和慢肌纤维募集不同的现象

续表

年份	研究者	论文题目	研究发现
1941	Gassser，H S	The Classification of Nerve Fibers	发现神经突触的大小对应着神经冲动频率的高低
1957	Henneman，Elwood	Relation between size of neurons and their susceptibility to discharge	发现了神经刺激下随着电刺激强度不断增大，肌纤维募集增多的现象
1963	Engel，W King	Adenosine Triphosphatase of Sarcoplasmic Reticulum Triads and Sarcolemma identified histochemically	研发了有关肌肉组织化学技术，为定量研究不同快慢肌纤维特点提供了可能

（二）肌肉募集定律（Size-principle）的提出和核心内涵

海勒曼（Henneman），埃尔伍德（Elwood，1915—1996）美国哈佛大学医学院运动生理学教授（图 5-1）。他最初想成为一名外科医生，主要研究神经生理学。后受洛克菲勒研究所（Rock-efeller institute）David Lloyd 的影响，开始对肌肉的神经研究产生兴趣。1957 年，海勒曼（Henneman）开始对神经募集中的单一运动单位进行深入研究，同年即发现了肌纤维在神经刺激下，随着电刺激强度不断增大肌纤维募集逐渐增多的现象[45]。1965 年，他提出了肌纤维的募集定律[47]，该理论认为在肌肉收缩克服外部阻力的过程中肌纤维遵循着一定的顺序被募集。运动单位的募集遵循着从小到大的原则，即慢肌纤维首先被募集，然后快肌纤维逐步得到募集。

图 5-1 肌纤维募集定律的提出者海勒曼教授

1965 年，海勒曼（Henneman）和他的同事们在《神经生理学杂志》（Journal of Neurophysiology）上连续发表了 5 篇文献介绍神经元的特性、神经肌肉募集特点及神经肌肉募集过程中的规律，正式提出了肌纤维动员过程中“肌纤维募集定律”的概念。5 篇文章发表于同一年，发表时间仅相差几个月。第一篇文章中[51]，Henneman 等人首先注意到了红肌纤维收缩速度慢，白肌纤维收缩速度快的不同生理特性。他们在对猫体实验研究中发现，相同比目鱼肌和腓肠肌电刺激下的运动单位募集具有“小—大”募集顺序特点。另外，研究还发现，相对于比目鱼肌而言，腓肠肌在高强度的电刺激下更容易产生疲劳。在第二篇文章中，海勒曼（Henneman）等人在猫体的实验研究中发现了肌纤维的募集具有随着阻力增大，募集数量逐步增多的现象[48]。在第三篇文章中，海勒曼（Henneman）等人首次系统阐述了肌纤维的募集定律[47]。他们发现神经突触较小的运动单位首先得到动员和募集，而神经突触较大的运动单位则募集较晚。在该文献中，他们首先报道了在实验中切除大脑的猫体，其下肢肌纤维在神经的募集中，支配慢肌纤维轴突的神经运动单位首先得到动员和募集，随着外力的不断增大支配快肌纤维的神经运动单位逐步得到动员。作者在这篇文章的讨论部分首次正式提出了运动神经元的募集定律概念，本篇论文是该理论的集大成者，我们将在后文详细论述[47]。在第四篇文献中[46]他们提出了运动单位惯性（motor unit usage）的概念。他们发现大的运动神经元支配着白肌纤维，其线粒体和毛细化较少，而小的运动神经元支配着红肌纤维，其线粒体和毛细化较多。他们认为，慢肌纤维具有丰富的线粒体和较多的毛细化程度，其抗疲劳能力较强。因此，在运动单位的募集过程中小的运动单位对神经冲动更加敏感和活跃，更容易被首先得到募集。在第五篇文献中[48]，他们探讨了大的运动单位首先去募集化的问题。他们认为，大的运动单位对神经兴奋的敏感程度更高，可能兴奋释放后首先得到恢复，由此产生去募集化。在文献中，研究者还讨论了募集定律的意义和价值并认为募集定律是神经肌肉系统的独立运行定律，不受其他神经控制的干扰，一旦达到刺激阈值，小的运动单位马上就会得到动员和募集（表 5-2）。

表 5-2　1965 年肌纤维募集定律提出的 5 篇系列文献

年份	作者	论文题目	主要发现
1965	Mcphedran A M, Wuerker R[45] B, Henneman E	Properties of motor units in a homogeneous red muscle (soleus) of the cat	猫体比目鱼肌红肌纤维的募集特点

续表

年份	作者	论文题目	主要发现
1965	Wuerker R B, Mcphedran A M, Henneman[63] E	Properties of motor units in a hete rogeneous pale muscle (m. gastrocnemius) of the cat	猫体腓肠肌白肌纤维的募集特点
1965	Henneman E, Somjen G, Carpenter D O[47]	Functional significance of cell size in spinal motoneurons	首次提出 Size Principle 的概念
1965	Henneman E, Olson C B[46]	Relations between structure and function in the design of skeletal muscles	快肌纤维收缩后去极化较快
1965	Henneman E, Somjen G, Carpenter D O[48]	Excitability and inhibitibility of motoneurons of different sizes [J]. Journal of neurophysiology	慢肌纤维阈值较小，快肌纤维阈值较高

海勒曼（Henneman）等人在 1965 年发表的有关肌纤维募集定律的系列文章引起了美国国家健康研究所罗伯特·博克（Robert Burke）的极大关注。他使用肌糖原耗竭技术进一步对肌纤维募集过程中的肌纤维募集情况进行了证实和详述，并对不同类型的肌纤维的神经募集顺序给予了更加清晰的展示和证实。更进一步的是，他的实验研究首先发现了大的运动单位支配快肌纤维、小的神经单位支配慢肌纤维的现象[28, 29, 31]。在此后的 25 年时间里，海勒曼（Hennenman）用 18 篇相关的研究文章在《神经生理学杂志》上描述了肌纤维的募集定律（Size Principle）理论。对于募集定律的最早提出者方面，学术界有一些小的争议和讨论。虽然肌纤维的募集定律是 1965 年由海勒曼（Hennenman）在实验研究首次正式报道，但是早在 1938 年丹尼·布朗（Denney-Brown）等人的研究报道中，就提及了在肌束震颤和脊髓萎缩病人的肱二头肌肌纤维收缩过程中，肌纤维可能存在从小的运动单位到大的运动单位募集顺序现象[37]。另外，在其 1929 年的报道中也提及了在猫体实验过程中发现红肌（慢肌）纤维早于白肌（快肌）纤维被动员的现象，但在他的研究中并未提及这其中存在一个不同类型肌纤维募集顺序的原理[36]。但是鉴于 1938 年丹尼·布朗（Denney-Brown）等人的研究中并未在实验中进行定量化和生理实验机制上进行深入研究，而仅是提出了一个想法和阐明现象而已，所以学术界将募集理论的系统提出者归功于海勒曼（Hennenman）教授是恰当的[16]。海勒曼（Hennenman）在参考文献中未引用丹尼·布朗（Denney-Brown）的研究成果，也确有不妥之处。

海勒曼（Henneman）等人发表于 1965 年有关于肌纤维募集定律的 5 篇系列

文章在生理学领域产生了重要的影响。该系列文献不仅提出了诸多神经生理学的重要概念，也对这些概念进行了定量化和可视化的科学记录和研究阐述。这些经典研究对整个运动生理学领域产生了深远影响；截至 2019 年 7 月 23 日，以上 5 篇文献 SCI 他引达到 3473 次。

（三）肌纤维募集定律概念的起源

在以上的 5 篇文献中，1965 年海勒曼（Henneman）在《神经生理学杂志》（J. Neurophysiol）上以《脊髓运动神经元细胞的功能》（Functional Significance of Cell Size in Spinal Motoneurons）一文，首次系统阐述了肌肉的募集定律[47]。研读第 21 页的原文文献发现作者通过对平均重量为 3. 2 千克，35 个成年切除大脑的实验猫体的 165 对下肢肌纤维中不同类型运动单位（快肌和慢肌）的肌纤维募集实验进行研究发现，肌纤维的神经元在快肌纤维和慢肌纤维之间存在一定的募集模式，不同类型神经元支配下的肌纤维具有不同的募集阈值，即小的神经元募集阈值较低，先得到募集；大的神经元阈值较高，后得到募集。其中，实验猫体的 165 对肌纤维中，142. 5 对遵循小大原则，22. 5 对募集顺序则相反。基于实验结果，作者提出了肌纤维募集定律（Size Principle）。

该研究分为引言、实验方法、结果、讨论和结论 5 个部分进行报道。引言部分探讨了他在之前几篇文献中所述的不同类型肌纤维具有不同兴奋阈值的现象；即 1957 年作者在科学（Science）发表的《神经元的大小与信号释放敏感性的关系》（Relation Between Size of Neurons and Their Susceptibility to Discharge）一文中提到了不同神经元之间不同兴奋阈值问题[45]。以及 1965 年，作者与同事共同发表于《神经生理学杂志》（J. Neurophysiol）杂志的《猫的均质红（比目鱼肌）中的运动单位的特性》（Properties of motor units in a homogeneous red muscle（m. gastrocnemius）of the cat）[51][63]两篇文献中分别就受试猫体肌纤维中的红肌（慢肌）和白肌（快肌）不同募集顺序问题进行了说明。

探讨快、慢肌纤维的发现是该研究的基础。一个值得注意的事件是作者引用了高斯（Gasser）1941 年对于快肌纤维和慢肌纤维支配神经的直径不同的研究发现，即快肌纤维由直径较大的神经支配，慢肌纤维则由直径较小的神经支配。

在实验结果部分，作者首先对比了在收缩和放松阶段两个不同大小运动神经元在收缩和放松阶段的激活顺序。在收缩阶段，小的运动单位神经支配下的肌纤维首先被激活，大的运动单位肌纤维随后被募集；在放松阶段，大的神经元首先停止激活，得到放松，小的运动单位肌纤维最后得到放松（图 5-2）。

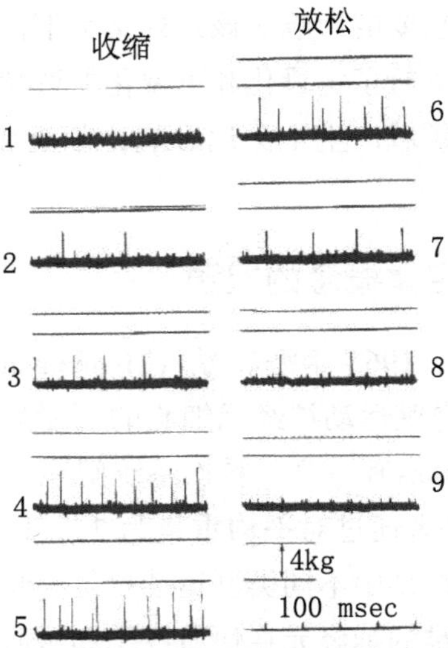

图 5-2　不同大小运动单位（2 对）神经支配下的肌纤维募集顺序[47]

随后，作者在文中又展示了 5 对（不同大小）运动单位神经支配下的肌纤维募集的顺序情况。研究结果发现，收缩时募集的顺序是由小到大（1，2，3，4，5）；放松时顺序是由大到小（5，4，3，2，1）。基于这个发现，作者提出了肌纤维神经募集定律，即肌纤维募集过程中存在着小—大现象，即小的运动单位首先得到募集而大的运动单位反之（图 5-3）。

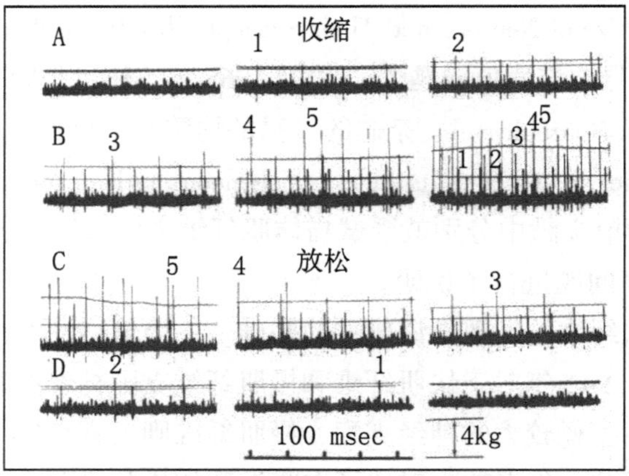

图 5-3　不同大小运动单位（5 对）神经支配下的肌纤维募集顺序[47]

在下文中，作者将平均体重在 3.2kg（1.8~5.0kg）、切除大脑的 35 只成年猫体为受试对象，对 165 对下肢不同类型的肌纤维进行了神经肌肉募集情况

（图 5-4、图 5-5）。实验结果表明，在 165 对不同型号肌纤维的募集过程中，142.5 对遵循着小—大原则，即小的神经元支配下的肌纤维首先得到募集，大的神经元支配下的肌纤维后得到募集，只有其中 22.5 对没有遵循这一小一大的募集原则。如图 5-4 所示，不同大小运动单位的肌纤维募集阈值不同，小的运动单位募集阈值较小，大的运动单位募集阈值较大。

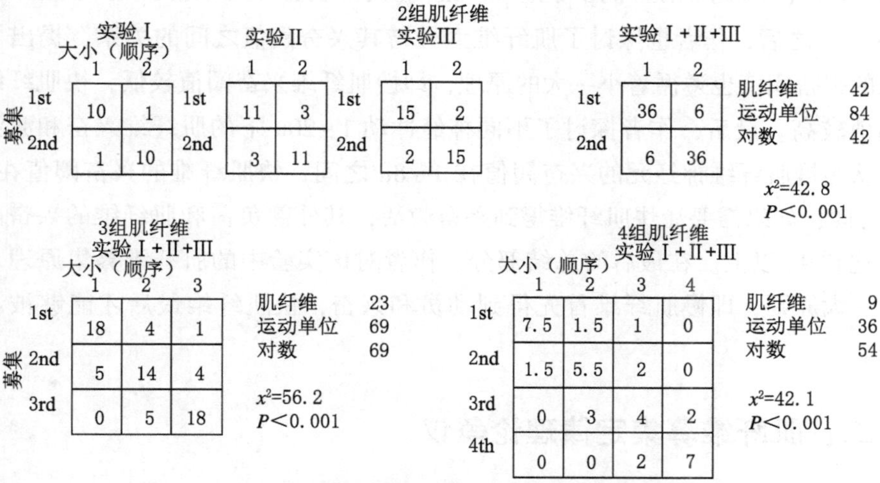

图 5-4　不同大小肌纤维的募集顺序之间的关系[47]

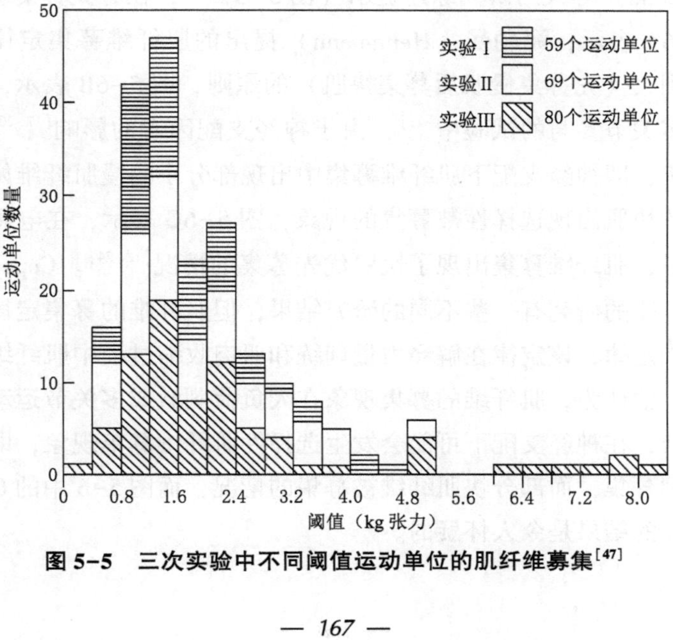

图 5-5　三次实验中不同阈值运动单位的肌纤维募集[47]

在讨论部分中，作者正式提出了肌纤维募集定律的概念：在肌肉收缩过程中，形态较小的运动单位肌纤维（慢肌）首先得到募集，形态大的运动单位支配下的肌纤维（快肌），最后才能够被募集。同时作者认为，这一定律可以应用到人体所有肌纤维的募集中（We may conclude that there is a general rule or principle applying specifically to motoneurons according to which the size of the cell determines its threshold. This size principle dictates the order of recruitment in the stretch reflex.）。之后，作者也探讨了肌纤维型号与其兴奋阈值之间的关系，提出了肌纤维的兴奋阈值也遵循着小—大的原理，即慢肌纤维兴奋阈值较低，快肌纤维兴奋阈值较高。最后，作者探讨了不同神经冲动 1～20u 下的肌纤维兴奋和激活问题，认为慢肌纤维神经元的兴奋阈值在 1～8u 之间，快肌纤维的兴奋阈值在 9～20u 之间；如果需要让快肌纤维得到兴奋激活，其外部负荷和肌纤维的兴奋阈值需要达到 9u 以上。在最后的总结部分，作者对该实验中的肌纤维募集原理总结为小—大原则，即慢肌纤维首先得到动员和兴奋，快肌纤维最后才能够被动员起来。

二、肌纤维募集定律理论争议

目前对募集理论的募集情况存在以下三种学术争议，描述如下。

库普（Cope）等人的研究综述显示（图 5-6）[34]，在有关募集理论的研究报道中，图 5-6A 表示，海勒曼（Hennmenn）提出的肌纤维募集定律，即募集顺序遵循从小到大（先募集慢肌后募集快肌）的原则；图 5-6B 表示，有研究报道指出在人体多关节参与的试验中[11]，由于神经支配因素的影响[17, 20]，肌纤维发生选择性募集，即神经支配下肌纤维募集中出现部分小的慢肌纤维始终没有得到募集，而大的快肌出现选择性被募集的现象；图 5-6C 表示，在电刺激下的人体和动物试验中，肌纤维募集出现了快肌优先募集的情况[12, 24]。Cope 认为[34]，虽有关于募集定律的研究有一些不同的研究结果，但肌纤维的募集定律是肌肉收缩过程中的基础定律，该定律在解释力量训练和肌肉收缩过程中肌纤维募集原理仍然普遍适用，他认为，肌纤维的募集现象在大负荷刺激或多关节运动中，由于神经因素的参与，在神经支配下可能会发生选择性肌纤维募集现象，即部分慢肌纤维始终得不到募集，而部分快肌纤维被募集的情况，而图 5-6 中的 C 中与肌纤维募集理论相反的结果是令人怀疑的。

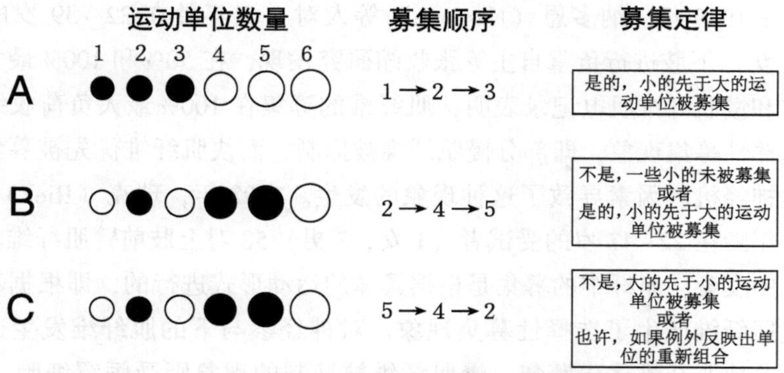

图 5-6 不同肌肉收缩速度下的肌纤维募集情况[34]

基于以上的研究我们认为，海勒曼（Hennmenn）提出的“小—大”原则在解释神经未参与的肌纤维递增负荷下肌纤维募集的解释仍然被认可，但在神经参与支配和高强度特殊运动情况下的肌纤维募集，该理论受到最新一些研究的挑战，认为该经典理论并不能完全解释所有募集现象，即存在图 5-6B 表示的快肌纤维选择性优先募集的情况。库普（Cope）等人的研究组在切除大脑没有神经参与的猫体肌纤维募集实验中得到的结论均支持海勒曼（Hennmenn）提出的经典研究。1991 年，库普（Cope）等人[14]通过对 12 只切除大脑的成年猫体电刺激下的植入微电极记（microelectrode recording）发现，在几种电刺激的实验中肌纤维的募集均符合“小—大”的募集原则。1993 年，克拉克（Clark）和库普（Cope）等人[13]继续对切除大脑的猫体的肌纤维募集情况进行实验研究，对比 32 对慢肌和快肌的募集后发现 90% 的肌纤维募集情况符合海勒曼（Hennman）的“小—大”原则。1996 年，库普（Cope）实验室对切除大脑猫体的下肢 20 对快、慢肌纤维的募集记录中 29 对不同运动单位支配的肌纤维都遵循“小—大”原则[23]。

1997 年，库普（Cope）等人[15]通过对切除大脑的 8 只猫体 36 对神经支配影响下的肌纤维募集情况进行实验，他们重点探究了 α 运动神经元或固定的神经突触链接影响下的肌纤维募集。研究发现肌纤维在神经参与下存在选择性募集现象，即部分快肌纤维优先得到募集，部分慢肌纤维被神经抑制。在以人为受试者的实验中，有关于肌纤维的募集存在神经参与下发生了快肌纤维优先募集的选择性募集现象。1987 年，托马斯（Thomas）等人[24]对两名人体受试者拇指做等长收缩和重复性动态收缩的 48 对快肌和慢肌纤维对比实验发现，其中大部分肌纤维的募集顺序符合“小—大”原则，但有 4 对肌纤维的募集顺序发生了“大—

小”现象。1989年，纳多恩（Nardone）等人对5名年龄在22~39岁的受试者（1男，4女）下肢进行负重自主等张收缩研究发现，在50%和100%最大负重的快肌纤维和慢肌纤维肌电记录表明，肌纤维的募集在100%最大负荷收缩中出现肌纤维选择性募集现象，即部分慢肌纤维被抑制，而快肌纤维优先被募集，研究者认为是神经机制因素导致了这种现象的发生。1992年，瑞克（Riek）等人[22]在对4名年龄在22~47岁的受试者（1女，3男）58对上肢前臂肌纤维募集对比实验研究中发现，肌纤维的募集是根据具体的运动形式进行的，即根据不同的运动动作，肌纤维产生了选择性募集现象。对神经参与下的肌纤维发生选择性募集，即部分快肌纤维优先募集，慢肌纤维被抑制的现象则受闰绍细胞（renshaw cells）的作用机制影响。闰绍细胞是脊髓前角内的一种神经元[21]，它受前角运动神经元轴突侧支的支配，它的活动转而反馈抑制前角运动神经元的活动，会干预α或β神经元的传递，在运动过程中该神经元扮演着重要的角色。该神经元对慢肌纤维运动单位有着更大的抑制，在大强度的运动中该运动单位的抑制会导致慢肌纤维运动单位产生抑制，发生快肌纤维优先募集的情况。尤其是在高强度的运动模式下，这种抑制会导致选择性募集的情况发生[18][25]。

以上一些研究报道和解释阐述了经典的募集理论“小—大”原则对所有运动情况下的肌纤维募集存在的不同观点。首先，海勒曼（Henmman）当时的研究是在切除大脑的猫体中得出的研究结果，未能对神经参与下的活体肌纤维募集进行实验。霍德森（Hodson-Tole）等人在利用最近发明的活体激活（Vivo-activation）检测技术为客观研究正常运动下肌纤维募集情况提供了可能，他们利用该项研究技术对活体成年大鼠的肌纤维募集进行了研究，研究发现在某些具体的运动模式下肌纤维的募集会发生不同于经典的“小—大”原则募集变化[19]。其次，在动物和人体的运动中肌纤维的募集是以“任务组”（task group）[18]的形式参与募集而不是单组肌纤维的募集，这就会导致特殊运动形式可能会影响肌纤维的募集，如跳跃运动或人体在突发情况下的神经动员过程中可能会优先募集快肌纤维参与运动，因为快肌纤维具有力量大、易疲劳的特点，这种动员形式也是符合人体运动“节省化”的机制。最后，人体的视觉反馈、脊梭和腱梭和其他本体感受器在外部刺激的作用下可能会影响肌纤维的“小—大”募集原则，抑制慢肌纤维，优先募集快肌纤维参与运动。

第二节　肌纤维募集定律的影响和发展

在肌纤维募集定律理论的理论发展脉络和理论影响上，本节以海勒曼（Hennman）等人 1965 年正式提出该理论的《脊髓运动神经元细胞的功能》（Functional Significance of Cell Size in Spinal Motoneurons）一文为基础，对该理论在学术史中的影响和发展脉络进行文献分析[47]。在文献分析中，本文采用了 HistCite 和 Web of Knowledge 的文献计量学分析方法，文献分析的数据来源 SCI 数据库；数据库文献截止到 2019 年 7 月 23 日，该文在数据库中已被他引 1483 次。本文在数据库中下载了引用该文献的 1483 篇文献的标题、作者、摘要、参考文献等全部信息，以进行原始数据分析。

基于 SCI 数据库中引用该文的 1483 篇文献分析可以看出，海勒曼（Hennman）自 1965 年提出肌肉的募集定律以来，该理论就逐步得到学界的重视。从 1965 年提出至今，肌纤维募集定律理论一直得到学术界的引用和关注（图 5-7）。

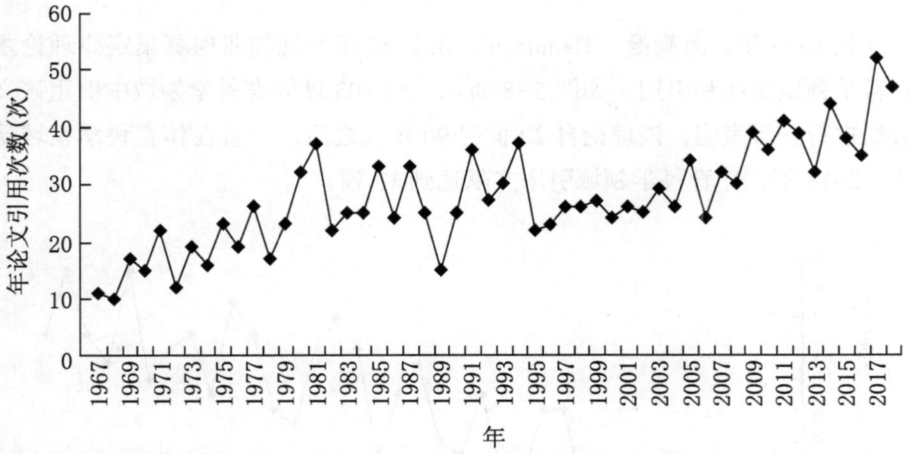

图 5-7　肌纤维募集定律理论论文他引变化趋势（数据来源：基于 web of science 数据库数据）

在通过对他引文献的前 10 个研究领域的分析中可以看出，该理论的影响范围主要在神经科学、生理学和体育科学 3 个领域。其中，体育科学领域中引用该理论的文献数为 303 篇，占全部他引文献的 20.43%，位于该理论影响领域的第三位（表 5-3）。

表 5-3　肌纤维募集定律影响领域分布

研究领域	中文翻译	篇数	百分比
Neurosciences Neurology	神经科学	741	49.96%
Physiology	生理学	550	37.08%
Sport Sciences	体育科学	303	20.43%
Engineering	工程学	117	7.89%
Rehabilitation	康复学	89	6.00%
Zoology	动物学	55	3.71%
Life Sciences Biomedicine Other Topics	生命科学和生物医学	42	2.83%
Computer Science	计算机科学	41	2.76%
Science Technology Other Topics	科学技术和其他	34	2.29%
Respiratory System	呼吸系统科学	27	1.82%

注：基于 SCI-E 数据分析，相同一篇文献可能被分到两种以上的学科中，故总篇数大于 1483 篇，比例计算基于 1483 篇引文。

直到 1976 年，海勒曼（Hennman）在 1965 年发现的肌肉募集定律理论才被体育科学领域关注和引用。如图 5-8 所示，对 303 篇体育科学领域中引用该文献的数据进行分析表明，该理论自 20 世纪 90 年代之后，一直在体育科学领域受到关注。2018 年，体育科学领域引用文献达到 13 篇。

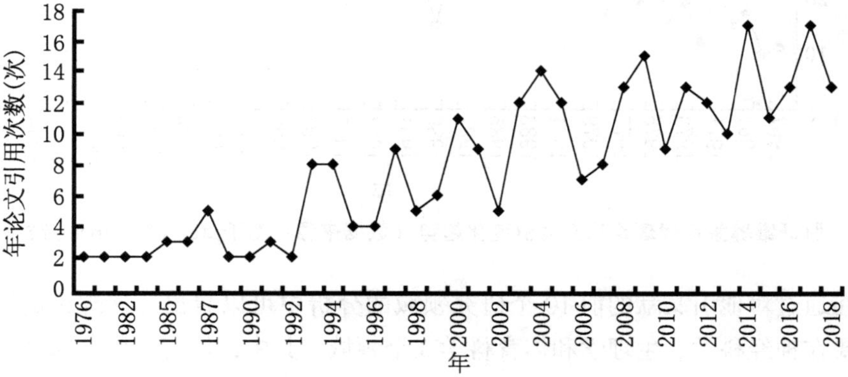

图 5-8　肌纤维募集定律理论在体育科学领域他引变化趋势

（数据来源：基于 web of science 数据库数据）

第三节 肌纤维募集定律对力量训练实践的影响和作用

美国军官托马斯·德罗姆（Thomas Delorme）博士，是首位将力量训练带入到科学研究的轨道上来的学者[35]。1945 年，他在“二战”期间负责伤病士兵的恢复训练，对伤员进行了不超过 10 次（7~10 次/天）的最大负荷力量训练刺激后发现，伤员的受训练肌肉的力量迅速提高，之后力量训练成了一个全新的研究领域，越来越多的基础科学尤其是生理学基础理论逐步被应用到力量训练中。1962 年，博格斯特龙（Bergstrom）发明了肌肉活检技术，为定量研究人体肌纤维收缩前、中和后期肌纤维的募集变化提供了可能[27]。随着该技术的发明和应用，科学家对于人体运动过程中神经肌纤维募集顺序原理的发现和研究逐步深入。斯泰因（Stein）等人（1973）首次在人体等长收缩的实验中证实了肌纤维的募集定律[52]；1974 年，来自瑞典的本特·萨尔丁（Bengt Saltin）和菲利普·格尔尼克（Philip Gollnick）等人报道了人体不同强度下肌纤维募集的研究结果，在他们的研究报道中，在此最大运动强度下，慢肌纤维（Ⅰ型）主要得到募集，在超最大运动强度（即超过最大摄氧量的强度）下，快肌纤维（Ⅱ型）逐步得到募集[43, 44]；1981 年，布瑞克（Burke）[30]提出了基于肌纤维的神经和肌纤维组织化学特性，包括肌纤维收缩时间和疲劳特性，提出了另一种 4 种肌纤维类型的分类方法。在这样的分类方法下，他认为，海勒曼（Hennenman）提出的慢肌纤维首先被募集的肌纤维募集定律仍然适用。克里默（Kreamer）等人在美国运动医学 2002 年和 2009 年有关力量训练的立场（position stand）综述报道中，都将肌纤维的募集定律视为力量训练的重要生理基础理论[49, 55]。以上研究成果为肌纤维的募集定律成为指导力量训练的重要基础理论提供了条件；基于募集定律，在力量训练实践中，需要遵循以下训练原则。

一、大负荷原则

肌纤维的募集定律对力量训练实践具有极其重要的意义。根据该理论，我们可以推断出力量训练负荷（强度）在由低到高的增长过程中对不同运动单位的影响和作用。低负荷和慢速度的训练只能动员慢肌运动单位（I 型），而快肌单位（II 型）的动员则需要通过高强度的负荷刺激，如欲让所有运动单位都得到募集和训练就必须运用大负荷、高强度的训练方法[53]。有研究表明，在力量训练中小的负荷（≤40%最大力量）只能够动员慢收缩氧化肌纤维（ST）参与运动，随着负荷的增加快收缩氧化—糖酵解肌纤维（FTO）和快收缩糖酵解肌纤维（FTG）也开始被动员起来，直到约95%的运动单位都被募集[3]。根据力量的分类，力量素质分为最大力量、快速力量、力量耐力和反应力量[4]，其中，力量的负荷强度是进行不同类型力量素质训练和决定力量训练效果的关键指标。根据不同的训练目标，应进行合理的力量训练安排以保证具体训练目标的实现。如爆发力训练目标、最大力量训练目标和肌肉耐力的训练目标是不同的，疲劳的肌纤维在爆发力和最大力量的训练中是无效的训练刺激。安德森（Anderson）的研究报道认为[26]，在高重复性力量（大于125次的重复）和耐力训练中，除非慢肌纤维中的肌糖原等能量耗竭快肌纤维不会被募集，其力量的提高幅度较小。低负荷和高重复次数的力量训练（低于20%RM）的力量训练对快肌纤维的刺激很小，力量提高也非常有限。许恩基（Schuenke）等人研究报道[32, 61]，25~30RM的低负荷力量训练不会刺激快肌（Ⅱ型）肌纤维的发展和肌纤维的肥大适应。只有8~11RM、3~5RM或者超过90%1RM的力量训练才能使肥大性肌纤维神经冲动得以产生，达到神经冲动的最低阈值，募集快肌纤维的参与，而超过20RM的力量训练是不能达到这种训练刺激的效果。

舍费尔德（Schoenfeld）在最新的研究综述提到[59]：“一般而言，60%RM以上的训练负荷刺激强度能够促进肌纤维肥大适应性变化，30%RM的训练负荷重量是保证快肌纤维募集的最低负荷强度”。陈小平等人研究认为[5]：“基于肌纤维募集定律，在力量训练中需要充分重视“神经”支配能力的训练，训练负荷是训练方法的一个重要组成部分，在训练方式确定之后采用什么样的练习量（次数和组数等）和练习强度（重量、速度和间歇时间等），对所训练肌肉力量的发展方向将产生决定性的作用”。在力量训练中，如果分别考虑神经与肌肉系统对力量的功能和作用，根据专项和运动员个体情况有针对性地改善力量水平，则必须对传统的力量训练负荷原则做进一步细化。从负荷重量的角度，以最大力量的90%为界，将发展最大力量的负重（75%~100%1RM）进一步划分为两个不同的功能区域：优先发展运动神经募集能力的最大负荷（90%~100%1RM）和优先发展肌肉横断面积的次最大负荷（75%~90%）。只有负荷强度达到一定的阈值，即90%1RM负荷刺激，才能够动员快肌纤维参与运动，以提高运动员的最大力量。另外，大负荷的快速力量训练能够更好地募集快肌纤维参与运动。

二、力竭性训练负荷刺激原则

肌纤维在募集过程中，负荷阻力的时间是决定肌纤维募集多少的一个重要因素。随着人体克服外部阻力不断增大需要募集越来越多的肌纤维参与运动，每一个运动单元都支配着不同数量和不同类型的肌纤维，其募集原理均遵循着慢肌纤维首先得到募集的原则。威尔克森（Willardson）认为[33]，在力量训练中，瞬时肌肉疲劳刺激能够更好地募集高阈值的快肌纤维运动单元参与，对力量的增加和肌纤维肥大适应效果最佳。罗德尼（Rodney）等人[57]认为，单组大负荷肌纤维疲劳性动态性（力竭性）力量训练刺激的训练效果要高于多组次最大负荷刺激的训练效果，其两组之间的力量增长分别是41.2%和19.7%。顿克沃特（Drinkwater）等人认为[38]，力竭性力量训练比非力竭性力量训练效果更好，其中，两组力量分别提高9.5%和5%。在这些力量训练中，包括了单组6次最大重复的力量训练刺激[57]、4组，每组6次最大重复的训练刺激[38]和4组、每组30秒静力性训练刺激；其中，每组练习的次数是力量训练中的重要因素，在肌纤维的募集定律中只有每组练习的次数达到力竭才能募集更多的肌纤维参与训练和进一步提高[56]。

以上的研究均表明力竭性训练刺激的训练效果高于非力竭性训练刺激的训练效果。另外，为了达到力竭性力量训练刺激原则，肌肉需要在力量训练中进行多次数和多组数刺激。根据肌肉的募集定律，快肌纤维的动员除需要足够的负荷刺激之外，还需要足够的时间和足够的组数才能得到募集和动员。陈小平认为[3]，当参与运动的运动单位被动员起来之后还需要进一步提高已经被动员起来的运动单位的兴奋性。Sale等人认为[58, 64]，肌肉收缩速度的改变首先取决于运动单位的募集数量，当肌肉以20%的最大力量收缩时可以动员约40%参与运动肌肉的运动单位，当肌肉力量达到最大力量的50%时大约所有应该参与运动的运动单位都已经被动员起来。此后，肌肉收缩力量的进一步提高主要通过提高运动单位的兴奋冲动频率，而不能或很少通过运动单位的募集。不同的训练组合能够促进肌纤维的募集定律参与工作。采用上肢—下肢或者下肢—上肢力量练习的顺序能够使更多的肌纤维得到募集和训练刺激。如在爆发力的竖直跳训练之前，先进行5RM的半蹲训练，这样训练的效果最佳。

基于以上的神经肌肉募集的特性，在力量训练中如果需要让快肌纤维得到充分的募集，需要进行多次数和多组数的刺激负荷训练。在具体的训练方法上，力量训练中的单组重复力竭训练方法就是利用了神经肌肉募集这一原理而设计的训练方法。

三、抗阻力量和核心力量的关系

核心力量的出现带来了对传统抗阻力量的冲击和质疑，传统抗阻力量和核心力量之间的关系问题是目前运动训练中一个具有争议的话题。

核心力量的概念来源于康复训练，由潘佳必（Panjabi）于 1985 年首次提出[54]。“核心力量是指人体核心部位（腰椎—骨盆—髋关节）的肌肉，以稳定人体核心部位、控制重心运动、传递上下肢力量为主要目的产生的力量能力，它主要受神经支配能力、核心部位肌肉的支撑力量能力和呼吸与运动之间的配合 3 方面因素的影响[9]”。核心力量的英文概念是“core stability”，即核心稳定性，准确来讲是属于一种稳定性能力[8]，这种稳定性能力是腰腹小肌群之间传递力量的一种“协调、稳定和传递力”的一种能力，不属于传统的抗阻力量能力，也不是人体力量增长的全部，它是大肌群肌肉力量发力和力量协调传递的保障和补充。因此，核心力量和传统抗阻力量二者之间不存在矛盾关系。

有国内学者对核心力量的肌纤维募集情况进行了实证研究。黎涌明等人[7]通过对 13 名男性大学生运动员在非稳定支撑面上自由负重练习的肌电分析研究表明，在 30%RM、60%RM 负重下非稳定的肌分肌电并不显著，该研究认为非稳定性训练不能代替负重抗阻训练对发展肌肉横断面、最大力量和爆发力的作用。刘瑞东等人[10]通过对 14 名足球项目大学生运动员在稳定与多级非稳定徒手和 30%RM 负重深蹲测试研究结果发现，无论在稳定和非稳定的状态下“徒手”训练基本不会造成参与活动肌肉力量的变化，而负重可以显著改变肌纤维的募集，提高肌肉力量能力；该研究也认为核心稳定力量不能代替传统力量抗阻训练。洪扬等人[6]对 19 名无训练经历的大学生徒手和 30%RM 稳定和非稳定之间的研究结果表明，大部分肌肉在 30%RM 负重情况下稳定和不同级别非稳定状态中肌电之间没有显著性差异，本研究同样认为非稳定条件不是造成肌肉力量和用力模式改变的原因，负重是提高参与工作肌肉活性的重要因素。

在力量训练中，负荷强度是提高力量能力的最主要因素。有研究报道，60% RM 以上的训练负荷刺激强度能够促进肌纤维肥大适应性变化，30%RM 的训练负荷重量是保证快肌纤维募集的最低负荷强度[60]。根据肌纤维的募集定律，负荷是导致大的快肌纤维逐步得到募集的主要因素。根据以上几个研究报道可以看出，非稳定性的不平衡并不能提高肌纤维的募集，在其他条件一致的情况下，负重抗阻训练的肌纤维募集效果要优于徒手非稳定性训练。从训练的效果来看，核心力量训练的主要作用是通过非稳定性条件的刺激动员深层小肌肉（群）的募集和协调，弥补传统抗阻力量训练中对小肌肉（群）的“短板”效应，提高肌肉链的衔接和传递，以促使力量能力最大程度地发挥。根据肌纤维的募集定律，抗阻力量训练是提高肌纤维募集的主要因素，而非稳定的核心力量训练不能动员大肌群的快肌纤维得到募集，长期进行核心力量训练而不进行抗阻力量训练会导致大肌群力量下降。综上所述，核心力量训练是一种协调稳定能力的训练，是传统抗阻力量训练的一种有益补充，刺激肌纤维的增长和募集，必须要通过抗阻力量来实现，传统抗阻力量训练对力量能力的提高发挥着不可替代的根本性作用。

第四节　未来发展展望

肌纤维的募集定律原则，目前在学术界也面临着一些质疑[65]。韦克林（Wakeling）等人在研究中指出[66]，肌纤维的募集原则会根据人体的不同运动模式和任务需要发生选择性募集的现象，这种不遵循募集定律原则的现象主要是发生在特殊运动形式下的快肌纤维募集内部[67,68]。最新的研究认为[65,69]，违反募集定律原则的现象主要是在疲劳、疼痛等特殊状况下发生的，而肌纤维的“小—大”募集基本原则没有被否定。最新力量训练的研究报道认为[70]，不同的肌群[71]、不同刺激下的募集模式[72]、不同项目[73]的力量训练其训练效果仍然遵循肌纤维的募集定律。

重塑运动训练学的生物学基础，深入研究和理解运动训练的经典理论是体育科学研究学者的责任和使命。对于各种层出不穷的训练方法和训练手段，唯有从基础理论上去理解和甄别，从经典理论的源头出发去把握，才是训练学学术研究的基础路径。肌纤维的募集定律的提出至今，已经经历了半个多世纪，该理论在未来仍旧是指导力量训练实践的基石理论。本章从该理论提出的背景、原始文献的视角出发，对该理论进行了梳理，在认识和理解该理论的基础上，对力量训练中需要遵循大负荷和力竭性的力量训练原则从该理论的基础上进行了阐释，并对传统抗阻和核心力量关系问题进行探讨，认为基于肌纤维的募集定律，核心力量不能代替传统抗阻力量训练。

参考文献

［1］陈小平．重塑我国训练理论的运动生物学基础［J］．体育科学，2010（11）：17-23.

［2］陈小平．生物学和教育学理论基础的建设——我国运动训练理论亟待解决的问题［J］．体育科研，2011（4）：19-20.

［3］陈小平．当代运动训练热点问题研究［M］．北京：北京体育大学出版社，2005.

［4］陈小平．力量训练的发展动向与趋势［J］．体育科学，2004（9）：36-40.

［5］陈小平．“神经支配能力”的训练——我国力量训练一个亟待解决的问题［J］．中国体育教练员，2004（4）：25-26.

［6］洪扬，刘瑞东，陈小平．基于肌电均方根和包络线的稳定与多级非稳定条件下徒手与负重深蹲的肌电特征研究［J］．体育科学，2016（3）.

［7］黎涌明，曹春梅，陈小平．非稳定支撑面上自由负重练习的肌电分析［J］．体育科学，2012（6）：39-43.

［8］黎涌明，徐权，陈小平．“核心力量”和力量训练刍议［J］．中国体育教练员，2011（4）：38-41.

［9］黎涌明，于洪军，资薇，等．论核心力量及其在竞技体育中的训练——起源·问题·发展［J］．体育科学，2008（4）：19-29.

［10］刘瑞东，洪扬，陈小平．稳定与多级非稳定条件下徒手与负重深蹲的肌电特征研究及其对当前力量训练的启示［J］．体育科学，2015（8）：45-51.

［11］Butler T J，Kilbreath S L，Gorman R B，et al. Selective Recruitment of Single Motor Units in Human Flexor Digitorum Superficialis Muscle During Flexion of Individual Fingers［J］. The Journal of physiology，2005，567（1）：301-309.

［12］Calancie B，Bawa P. Motor Unit Recruitment in Humans［J］. The segmental motor system，1990：75-95.

［13］Clark B D，Dacko S M，Cope T C. Cutaneous Stimulation Fails to Alter Motor Unit Recruitment in the Decerebrate Cat［J］. J Neurophysiol，1993，70（4）：1433-1439.

［14］Cope T C，Clark B D. Motor-Unit Recruitment in the Decerebrate Cat：Several Unit Properties are Equally Good Predictors of Order［J］. J Neurophysiol，1991，66（4）：1127-1138.

［15］Cope T C，Sokoloff A J，Dacko S M，et al. Stability of Motor-Unit Force Thresholds in the Decerebrate Cat［J］. J Neurophysiol，1997，78（6）：3077-3082.

［16］Fuglevand A J. Henneman's Size Principle：The Right Name［J］. Science，1998，281（5379）：919.

［17］Garnett R，Stephens J A. Changes in the Recruitment Threshold of Motor Units Produced by Cutaneous Stimulation in Man［J］. The Journal of physiology，1981，311（1）：463-473.

[18] Hodson-Tole E F, Wakeling J M. Motor Unit Recruitment for Dynamic Tasks: Current Understanding and Future Directions [J]. Journal of Comparative Physiology B, 2009, 179 (1): 57-66.

[19] Hodson-Tole E F, Wakeling J M. Motor Unit Recruitment Patterns 1: Responses to Changes in Locomotor Velocity and Incline [J]. J Exp Biol, 2008, 211 (12): 1882-1892.

[20] Nardone A, Romanò C, Schieppati M. Selective Recruitment of High-Threshold Human Motor Units During Voluntary Isotonic Lengthening of Active Muscles [J]. The Journal of Physiology, 1989, 409 (1): 451-471.

[21] Renshaw B. Influence of Discharge of Motoneurons upon Excitation of Neighboring Motoneurons [J]. J Neurophysiol, 1941, 4 (2): 167-183.

[22] Riek S, Bawa P. Recruitment of Motor Units in Human Forearm Extensors [J]. J Neurophysiol, 1992, 68 (1): 100-108.

[23] Sokoloff A J, Cope T C. Recruitment of Triceps Surae Motor Units in the Decerebrate Cat. Ii. Heterogeneity Among Soleus Motor Units [J]. J Neurophysiol, 1996, 75 (5): 2005-2016.

[24] Thomas C K, Ross B H, Calancie B. Human Motor-Unit Recruitment During Isometric Contractions and Repeated Dynamic Movements [J]. J Neurophysiol, 1987, 57 (1): 311-324.

[25] Wakeling J M, Blake O M, Wong I, et al. Movement Mechanics as a Determinate of Muscle Structure, Recruitment and Coordination [J]. Philosophical Transactions of the Royal Society of London B: Biological Sciences, 2011, 366 (1570): 1554-1564.

[26] B-Anderson T, Kearney J T. Effects of Three Resistance Training Programs On Muscular Strength and Absolute and Relative Endurance [J]. Res Q Exercise Sport, 1982, 53 (1): 1-7.

[27] Bergstrom J. Muscle Electrolytes in Man-Determined by Neutron Activation Analysis On Needle Biopsy Specimens-Study On Normal Subjects, Kidney Patients, and Patients with Chronic Diarrhoea [J]. Scand J Clin Lab Inv, 1962, 1468: 1.

[28] Burke R E. Motor Unit Types of Cat Triceps Surae Muscle [J]. The Journal of Physiology, 1967, 193 (1): 141-160.

[29] Burke R E. Group Ia Synaptic Input to Fast and Slow Twitch Motor Units of Cat Triceps Surae [J]. The Journal of Physiology, 1968, 196 (3): 605-630.

[30] Burke R E. Motor Units: Anatomy, Physiology, and Functional Organization [J]. Handbook of Physiology, Sec 1, 1981 (1): 345-422.

[31] Burke R E, Levine D N, Zajac F, et al. Mammalian Motor Units: Physiological-Histochemical Correlation in Three Types in Cat Gastrocnemius [J]. Science, 1971, 174 (4010): 709-712.

[32] Campos G E, Luecke T J, Wendeln H K, et al. Muscular Adaptations in Response to Three Different Resistance-Training Regimens: Specificity of Repetition Maximum Training Zones [J]. Eur J Appl Physiol, 2002, 88 (1-2): 50-60.

[33] Carpinelli R N. Challenging the American College of Sports Medicine 2009 Position Stand On Resistance Training [J]. Med Sport, 2009, 13 (2): 131-137.

[34] Cope T C, Pinter M J. The Size Principle: Still Working After All these Years [J]. News in Physiological Sciences, 1995, 10: 280-286.

[35] Delorme T L. Restoration of Muscle Power by Heavy-Resistance Exercises [J]. J Bone Joint Surg Am, 1945, 27 (4): 645-667.

[36] Denny-Brown D E. The Histological Features of Striped Muscle in Relation to its Functional Activity [J]. Proceedings of the Royal Society of London. Series B, Containing Papers of a Biological Character, 1929, 104 (731): 371-411.

[37] Denny-Brown D, Pennybacker J B. Fibrillation and Fasciculation in Voluntary Muscle [J]. Brain, 1938, 61 (3): 311-312.

[38] Drinkwater E J, Lawton T W, Lindsell R P, et al. Training Leading to Repetition Failure Enhances Bench Press Strength Gains in Elite Junior Athletes [J]. The Journal of Strength & Conditioning Research, 2005, 19 (2): 382-388.

[39] Eggleton P, Eggleton G P. The Inorganic Phosphate and a Labile Form of Organic Phosphate in the Gastrocnemius of the Frog [J]. Biochem J, 1927, 21 (1): 190-195.

[40] Engel W K. Adenosine Triphosphatase of Sarcoplasmic Reticulum Triads and Sarcolemma Identified Histochemically [J]. Nature, 1963, 200: 588-589.

[41] Fuglevand A J. Henneman's Size Principle: The Right Name [J]. Science, 1998, 281 (5379): 919.

[42] Gasser H S. The Classification of Nerve Fibers [J]. 1941, 41: 145-159.

[43] Gollnick P D, Armstrong R B, Sembrowich W L, et al. Glycogen Depletion Pattern in Human Skeletal Muscle Fibers After Heavy Exercise [J]. J Appl Physiol, 1973, 34 (5): 615-618.

[44] Gollnick P D, Piehl K, Saltin B. Selective Glycogen Depletion Pattern in Human Muscle Fibres After Exercise of Varying Intensity and at Varying Pedalling Rates [J]. The Journal of Physiology, 1974, 241 (1): 45-57.

[45] Henneman E. Relation Between Size of Neurons and their Susceptibility to Discharge [J]. Science, 1957, 126 (3287): 1345-1347.

[46] Henneman E, Olson C B. Relations Between Structure and Function in the Design of Skeletal Muscles [J]. J Neurophysiol, 1965, 28 (3): 581-598.

[47] Henneman E, Somjen G, Carpenter D O. Functional Significance of Cell Size in Spinal Motoneurons [J]. J Neurophysiol, 1965, 28 (3): 560-580.

[48] Henneman E, Somjen G, Carpenter D O. Excitability and Inhibitibility of Motoneurons of Different Sizes [J]. J Neurophysiol, 1965, 28 (3): 599-620.

[49] Kraemer W J, Adams K, Cafarelli E, et al. Joint Position Statement: Progression Models in Re-

sistance Training for Healthy Adults [J]. Med Sci Sport Exer, 2002, 34 (2): 364-380.
[50] Liddell E, Sherrington C S. Recruitment and some Other Features of Reflex Inhibition [J]. Proceedings of the royal society of london series B-Containing papers of a biological character, 1925, 97 (686): 488-518.
[51] Mcphedran A M, Wuerker R B, Henneman E. Properties of Motor Units in a Homogeneous Red Muscle (Soleus) of the Cat [J]. J Neurophysiol, 1965, 28 (1): 71-84.
[52] Milnerbr H S, Stein R B, Yemm R. Orderly Recruitment of Human Motor Units During Voluntary Isometric Contractions [J]. J Physiol-London, 1973, 230 (2): 359-370.
[53] Peterson M D, Rhea M R, Alvar B A. Maximizing Strength Development in Athletes: A Meta-Analysis to Determine the Dose - Response Relationship [J]. The Journal of Strength & Conditioning Research, 2004, 18 (2): 377-382.
[54] Pope M H, Panjabi M. Biomechanical Definitions of Spinal Instability [J]. Spine (Phila Pa 1976), 1985, 10 (3): 255-256.
[55] Ratamess N A, Alvar B A, Evetoch T E, et al. Progression Models in Resistance Training for Healthy Adults [J]. Med Sci Sport Exer, 2009, 41 (3): 687-708.
[56] Rhea M R, Alvar B A, Burkett L N. Single Versus Multiple Sets for Strength: A Meta-Analysis to Address the Controversy [J]. Res Q Exercise Sport, 2002, 73 (4): 485-488.
[57] Rooney K J, Herbert R D, Balnave R J. Fatigue Contributes to the Strength Training Stimulus [J]. Med Sci Sport Exer, 1994, 26 (9): 1160-1164.
[58] Sale D G. Neural Adaptation to Resistance Training [J]. Med Sci Sport Exer, 1988, 20 (5): 135-145.
[59] Schoenfeld B J, Aragon A A, Krieger J W. The Effect of Protein Timing On Muscle Strength and Hypertrophy: A Meta-Analysis [J]. J Int Soc Sport Nutr, 2013, 10 (1): 1-13.
[60] Schoenfeld B J, Aragon A A, Krieger J W. The Effect of Protein Timing On Muscle Strength and Hypertrophy: A Meta-Analysis [J]. J Int Soc Sport Nutr, 2013, 10 (1): 1-13.
[61] Schuenke M D, Herman J R, Gliders R M, et al. Early - Phase Muscular Adaptations in Response to Slow - Speed Versus Traditional Resistance - Training Regimens [J]. Eur J Appl Physiol, 2012, 112 (10): 3585-3595.
[62] Vilensky J A, Gilman S. Renaming the Henneman Size Principle [J]. Science, 1998, 280 (5372): 2027.
[63] Wuerker R B, Mcphedran A M, Henneman E. Properties of Motor Units in a Heterogeneous Pale Muscle (M. Gastrocnemius) of the Cat [J]. J Neurophysiol, 1965, 28 (1): 85-99.
[64] Zehr E P, Sale D G. Ballistic Movement-Muscle Activation and Neuromuscular Adaptation [J]. Canadian journal of applied physiology - revue canadienne de physiologie appliquee, 1994, 19 (4): 363-378.

[65] Bawa P N S, Jones K E, Stein R B. Assessment of size ordered recruitment [J]. Frontiers in Human Neuroscience, 2014, 8.

[66] Wakeling J M. The recruitment of different compartments within a muscle depends on the mechanics of the movement [J]. Biology Letters, 2009, 5 (1): 30-34.

[67] Chanaud C M, Pratt C A, Loeb G E. Functionally complex muscles of the cat hindlimb. 5. The roles of histochemical fiber-type regionalization and mechanical heterogeneity in differential muscle activation [J]. Experimental Brain Research, 1991, 85 (2): 300-313.

[68] Chanaud C M, Pratt C A, Loeb G E. Functionally complex muscles of the cat hindlimb. 5. The roles of histochemical fiber-type regionalization and mechanical heterogeneity in differential muscle activation [J]. Experimental Brain Research, 1991, 85 (2): 300-313.

[69] Lai A K M, Biewener A A, Wakeling J M. Metabolic cost underlies task-dependent variations in motor unit recruitment [J]. J R Soc Interface, 2018, 15 (148).

[70] Stefanaki D G A, Dzulkarnain A, Gray S R. Comparing the effects of low and high load resistance Exercise to failure on adaptive responses to resistance exercise in young women [J]. J Sport Sci, 2019, 37 (12): 1375-1380.

[71] Branquinho L, Ferraz R, Mendes P D, Petricia J, Serrano J, Marques M C. The effect of an in-season 8-week plyometric training programme followed by a detraining period on explosive skills in competitive junior soccer players [J]. Montenegrin Journal of Sports Science and Medicine, 2020, 9 (1).

[72] Del Vecchio A, Casolo A, Negro F, et al. The increase in muscle force after 4 weeks of strength training is mediated by adaptations in motor unit recruitment and rate coding [J]. The Journal of physiology. 2019, 597 (7): 1873-1887.

[73] Hudson A L, Gandevia S C, Butler J E. A principle of neuromechanical matching for motor unit recruitment in human movement [J]. Exercise and sport sciences reviews, 2019, 47 (3): 157-168.

专题 6
力量训练的发展
——核心训练与功能性训练

赵　亮

摘要：

近20年来，不断发展的各种力量训练方法充斥着竞技运动训练领域。那些基于地面的自由重量训练、平衡训练、悬吊训练、稳定性训练和回旋训练等接连被用于运动员的力量训练中。然而从历史的角度来看，这些训练方法或多或少地在某种程度上进行着重复。某种意义上说，它们均由20世纪80年代中期出现的闭式运动链运动（本质上为多关节运动）演化而来。

作为闭链运动演进的最新形式，核心训练和功能性训练是这些训练方法中最具代表性的两种力量训练理念。这些起源于康复领域的训练方法和理念之所以能够在竞技体育领域得到认可进而迅速发展，其主要原因可归功于职业体育的繁荣发展，职业运动员除了需要具备更高的竞技水平之外，更需要最大限度地减少运动损伤和延长运动寿命，这些都对运动训练科学化提出了更高的要求。随着“核心稳定性”概念的提出和流行，其训练理念和方法也渗透到大多数竞技运动项目的体能训练中。虽然核心稳定性宣称对任何竞技运动项目都有着重要的意义，但多数教练员和运动员对其概念、历史及其生物学基础并不清楚，仅仅停留在模仿的阶段，对其训练内涵和外延的理解也停留在起始阶段。尤其是随着功能性训练的出现，其与核心训练的关系及其主要作用和意义均不能很好地进行解释，这势必影响这种力量训练理念积极性的发挥，进而影响我国竞技体育训练效果和竞技运动水平的提高。基于这些原因，我们从核心训练的概念、历史、生物学特征以及训练实践常见问题着手，对其进行解释和梳理，并过渡到对功能性训练的概念、历史与发展以及实践意义的分析探讨，以期为广大竞技体育工作者、研究者和学习者带来理论上的梳理和实践上的支持与帮助。

力量训练的起源可追溯到古埃及时期。许多出土的埃及古墓内都会有人们搬举或投掷装满沙石袋子的壁画。同样，在早期的德国、苏格兰和西班牙也出现过这种简单的力量练习形式，伴随着希腊文明的起源，这些练习形式逐渐演变成为各种以力量为竞技基础的运动项目，且最终成为现代奥林匹克运动的起源。

随着竞技体育的发展，人们对竞技体育的研究也不断得以深入。在追求更快、更高、更强的同时，开始注重“更长”的运动生命。特别是21世纪以来，在“体能”一词逐渐成为国际竞技体育发展的热点话题，成为我国2000年后历届奥运会备战训练的重点、难点和突破点后，在职业体育蓬勃兴起，赛事快速增加和竞争日益激烈的大背景下，对运动员的体能提出了更高的要求，在体能训练中注入了机体恢复、损伤预防和康复等新的内容。因此，从竞技运动水平的提升到运动损伤的预防和康复，使人们对运动训练的认识有了较为重要的转变。特别在体能促进和损伤预防的研究领域，许多学者提出了不同的观点和理念。

在这些体能训练的观点和理念中，不断发展的各种力量训练方法充斥着竞技运动训练领域。那些基于地面的自由重量训练、平衡训练、悬吊训练、稳定性训练、核心训练和回旋训练等接连被推出并应用于力量训练实践，力量训练的方法也不断发生变化；从循环训练到多肌肉方案，从关注区域肌群的核心训练到关注动作本身的功能性训练，特别是近年来，平衡训练、稳定训练、核心力量训练和功能性训练对于新的力量训练者来说似乎变得异常重要。

第一节　核心训练

长时间以来，运动员的力量训练主要集中在一维和二维的运动，这显然不符合竞技体育中人体多关节和多肌群参与的多个平面的运动方式。如何将运动中不同关节的运动和不同肌肉的收缩协同整合，形成符合专项力学规律的人体最佳“运动链”，为四肢末端的发力和控制创造理想条件，获得最大的效率是所有竞技运动项目的共同目标。基于这一观点，躯干部位肌群作为人体运动链的中间环节，作为上肢和下肢连接的枢纽，它们的“收缩”虽然不直接负责完成人体的运动，但却是人体运动合力的一个重要来源，能为四肢肌肉的收缩和环节的运动建立稳定的支点，提高四肢肌肉的收缩力量和环节的运动效率。

基于上述认识，“核心训练”一词在2000年前后逐渐进入竞技体育领域。尤其在备战2012年伦敦奥运会期间，以核心力量训练为代表的一些新兴力量训练方法和手段在世界范围内迅速兴起。与传统抗阻力量训练不同，这些训练方法更加突出神经对肌肉的支配与控制，更加强调深处小肌群（稳定肌群）的发展以及主动肌、辅助肌和拮抗肌之间的协作，更加重视力量与协调和柔韧之间的关系，是一种以发展稳定人体关键环节、控制重心运动、传递和整合上下肢力量为主要目的的力量能力。2006 年，德国国家男子足球队在备战世界杯足球比赛的训练中引入了核心力量训练并取得了瞩目成绩，美国的职业篮球、棒球、冰球和橄榄球运动员近年来也将小肌群和深层肌作为力量训练的重点，不仅提高了力量能力，而且有效预防和减少了运动损伤的发生。在我国，乒乓球、体操、赛艇、激流皮划艇、跆拳道和网球等多个项目的国家队均将核心力量作为力量训练的重要内容，也收到了良好的训练效果。

这里的“核心”指的是人体解剖层面的中心区域，亦可看作人体的重心和中心。经过多年的发展演变，“核心”的含义不断明确。由原来泛指人体中段或躯干逐渐细化到腰椎、骨盆和髋部的骨骼肌肉其相关结构所构成的复合区域[78]。这一区域处于人体上、下肢的连接部位，具有承上启下的枢纽作用，能够在人体运动中起到控制和调节动作姿势的作用，帮助维持正常的关节运动以确保人体运动链中各关节之间运动的协调一致。同时，核心区域的肌群能够在人体做出动作之前稳定躯干和脊柱，在运动过程中维持人体重心的稳定。因此，核心力量的主要作用是稳定人体，核心力量训练往往又称为核心稳定性训练或核心训练。

然而，源于康复医学的核心训练进入竞技体育领域的时间毕竟有限，一方面它的出现对传统力量训练造成了很大冲击甚至是颠覆作用；另一方面在理论和实践中仍存在诸多不完善的地方，这势必会影响到核心力量在竞技运动训练领域的发展。这一方法对运动员力量的主动发展和被动维持在手段、负荷和要求上异同的识别也并不清晰。受此影响，多数运动项目对该力量的训练仍然持观望甚至排斥态度，一些已经应用核心训练的项目也存在许多的问题。因此，核心训练在竞技体育领域的应用需要科学的引导，需要对它的作用、功能、负荷和方法进行深入和细致的理论研究，需要形成一个完整的核心训练体系。

一、核心训练相关概念的辨识——核心稳定性和核心力量

（一）核心（Core）

“核心”可看作“核心区”的简称。解剖学上是指人体的中心，也是人体重心所在的部位。随着其名称的发展，“核心”所指的区域也不断变化且不同学者

有着不同的认识。开始仅泛指人体中段或躯干到腰椎—骨盆的肌肉组织[45,57]，后来这一区域不断得以扩展，一些学者把臀部肌群包括进去[57]，还有一些学者把肩带以及胸部周围的肌肉组织也纳入了核心区域[32]。因此，大家对“核心”解剖区域的认识并不完全统一，综合目前较多的观点，“核心”可看作主要是人体腰椎、骨盆和髋部的骨骼肌肉其相关结构所构成的复合区域。

“核心部位”及其“核心部位稳定性”概念的提出可看作经典运动解剖学对人体运动环节定位的突破。长期以来我们一直将人体分为上肢、躯干和下肢三个部分，其中躯干部分又根据与肢体运动的关联程度主要是指胸椎、腰椎部位的肌肉，既胸肌、腰腹和背肌。在训练中，由于躯干部位或腰腹部位是连接上肢、下肢的中间环节，各个运动项目的训练均十分重视该部位力量的发展，训练的主要方式是各种类型的腰腹、背肌训练。然而，由于传统意义上的腰部肌群基本都是小块肌肉（如腹直肌、棘间肌和竖脊肌等）和深层肌，所以其肌肉力量的增长不可能达到很高水平，也很难与四肢肌肉，尤其是四肢大肌肉相匹配，这种单纯追求腰腹、背肌力量的训练不仅效果不佳，而且极易出现运动性损伤等负面效应。为此，核心区的重新界定为该力量的训练另辟了蹊径，使人们重新认识这一区域的重要性。

（二）核心力量（Core Strength）与核心稳定性（Core Stability）

从字面上理解，核心力量是核心肌群的收缩力量，是一种与上肢、下肢力量并列的，以人体解剖部位为分类标准的力量能力。目前对核心力量的定义各不相同：美国学者将构成或提高核心稳定性的力量能力称之为核心力量[58]；而德国等欧洲国家一般还是将这种能力称为“躯干支撑力量”或“躯干稳定力量”[68]；

核心稳定性指的是在日常生活中，尤其是在运动过程中人体“核心区”对身体（主要是躯干）的稳定作用。关于核心稳定性的概念也有着不同的表述，潘佳必（Panjabi）最早把核心稳定性定义为“稳定系统维持脊柱中立区于人体生理运动范围内的能力”[73]，并指出稳定系统的正常功能是为脊柱提供足够的稳定性以满足脊柱姿势和动、静态负荷的改变所引起的瞬时稳定性变化的需要，这些功能是由三个亚系统（主动亚系统、被动亚系统和神经控制亚系统）来完成的，这便是潘佳必（Panjabi）的稳定性系统模型[74]。由此可见，“核心稳定性”概念最早始于人体脊柱的解剖和生理学理论，其主要应用于人体康复领域。

不同学科领域的不同学者给出了“核心稳定性”的不同定义。如“控制躯干运动或躯干姿势于骨盆和腿部之上的能力，以便在人体完整运动链活动时以最佳方式产生、传递和控制末端环节的力和运动”“腰椎—骨盆—髋复合体的运动控制和肌肉能力”“被动的脊柱骨骼系统、主动的脊柱肌肉系统和神经控制系统的功能整合以便使个体在日常生活中维持脊柱的中立位于生理范围内”[19,58]等，虽然对“核心稳定性”的定义言语表达不完全一致，但其本质相近。运动医学领域学者认为核心稳定性是腰、骨盆和髋构成的复合系统预防脊柱弯曲的能力，以及脊柱在受到干扰后恢复平衡的能力；运动生物力学上则将其定义为“一个骨骼—韧带联合体在一定的阈值内防止躯干在过度负荷下发生过度弯曲的能力”；临床医学方面则将其定义为“腰—骨盆—髋联合结构上特定肌肉群的耐力和力量水平”。这些定义都强调了由腰—骨盆—髋构成的人体核心部位的稳定性和通过其稳定性抵抗脊柱失衡的能力。

将核心稳定性的概念引入竞技运动训练应归于柯博勒（Kibler）的研究[51]。他在阐述竞技运动中核心稳定性功能时提出：“核心稳定性是指在运动中控制骨盆和躯干部位肌肉的稳定状态，使力量的产生、传递和控制达到最佳化的一种能力。”该定义为核心稳定性在竞技体育中的应用奠定了基础，指出身体核心部位在运动中的3个主要功能：产生力量、传递力量和控制力量。

由于核心稳定性主要是通过核心肌群的收缩发力来完成的，核心肌群的力量大小便在一定程度上决定了核心稳定性的水平。因此，国内外有些观点是把核心力量与核心稳定性等同看待，在使用上也经常相互代替。事实上，我们认为核心力量与核心稳定性是两个不同的概念，核心稳定性强调人体在运动中通过核心部位的稳定为四肢肌肉的发力建立支点，为上下肢力量的传递创造条件，为身体重心的稳定和移动提供力量的身体姿态。核心稳定性的优劣取决于位于核心部位的肌肉、韧带和结缔组织的力量以及它们之间的协作。正如潘佳必（Panjiabi）把核心稳定性依赖于人体稳定性系统的三个亚系统那样，除了肌肉力量因素外，核心区的其他亚系统对稳定性亦起到关键作用，特别是神经控制因素。因为神经控制亚系统通过由肌梭、高尔基腱器和脊韧带提供的反馈来持续监控和调整肌肉的收缩发力，神经控制亚系统不但要基于身体姿势的调整或承受外部负荷的变化而同步工作，还要提前预测可能发生的关节运动，以确保高效的稳定控制。从这个角度来说，核心稳定性是动态的，它不仅仅依赖于肌肉的力量，还依赖于适当的感觉传入，即中枢神经系统关于身体和外界环境相互作用的感知，以便提供持续的反馈进而引发动作的改善。三个亚系统在功能上是互相依赖的，共同抵御来自脊柱姿势、静态负荷和动态负荷的干扰，为脊柱稳定性提供足够的支持。而核心力量可以看作是一种以稳定人体核心部位、控制重心运动、传递上下肢力量为主要目的的力量能力。核心力量不仅是人体核心稳定性形成的主要能力，而且在竞技运动中它还能主动发力，是人体运动的一个重要“发力源”。从这一层面上，核心稳定性应该看作是核心力量的上位概念，核心肌群的力量大小在一定程度决定了核心稳定性的好坏。

强调“核心力量”并借此发展“核心稳定”是核心训练的一个突出特点。核心训练大胆地承认人体躯干尤其是腰椎部位是运动员竞技运动时的薄弱环节，该部位既缺乏大肌群的支持，运动时又处于无支撑状态，同时还是机体需要重点保护的运动中枢所在地。因此他们认为该部位的主要功能不是“发力”而是“稳定”，不是力的“起点”而是力的“传递点”，人体借助躯干部位的稳定实现上下肢力量的传递、整合和控制。

二、核心训练的历史与发展——从康复医学到竞技体育

脊柱的稳定性训练可以追溯到几个世纪之前的古印度和中国，瑜伽大师曾指出妨碍身体平衡的疾病和身体的不稳定会限制个体进行瑜伽练习。另外，中国的武术在关于丹田的描述中也都遵循了核心稳定性的原理。20 世纪 20 年代，德国人约瑟夫·普拉提（Joseph Pilates）提出通过募集深层躯干肌群发展腰部周围的力量，从而达到康复健身的目的，这种今天被称作“普拉提”的练习也许是能够查阅到的最早的“核心力量训练”。1926 年，普拉提在芭蕾舞演员中使用了类似于核心稳定性的训练方法，把呼吸和姿势融入柔韧与力量的练习中来进行躯干力量的训练，即普拉提练习法；今天，普拉提再次风靡，实际上是作为权威、且有效的训练核心方法出现的。

一般认为，“核心稳定性”这一术语来自美国圣佛朗西斯科脊柱研究所（San Francisco Spine Institute，SFSI）推广的一种脊柱康复锻炼方法。在 1989 年他们发布的《动态脊柱稳定性训练计划》（Dynamic Lumbar Stabilization Program）的手册中首次出现了“核心稳定性（core stability）”一词，并强调了“中立位脊柱（neutral spine）”的概念[46]。所以，“核心稳定性”有时也被称作“脊柱稳定性”或“躯干稳定性”。

核心力量的概念随着核心稳定性的研究而出现。1985 年，美国耶鲁大学教授潘佳必（Panjabi）首次提出“脊柱稳定性（spine stability）”这一概念[78]。他认为脊柱稳定性主要包括三个稳定亚系统，即主动亚系统、被动亚系统和神经控制亚系统。在同一年，贝里马克（Bergmark）提出了局部肌群和整体肌群的概

念[20]，并与昆士兰大学的研究团队一起在稳定性理论领域提出了包括腹横肌和多裂肌在内的众多先驱研究成果。1992 年，潘佳必（Panjabi）进一步明确了“核心稳定性”的概念，认为人体的核心稳定是一种“稳定人体系统，是使椎间的中部区域保持在生理极限范围内的能力”。由此可见，早期“核心稳定性”的概念始于人体脊柱的解剖和生理学理论，其主要应用在人体康复领域，且多见于腰背部损伤条件下躯干肌肉动员时机变化的研究以及慢性腰背部疼痛患者的研究。

经过多年的发展和演变，特别是随着“核心”这一术语的流行以及对其研究的不断深入，“核心稳定性”逐渐取代了脊柱稳定性或躯干稳定性并在其概念外延上有所扩大。再后来，一些欧美学者先后从解剖、生理、力学等学科对核心区域的肌肉进行了深入的研究，逐渐认识到核心肌群在人体运动中的重要作用。大约在 2000 年前，核心稳定性概念进入竞技体育领域。其中柯伯勒（Kibler）等人做了较为早期的研究，他们把核心稳定性看作是控制下肢和骨盆上方躯干的运动和姿势，以便使人体完整运动链的末端环节获得最佳运动和力的产生、转移以及控制的能力[19]。20 世纪 90 年代，加拿大滑铁卢大学的斯图尔特·麦吉尔（Stuart McGill）教授提出了生物力学上腹部支撑的观点，并在随后进行了大量的关于核心稳定性康复方面的研究。

2007 年，我国体育学者陈小平教授在《体育科学》发文介绍了核心稳定性的概念，并指出其对竞技体育运动训练的重要意义[1]。这样，“核心训练”的概念由原来的康复训练领域逐渐扩展到健身中心并进入竞技体育的体能训练中来，逐渐由国外进入到国内，成为现今国内外高水平竞技运动员中流行的体能训练指导方法。

三、核心训练的生物科学基础——解剖学、生理学和生物力学

（一）解剖学特征

解剖学上，核心力量的结构基础是核心肌群。核心肌群是指与核心（区）有联系的，即起点或（和）止点位于腰椎—骨盆—髋复合体内的肌肉组织，主要由包括腰部、骨盆、髋部及其他相关部位肌群（如膈肌等）在内的肌肉组成[28]（图 6-1）。

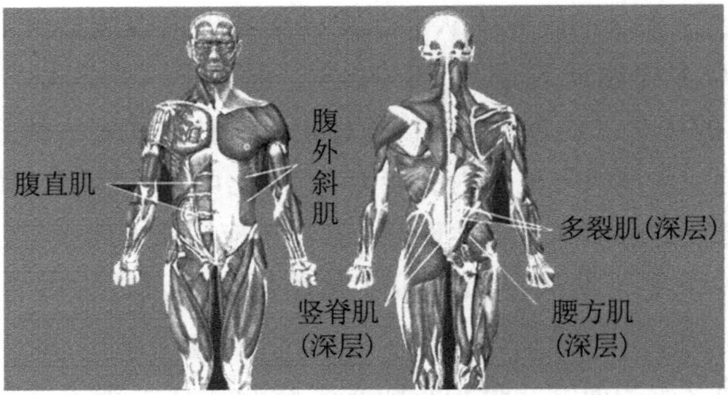

图 6-1　核心肌群示意图

关于核心肌群位置和数量问题目前还没有明确的定论。比较统一的观点认为核心力量涉及核心区的 29 对肌肉[28,33]。按肌群所在部位，可以分为腹部肌群、腰部肌群和髋部肌群等；按肌群的功能作用，可以分为整体性肌群和局部性肌群[16]（表 6-1）。附着在躯干的大小肌肉分别属于整体性肌群和局部性肌群。局部性肌群体积较小，更加侧重于对运动环节的控制和调节；而体积较大、力臂较长的整体性肌群却侧重于更有力的运动。另外，局部性肌群更接近于脊柱以便对人体环节提供不同程度的控制。如横突间肌、棘间肌和回旋肌是非常接近脊柱垂直旋转轴的肌群，它们较小的生理横断面积和肌内较高的肌梭数量（4. 5~7. 3 倍于多裂肌[68]）显示这些肌肉也许主要作为脊柱的姿势传感器来发挥作用，这同时也说明了局部性肌群对核心稳定性的重要意义。

表 6-1　核心局部性肌群和整体性肌群

局部性肌群	整体性肌群
腹横肌	腹直肌
腹内斜肌	腹外斜肌
多裂肌	竖脊肌
腰椎横突棘肌	腰方肌
膈肌	内收肌群
盆底肌群	股四头肌
	腘绳肌
	臀大肌
	外展肌群

还有一些研究者把核心肌群的范围扩大，并做了更为细化的分类，即局部稳定性肌群、整体稳定性肌群和整体运动性肌群。局部和整体稳定性肌群主要起稳定作用，其每一块肌肉的向心、离心和等长收缩将直接影响脊柱的稳定性，而整体运动性肌群收缩会引起躯干和下肢大幅度运动，并使作用于脊柱的力最小化（表6-2）。

表6-2　局部稳定性肌群、整体稳定性肌群和整体运动性肌群

局部稳定性肌群	整体稳定性肌群	整体运动性肌群
深层小肌群 等长收缩维持脊柱环节稳定；维持基础支持的稳定性。	大肌群 单关节肌；离心收缩控制关节的动力；减少作用于局部性稳定肌上的力和调节四肢的运动。	大肌群 多数是双关节肌；向心收缩产生运动；通过核心分配和传递动力。
腹横肌	腹内斜肌（前部肌纤维）	胸锁乳突肌
多裂肌	腹外斜肌	胸大肌
回旋肌	臀中肌	背阔肌
棘突间肌	臀大肌	腹直肌
膈肌		竖脊肌
盆底肌群		腘绳肌
深层颈部屈肌		股四头肌
		内收肌
		髋关节屈肌
		腓肠肌

已有多数研究证实核心肌群，特别是局部稳定性肌群对人体的姿势和运动均起到重要的稳定作用，如多裂肌，其与腹横肌相似可以持续收缩以增加环节稳定性，被认为是对椎骨运动进行微调的肌群，而不是作为原动肌发挥作用。由于多裂肌伸入了胸腰筋膜，在动能由躯干传向四肢的过程中，其收缩可导致骨盆和脊柱的紧张、稳定性的增加，值得注意的是这些腰椎旁的肌群非常重要，但其本身十分弱小且容易疲劳。

另外，作为呼吸肌被强调的腹部膈肌对于人体的稳定作用也有着重要意义。位于核心区顶部的膈肌，一面利用盆底肌群的收缩来增加腹腔内压，致使腰椎—骨盆—髋复合体处所受压力变小，为躯干的支持作用提供更为严密的汽缸，减少施加在脊柱部位肌群的负荷使躯干的稳定性增加。由于膈肌是主要的呼吸肌，所以也说明了呼吸方式在核心稳定性训练中的重要意义。近期研究证实，在四肢大幅度运动之前膈肌就已经开始收缩以便增加腹内压[42,43]。因此脊柱（人体核心）在四肢运动之前就已经被稳定，进而可使四肢运动和肌肉动员发生在一个稳定基础上，而且这也是独立于呼吸运动的。临床上已经证明固定脊柱环节仅仅需要多裂肌和腹部肌群动员的微小增加（日常活动5%的最大随意收缩和精确活动10%的最大随意收缩）[27]。

髋和骨盆以及它们所关联的结构是核心结构的支持基础，对髋和骨盆的功能起关键作用的是这个区域内的多数重要肌群，这些肌肉有着较大的横断面积，除了起到稳定性作用外还能在运动中产生巨大的力量和爆发力。臀肌是位于下肢的躯干稳定肌，可以为腿的前行提供爆发力。髋/躯干区域同样为整个投掷动作贡献大约50%的动能和力[50]。

（二）生理学特征

1. 整体性肌群和局部性肌群

核心肌群可以看作是功能上的层次系统。在日常活动中核心以一个整体功能单位运转。在这个功能单位里不同肌群协调工作，控制、允许和产生运动。正常情况下核心的每一部分都有专门为其他部分提供帮助的功能，这对施加于身体的力的最佳吸收、分配和传递是必要的。

贝里马克（Bergmark）[48,72]和柯宁（Konin）[76]根据主要功能的不同把核心肌群简单地分为两大类。一类是整体性肌群（外部核心肌群），由臀大肌、竖脊肌等肌肉组成（表6-3）。这些附着于身体浅表部分的肌群体积较大，收缩产生力矩也较大，连接骨盆和胸廓，可以使躯干产生整体性运动，并对作用于身体的外部负荷进行均衡分配。另外，它们对于力从上、下肢到骨盆的传递和吸收也是非常重要的。这些肌群如果运动过度和变紧（变短），会导致筋膜粘连的增加，从而改变肌肉的长度——张力关系和力偶的关系。

整体性肌群参与关节的稳定作用，主要对低负荷动量（low-load momentum）（与高负荷动量相反）起到离心减速作用，尤其是在水平面内。这使关节处于更有利于向心收缩的姿势，通常紧接着离心收缩发生用以维持运动。因为四肢与核心相连接，整体性肌群对关节动量有效的控制能力对减少和分散作用于局部性肌群的力有促进作用（使力更好地吸收和分配），同时可以帮助维持四肢和（或）躯干处于更好的生物力学姿势以便在向心运动时被启动。与局部性肌群不同，整体肌群的特点是非持续性的收缩（或舒张）和具有专门的方向性，一旦这些肌肉受到抑制或变得薄弱，可造成肌肉募集变得困难，关节活动范围内的离心控制变弱以及协同优势（synergistic dominance）。

另一类是局部性肌群（内部核心）（表6-3），这些深层肌群的起点或止点在腰椎，由于其靠近脊柱环节转动轴的中心，而且长度一般较短，所以被看作是控制环节间运动的理想肌群。

表6-3　腰椎部肌群

整体性肌群	局部性肌群
臀大肌	多裂肌
竖脊肌	腰大肌
腹直肌	腹横肌
腹外斜肌	腰方肌
腹内斜肌	膈肌
髂肋肌	腹内斜肌（后部肌纤维）
	髂肋肌/最长肌（腰段）

局部性肌群的动员不依赖于运动方向及负荷大小，它们在任何可见的四肢或身体运动之前就已动员，局部性肌群的收缩并不能使关节产生任何明显的运动，只是在环节运动过程中保持等长收缩和离心收缩，从而对关节起到支持或稳定作用。这些肌群具有高度的本体感受性。在韧带、关节囊和关节骨骼上有着较大的附着面积，这一点对于增加关节坚固和稳定是非常重要的，一旦这些肌肉受到抑制或变得薄弱，往往会造成肌肉募集延时，关节的不稳定性以及协同优势；正常功能下，局部性肌群有助于确保运动时控制不必要的和非正常的脊柱运动。所以就本质上看，局部性肌群确立了核心稳定性的基础，作为最深层的肌群，它们能够帮助维持一个稳定的载体，以便整体性肌群能够顺利发挥作用。

已有研究指出，这两类构成核心的肌群虽然协同工作，但会在不同的时间被动员。局部性核心肌群首先被动员，腹横肌（transverse abdominis，TVA）和多裂肌的收缩与整体性肌群是不同步的[11,45]。诺里斯（Norris）曾提议[69]把核心肌群根据对人体所起的作用划分为姿势肌群（postural muscles）和力学肌群（phasic muscles）。一般说来，姿势肌群主要是持续紧张的肌肉组织，主要用于维持人体各种姿势；而力学肌群数量较少，主要作用是有目的的随意性收缩（表6-4），贝里马克（Bergmark）[20] 和柯宁（Konin）[76] 也都支持同样的观点。从表 6-1 和表 6-2 中可以看出，整体性肌群与力学肌群相似，这也说明了力学肌群并不是固有的稳定肌群。

表 6-4　Norris 核心肌群分类

姿势肌群	力学肌群
腰方肌	腹直肌
竖脊肌	腹内斜肌
髂肋肌	腹外斜肌
阔筋膜张肌	臀肌
股直肌	胫骨前肌
梨状肌	腓骨肌
耻骨肌	
内收肌	
腘绳肌	
腓肠肌	
比目鱼肌	
胫骨后肌	

2. 核心肌群的动员（Core Musculature Activation）

核心力量的主要功能是稳定脊柱（躯干），尤其在四肢运动过程中更具有重要意义，而此功能的完成与核心肌群的动员（Core Musculature Activation）有着密切的联系，没有正确的核心肌群动员核心的稳定功能将不会得以发挥。

人体运动链功能运动中的肌肉动员基于肌肉动员的计划前模式（pre-programmed patterns），这种动员模式具备任务指向性和竞技运动特有性，以及可以通过重复练习不断提高和改善的特性。这种模式又分为以下两个类别：长度依赖模式（length-dependent patterns），这种模式给予单关节的稳定性，由 Y 传入神经介导，涉及肌肉的交互抑制①，为单个关节提供稳定性；力量依赖模式（force

①交互抑制是一块肌肉的收缩引起其对抗肌的反射性舒张。这个过程的任何变化都将妨碍正常的力偶关系，从而导致核心的弱化。腰肌紧张就是一个例子。腰肌紧张会降低神经对臀大肌的支配，从而降低臀大肌的收缩发力，导致 CNS 因为力的缺乏不得不寻找代偿肌肉。

-dependent patterns)，这种模式整合多个肌肉的动员去运动多个关节并发展力量，由腱梭（高尔基腱器）介导。

位于腰椎—骨盆—髋复合体处的核心肌群，一些又小又短的肌肉以很小的杠杆臂横跨单关节，它们以“长度依赖模式”被动员。其他肌肉横跨于多个脊节间，其功能是作为原动肌整合多关节运动并收缩发力，它们以“力量依赖模式”被动员。在类似于脊柱这样的多环节结构中，需要两种动员模式的协调作用。多裂肌作为短肌例子，可以提供单关节环节稳定性，从而可使更长的多关节肌更有效地控制脊柱运动。这种肌肉动员模式的结合有助于创建脊柱环节控制的“中立区”，使在这个“中立区”内韧带的张力最小。

力量依赖动员模式在许多与核心有关的运动中都得到了证实。与手臂快速运动相关的肌肉动员模式评价显示最先被动员的肌肉是对侧的腓肠肌/比目鱼肌[99]，这种动员模式通过躯干传递到手臂，与膝关节伸肌的动员相比，踢球时足的最大速率与髋关节屈肌的动员有着更高的相关性[99]。另外，对不同水平的棒球投手来说，肌肉动员都是开始于对侧的腹外斜肌，然后传递到手臂[41]。

这些肌肉动员模式也导致了四肢肌肉动员水平的增加，提高了它们支撑或运动四肢的能力。腓肠肌跖屈的最大爆发力是髋部肌群产生的，作为近端肌肉动员的结果，踝关节处肌肉动员增加了26%[91]。同样，当肩胛骨被斜方肌和菱形肌稳定后，肩部回旋肌群的最大动员增加了23%~24%[49,52]。另外，当近端肌肉动员达到最大时，环节远端肌肉的动员更倾向于精确和控制而不是产生爆发力，这在投掷过程中在肘关节肌群的功能中就有所体现。核心肌群的动员用于产生围绕脊柱的旋转力矩。

（三）生物力学特征

生理上核心肌群的动员产生了许多生物力学效应，进而引发局部和末端的功能效率。如核心肌群的动员用于产生围绕脊柱的旋转力矩。大多数关于肌肉动员的研究证明了肌肉动员强度和时限的不同模式，开始于对侧面产生旋转和发力。核心肌群的动员为整个人体重心提供了稳定性，构成了严密的“汽缸”，形成较长的杠杆臂，使旋转能够绕杠杆臂发生，肌肉则在靠近杠杆臂收缩时能被稳定。同时前计划肌肉动员导致了预期姿势调整（anticipatory postural adjustments，APAs)，这使身体处于对抗来自踢、掷或跑的力的干扰而保持平衡的位置[29]，APAs为远端的运动创造了近端的稳定性。

肌肉动员也形成了可以在关节处发展和控制力和负荷的交互式力矩（interactive moments），交互式力矩是由相邻环节的运动和位置所形成的位于关节处的力矩，它们在人体中间环节发生，对远端关节的准确发力是非常关键的，同时对于形成关节处最小内部负荷的有关骨的位置也是关键的。有许多近端核心肌群动员提供交互式力矩使得远端环节高效完成功能的例子，它们为环节末端提供最大的力，这也是我们平时所说的鞭打动作，或者它们为环节末端提供精确和稳定。踢球动作中足端的最大力量来自于髋关节屈曲产生的交互式力矩，上举肩上挥臂动作用于转动手臂的最大肩部内旋的力是由躯干回旋产生的交互式力矩发展而来的，防止肘过度外翻的最大肘内翻转力矩是由来自肩内旋的交互式力矩产生的，扣球过程中球的最快速度与来自肩关节的交互式力矩相关，它可以排除肘部和肩部的无关干扰，产生肘关节角速度，准确的投球与肩关节运动产生的腕关节处交互式力矩也是有关系的。

根据包括核心动员在内的“速度叠加（summation of speed）”原理，作为核心肌群动员和交互式力矩的结果，环节的力和运动有着由近端到远端的传递和发展，但不总是严格按照由一个环节到下一个环节纯线性的发展。就网球发球来说，肘关节获得最大速度是在肩关节之前，然而，这种由地面的反作用力开始，通过核心然后到达远端环节的一般发力模式在网球发球[50,60]、棒球投球[41]和踢球过程中都已被证实。同样，通过核心可以最大程度实施对力的控制在投掷过程中躯干对于再次获得向前的动量来说是重要的[97]，用于减速手臂向前的运动的大约 85%的肌肉动员由肩带和躯干肌肉产生而不是回旋肌群[37]。

四、核心训练的实践意义——从运动表现到运动损伤

核心力量训练无论在追求运动员竞技运动能力最大化的竞技运动领域，还是在预防损伤和康复治疗的临床医学领域，或是在立志于提高健康水平和体能状况的大众健身领域中都有着重要的意义和作用。

核心力量可看作人体功能性运动的基础。人体所有的动作完成和姿势保持都需要核心的稳定性参与。理论上，强有力的核心肌群对运动中的身体姿势、运动技能和专项技、战术的运用起着稳定和支持作用；任何竞技项目的技术动作都不是依靠单一肌肉就能完成的，都需要许多肌群的动员及协调配合。核心在此过程中担负着稳定重心、环节发力、传导力量等作用，同时也是整体发力的主要环节，对上、下肢的协同工作及整合用力起着承上启下的枢纽作用。

（一）整合运动链近、远端环节力的产生和控制，最大化人体功能性运动效率

1. 稳定脊柱和骨盆

核心稳定有助于整合近端环节力的产生和控制，为远端环节的运动提供稳定基础，对使人体运动功能最大化方面有着重要意义。人体核心作为一个密闭的气缸，腹肌在前，脊柱旁肌肉和臀部肌肉在后，膈肌在顶部，盆底和下肢带肌群作为气缸的底部，在这个气缸内有29对肌肉帮助稳定功能性运动中的脊柱、骨盆和运动链以及产生一个很大的转动惯量来对抗外界对身体的干扰。当运动系统正常运转时，人体重力被合理分配，肌肉收缩产生更大力量，从而使运动链各关节处有着最小的压力、平移力或剪切力，所以稳定躯干和骨盆是核心稳定性最重要的作用之一。如果没有这些稳定性肌群，仅在90牛顿的压力下脊柱便会呈现力学上的不稳定，而这远远低于人体躯干的重量。

2. 动/静态姿势控制

核心力量训练强调静态姿势调整，促进前馈系统恰如其分的前期姿势活动(承重和功能性运动模式下重建反馈系统)。同时，核心的稳定可以提高动态姿势控制、确保腰椎—骨盆—髋复合体周围恰当的肌肉平衡和关节运动学，允许动态功能性力量的表达和通过完整运动链提高神经肌肉效能。竞技运动中，核心的重要意义就在于它能够“为远端运动提供近端稳定”，供上肢和下肢肌群收缩从而产生人体环节加速和减速，即为人体四肢的精确运动提供稳定的躯干支持，所以核心稳定性对专项运动技、战术具有关键的支持和保证作用。如运动员出色完成投掷类运动的一连串技术动作与核心的坚实稳定密切相关，因为地面的反作用力通过下肢，经躯干传递到投掷臂。因此，核心可以被看作是上肢和下肢的动力链接和枢纽。

专项技术的优劣主要取决于参与运动肌肉之间的协作水平和对高速运动中身体重心的控制能力，如游泳、赛艇、皮划艇和激流皮划艇等水上项目，运动员不仅要具备良好的身体素质，更为重要的是要掌握对“水”的驾驭能力。运动员躯干及船体的稳定是游泳和划船技术的关键，而这种能力的形成和提高主要取决于核心稳定性的改善。在游泳运动中，运动员力求减小身体在水中占用的空间，保持身体的水平直线性，以便减少在水中的阻力，增加前进速度。如果核心稳定

性较差，可导致运动员在运动过程中下肢下沉或身体过度摆动，从而加大形状阻力，影响运动成绩。另外，花样滑冰运动员的单足提踵站立作为一种不稳定平衡状态，其转体过程中身体平衡的保持必须尽可能使人体转动轴始终通过人体总重心，这必须通过加强核心控制力的训练，使竖脊肌稳固躯干，才能确保运动员肢体绕纵轴旋转能力的增强，从而保证高质量技术动作的完成。

3. “鞭打”发力的基础

作为功能性运动链的中心，作为连接人体上肢和下肢的枢纽，核心的中心区域分布有许多可以发力的“引擎”，使得围绕人体核心转动的任何微小变化都可对环节远端的旋转产生巨大影响，这一点便是我们平时所说的“鞭打”动作，即形成了可以在关节处发展和控制力和负荷的交互式力矩。由于末端部分需要相对较小的重量，因此，转动惯量在这些远端区域也相对较小，从而可以获得更高累积速度。当肢体发力时，核心肌群蓄积的能量从身体中心向运动的每一个环节传导，核心部位拥有的肌群最多，产能和储能也最多，无论是短跑技术中的伸髋、鞭打、扒地，还是跆拳道脚法里的后横侧踢击打，包括投掷标枪、足球射门、排球扣球、网球挥拍、棒垒球的投球与击球等被称为“鞭打”的动作，看似四肢对外部环境的作用，实则来自核心的腰髋肌群的原动肌发力，并通过闭合式的动力链向下肢或上肢形成快速准确的动量传递，形成集结全身力量的“鞭打”动作。所以，下肢和躯干力量好，身体稳定性强的网球运动员，其发球速度要高于身体稳定性弱的选手，原因是增加了力的传递速度提高了技术动作的功效。

4. 提高动作的精准性

通过计划前肌肉动员模式，核心肌群动员产生的交互式力矩对关节力的控制产生很大程度的影响和调控，为了操作变量的精确和控制，那些更小的局部肌群得到动员，扮演了稳定肌的角色。同时与韧带协调配合，使运动员的四肢能够完成精准到位、衔接流畅的技术动作。换句话说，由于核心力量对躯干的稳固和支持，使四肢肌群的代偿性应力也能随之减小，所以肢体能够游刃有余地进行更加协调的技术动作，如自由体操运动员在做跳跃时，核心稳定性能够保证身体在空中的姿态，肢体可在腾空中协调运动并能控制在落地时脚和手可以同时落地。

5. 充分节约运动能量

人体运动链产生最大的运动效率，这在一定程度上也为运动员在运动过程中节约了宝贵的能量。从而使运动员可以更好地利用有限的能量完成高水平的技术动作。有研究表明，协调能力好、核心力量强的运动员在滑冰阶段，能够保持很好的身体平衡，使支撑腿的肌群在滑冰阶段能适当地放松，避免无畏的能量损耗，而在蹬冰阶段能够集中动员、充分发力，由此加大了蹬离冰面瞬间的功率，提高了蹬冰效果[5]。另外，上述提到的四肢能够协调自如的工作，这本身也是能量的节省。

核心的稳定性功能是通过调节和控制人体运动链来实现的。核心也是功能性运动链的中心和枢纽，连接躯干和下肢，是从头、躯干和上肢传递重量至下肢的区域。核心作为一个完整的功能单位与整个运动链协同发挥动态稳定作用以对抗异常外力的干扰。运动链作为一个整体的、相互依赖的、功能性的单位运转，目的是获得功能性力量和神经肌肉效能，而功能性力量强调的是平稳协调的功能性运动过程中神经肌肉系统增力、减力和动态稳定运动链的能力。

（二）有利于运动损伤的预防和康复

作为来自损伤康复领域的概念——“核心”的发展对损伤预防和康复治疗有着重要的意义。核心稳定可以为主动肌的发力建立良好的支点，提高不同肌肉之间的协作，以及动员全身不同环节的肌群有序地参与运动，除了有利于增加脊柱的稳定性，增加运动中的收缩发力外，还能够减小关节的承重负荷，从而阻止运动链功能异常，达到预防损伤的目的。

过去对于损伤或病症往往会直接进行局部治疗，忽视了功能性运动链的整体性。事实上人体的运动和力是沿运动链在整个身体上传递的。正常的行走就是一个明显的例子，地面的反作用力从足传递到踝、膝、髋，并最终回到“核心”，上肢的力也经历同样的传递过程，从腕到肘、到肩，再回到核心。一个高效的核心可以维持功能性主动肌和对抗肌最佳的长度—张力关系，这使得身体在腰椎—骨盆—髋复合体处保持最佳的力偶关系成为可能，而保持最佳的长度—紧张关系和力偶关系可以维持腰椎—骨盆—髋复合体在功能性运动链运动过程中的最佳关节动力学。

核心力量训练对运动损伤有着很好的预防作用。利顿（Leeton）等人[57]在对140名男、女性大学生篮球和田径运动员的研究中发现，运动员的损伤包括：前交叉韧带（anterior cruciate ligament，ACL）撕裂，髂胫带综合征（iliotibial band syndrome），髌骨疼痛和下肢应力性骨折，受损伤的运动员的髋关节外展和外旋的力量明显低于非损伤运动员，而髋关节外旋的力量在预防损伤方面是非常重要的。一些研究者提出用神经肌肉训练来预防运动员的 ACL 损伤，这些训练计划包括肌肉协同收缩提供关节稳定性，平衡和干扰训练以及增强式训练（plyometric exercises）。翰威特（Hewitt）等人在一项研究中对赛季前进行神经肌肉训练（包括单腿功能性核心稳定性训练）的女性高中学生运动员的运动损伤与赛季前没有进行神经肌肉训练的女性运动员的对照组相比较[40]，神经肌肉训练组的女性高中学生运动员在非接触性 ACL 损伤中显著低于对照组；海特（Heidt）等人也进行了相似的研究，发现高中女性学生足球运动员赛季前的神经肌肉训练总体上损伤较少，但在组间 ACL 损伤没有不同[39]。

预防运动损伤的专门核心稳定性训练计划还有待进一步研究。另外，关于核心训练计划提高竞技运动成绩还缺乏充分有力的证据。尽管如此，大量的核心稳定性训练计划作为提高运动员竞技运动水平的手段已经存在于运动员的训练方案中。

由于核心力量训练强调动作训练，强调神经肌肉系统的功能稳定，所以核心训练是所有功能性闭合运动链康复计划的重要组成部分，它能运用肌肉骨骼系统支持和保护脊柱和骨盆以避免重复的细小损伤和周期性的疼痛伤病，减轻或解除腰背疼痛，提高身体机能和生活质量。目前认为，几乎所有的损伤康复训练方案都可以应用核心稳定性练习，但需要掌握一定的训练原则、方法和手段。

近年来运动损伤的康复治疗逐渐由使用力量训练获得身体特定肌群肥大过渡到应用神经肌肉训练（包括平衡训练和本体感觉训练）获得运动链的功能性运动。最近，运动损伤康复治疗重点转移到核心稳定性训练上。金（King）[54]把身体核心区描绘成一个气缸，她指出作为气缸的上三分之一的胸廓影响着上肢带的功能，而作为气缸下三分之一的骨盆影响着下肢的功能并对胸廓和上肢带的位置有影响。气缸的中间三分之一是神经肌肉中心，控制着气缸上三分之一和下三分之一的位置。气缸上三分之一和下三分之一反过来对神经肌肉中心也有影响。金（King）也指出系统力学上的变化有可能导致神经肌肉募集模式的改变，由静态姿势上的不对称引起的对肌梭的 Y 运动反馈的变化能改变潜在的组织状态。进一步讲，神经肌肉控制的前馈系统也许遭遇改变的预期姿势调整，即“来自损伤组织的本体感觉反馈混乱[54]”。因此，核心的力学和神经肌肉稳定性对上、下肢的功能有着巨大的影响。

核心力量训练可用于几乎所有的康复训练计划，如不良姿势习惯，不对称的静态姿势，慢性或重复损伤病症，过度训练或非接触性损伤和术后功能恢复等，当损伤的组织仍然需要保护和休息的时候，尽早开始核心稳定性训练是有必要的。传统的康复训练计划一般着重于单独肌肉的力量获得，使用许多单个运动面的运动。这也是传统的抗阻力训练计划所强调的，核心稳定性康复训练重点放在功能性的、多个运动面的运动、模仿功能性运动，发展核心力量。核心稳定性训练用于上肢和肩关节的损伤康复治疗已有报道[55,62,95]，其康复治疗重点主要放在了运动模式上，即用下肢、躯干和肩胛骨的肌肉组织激活受伤的肩部肌肉使关节的主动活动范围加大以及力量的增加，从而达到治疗康复的目的。

也有许多报道把核心稳定性训练作为腰背部疼痛的治疗手段。这些研究提供了运用核心稳定性训练康复治疗腰背部疼痛（low back pain，LBP）和稳定脊柱的原理，认为慢性腰背疼痛的患者某些核心肌群动员的减少导致局部异常或改变[14,15]，如肌肉不平衡、神经肌肉控制效能降低或消失、椎间盘压力增加和腰椎压力增加引发进一步损伤[44,45]。一些研究通过使用腹部、臀部和骨盆肌肉的表面肌电图和腰部肌肉的微导肌电图（fine wire electromyography）设计了腰背部疼痛的康复训练方案，包括在尽量减少脊柱负荷避免损伤发生及核心肌群有效动员的核心稳定性练习，其主要目的是减轻或解除腰背疼痛，提高身体机能、生活质量和阻止核心稳定性训练所引发的损伤；训练内容主要包括身体核心区前部和后部的练习，躯干的屈伸练习和髋关节伸的练习，利用各种腹部、背部和臀部的伸肌练习不同程度地激活了核心肌肉。为了保证训练质量，延长运动员的竞技运动寿命，无论运动员、教练员还是运动康复专家当前都应把核心稳定性作为运动损伤预防和治疗的主要方法和手段。

五、核心训练的问题与争论

核心训练从医疗损伤康复练习逐步走进竞技体育体能训练，从理疗诊室小范围使用逐步风靡健身中心和运动队。虽然来自损伤康复方面的研究已经证实核心力量训练对于减轻类似腰背部疼痛和下肢损伤等病症有着显著效果，但任何一种训练方法和手段对人体运动能力的作用和影响都不具有“零和”特征，即没有绝对的“利”或绝对的“弊”，“核心训练”同样不能游离于该规则之外。有关这种练习对促进健康运动员竞技运动水平提高的研究仍然缺乏明确定论，其概念及其有效的训练方法也一直在业者之间有着不同的解释，在与其他传统力量训练的角色扮演及分工比重等问题也一直没有被很好的理清。所以在其进一步发展的道路上，依然有着许多亟待解决的问题与争论。

（一）核心训练中不同肌群的发展

以往传统的腰腹训练其实是把重点放在了核心整体肌群上，且运动面和运动轴较单一。对于当前的核心力量训练来说，核心局部肌群的发展和训练便显得尤为重要，但是，这并不代表核心整体肌群不重要。一些教练员和运动员认为这些小的局部肌群就是核心力量的主要肌群，这种错误的认识导致了核心整体肌群训练和局部肌群训练的分离。事实上，强调局部肌群的发展没有错，是因为以往我们过多地忽视了它们的作用，但这并不意味着这些肌群比整体性肌群更重要，如果只注重发展深层局部肌群的持续性张紧，从而忽略对竞技运动起着重要作用的整体肌群的大负荷刺激，无疑是从一个极端走向另一个极端。要知道，单纯以非功能性姿势完成效率低下的核心稳定性练习，只是核心稳定性训练的第一步。如在爬行或仰卧姿势下完成的腹部凹陷练习，一直是广为推荐的腹横肌训练手段，虽然腹横肌是稳定脊柱的主要肌肉，但在运动过程中是和其他的一些核心肌群，包括整体性肌群和局部性肌群一起协同完成脊柱稳定功能的，这其中就包括含有较高数量肌梭的多裂肌和回旋肌群，这些肌群作为运动机能监视器为神经控制亚系统提供本体感觉反馈有助于整体性肌群的协同收缩以便共同满足稳定性的需要。在运动过程中，每一块肌肉对于稳定性所做的贡献是随运动任务的变化而不断变化的，如此说来，单独讨论最重要的稳定性肌肉是受限于动作时序的。所以，我们可以把核心稳定性看作是为满足身体姿势的调整或所承受的外力负荷而不断变化的动态概念，这也说明为了切实提高动态核心稳定性，各种练习应在无限接近专项技能的情况下完成。

所以从上述观点来看，单独发展整体肌群或局部肌群都是不正确的，核心训练不应该从一个极端又走向另一个极端，过分强调局部性肌群的发展，从而忽视了整体性肌群。事实上，麦吉尔（McGill）甚至不同意整体性肌群和局部性肌群的划分[61]，他认为所有核心肌群对于稳定性都是重要的，它们依赖于所需要完成的任务而不断变化收缩，较大的“原动”肌群（如腹部斜肌和腰方肌）在提供稳定性方面同样发挥着重要作用，这说明核心全部深层和浅表肌群的协同作用是维持最佳脊柱稳定性所必需的。必须注意的是，一些肌群过于活跃和另一些肌群则过于不活跃的情况是不存在的[79]，所以核心训练既要注重核心深层局部肌群的发展，同时也要兼顾浅表整体肌群的锻炼。

（二）核心训练中不稳定的支撑

随着核心力量训练的流行，花样繁多的不稳定支撑器械也逐渐进入竞技体能训练之中，许多实践者执迷于类似瑞士球等不稳定器械上的练习，仿佛核心训练就是不稳定支撑上的练习，是唯一有利于核心稳定性发展的练习。相关研究也证实了与地面固定支撑相比，瑞士球不稳定支撑上的力量练习有着更多的核心肌群参与[90,18,92]，所以对于增强日常活动、竞技体育和康复治疗而言，其核心稳定肌群的耐力练习应该包括不稳定支撑条件，其中包括位于不稳定支撑上完成的练习或置四肢或阻力于身体支撑之外的练习（如单侧哑铃抗阻力运动）。而且，瑞士球上的练习显示出对运动系统更高的需要，并表明对增加肌肉的力量和耐力素质构成了充分的刺激。然而，由于不稳定支撑的存在，大大降低了抗阻负荷，这种不负重或轻负重的训练方法无法有效增进肌肉横断面积，进而无法提高运动员的最大力量。注重稳定、协调和平衡的训练虽然可以提高多块肌肉之间的协作互动能力（即肌间协调），但却不利于单一肌肉，尤其是大肌肉和快肌的快速募集和神经冲动频率（即肌内协调），因而不利于快速力量和爆发力的发展；再有，肌肉的动员水平也许并不代表潜在的爆发力增加。

当前对非稳定条件下肌肉活动的研究主要集中在康复和健身领域，对竞技领域的运动训练的研究成果较少，且以比较稳定与非稳定条件下最大抗阻力量的变化为主[10,30]。如在瑞士球或其他非稳定条件下完成力量练习时，上肢和下肢的最大发力都有着明显的降低，这种情况也许会限制这些练习在竞技体育领域的运用，对于不稳定支撑上的等长收缩练习，无论是力量的输出还是肌群的动员都低于固定支撑面上的练习[17]，而最大等长收缩力量的输出甚至下降60%[9]。对于当前竞技运动训练中被广泛应用的非稳定条件下徒手和中、低负重的研究则较少见。我国陈小平教授团队对稳定与非稳定条件不同负荷抗阻运动下肌电特征进行了研究。在对大学生足球运动员不同负荷深蹲时躯干和下肢的主要肌群进行肌电测试后发现无论是在稳定还是非稳定条件下，“徒手”训练基本不造成参与活动肌肉力量的变化，而“负重”则可以显著改变大部分参与活动肌肉的收缩力，表明“负重”是改变参与运动肌肉力量的必要条件。同时，在不同非稳定条件下无论是徒手还是负重深蹲，其主要肌肉的兴奋性并没有随着非稳定程度的提高而出现显著性变化，表明“非稳定”支撑条件并不是改变参与肌肉力量水平的主要因素。由此可见，在核心力量或功能性力量的训练时，“负重”因素对于肌肉力量的影响明显大于“非稳定”因素[3]。除此之外，他们的研究还指出在进行变换肌肉工作条件的训练时不仅要考虑参与肌肉力量活性的变化（力量的大小），而且要注意其用力模式的改变（力量的分布），这两种变化对神经与肌肉力量的训练均具有重要作用。另外，支撑面的质地会对非稳定训练产生重要影响，在进行非稳定训练时不仅要关注非稳定的程度，同时也要关注非稳定支撑面的材料质地[2]。

事实上，虽然说运动技术的高效完成需要核心稳定性保证，基于功能性的训练计划应该包括不稳定支撑上的力量训练，但很少的专项运动技术切实需要类似于瑞士球程度的不稳定性。稳定支撑上站立完成的也许比更接近专项技术的自由重量器械练习更为有用，因为这种模式下完成的练习虽然是中等不稳定性，但其力量的输出却达到了很高的水平[56]，这种方法使得核心稳定性和上下肢力量的同时发展成为对竞技体育更为有益的训练方法。“任何确保脊柱稳定运动模式的练习，通过重复都可以成为核心稳性练习”，据此观点，传统的力量练习通过调整改良，也可以作为核心稳定性练习，如站立姿势下而不是仰卧或坐式，自由重量练习而不是组合器械训练，单侧而不是双侧下完成的练习。这里要强调的是，运用这种改良的传统力量练习有着最基本的要求，即它所对应的人群是已经熟悉传统力量练习（如硬拉、深蹲、卧推等）的健康运动员，其核心稳定性已经得到充足的训练，因此没有必要再在瑞士球上进行练习。

总而言之，不稳定支撑练习虽然是核心训练的重要组成部分，但并不是训练的全部，与固定支撑下的大负荷核心训练相结合并逐步过渡到更具功能性的训练中去才是核心稳定性训练的最终目的。

（三）核心力量的测试与评价

虽然目前关于核心稳定性评价的测试有很多，但却一直没有被广泛接受的标准测试方法，虽然都是核心稳定性评价测试，但测试的目的未必相同，有些研究通过对肌肉 EMG 分析[23]或等长测力计测试[68,80]等手段评价核心稳定性，所得出的数据可以对核心稳定性做出大致的判断。但需要注意的是，核心是由 29 种肌肉组成的，在不同运动中协同工作，在功能性运动，特别是在专项竞技运动中，由于许多肌群参与核心稳定功能，所以对任何特定肌肉的评价作为核心稳定性的参照值都是不准确的。对于专项竞技运动需要或特定的运动损伤诊断评价来说，任何核心稳定性评价手段都需要尽可能地使被测肌肉在功能性姿势和运动中进行测试和评价，这样的结果才有意义。如果被测肌肉主要应用于闭合式运动链，那么就应该在闭合式运动链模式下进行测试；如果被测肌肉在不同的运动面被动员，就应该在不同的运动面中进行测试；如果被测肌肉主要以离心收缩方式发挥作用，就应该在离心收缩方式下进行测试。所以，核心稳定性测试应包括对所有核心肌群的三个运动面，协同作用的评价应包括对特定核心肌群的单独评价，从这个意义上说，核心稳定性评价没有统一的测试或模式，要根据不同的测试制订不同的测试评价计划。

随着核心稳定性研究的深入，目前对核心稳定性肌群的综合评价、对某些专项运动模式的评价和对某些动作质量进行的评价已出现，虽然分析方法很难定量，但是最接近真实的核心三维功能。在迄今仍没有一致认可的、最可信赖的或者说最具重复性的核心稳定型评价系统的情况下，这一类测试评价方法得到较多地使用，其中包括单腿平衡测试、身体“桥”和“板”姿势测试、各种医疗球测试、直腿下蹲测试、等动器械测试、背伸测试及测量多维偏移的多向延伸测试和星形偏移测试，且被证明较为有效和可信。任何核心稳定性评价手段都需要尽可能地使被测肌肉在功能性姿势和运动中进行测试和评价，这样的结果才具有意义。对于竞技运动训练来说，核心稳定性评价要结合专项特点和专项技术特征，既要做到全部三个运动面的综合评价，又要做到针对专项技术动作下特定肌群的单独评价，而且后者可能对专项竞技需要更有意义。遗憾的是，目前的核心稳定性测试依然停留在运动员腰腹力量、耐力和爆发力的测试阶段，停留在运动员平衡能力的检测阶段，对核心稳定性的评价还属于间接评价，但随着一系列最大程度接近真实核心功能性测试评价的出现，这种情况正逐步改善，相信今后随着科技的发展、生物科研方法手段上的进步，特别是个体核心稳定性研究的深入，核心稳定性测试评价也会达到一个新的水平。

（四）核心训练对专项运动成绩的提高

核心训练虽然已经应用于众多竞技运动项目的体能训练之中，但其对运动员专项竞技运动水平的提升依然存在争论。

运动项目的不同或许导致了研究所得结论不同。赛托（Sato）和穆哈（Mokha）（2009）对跑步运动员和爱好者的研究显示，每周4次共计6周的瑞士球核心训练后，在蹬地力量和5000m跑成绩上实验组并没有变化，甚至还会有所下降[80]。同样的结果也出现在斯坦顿（Stanton）等人（2004）的研究中，通过对29名男性运动员实施6周的瑞士球训练，包括跑台最大摄氧量测试、跑步经济性、跑步姿势和躯干肌群动员在内反映跑步运动水平的指标测试结果均无变化[87]，推测这一结果可能是瑞士球训练量和负荷偏小，不足使运动员机体产生明显的训练应激所致。

杜拉勒（Durall）等人（2009）对15名女大学生体操运动员核心稳定性进行了10周每周两次的核心稳定性训练研究[31]，通过训练前后核心稳定性测试比较发现，实验组测试成绩显著高于对照组；虽然这一研究没有进行专项运动能力测试，但通过口头报告发现实验组在常规专项训练中变得更为轻松而有活力。在游泳项目的研究中，大学生游泳运动员6周瑞士球核心训练后，实验组在前掷实心球和姿势控制测试方面显著提高，但其他运动能力测试（垂直纵跳和后掷实心球）和游泳成绩方面并未出现变化[83]。研究者推测瑞士球训练也许对于游泳运动的核心稳定性需求并不具有充足的专项性，另外，额外的瑞士球训练计划也许会引起受试者的疲劳。特（Tse）等人（2005）同样用麦吉尔（McGill）测试研究了大学生赛艇运动员8周核心训练计划对其运动能力指标的影响[90]。虽然训练后实验组受试者左、右侧桥测试成绩显著增加，但在包括垂直纵跳以及2000m赛艇测功仪在内的运动能力指标上均无显著变化，研究者认为可能8周的训练时间过短并不足以引发肌肉耐力的显著变化。

我们也在排球项目中分别对高水平运动员和青少年运动员进行了相关研究。对于高水平沙滩排球运动员来说，人体水平面运动核心肌群爆发力与沙滩排球最大扣球速度有显著的相关性，而矢状面运动核心肌群耐力与最大扣球速度关系非常小，额状面核心肌群的等长收缩耐力与最大扣球速度没有关系[6]；核心稳定性与沙滩排球运动员的下肢移动能力有显著相关性。无论男女运动员，控制躯干水平面运动的回旋肌群爆发力和矢状面运动的核心肌群耐力均与下肢移动能力呈中等程度相关性[7]。对于青少年排球运动员来说，我们的研究发现核心训练对于提高青少年女子排球运动员的专项运动能力有着重要意义。主要体现在提高了下肢专项移动能力、上肢和腰腹肌群爆发力和力量耐力、上下肢协调能力和灵敏素质，但对于提高青少年女子排球运动员的下肢专项爆发力影响并不明显[8]，这也证实科学系统的核心训练应该作为运动员体能训练的重要组成部分而非全部。

第二节　功能性训练

作为当前体能训练的一种理念，“功能性训练”似乎既具有流行词汇的属性，同时也沾有科学术语的范畴。随着这一术语及其方法手段的流行，教练员、运动员、俱乐部私人教练、健身爱好者以及物理治疗师等这一领域的工作者们越来越需要明确这一训练方式的概念和内涵，这对功能性训练的方法手段的应用具有重要意义。

从目前掌握的资料来看，功能性训练同样来自于康复医学领域，可以推测其最初含义可能是指因为某种原因造成人体（肢体）某一环节损伤而导致其功能受限或丧失所进行的康复训练，功能性训练的目的主要是恢复受损部位原有功能。从字面上理解，功能性训练可以看作功能性运动的重复练习和发展，而功能性运动则强调肌肉与意识的统一，强调“动作”控制能力和精确性，功能性力量又可看作完成功能性运动所需的肌肉收缩发力。竞技体育中的功能性训练是一种用于高水平竞技准备有目的、系统化的训练计划和练习方法，功能性训练不仅仅是为增强力量，更为减少运动损伤和提升性能，“这不是一种趋势或一时的流行，而是康复和训练领域经验累积的结果，功能性训练是表现提升领域的逻辑未来”。(Boyle M，2003)

事实上，核心训练本身就属于功能性训练，核心训练强调的训练理念、方法和手段同样也属于功能性训练，这一训练理念强调单一“动作”的质量。之所以功能性训练能够在竞技体育训练中得到快速的发展，其主要原因在于职业体育的兴起，职业运动员除了要具备更高的竞技水平之外，还要最大限度地减少运动损伤和尽可能长地延长运动寿命，这对运动训练提出了更高的要求。在这一背景下，功能性训练将复杂的专项技术还原为其最小的基本单位“动作”，通过提高每一个单一动作的质量，从源头改善运动技术的快速性、准确性和经济性，从而达到提高竞技能力和减少甚至避免运动损伤的目的。“动作就是竞技”的理念颠覆了传统的训练理念，对“动作”的强调与重视不仅仅停留在以往的专项技术动作范畴，而且要扩展到对训练过程中（包括准备活动和整理活动）各个练习手段的精细化设计和实施上，使大量的以往被忽视或难以把握的一般训练手段在肌肉的募集、协作和控制及能量供应等方面更加符合力学、生理学和专项特点以及运动员个体条件的需求，以此提升一般能力发展的目的性和针对性，使其更易于与专项能力形成契合，提高机体运动的效率和经济性。与此同时，对“动作”高度重视的原因还在于从源头预防和减少运动损伤的发生，注重细节的高质量动作不仅有利于力量的传递、整合和控制，而且还可以在很大程度上主动增强肌肉、骨骼、韧带和软组织的机能，达到增效、防伤、延长运动寿命的目的。

与核心训练是以人体解剖区域划分的命名不同，功能性训练是以其训练目的命名的。从历史的角度来看，近 30 年出现的那些基于地面的自由重量训练、平衡训练、悬吊训练、稳定性训练、核心训练和回旋训练等，在某种意义上说，它们均由 20 世纪 80 年代中期出现的闭式运动链运动（本质上为多关节运动）演化而来，功能性训练则是这种演化的最新形式[24]。

一、功能性运动概念的不同表述

目前来看，由于不同研究领域和不同研究层面的出发点不同，对功能性运动的定义也不相同，归纳起来大体可分为两大类别：一类是从功能性运动的内涵意义出发所给出的定义；另一类则是从功能性运动动作完成的方法学范畴出发所给出的定义。从其内涵意义来看，功能本质就是目的，即“功能性训练”是有目的的训练；换句话说，它对于个体正在参与的活动或运动应该有着积极的效果，从这一角度来看，功能性训练就是有特定目的的训练（Boyle M，2003）[22]。

功能性运动与基于竞技运动环境的专项运动存在一定的交叉重叠。体育专项运动通常是专门的运动技能，可以看作功能性运动的复杂化或综合化，这两种运动有一个共同点，那就是都依赖于人体出色的核心才能精确地完成。事实上，许多体育运动（如跑步、跳跃）就是高功率输出的简单日常活动，这一定义如果移植到康复医学领域，功能性训练便成为损伤个体在康复过程中为了恢复原有日常活动功能所进行的运动训练。总之，功能性训练是运用全面综合的方式提升练习者的力量及整体体能水平，从而促进整体运动能力（生活质量）提高和伤病预防。功能性运动同时兼具运动康复和运动训练属性的方法学范畴解释，功能性运动还存在以下定义：

运动链在人体三个运动面中的加速、减速和动态稳定（Schmidt R. A.，1991）[81]

多关节、多平面的，强调本体感觉的身体运动。包括加速（力量产生）、减速（力量减弱）和稳定，以及不稳定的控制，重力、地面反作用力和冲力的操控（Gambetta V.，1995）。[35]

以身体整体协调运动或（和）使用的一致性为条件的连续性运动（Santana J. C.，2000）。[47]

功能性运动是让运动员处于一个不稳定的状态，让运动员去做出反应，而找回稳定自己身体的能力（Gambetta & Gary，2002）。[35]

站立姿势下无辅助性器械完成的，包含平衡和本体感觉的持续性运动。使运动员能在不同平面、不同时机有效的控制自己的身体（Boyle M.，2003）。[22]

这些概念强调的要素相似，即功能性运动往往包含了平衡以及本体感觉的、多平面运动的训练模式，由稳定的平面发展到不稳定的平面，使运动员能够在日常训练中发展对身体的感觉，进而在真正的比赛情境中将最好的身体能力做出最完美的呈现。如果把功能性运动看作相对于个体日常活动的特殊运动，那么，功能性训练主要是学习或模仿“日常活动”所做的运动是基于人体现实生活环境中的生物力学运动，这也是当今多数体能教练所给出的定义。

二、功能性训练的历史与发展

回溯历史，“结构”和“功能“这两个术语很早便出现在自然科学和医学领域，在自然科学领域中指的是物质的生长并形成机体的过程，而在医学领域中指的是有机体运动的方式。这些已被时间证明的最初定义引入到竞技体育中，结构性训练应指的是提高身体各系统的保持和生长，而功能性训练指的是身体各系统运行和产生神经输出的方式。功能性训练的出现同样充满着不确定性，早在 60 多年前理疗师伊迪丝·布奇华（Edith Buchwald）就在《物理疗法评论》（The Physical Therapy Review）（1949 年 11 月）发表了风靡业界的功能性训练的文章[25]，正式提出了“功能性训练”一词。但是，真正的功能性运动却远远早于文章的发表，甚至可以追溯到公元前的世纪。

（一）早期的功能性运动体系

历史上，具有现代意义功能性运动的出现与人体健康密切相关，从 7000 多年前代表天人合一的中国哲学思想的气功的出现，到公元前 3000 年印度西北部雅利安人带去的“瑜伽”，都体现了培养意志、发展身体、延长生命和挖掘潜能的身体与精神的哲学统一[89]，这都可视为功能性运动体系。另外，公元前 2698 年在我国出现的被定义为身体运动艺术的中国武术（功夫）以及被称作“柔软武术”的太极，这些我国传统的体操式练习体系主要用于强身健体和疾病康复也同样具有功能性运动属性。如此众多的不同功能性运动体系的形式和理念都非常相似，均以提升身体和精神的健康活力为宗旨，强调人体与内外部环境的自然联系。

（二）功能性运动的逐渐回归

作为功能性运动体系的武术、气功、瑜伽和太极等形式今天仍然伴随着我们，只是随着医学的普及和发展，这些练习形式最初的康复功能价值在过去 100

年来逐渐衰落，在社会发展日新月异的今天，人们总是力图寻找更为快速有效的方法。解剖学实验中似乎已经没有了整体系统的描述，人们看到的是肌肉、关节与生理系统的逐渐分离；医学的发展已经高度细化，医生针对的仅仅是人体某一部分（如膝关节或手）或某一系统（如内分泌、胃肠病、神经病学等），这一现象也同时出现在体育界。今天的健美运动仿佛成了健身器材和营养补剂的同义词，同样把身体分为许多组成部分，有着针对每一肌群的专门器械和针对任何疾病或审美意愿的营养补剂。受这种“孤立”练习方法影响的运动员正承受着越来越高的损伤发生率，随着临床上对这种“孤立”练习方式价值有限性的证实，如今的身体练习已经逐渐从昂贵的等动练习器械转向更加整合的训练体系。因此，在20世纪80年代末期，功能性训练由医学康复领域走进健身房，具有代表性的便是核心训练的流行。我们同样也看到在伊丽莎白·阿肯（Elizabeth Arken）等人的影响下普拉提增加了器械练习（如瑞士球）和更多的负重练习，这样，所谓的“功能性训练”再次呈现在我们面前。

20世纪90年代初期，竞技体育界同样看到了这种整体训练体系的优势，为了发展更为复合的运动能力把运动损伤由康复前置到预防，功能性训练逐渐拓展到竞技体育领域。以美国为代表的多数运动队采用的核心稳定性训练、本体感觉训练及平衡训练，起初主要用于伤病运动员的康复，后来渐渐成为体能训练课的重要内容。与基于竞技运动环境的专项技术相比（如网球挥臂击球或排球跳起扣球），功能性运动与其存在一定的交叉重叠，但专项运动技术通常是专门的运动技能可以看作功能性运动的复杂化或综合化。功能性运动强调不同肌群不同运动的协调发展（平衡、本体感觉、多关节运动、多平面运动），这虽然降低了施加在肌组织上的负荷，但却增加了运动协调和柔韧的复杂性，比传统的力量训练更接近于日常活动和运动技能。

三、功能性运动的生物学特征

（一）解剖学特征

功能决定形式。正如建筑物的设计应由其用途决定一样，当把人体看作一个能够通过结构设计而适应于附加其功能上需要的系统时，我们便可通过其解剖结构来了解它的工作（训练）原理。

解剖学上，人体存在两个显著特征：第一，多数重要肌群是横跨两个及以上关节的多关节肌。这一结构的意义在于通过身体可进行力的传递和累积；第二，临近环节肌群有着相互代偿的特征，如作为羽状肌的下肢近端伸肌（如股四头肌），肌束较长肌腱较短，横跨环节区域较大，这种完美设计有利于力的增加与减少，而非收缩速度。另外，远端伸肌（如腓肠肌、比目鱼肌）有着更短的肌束，以及与肌腹长度相等的肌腱，这一设计最小化了下肢重量，减少了运动中能量的需求；当给予牵张负荷时，“阿基里斯之踵”在收缩前能够拉伸5%，增加了弹性势能的利用和机械效率，使其效用在加速、减速和获得高速率的能力上得以充分表现[96]。

（二）力学和生理学特征

生理学层面，功能性训练也具有两个重要特征：功能特征和专项特征，这两种特征本质上是统一的。就竞技体育来说功能特征更多地存在于训练的价值意义层面，而专项特征则主要体现在训练的方法手段层面。

功能性训练的专项特征主要由力学、协调和供能三方面得以体现，也许某一练习动作表面具有功能性，即看上去更像某一运动技术，但针对这一运动技术并不具备专项性（如尝试模仿某一动作可能要牺牲力学或协调特征要求）。所以，运动训练方式方法的选择关键在于不要受其外在表象所迷惑，反之也亦然，为了使练习动作更具功能性训练要求，三方面特征中任一特征必须满足一定的标准。

1. 力学

力学特征主要体现在依据专项技术涉及的环节、关节和运动方向选择所需的功能性动作练习上[12]，除此之外，物理学中一些最基本的运动定律同样给予我们更多的信息。

（1）冲量［i=ft，i：冲量（nos），f：恒力（n），t：力的作用时间（s），方向由f决定］。经典力学中，物体所受合外力的冲量等于它的动量变化，叫作动量定理。和动量是状态量不同，冲量是一个过程量；一个恒力的冲量指的是这个力与其作用时间的乘积，冲量表述了对质点作用一段时间积累效应的物理量，是改变质点机械运动状态的原因，从这点来看，冲量对于运动员竞技表现有着重要意义。竞技比赛中动作技术的完成通常需要较大冲量，即极短时间内的最大力量输出，如行走时地面支撑过程约为0.3~0.4s，跑步时缩减为0.1~0.2 s；然而最大绝对力量输出需要0.6~0.8s（图6-2）[13]。就竞技运动水平或运动损伤预防来说，短时间爆发力的产生也许与人体力量同等重要。

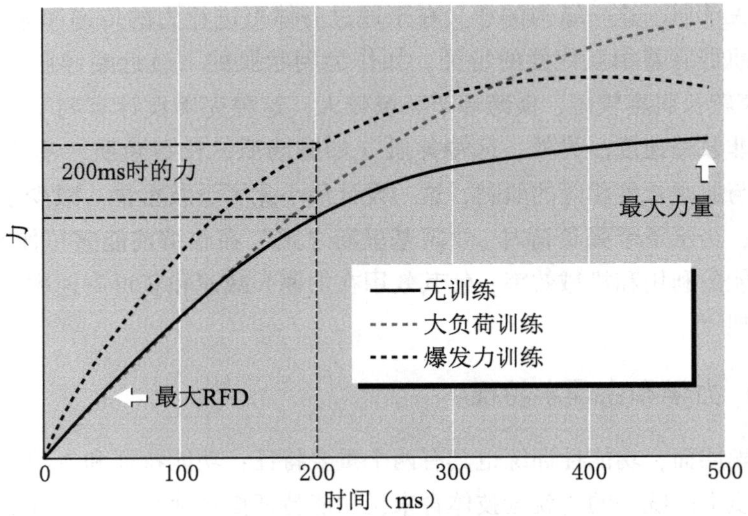

图 6-2　不同人群短时间力的输出（K. Hakkinen & P. V. Komi，1985）

（2）功率［P=FV，P：功率（w），F：力（kg），V：速度（m/s）］。对于竞技运动来说，功率是一个极为重要的概念，多数任务的完成均需要关键性功率输出。由于运动的不同，功率通常在30%~50%最大力量和（或）速度时达到峰值（图 6-3）[13]，但这并不意味着放弃大负荷力量训练，相反，有效负荷范围应延伸到最大负荷之外。

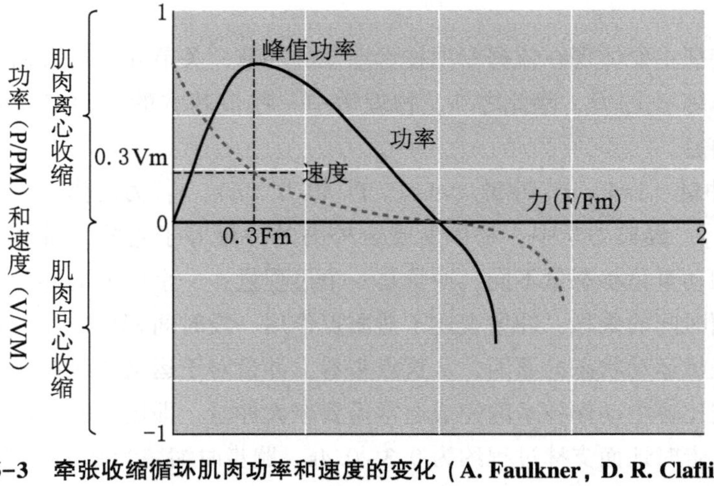

图 6-3　牵张收缩循环肌肉功率和速度的变化（A. Faulkner，D. R. Claflin & K. K. McCully，1986）

(3) 牛顿第二定律［F = ma，F：力（N），m：质量（kg），a：加速度（m/s^2）］。这一经典的力学公式虽然看上去简单，但却有着深刻的含义：一旦质量（阻力）被设定，最大力量—相对于个体的力量和神经肌肉活动仅仅在它最大加速度时被获得。

依据以上力学原理，功能性运动同样可依据完成时间、移动速度和加速度来表达，尽管爆发力很重要，但这些定律似乎并不支持对其在一定负荷下的盲目练习。相反，短时间快速有力的运动过程中正确技术的应用则是完成大多数任务的决定性因素，这也是功能性训练过程中的基础训练目标。另外，功能性训练强调完成的另一重要决定因素“牵张收缩循环（stretch-shortening cycle）”，因为许多运动技术是包括肌肉拉伸（离心），收缩（向心）和（或）稳定（等长）在内的复合运动，牵张收缩循环是在有些类似于跑步冲刺的“弹道”运动中，其原动肌受力牵拉伸张并被动性的快速回弹收缩的现象[12,85]，牵张收缩循环借助反射激活以及弹性势能，增加了功率和冲量的产生以及机械学效率和稳定性。

功能性训练方式方法的选择应与运动技术所需的力学特征相一致，换句话说，其基础力学（而不一定是其外在表现）应该与一个或更多目标活动相一致；因为走步、跑步、跳跃等都是普通的含有地面反作用力的简单日常活动。除了上面所描述的重要原则外，其他注意事项还应包括动作幅度和方向，发力的重点部位以及肌肉工作的形式（如向心、离心或等长）等。

2. 协调

如前所述，常规非引导性日常活动通常是涵盖多个平面的运动，竞技体育中多数专项运动技术也不例外，这便提出了对于技能获取和转移有着重要影响的运动性协调问题，某种意义上功能性训练类似于电脑系统的升级，强大的硬件系统无疑是重要的，但同样需要与之相配的软件运行。如果把人体看作一种“体载”计算机，那么它的运行便是作为其必要工作之一的运动，如导航行进方向，通过各种地形，操控各种物体等；其操作系统必须精确管理人体这一复杂“机械”，使个体通过单腿（行走时）支撑自身，作为抛射体（奔跑时）重复发动自身，当速度改变时其重心会有规律的偏移基础支撑面并时刻准备对外力（特别是重力）持续不断地做出调整。类似行为的完成除了需要强大硬件系统的保障外，与之相适应的软件系统的启动与运行，如灵敏的反馈机制（如反射）做出快速调整也同样重要[36]。对于运动训练来说，一方面运动员所需的无论硬件还是软件都非“原厂预装”均需依据施加其自身的现实需要进行升级增容，所以运动训练过程一定要重视发展性观点。另一方面，我们的硬件系统是通过软件系统进行升级（或者降级，如停训或疲劳等情况）的，当身体素质较差的运动员进行训练时，其软件系统更倾向于对其身体进行塑造，需要注意的是，这种软硬件的“交换”会造成一些自身优势的丧失。

传统的力量训练依靠特定肌群训练的设计，以特定肌群的发展（通常是肌肉肥大）为目标。如胸前弯举的收缩就是仅仅针对肱二头肌的练习，虽然通过双手紧握杠铃或哑铃也会练习到腕部的屈肌，但目前观点认为类似的运动与功能性运动有着非常大的区别，原因是这些运动仅仅发展了个别肌肉，而功能性运动则强调不同肌群、不同运动的协调发展（平衡、本体感觉、多关节运动、多平面运动），其虽然降低了施加在肌组织上的负荷，但却增加了运动协调和柔韧的复杂性，其更接近于现实生活的活动和竞技体育的运动技能。功能性训练常常强调“训练动作，而非肌肉”，其目的在于训练运动员以其熟悉的方式解决问题——特别是要求他们去控制、操纵和稳定自己的身体和所持器材，当其软件系统在此方式下运行时，硬件系统的升级通常将自动进行。

3. 供能

多数日常活动本质上是相对独立的，即使那些看上去持续时间较长或类似的耐力活动，事实上都可看作是一系列简短功率输出峰值的组合，就像人类生命本身的延续，也基本趋向于一个定期而不断被迫停止的运动。从功能性训练观点来看，传统力量训练中的“最大重复次数（repeat maximum，RM）”方法是有争议的，这种方法要求完成不断增加的每组负荷直至失败。力量增长的幅度和速度（包括整体肌肉动员情况）在这种环境下均会被削弱，并明显影响其运动表现[12,38,85,98]，虽然疲劳是自然的训练应激结果，但它却不能刺激力量增长或技能获取；相反，疲劳还会妨碍它们的发展[12,59,93]。对于疲劳和动作质量控制的一个简单方法是围绕着由常用的“间歇”所分离的简单练习轮次或集合来设计训练课，同样，运动员和教练员为了达到学习（竞技）目标来实施速度/技术的训练课。如果某种动作训练的力学表现、协调需要和能量消耗三个方面对于专项运动技术具有针对性，那么这种练习便可看作是这一项目的功能性训练。用训练学术语来说，即在训练（学习）效果迁移方面比专项技术的表面模仿更有优势，由于功能性训练专项性的三个特征并不相互排斥，因此，选择训练任务时全面考虑其每一特征是十分有益的。

四、功能性动作的评价——FMS

20 世纪 90 年代之前，基于运动前的运动人群身体诊断主要包括医务检查和运动测试两个层面[63]。医务检查更偏向于微观细节的诊断（如髋关节功能诊断），运动测试则较为宏观整体（如 100m 跑），两种诊断之间的断档则造成对运动过程中动作质量（如跨步动作的正确性）的忽视，这也就不能实现运动前身体诊断的有效目的，即预防损伤、提高运动能力，最终提高生活质量。因此，运动前身体诊断中增加身体基本动作的分析，以便对运动者进行个体化的动作诊断，从而确认其是否具备进行这种运动方式的基本动作能力便具有了重要意义。在这一背景下，用于检测和评估动作姿态的测试方法，如功能性动作测试（function movement screen，FMS）、星型平衡测试（star excursion balance test，SEBT）以及 Y 型平衡测试（Y-balance test，YBT）等相继出现，其中 FMS 测试由美国理疗师格雷·库克（Gray Cook）于 2001 年首次提出的[4]，应用较为普遍。

FMS 的出现迎合了物理治疗对动作的关注，填补了常规医务诊断和运动能力测试间存在的空白，物理治疗（physical therapy）出现于第二次世界大战后，经过近 60 年的发展已经由一项技术手法演变成为一门专业学科。随着业界对人体损伤认识的不断深入，物理治疗的关注重点也先后历经骨骼肌肉时期（1950—1960 年）、中枢神经系统时期（1960—1980 年）、关节（1980 年）时期和动作时期（1990 至今）4 个阶段。“二战”后随着伤员的增加和脊髓灰质炎的流行促使物理治疗着重于通过牵拉和支架来保持关节的活动度。进入 20 世纪 60 年代，当时中风、头部或脊髓损伤及脑部瘫痪病例明显增加，中枢神经系统便成为物理治疗的重点。在 20 世纪 80 年代诊断和治疗关节功能的相关技术出现，使得物理治疗有能力转而关注关节软组织和关节障碍；而进入 90 年代后骨骼肌肉疼痛者开始成为物理治疗的主要对象，考虑到单独进行骨骼肌肉或神经系统的治疗都有失完整，所以物理治疗开始将骨骼肌肉和神经系统在动作障碍中的作用进行系统化完整化，动作便开始成为物理治疗的关注点[4]。FMS 是评价个体基本动作模式的一种测试方法，它由反映人体灵活性和稳定性的 7 个基本测试动作和 3 个排除性检查组成。7 个基本测试动作包括深蹲、跨栏、单跪、肩部柔韧、下肢柔韧、俯卧撑和体旋。其中肩部柔韧、俯卧撑和体旋动作还各附带有一个疼痛排除动作检查，测试者根据受测者完成这 7 个基本测试动作的质量进行量化评分。评分标准分为 0~3 分 4 个等级：3 分对应为能够按照要求完成动作；2 分对应为受试者可以完成动作，但是出现了动作代偿；1分对应为不能完成动作；当测试过程中出现任何疼痛，此测试对应的评分则为0分（疼痛排除动作时出现疼痛同样为0分）。基于左右侧的不对称将增加身体受伤概率这一现象的发现，7个测试动作中有5个动作（跨栏、单跪、肩部柔韧、下肢柔韧和体旋）需要进行身体左右两侧的测试，并且每个动作左右侧各对应一个得分，总分取两侧中较低的评分。7个测试动作的总满分为21分。

FMS从人体基本运动能力的角度出发，通过对人体基本动作功能的检测，评估人体动作的协调性、灵活性、稳定性和对称性，同时筛查不利于人体活动的代偿性动作和运动损伤，进而通过纠正性训练改善身体的灵活性和稳定性以便达到预防损伤的目的。但FMS信度和效度的研究结果并不一致，对信度的争议主要集中于不同评分者之间的信度和同一评分者对同一受试者多次评分的信度方面，对效度的争议主要在于FMS能否有效预测和预防损伤[4]。由于FMS的评分结果来自测试者对受试者动作质量完成的主观评价，那么其信度可能受测试者测试水平高低（如有无专业资质）、测试熟悉程度及测试时观察角度问题。另外，FMS的一些评分标准本身就较为模糊，弗罗姆（Frohm）等人对8名FMS测试经验为2~7年的测试者的信度研究表明个别测试者评出的总分间存在显著性差异且同一测试者对同一测试动作两次测试的评分间也存在差异，但两次测试的平均总分间无显著性差异[34]；米尼克（Minick）[65]、奥纳特（Onate）[71]、谢米尔德（Schneider）[82]、史密斯（Smith）[86]和特辛（Teyhen）[88]等的研究同样表明FMS具有较高的信度（不同测试者之间和两次测试间）；舒兹（Shultz）等人的研究却发现，尽管两次测试间的信度较高，但是测试者间的信度却很低[84]。

FMS的效度主要取决于评分结果与后期损伤率之间的相关性及干预性训练后损伤率的变化情况。基泽尔（Kiesel）等人首次报道了对FMS效度的研究结果，指出赛季前FMS得分≤14的专业橄榄球运动员在赛季中损伤的案例要远多于得分>14分的运动员[53]；此后，沃特科斯基（Wiczorkowski）对50名高中篮球运动员进行的研究进一步发现基泽尔（Kiesel）等人的结论只存在于FMS测试前没有损伤史的运动员，对于有损伤史的运动员却并不成立[94]；索伦森（Sorensen）同样以14分为阈值，却在52名高中篮球运动员中未发现FMS得分≤14与>14分的运动员在非接触性损伤案例数间存在区别；博顿（Burton）研究了23名消防员，未发现FMS得分与损伤案例数之间的相关性[26]。有关FMS效度的研究依然存在许多争论，不仅在运动项目上出现不同的结论，对于得分阈值的确定上研究结果也不一致。另外，FMS的得分高低并不能反映运动能力，这是由其本身就是作为一个以预测和预防运动损伤为主要目的的测试方法而决定的。奥凯达（Okada）的研究指出，FMS 得分与运动能力（后抛实心球、丁型跑、单腿蹲）、核心稳定性均不存在相关性[70]；派泽曼（Parchmann）等也发现 FMS 得分与运动能力（最大力量测试、纵跳、型跑、10m 冲刺跑和高尔夫的挥杆速度）间同样没有相关性[75]；博德（Bird）的研究同样得出相似的结果[21]。

尽管存在争议的研究结果，但 FMS 仍不失为一个具有较高信度和效度的测试方法，进一步规范测试者的评分标准，清晰明确测试动作的评分要求会进一步提高 FMS 测试信度。另外，FMS 是能够较为有效地预测损伤风险，但预测效度可能受项目特征、对损伤的定义、年龄、身高和体重以及日常运动参与程度的影响，FMS 干预性训练对于预防损伤的效果则有赖于训练内容的科学性和有效性。遗憾的是，作为反映人体动作灵活性和稳定性的 FMS，其能力还未被证明与运动能力间存在相关。

五、功能性训练的问题与争论

（一）概念的疑惑

根据功能性训练常见定义，当前多数流行的功能性训练方法手段似乎并不符合“功能性”定义或任何类似的“日常活动”，功能性训练中常见练习者手持药球坐在瑞士球上左右回旋躯干（或中间插入几次拍球）以及弓箭步姿势下直臂持药球回旋等练习。这些按照规定次数重复的练习其功能性在哪里？它们所满足的可能仅仅是刻意设计的绕不同运动轴在不同运动面的动作，但已经远远偏离了功能性运动的本质，即来源于“日常生活”的运动。事实上运动员习惯完成的其他大量“功能性”练习的确也不会出现在“现实”生活中。现有的一些功能性练习并非一无是处，但其在具有“功能性”或“现实生活”的托词下出现又不能符合“功能性”本质定义或类似任何的“现实生活”的活动，便显示出其概念的困惑性或者不严谨性。其实，任何练习如果能帮助个体达到运动目标，那便是功能性练习。那些灰色地带的活动，即宣称能够提高平衡、协调、速度力量、稳定及其他表现变量的活动，由于没有复制专项技能或现实生活的日常活动，反而不应该属于功能性运动。

（二）是否真正具有“专项性”

功能性训练的核心属性是专项性，即具有专项属性特征，这也是运动员在运动学习和技能发展中最为频繁提及的一个原则，其含义是为了产生最大的学习迁移（获得运动技能），某一动作练习对于一个预期目标（专项）技能必须具有专项性；“专项性”意味着“准确”或“相同”，而非“相似”或“像”。由此来看，一些非稳定支撑上的训练或许仅仅帮助运动员在这种不稳定程度下做得更好，对于其专项竞技运动水平的提高或许关系不大，毕竟在现实中没有什么运动需要类似于瑞士球或平衡垫之类的不稳定性；要知道，“针对”毕竟不是“相似”。所以，那些尝试模仿某一技术的动作练习意识可能亦无太大意义。因为模仿会引发两个问题：①运动的各种力学因素常常因模仿而妥协；②虽然模仿目标运动（专项技能）所使用的引导性抗阻装置很吸引人，但事实上也许会降低本属于运动员的协调性需要。多数精通运动技能学习理论的专家学者支持这一观点，即应在精确复制专项运动技能的环境变量下完成动作技术；事实上，当前所定义的功能性训练明显违反了专属性和技能迁移的原则，如果说抖动悠悠球是一种功能性运动，那么其目标仅限于把悠悠球玩得更好。

那么，又是什么因素决定了一种技能针对另一种技能的专项性呢？严格来说，两种技能首先必须使用完全相同的肌群；其次两种技能有着完全相同的运动模式；最后就是运用完全相同的动作速度以及承受完全相同的阻力。如果一种动作练习对某一运动技能具有专项性，所有这四项因素都必须满足，某一动作练习也许按照使用完全相同的肌群、运动模式、完成速度和阻力的模式来模仿某种运动技能，但这种练习最多也就是接近所模仿的技能，而不是复制它。所以，健身房里那些自由重量、器械、药球、阻力带或绳类方面的练习也许并不能真正促进运动技能的学习。著名体育学者亚瑟·琼斯（Arthur Jones）指出对于某种技能施加阻力，它则变成另外一项技能；当施加足够的阻力的时候它变成一种训练，这也是为什么把技能训练和力量训练相结合是错误的原因，他认为技能训练是专项性的，而力量训练则是普遍性的。因此，作为有着28年体能教练资格的金·伍德（Kim Wood）指出力量训练的根本任务在于安全高效地训练身体的“原生物质”，只是在另一时间另一地点还能以专项性方式锻炼运动员的技能。今天的功能性训练便相距甚远了！从运动技能发展来看，我们或许应该改变那些在健身房通过极其复杂的练习模式提高竞技运动水平的意识；毕竟，运动场上的努力训练才是运动员们真正需要去做的。

（三）训练方法手段的有效性

当我们使用“功能性”这一术语时，主要是在“训练”的背景之中。训练是到达终点的方法，而不是终点本身。“终点”可能是水平更高的篮球运动员、网球运动员或其他任何项目水平更高的运动员。很明显，功能性训练不能满足这一点。

现在的体能训练中心也许是很好的证明。瑞士球上的负重蹲起、彩虹色弹力带/管的牵拉、药球的传接抛球、泡沫柱上的各种转体与四肢展收，以及各种各样的哑铃动作或直立或俯卧，或固定支撑或不稳定支撑，看上去更像是杂技表演。多数情况下，这种功能性训练已经最小化或取消了类似于等重或挂片式训练器械，即使普遍使用的杠铃有时也被回避，特别是在那些非地面支撑的练习中；取而代之的是“功能性训练”所强调的各式“功能性器材”，包括药球、瑞士球、BOSU 球、摇动板/晃动板、泡沫柱、壶铃及阻力带/管等。正因为这样，传统的一些练习手段慢慢被搁置一边，不再列入运动员的训练计划；在美国 NFL 跟随 4 个不同运动队伍的体能教练马克·安沙维奇（Mark Asanovich）发现：“自从体能训练开始接受功能性训练并纳入主流之后，举抛药球、壶铃和瑞士球上保持平衡等练习已经不幸地成为训练规范。”当前观点认为，似乎只要使用这些“道具”之一完成的练习，都会被视作“功能性训练”。实际上，利用 BOSU 球或其他小器械代替杠铃或力量器械的练习未必使这种练习更具功能性，功能性训练的倡导者给出的说辞：如果利用传统训练器材进行训练将最终导致薄弱和不协调。其实，也许更有力的肌肉才是更具功能性的肌肉，既然传统的力量训练对于功能性训练来说已经处于次要地位，那么作为运动生理学基础概念之一，循序渐进训练原则的基础—超量负荷原则是不是也将不再重要，从某种意义上来说，功能性训练中超量负荷原则是缺失的。

还有一些力量训练的重要构成要素也是功能性训练所不具备的。那些明显的缺陷似乎正在被忽略：功能性训练中骨骼肌张力和负荷降为最小化带来了力量训练所引发的众多健康益处最小化甚至消失。要知道，骨骼肌对于最大努力的、最大负荷的作用于肌纤维上张力练习的应答和适应是最好的；缺少了这些，功能性训练可能会退步。因此，超负荷、强度和基础渐进性的缺失必将使功能性训练（计划）不能随着时间的推移发挥出预期的作用。

参考文献

[1] 陈小平，黎涌明．核心稳定力量的训练 [J]．体育科学，2007，27（9）：97.

[2] 洪扬，刘瑞东，陈小平．基于肌电均方根和包络线的稳定与多级非稳定条件下徒手与负重深蹲的肌电特征研究 [J]．体育科学，2016，36（3）：67-73，97.

[3] 刘瑞东，洪扬，陈小平．稳定与多级非稳定条件下徒手与负重深蹲的肌电特征研究及其对

当前力量训练的启示［J］. 体育科学，2015，35（8）：45-51.

［4］黎涌明，资薇，陈小平．功能性动作测试（FMS）应用现状［J］. 中国体育科技，2013，49（6）：105-111.

［5］王卫星，李海肖．竞技运动员的核心力量训练研究［J］. 北京体育大学学报，2007，30（8）：1121-1131.

［6］赵亮，葛春林，陈小平．高水平沙滩排球运动员核心稳定性与最大扣球速度的相关性研究［J］. 中国体育科技，2012，48（6）：25-29.

［7］赵亮，葛春林，陈小平．高水平沙滩排球运动员核心稳定性与下肢专项移动能力的相关性研究［J］. 北京体育大学学报，2013，36（1）：134-139.

［8］赵亮，申喆．核心稳定性训练对青少年排球运动员专项运动能力的影响［J］. 中国体育科技，2015，51（5）：3-10.

［9］Anderson K G，Behm D G. Maintenance of EMG activity and loss of force output with instability［J］. Journal of strength and conditioning research，2004，18（3）：637-640.

［10］Anderson K，Behm D G. Trunk muscle activity increases with unstable squat movements［J］. Canadian journal of applied physiology，2005，30（1）：33-45.

［11］Arokoski J P，et al. Back and abdominal muscle function during stabilization exercises［J］. Arch Phys Med Rehab，2001，82（8）：1089-1098.

［12］Baechle T R，Earle R W. National Strength and Conditioning Association［J］. Essentials of strength training and conditioning，2008.

［13］Baechle T R，Earle R W. Essentials of strength training and conditioning［M］. Champaign，Ⅲ：Human Kinetics，2000.

［14］Barr Karen P，Griggs Miriam，Cadby Todd. Lumbar stabilization-Core concepts and current literature，part 1［J］. Am J Phys Med Rehab，2005，84（6）：473-480.

［15］Barr Karen P，Griggs Miriam，Cadby Todd. Lumbar stabilization-A review of core concepts and current literature，Part 2［J］. Am J Phys Med Rehab，2007，86（1）：72-80.

［16］Baumgartner T A. Measurement for evaluation in physical education and exercise science［M］. Boston-Hill，2003.

［17］Behm David G，Anderson Kenneth，Curnew Robert S. Muscle force and activation under stable and unstable conditions［J］. J Strength Cond Res，2002，16（3）：416-422.

［18］Behm David G，Leonard Allison M，Young Warren B，Bonsey W，Andrew C，MacKinnon Scott N. Trunk muscle electromyographic activity with unstable and unilateral exercises［J］. Journal of strength and conditioning research，2005，19（1）：193-201.

［19］Kibler W Ben，Press Joel，Sciascia Aaron. The role of core stability in athletic function［J］. Sports Med，2006，36（3）：189-198.

［20］Bergmark A. Stability of the lumbar spine：A study in mechanical engineering［J］. Acta orthopaedica Scandinavica. Supplementum, 1989, 230: 1-54.

[21] Bird SP Barrington-Higgs B Hendarsin F. Relationship between functional movement screening and physical fitness characteristics in Indonesian youth combat sport athletes [C]. 4th Exercise and Sports Science Australia Conference, 2010: 9-11.

[22] Boyle M. Functional training for sports [M]. Champaign, IL: Human Kinetics, 2004.

[23] Stuart M. Mcgill. Low back disorders: Evidence-based prevention and rehabilitation [M]. 3rd ed., Champaign, Ⅲ: Human Kinetics, 2015.

[24] Brzycki M. A critical look at functional training [J]. Texas Coach, 2011 (1): 44-47.

[25] Buchwald E. Functional training [J]. The Physical therapy review, 1949, 29 (11): 491-496.

[26] Burton S L. Performance and injury predictability during firefighter candidate training [D]. Virginia Polytechnic Institute and State University, 2006.

[27] Jacek Cholewicki, Krishna Juluru, Stuart M, McGill. Intra-abdominal pressure mechanism for stabilizing the lumbar spine [J]. Journal of Biomechanics, 1999, 32 (1): 13-17.

[28] Clark M, et al. Core (trunk) stabilization and its importance for closed kinetic chain rehabilitation [J]. Orthopaedic Physical Therapy Clinics of North America, 2000, 9 (2): 119-136.

[29] Cordo P J, Nashner L M. Properties of postural adjustments associated with rapid arm movements [J]. Journal of neurophysiology, 1982, 47 (2): 287-302.

[30] Behm David G, Leonard Allison M, Young Warren B, et al. Trunk muscle electromyographic activity with unstable and unilateral exercises [J]. The Journal of Strength & Conditioning Research, 2005, 19 (1): 193-201.

[31] Durall Christopher J, Udermann Brian E, Johansen Dana R, et al. The effects of preseason trunk muscle training on low-back pain occurrence in women collegiate gymnasts [J]. Journal of strength and conditioning research, 2009, 23 (1): 86-92.

[32] Quinn E. Sports Medicine: Core stability training: How to build a strong foundation [EB/OL]. http: //www. spozasxnedicine. about. com/cs/conditioning/a/aa052002a. htm. Accessed September 3, 2006.

[33] Fredericson M, Moore T. Core stabilization training for middle-and long-distance runners [J]. New studies in athletics, 2005, 20 (1): 25-37.

[34] Frohm A, Heijne A, Kowalski J, et al. A nine-test screening battery for athletes: a reliability study [J]. Scandinavian journal of medicine & science in sports, 2012, 22 (3): 306-315.

[35] Gambetta V, Gray G. Following a functional path [J]. Training & Conditioning, 1995, 5 (2): 25-30.

[36] Gollhofer A. Proprioceptive training: considerations for strength and power production [J]. Strength and power in sport, 2008: 331.

[37] Happee R, Van Der Helm F C. The control of shoulder muscles during goal directed movements, an-inverse dynamic analysis [J]. Journal of Biomechanics, 1995, 28 (10): 1179-1191.

[38] Harre D, Barsch J R. Principles of sports training : introduction to the theory and methods of training [M]. Berlin: Sportverlag, 1982.

[39] Heidt R S, Sweeterman L M, Carlonas R L, et al. Avoidance of soccer injuries with preseason conditioning [J]. The American journal of sports medicine, 2000, 28 (5): 659-662.

[40] Hewett T E, Lindenfeld T N, Riccobene J V, et al. The effect of neuromuscular training on the incidence of knee injury in female athletes. A prospective study [J]. The American journal of sports medicine, 1999, 27 (6): 699-706.

[41] Masaya Hirashima, Hiroshi Kadota, Shizuka Sakurai, et al. Sequential muscle activity and its functional role in the upper extremity and trunk during overarm throwing [J]. J Sports Sci, 2002, 20 (4): 301-310.

[42] Hodges P W. Core stability exercise in chronic low back pain [J]. Orthopedic Clinics of North America, 2003, 34 (2): 245-254.

[43] Hodges P W, Butler J E, Mckenzie D K, et al. Contraction of the human diaphragm during rapid postural adjustments [J]. The Journal of physiology, 1997, 505 (2): 539-548.

[44] Hodges P W, Richardson C A. Inefficient muscular stabilization of the lumbar spine associated with low back pain. A motor control evaluation of transversus abdominis [J]. Spine, 1996, 21 (22): 2640-2650.

[45] Hodges P W, Richardson C A. Contraction of the abdominal muscles associated with movement of the lower limb [J]. Physical therapy, 1997, 77 (2): 132-142.

[46] San Francisco Spine Institltte, Dynamic Lumbar Stabilization Program [M]. San Francisco: San Francisco Spine Institute, 1989.

[47] Santana J C. Functional Training [M]. Boca Raton FL: Optimum Performance Systems, 2000.

[48] Johnson P. Training the trunk in the athlete [J]. Strength Cond J, 2002, 24 (1): 52-59.

[49] Maikutlo, Kebaets, et al. Thoracic position effect on shoulder range of motion, strength, and three-dimensional scapular kinematics [J]. Archives of Physical Medicine and Rehabilitation, 1999, 80 (8): 945-950.

[50] Kibler W B. Biomechanical analysis of the shoulder during tennis activities [J]. Clinics in sports medicine, 1995, 14 (1): 79-85.

[51] Kibler W B, Press J, Sciascia A. The role of core stability in athletic function [J]. Sports Med, 2006, 36 (3): 189-198.

[52] Kibler W B. Evaluation of apparent and absolute supraspinatus strength in patients with shoulder injury using the scapular retraction test [J]. The American journal of sports medicine, 2006, 34 (10): 1643-1647.

[53] Kiesel KylePlisky, Phillip J, Voight Michael L. Can Serious Injury in Professional Football be Predicted by a Preseason Functional Movement Screen [J]. North American journal of sports physical therapy : Najspt, 2007, 2 (3): 147-158.

[54] King M A. Core stability: Creating a foundation for functional rehabilitation [J]. Athlet Ther Today, 2000, 5 (2): 6-13.

[55] King M A. Functional stability for the upper quarter [J]. Athlet Ther Today, 2000, 5 (2): 17-21.

[56] Kraemer W J, et al. Joint Position Statement: progression models in resistance training for healthy-adults [J]. Med Sci Sport Exer, 2002, 34 (2): 364-380.

[57] Leetun Darin T, Ireland Mary L loyd, Willson John D, et al. Core stability measures as risk factors for lower extremity injury in athletes [J]. Medicine and science in sports and exercise, 2004, 36 (6): 926-934.

[58] Liemohn W P, et al. Measuring core stability [J]. J Strength Cond Res, 2005, 19 (3): 583-586.

[59] Magill R A. Motor learning and control [J]. Concepts and applications, 2004: 7.

[60] Marshall R N, Elliott B C. Long-axis rotation: The missing link in proximal-to-distal segmental sequencing [J]. J Sport Sci, 2000, 18 (4): 247-254.

[61] Mcgill S. Ultimate back fitness and performance [M]. Backfitpro Incorporated, 2009.

[62] Mcmullen J, Uhl T L. A kinetic chain approach for shoulder rehabilitation [J]. Journal of Athletic Training , 2000, 35 (3): 329-337.

[63] Meeuwisse W H. Predictability of sports injuries. What is the epidemiological evidence [J]. Sports Med, 1991, 12 (1): 8-15.

[64] Meier H. Neue Aspekte der Rumpfstabilisation im Sport [J]. Leistungssport, 2005, 35 (2): 35-38.

[65] Minick K I, Kiesel K B, Burton, et al. Interrater reliability of the functional movement screen [J]. J Strength Cond Res, 2010, 24 (2): 479-486.

[66] Nadler S F, et al. The relationship between lower extremity injury, low back pain, and hip muscle strength in male and female collegiate athletes [J]. Clinical Journal of Sport Medicine, 2000, 10 (2): 89-97.

[67] Nadler S F, et al. Functional performance deficits in athletes with previous lower extremity injury [J]. Clinical Journal of Sport Medicine, 2002, 12 (2): 73-78.

[68] Nitz A J, Peck D. Comparison of muscle spindle concentrations in large and small human epaxial muscles acting in parallel combinations [J]. The American surgeon, 1986, 52 (5): 273-277.

[69] Norris C M. Abdominal muscle training in sport [J]. British journal of sports medicine, 1993, 27 (1): 19-27.

[70] Okada T, Huxel K C, Nesser T W. Relationship between core stability, functional movement, and performance [J]. The Journal of Strength & Conditioning Research, 2011, 25 (1): 252-261.

[71] Onate J A, Dewey T, Kollock R O, et al. Real-time intersession and interrater reliability of the functional movement screen [J]. J Strength Cond Res, 2012, 26 (2): 408-415.

[72] O'Sullivan P B, Phyty G D M, Twomey L T, et al. Evaluation of specific stabilizing exercise in the treatment of chronic low back pain with radiologic diagnosis of spondylolysis or spondylolisthesis [J]. Spine, 1997, 22 (24): 2959-2967.

[73] Panjabi M M. The stabilizing system of the spine. Part Ⅱ. Neutral zone and instability hypothesis [J]. Journal of spinal disorders, 1992, 5 (4): 390-396.

[74] Panjabi M M. The stabilizing system of the spine. Part Ⅰ. Function, dysfunction, adaptation, and enhancement [J]. Journal of spinal disorders, 1992, 5 (4): 383-389.

[75] Parchmann C J, McBride J M. Relationship between functional movement screen and athletic performance [J]. The Journal of Strength & Conditioning Research, 2011, 25 (12): 3378-3384.

[76] Peterson C L. Strengthening the core from the inside out [J]. Athletic Therapy Today, 2003, 8 (4): 41-43.

[77] Pope M H, Panjabi M. Biomechanical definitions of spinal instability [J]. Spine, 1985, 10 (3): 255-256.

[78] Prentice W E. Rehabilitation techniques for sports medicine and athletic training [M]. Boston: McGraw-Hill, 2004.

[79] Richardson C, Jull G, Toppenberg R, et al. Techniques for active lumbar stabilisation for spinal protection: A pilot study [J]. The Australian journal of physiotherapy, 1992, 38 (2): 105-112.

[80] Sato K, Mokha M. Does Core Strength Training Influence Running Kinetics, Lower-Extremity Stability, And 5000-M Performance In Runners [J]. J Strength Cond Res, 2009, 23 (1): 133-140.

[81] Schmidt R A. Principles to Practice [M]. Champaign, IL: Human Kinetics Books, 1991.

[82] Schneiders Anthony G, Davidsson Asa, Hörman Elvira, et al. Functional movement screen normative values in a young, active population [J]. International journal of sports physical therapy, 2011, 6 (2): 75-82.

[83] Scibek J S, Guskiewicz W, Prentice. The effect of core stabilization training on functional performance in swimming [D]. University of North Carolina : Chapel Hill, 2001.

[84] Shultz R, Mooney K, Anderson S, et al. Functional movement screen: inter-rater and subject reliability [J]. British Journal of Sports Medicine, 2011, 45 (4): 374-374.

[85] Smith C A, Chimera N J, Wright N J, et al. Interrater and intrarater reliability of the functional movement screen [J]. J Strength Cond Res, 2013, 27 (4): 982-987.

[86] Stanton R, Reaburn P R, Humphries B, et al. The effect of short-term Swiss ball training on core stability and running economy [J]. Journal of Science and Medicine in Sport, 2004, 18 (3): 522-528.

[87] Teyhen Deydre S, Shaffer Scott W, Lorenson Chelsea L, et al. The Functional Movement

Screen: a reliability study [J]. The Journal of orthopaedic and sports physical therapy, 2012, 42 (6): 530-540.

[88] Tiller W A. Science and human transformation: subtle energies, intentionality and consciousness [M]. Walnut Creek, Calif: Pavior Pub, 1997.

[89] Tse M A, Mcmanus A M, Masters R S W. Development and validation of a core endurance intervention program: Implications for performance in college-age rowers [J]. J Strength Cond Res, 2005, 19 (3): 547-552.

[90] Schenau G J I, Bobbert M F, Rozendal R H. The unique action of bi-articular muscles in complex movements [J]. Journal of anatomy, 1987, 155: 1-5.

[91] Vera-Garcia F J, Grenier S G, McGill S M. Abdominal muscle response during curl-ups on both stable and labile surfaces [J]. Physical therapy, 2000, 80 (6): 564-569.

[92] Weinberg R S, Gould D. Foundations of Sport and Exercise Psychology [M]. 6th. ed, Champaign, Ⅲ: Human Kinetics, 2015.

[93] Wieczorkowski M P. Functional movement screening as a predictor of injury in high school basketball athletes [J]. 2010: 4.

[94] Kevin E Wilk , Keith Meister, James R. Andrews. Current concepts in the rehabilitation of the overhead throwing athlete [J]. Am J Sport Med, 2002, 30 (1): 136-151.

[95] Winters J M, Woo S L Y. Multiple muscle systems : biomechanics and movement organization [M]. New York: Springer-Verlag, 1990.

[96] Young J L, et al. The influence of the spine on the shoulder in the throwing athlete [J]. J Back Musculoskelet Rehabil, 1996, 7 (1): 5-17.

[97] Vladimir M Zatsiorsky, William J. Kraemer. Science and practice of strength training [M]. Human Kinetics, 2006.

[98] Zattara M, Bouisset S. Posturo-kinetic organisation during the early phase of voluntary upper-limb movement. 1. Normal subjects [J]. Journal of Neurology, Neurosurgery & Psychiatry, 1988, 51 (7): 956-965.

专题 7

超等长训练的理论与实践进展

阮棉芳

摘要：

本章节讨论了超等长的基本概念，并阐述了动作的阶段划分及相应的生理机制。在介绍超等长训练发展历程中，我们重点介绍了维尔霍山斯基、科米和卡瓦尼亚三位国际著名学者的研究成果；我们还对文献中有关超等长训练效果的科学验证进行了梳理。有关超等长增强机制的理论争议，主要讨论了：①牵张反射是否对超等长运动起到重要的作用？②弹性能是不是真正地提升了肌肉的做功？这些理论争议使我们在训练中会重视一般超等长与急速超等长的区分、力量训练基础、最佳拉伸负荷、预激活等重要因素。超等长训练历经几十年的发展，融入了很多新的理念及革新的动作技术，形成了较为完善的训练理论体系。在充分理解超等长训练的机理和特点，并结合专项特点，创造更多、更新的训练形式以及训练器材是今后超等长训练发展的方向。

第一节 超等长的基本理论

一、超等长的概念

起源于苏联的田径运动，曾经作为秘密武器使东欧国家在田径运动中快速崛起并称霸的超等长练习如今已经是很普遍的训练方法。超等长可以定义为利用反向动作进行快速爆发式的动作，其中，肌肉经历了拉长—收缩周期（SSC：stretch-shortening cycle）[1]。肌肉的拉长—收缩周期是指肌肉离心收缩紧接着向心收缩[2]，肌肉经历拉长—收缩周期中关节运动表现为先屈后伸，如跳跃运动，肌肉能产生超出最大等长收缩力量 50% ~ 100% 的肌力，超出等动收缩 6 倍的功率[3,4]。当然不是所有具有反向动作的练习都能产生如此大的功率，只有那些快速并且经历冲击性负荷的动作才能产生如此大的功率。超等长练习一般是指具有冲击性负荷，肌肉进行快速拉伸收缩的练习，这正是维尔霍山斯基发明的“冲击性练习”的特征，也有其他学者将其命名为“反应力量”[5, 6]，国内有学者将超等长练习命名为快速伸缩复合训练[7]。无数的科学研究与实践都证实了超等长训练的有效性，甚至像花样游泳这样传统上远离爆发力训练的项目也从超等长训练中提升了竞技水平，因此有人提出了“竞技体育就是超等长运动”的理念[8]。

二、超等长动作的阶段划分与生理机制

超等长动作一般可以分为四个阶段，每个阶段都产生一定的神经肌肉变化，而正确有效的超等长动作对每一阶段都有要求。

超等长动作可以分为四个阶段（表7-1）。预激活阶段是指着地前50~100ms[2]到着地这段时间，肌肉在这个阶段预先激活以准备抵抗强大的冲击力。主动肌和拮抗肌落地前的共同收缩（co-contraction）[9]或者落地前的动作[10]都能造成肌肉的预激活，预激活通常被解释为神经元根据预先程序激活肌肉，具有很多重要的功能[11, 12]。第一个功能，预激活为肌肉在落地后迅速提升肌力达到最大值创造了有利条件[9]；在非爆发性动作中，肌肉需要300ms才能达到最大肌力，但是在快速SSC的动作中，如跳深运动，肌肉达到最大肌力所需的时间少于100ms。当肌肉被强烈地预激活时，肌肉收缩所需的神经肌肉生理反应在落地前就完成了，所以肌力能在落地后迅速提升；肌肉预激活的第二个功能是增加了肌梭的敏感度从而增强了牵张反射的效果[13]，也增加了肌肉肌腱的刚度[2]并提高了肌力[14]。因此，有研究表明在快速运动中腓肠肌、股外肌、股二头肌及臀大肌的肌电水平超过最大随意收缩的肌电水平[14]，研究还表明肌肉只有在较大预激活水平时，快速拉伸才能提升肌肉力量[15]。预激活水平的调节取决于动作任务[10]、拉伸负荷[16]、疲劳程度[17]、前庭与视觉输入[18]，以及言语指示[19]。

表7-1　超等长动作阶段划分

动作阶段	主动肌工作形式	神经肌肉生理变化
预激活	等长或离心	主动肌，协同肌，拮抗肌不同程度地被激活[2]
制动	离心收缩	肌梭被刺激，弹性能被储存[20, 21]
转换	等长收缩	弹性能储存达到最大值

续表

动作阶段	主动肌工作形式	神经肌肉生理变化
加速	向心收缩	弹性能释放，α 运动神经元刺激主动肌[20,21]

在制动阶段，肌肉进行离心收缩时肌肉中的串联弹性元被拉长，弹性储存在串联弹性元中，同时与肌纤维并联的肌梭也被拉长，从而刺激肌梭发出信号通过 Ia 传入神经传导到脊髓。这个阶段要求肌肉迅速拉伸，但是拉伸的持续时间要短，肌肉拉伸的幅度也要小。小幅度的拉伸与更大机械输出的关系符合“小幅度刚度（the short range stiffness）”的概念[22]，“小幅度刚度”是指在拉伸范围很小时，肌肉可以像弹簧一样工作，而拉伸幅度超过一定范围后，肌肉弹性能将急剧下降，其原因是肌肉刚度的快速下降[23]。同时，当肌肉被过分拉伸时肌动蛋白与肌凝蛋白在横桥上的链接会被分离而导致肌肉收缩能力的下降[24,25]。

转换阶段（amortization phase）是指离心收缩结束与向心收缩开始之间的延迟时间，这个延时也叫耦合时间（coupling time）[21]。如果时间间隔不是非常短，存储的能量将以热的形式散发[26]，牵张反射也不能在后续阶段增大肌肉的激活程度[21]。缩短这个阶段的持续时间是超等长训练的重要任务，在加速阶段肌肉进行向心收缩把离心收缩中储存的弹性能释放出来。同时，牵张反射也在这个阶段产生作用，提升了肌肉的激活水平，提高了肌力输出。

综上所述，关于超等长动作中肌肉能力提升的机制主要有以下三种：①反向动作增加了用于肌力提升的时间[27]；②牵张反射的贡献[28]；③弹性能的利用[21,28]。因为各个动作结构不同，持续时间不同，这些机制并不一定都会发生，深入理解这些机制对超等长运动的作用，不仅对科学研究具有意义，而且对人体运动的策略以及训练方法的改进具有现实意义[27]。

三、超等长训练效果的科学验证

（一）对骨骼肌系统的影响

超等长训练的效果不仅体现在跑、跳、投等项目运动成绩的提高，也对参与者骨骼肌系统产生显著的影响。对儿童和青少年的多项研究表明超等长训练能增加骨量 1%~8%[2]。对骨量产生积极作用效果最好的是青春期早期的少年，对青春期前的儿童效果略低，而对于处于青春期后期的少年效果最低[30, 31]。跳跃等训练不仅可以增加儿童的骨量，还能提高骨结构和强度[32, 33]，研究也表明超等长训练对幼儿期正常成长和发展也有正面的影响作用。而对于提高运动员骨量，超等长练习需要较大的负荷量，训练周期一般在5~24个月，每周3~5次训练课，每次训练课50~100次跳跃，负荷强度控制在中低水平[29]。

针对超等长练习影响整块肌肉和单个肌纤维收缩能力的研究不多，格罗塞（Grosset）等的研究[34]发现10周的超等长训练能增加腓肠肌的最大收缩力值和力值提升率，因此收缩时间也缩短了。另外，玛丽索克斯（Malisoux）等[35]对股外侧单个肌纤维的收缩能力进行了研究，发现8周的超等长训练可以促使Ⅰ、Ⅱa型及混合Ⅱa和Ⅱx型肌纤维的收缩力峰值和收缩最大速度显著增加，同时所有肌纤维类型的最大功率也会显著增加。因此，超等长对于运动成绩提高的部分原因可以解释为肌纤维收缩能力的提升。这个解释至少适用于膝关节伸肌，是否对其他肌肉同样适用还需要进一步研究，整块肌肉和单个肌纤维肥大也是另一个原因。

力量训练和耐力训练对肌肉和肌纤维大小的影响在文献中都有记载，目前关于超等长训练影响人体肌肉肥大的研究还不是很多。库博（Kubo）等[36]利用磁共振成像（MRI）技术证实了经过12周的超等长训练促使跖屈肌肌肉体积的显著增加（约5%），这种效应类似于同样持续时间负重训练诱发产生的效应，此外，玛丽索克斯（Malisoux）等[35]报道在8周的超等长训练后股外侧肌肌纤维横断面积显著增加，其中Ⅰ型增加23%，Ⅱa型增加22%，Ⅱa和Ⅱx混合型增加30%。总体而言，这些数据表明短期单独的超等长训练或结合负重训练都能促使Ⅰ型和Ⅱ型肌纤维的适应性肥大，但总体效果比负重训练差[29]。

（二）对肌肉神经控制的影响

神经中枢和外周神经的控制在超等长练习中对力量的提升起到关键作用，在预激活阶段，离心的后期阶段和向心的早期阶段肌肉的激活程度至关重要。有研究表明，超等长训练后在跳深练习中大腿内收肌的预激活程度及内收肌和外收肌的共同收缩都明显提高；另有研究发现在一段时间的超等长训练后大腿伸肌预激活也提高了。克罗莱恩（Kyrolainen）等[37]的研究发现超等长训练后跖屈肌的激活程度、最大自主收缩（MVC）和运动中肌肉动员水平都提高了，这主要是通过增加运动单位的募集或放电频率；另有研究还证实了超等长训练能提升肌肉牵张反射的兴奋性。这些结果表明，超等长练习的神经适应不仅在肌肉的运动传导系统上，也有部分在其感官系统上。神经适应方面其他可能的机制还包括在纵跳时腿部肌肉激活方式的改变（或者是肌间的协调），尤其是在预激活阶段以及牵张反射兴奋性的提升。目前研究神经肌肉控制的方法主要是表面肌电，而表面肌电图振幅的改变可能归因于中央神经的驱动，也可能是肌肉肥大造成的，还有可能是一些技术原因导致。虽然肌电标准化能解决一部分技术问题，但是深入理解超等长练习引起的神经肌肉控制适应还需单个运动单位记录技术，如 Hoffman 反射，而这很少在超等长练习的研究中得到应用。

（三）对运动能力的影响：跳跃、速度、敏捷、耐力、专项技术

1. 纵跳成绩

众多研究表明短期的超等长练习可以提高儿童和青少年的纵跳高度，不分性别和有无运动基础，提高的程度都是显著的。不同纵跳形式提升的程度略有不同，半蹲跳（squat jump）+8.1%；无摆臂的反向跳（countermovement jump）+9.9%；有摆臂的反向跳+6.9%，以及跳深跳（drop jump）+13.4%[29]，这种 2~7cm 的提高幅度对于运动实践有显著的影响。多个研究还发现超等长练习和负重训练结合比单独的超等长练习更加有效[36]，如摆臂反向跳平均提高了 7.8%，而单独进行超等长练习后平均提高了 6.9%；超等长练习与负重训练在神经系统和肌肉骨骼系统有不同的适应性改变[36, 38]，他们的结合能促进运动员身体更全面的训练性适应。文献中有关超等长练习对水平跳跃能力的研究较少，主要采用立定跳远、五级跳以及跳远。运动员和非运动员在进行超等长训练后水平跳跃能力都得到了提高，平均提高了 4.1%（1.4%~7.0%），这一数据小于纵跳成绩的提高[29]。

2. 快速跑成绩

短距离快速跑速度对许多运动项目都至关重要，快速跑中下肢肌肉需要极大的功率输出，因此有理由认为超等长训练能提高快速跑的成绩。研究结果也证实了超等长练习有助于 10~55m 快速跑成绩的提高，超等长练习对 10m 的快速跑成绩影响相对最大（平均进步 2.2%），20m 短跑成绩进步了 1.5%，30m 跑进步了 1.3%，40m 跑成绩平均提高 1.7%，50m 跑平均提高 1.5%[29]。以上结果表明，超等长训练对短跑中加速期影响最大。毋庸置疑，超等长练习是提高速度的有效训练方式，那么它能比传统的速度训练提高得更快吗？瑞梅（Rimmer）和斯温特（Sleivent）[39]对比了超等长练习和传统的短跑训练对 10m 和 40m 跑成绩的影响，在 8 周超等长练习后进行超等长练习的组在 10m 和 40m 跑成绩显著提高，

但是提高的幅度与传统短跑训练组的差异并不显著；马克维克（Markovic）等[40]的研究更是发现传统短跑训练更优于超等长练习。

3. 灵敏性

灵敏定义为受到刺激时快速改变速率或方向的全身运动，大部分灵敏动作需要下肢伸肌群做离心运动结合向心运动（即 SSC 肌肉功能）。超等长练习增加了肌肉输出功率并提高了动作效率，从而缩短了在地面的停留时间。因此，教练员期望通过超等长训练提高灵敏性。评价灵敏性的方式主要有 T 型跑、30m 往返跑、正方形跳、4m 侧身跑等，多项研究表明超等长练习能使灵敏性测试成绩提高 1.5%～10.2%[35, 40-42]，而超等长练习结合负重练习，以及超等长练习结合运动专项练习也能使灵敏性测试成绩提高 2.7%～7.6%[43]。

4. 耐力成绩

耐力运动员（如长跑运动员、自行车运动员、越野滑雪运动员）在传统上注重提高心肺功能和肌肉耐力。通常认为这些因素是耐力运动项目取得成功的决定性因素，但超等长训练也被证实能提高耐力运动成绩，如潘维兰（Paavolainen）等人的研究[44]发现超等长训练能使 5km 的成绩提高 3.1%。以往的研究表明了超等长练习单独进行或是与其他训练结合都能显著提高儿童和青少年的各种运动成绩，不论他们是否有运动经历、运动水平的高低。

(四) 对预防运动损伤的作用

超等长练习除了对肌肉功能以及跑、跳成绩的提升，结合其他一些强调神经肌肉控制的练习还具有预防运动损伤的作用，特别是对女子非接触性前十字交叉韧带受伤的预防在多项研究中得到证实[45-47]。超等长的组合练习能改善落地时受伤风险的生物力学因素，包括：①降低地面反作用力；②减少膝关节外翻角度及外翻力矩；③增加下肢肌肉的预激活水平和离心阶段的预激活水平。佐伯斯（Zebis）等的研究[48]证实了超等长练习增加了侧向急停转身中腘绳肌的预激活以及着地期间的预激活水平，有效地降低了膝关节的外翻；超等长练习还能提高股后肌群的力量并改善股四头肌与股后肌群的力量比值，从而降低受伤风险，因此超等长练习应作为女子球类运动力量训练的重要部分并贯穿全年的训练。由于目前研究都是以女子运动员作为受试者，超等长练习对男子运动员预防受伤的作用还未得到证实。

第二节　超等长训练的发展历程

一、超等长训练发展过程中的重要事件

有关超等长训练的研究不仅有运动训练层面的应用研究，也有很多探讨生理生物力学机制的基础研究，涉及神经控制因素（如牵张反射）、力学因素（如肌肉拉伸的负荷及拉伸速度）、肌肉力学因素（如弹性能）、生理学的因素（如肌肉主动收缩部分的能力增强）以及各个因素的互相作用（如不同拉伸负荷可能导致牵张反射或者抑制性反射），对机制的深刻理解可以推动运动技术革新，如串联弹性元作为功率放大器的重要性激发了研究者的灵感而设计出革命化的新滑冰鞋[49]；另外，对机制的不完全理解会导致对训练提出错误的建议，如有些学者建议通过柔韧性训练来降低肌肉的刚度从而增加功的输出[50]，事实上多个研究[10,51]证明在收缩前增加肌肉的刚度可以增加肌肉的工作能力；很显然，训练方法的重大突破需要充分研究这些机制，具体发展见表 7-2。

表 7-2　超等长训练与理论发展

年份	人物	事件及著作
1950	维尔霍山斯基	发明了跳深训练
1960	维尔霍山斯基	“冲击训练”方法正式系统地提出[52, 53]
1964	卡瓦尼亚	提出反应力量的概念[6]
1968	卡瓦尼亚	首次证实了预先拉长的肌肉能做更多的正功[54]
1971	卡瓦尼亚	证实了反向跳比半蹲跳能提高 10%[55]
1972	鲍尔佐夫	奥运会 100 米冠军主要归功于超等长训练[8]
1975	弗雷德 · 威尔特	正式命名 *plyometrics*[8]
1977	卡瓦尼亚	对骨骼肌中弹性能的储存和利用进行了系统的阐述[56]
1978	科米，巴什科	开始一系列的生物力学实验[20, 57]
1984	范因格申诺	对快速跑中弹性能的大小提出质疑[58]
1987	巴比特等	对不同高度不同技术的跳深进行了生物力学分析[59, 60]
1990	巴比特	系统综述了跳深作为提高跳跃能力的训练手段[61]

续表

年份	人物	事件及著作
1992	科米	使用扣式传感器测量了肌肉 SSC 中的速度—力曲线[62]
1993	威尔克等	为投掷运动员提出了上肢超等长练习[1]
1997	范因格申诺等	发起了国际学者对 SSC 增强机制进行了大讨论[27, 50,63-66]
1998	芬妮等	用光纤技术活体测量肌肉 SSC 中的速度—力曲线[67]
2003	芬妮等	用超声波技术测量了运动中肌束的长度变化[68]

二、苏联运动训练专家维尔霍山斯基（Verhoshansky）主要研究成果

系统地提出超等长训练，并进行了深入科学研究的第一人毋庸置疑是苏联著名训练学专家维尔霍山斯基。他就读于航空工程学院，毕业后却成为一位成功的田径跳跃项目的教练员，特别是在20世纪50年代，发明了跳深这一最经典的超等长训练方法，这种训练方法使他的运动员的运动成绩突飞猛进，他的运动员曾创造了苏联和欧洲的记录，他也成为苏联田径国家队的教练员。1966年，维尔霍山斯基中断了他的教练生涯，专心致力于运动训练的研究；1968年，他命名跳深为冲击性训练。之后，他运用测力台等生物力学仪器对跳深进行了系统的实验分析，影响深远的有四个实验。

实验一：1968 年

该实验比较了运动员以三种不同方式进行最大强度纵跳的跳跃高度及地面反作用。第一种方式是没有反向动作的纵跳，也就是文献中常见的半蹲跳（squat jump），下肢主动肌在收缩前处于等长收缩的状态。第二种方式是正常的纵跳，向上蹬伸前下肢有一个向下屈曲的动作，下肢的主动肌在收缩前有一个被拉长的过程。第三种方式是从50cm的台子上落下进行跳深跳跃，下肢主动肌在缩短前被地面反作用力急速拉长（图7-1）。

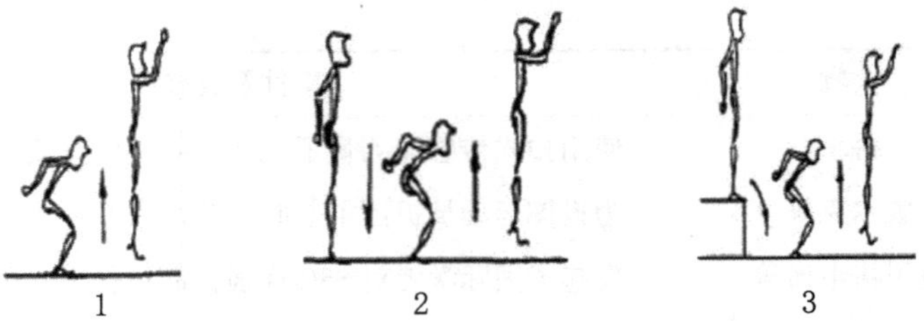

图 7-1　运动员以 3 种不同的初始状态进行最大强度的纵跳

注：1. 无反向动作的半蹲跳；2. 有反向动作的纵跳；3. 从 50cm 的台子上落下进行纵跳。

实验结果显示三种纵跳的方式中第三种方式跳得最高，第二种次之，最低的是第一种方式。如图 7-2 所示，第三种纵跳方式的地面反作用力最大值是体重的 3 倍，而且作用时间比其他两种跳跃方式短很多；第二种纵跳方式的反作用力最大值接近自身体重的 2 倍，而第一种纵跳方式的反作用力升高缓慢，最大值是自身体重的 1.5 倍，起跳所需时间也最长，几乎是第三种纵跳方式的 3 倍。

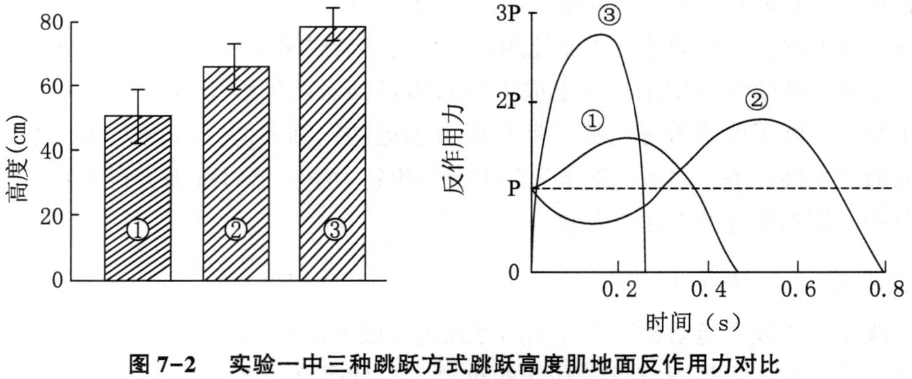

图 7-2　实验一中三种跳跃方式跳跃高度肌地面反作用力对比

注：左图纵坐标表示纵跳的高度（cm），右图表示起跳过程中的地面反作用力，纵坐标是地面反作用力，p 代表体重，横坐标是地面反作用力的时间（s）。

实验二：1979 年

该实验比较了运动员以四种不同的方式进行上肢最大爆发力推伸练习。第一种方式：上肢肌肉放松，然后快速推伸搁置在锁扣上的重物，上肢没有反向运动；第二种方式：上肢肌肉先等长收缩，然后快速推高重物，没有反向运动；第三种方式：上肢先反向运动再快速推高重物；第四种方式：下落的重物使上肢做快速的有冲击性的反向运动，再快速推高重物。图 7-3 显示了推高过程中重物的加速度曲线。第四种推升方式中重物的加速度峰值最大，超过 $3m/s^2$，而且持续时间是最短的；第三种方式的加速度峰值为 $2m/s^2$，较之第一、第二种方式的高，且持续时间比较短；第一种方式的重物加速度峰值最低，持续时间最长。该实验表明运动中的功率输出取决于肌肉的初始状态，外加负荷提升了肌肉的激活程度，也提升了肌肉的输出功率。

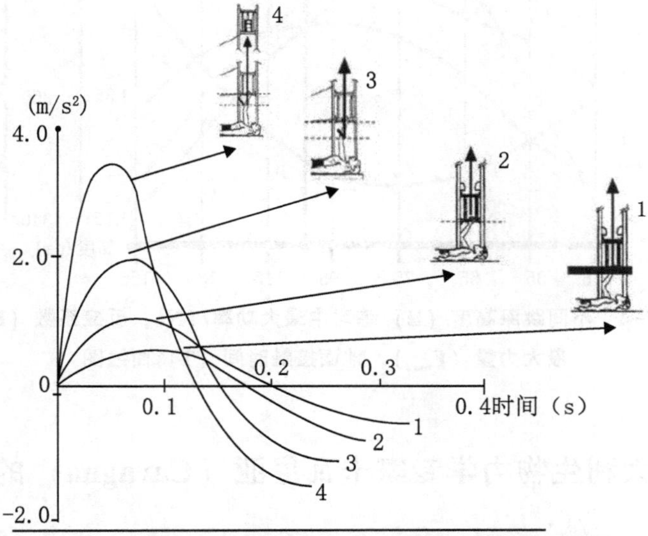

图 7-3　实验二中四种不同的初始状态及推升过程中重物的加速度曲线

注：重物重量为四种方式中可执行最大重量的 60%，1. 直接推升；2. 先等长收缩再推升；3. 先反向动作再推升；4. 冲击性推升。

实验三：1986 年

该实验召集了多名排球队员进行了 12 周（每周 3 次）的身体训练，其中前四周进行密集的跳深练习，落差高为 50～70cm，每次训练进行 3～5 组，每组 10 次。每周运动员用腿部蹬伸机测试最大力量及爆发力；实验结果表明整个训练过程下肢最大功率提高了 26%，最大肌力提高了 14%。通过对比训练前后股四头肌的肌电，该实验还发现了：

(1) 运动单位募集和运动单位放电频率提高了 34%；

(2) 运动单位同步水平提高了 6%。

另一项重要实验：

该实验召集了 36 名田径运动员进行不同高度的跳深练习，跳深高度从

0.15m 开始，每次增加 20cm，一直到 1.55m。结果显示最短着地时间发生在 0.75m，最大功率发生在 0.75m，最大反应系数（跳跃腾空高度除以跳台高度）发生在 0.75m，最大力量发生在 0.95~1.15m（图 7-4）。

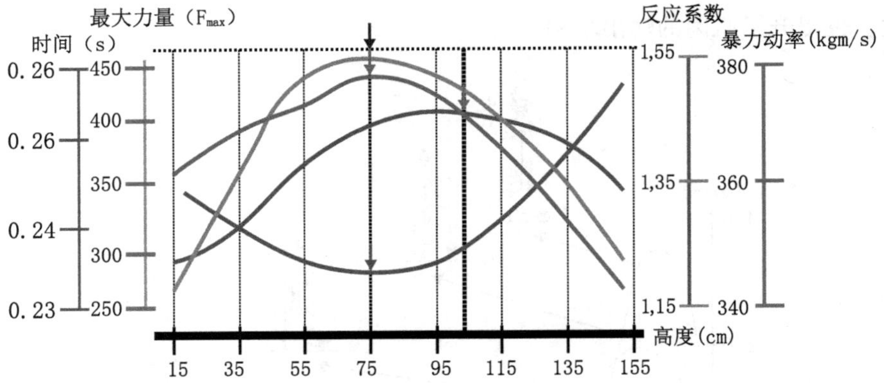

图 7-4 不同跳深高度（H）练习中最大功率（N），反应系数（R），最大力量（F_{max}），地面接触时间（T）曲线图

三、意大利生物力学专家卡瓦尼亚（Cavagna）的贡献

卡瓦尼亚教授早在 20 世纪 60 年代就建立了实验室对走、跑进行了研究，并在 1964 年发表了《跑动中的机械功》（Mechanical Work in Running）[6]，1971 年发表了《短跑的力学》（The Mechanics of Sprint Running）[69]，他对跑中的功、功率、弹性能等进行了深入的研究。为了验证他的科学假说：人体跑动中有大量的弹性能的再利用，他还对单块离体肌肉进行了深入的研究[54]。他比较了肌肉在两种不同的初始状态下等长收缩、快速拉伸（其他条件包括初始长度、激活水平、收缩距离等均相同）和肌肉收缩的做功大小。随着拉伸速度和距离的增加，快速拉伸后肌肉做功与等长收缩后肌肉做功的比值也越来越大，最大达到 2.5，拉伸后增大的正功主要是由于弹性能的储存和再利用，部分增大的正功被归因于收缩元的增强作用（potentiation of the contractile component）[70]。

在快速跑中，随着跑动速度的加快，肌肉收缩的速度也会相应地加快。根据经典的力—速度曲线，最大功率是在最大速度 1/3 时达到，随着收缩速度的进一步提高，输出功率将下降。但实际情况并非如此。卡瓦尼亚发现正功率随着跑速增加直到跑速达到 5m/s，随后在 7m/s 时功率达到 180kW（图 7-5）。在速度大于 7m/s 时，正功率随跑动速度的增加直到最大速度时的 290kW[71]。高速跑中的高功率是弹性元与收缩元协调配合的结果，弹性元起到了功率放大器的作用。卡瓦尼亚还证实了反向跳比半蹲跳的功输出和跳跃高度增加了 10%，平均功率输出增加了 70%，踝关节的功率输出峰值达到 180kW[55]。1977 年，卡瓦尼亚综合他多年的研究成果以及部分他人的成果在《运动科学综述》（Exercise and Sports Science Review）上发表了《弹性能的存储与利用》（Storage and Utilization of Elastic Energy）对骨骼肌中弹性能的储存和利用进行了系统的阐述。

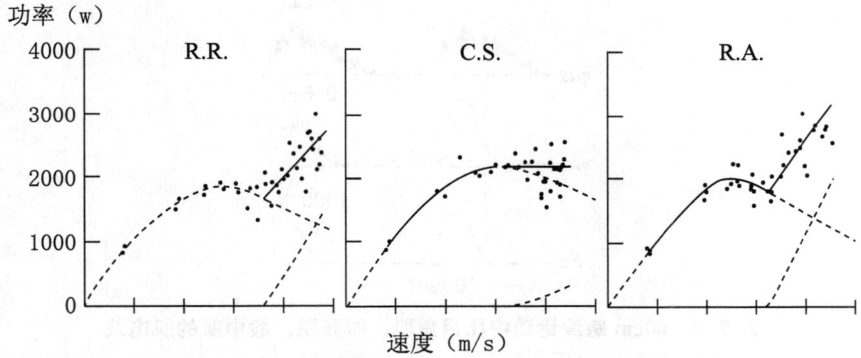

图 7-5　三位运动员快跑中跑动速度与蹬伸阶段平均功率（Cavagna et al.，1971）

四、芬兰生物力学专家科米（Komi）的主要研究成果

科米一生致力于对 SSC 机制的研究，他的研究结果对运动训练产生了深远的影响。主要贡献有：

（一）有关超等长练习中影响肌肉牵张反射的因素

牵张反射分为长潜伏期反射（long-latency reflex：50～100ms）和短潜伏期反射（short-latency reflex：20～45ms）[72, 73]。在快速超等长练习中，起主要作用的是短潜伏反射。

科米的研究证实了在 60cm 跳台上（图 7-6）的跳深运动中比目鱼肌有非常明显的牵张反射，他们还发现牵张反射对拉伸负荷[64]与疲劳非常敏感[74,75]。图 7-7显示了在拉伸负荷增加时肌电与地面反作用力的变化，在 80cm 的跳深运动中爆发的肌电最不清晰，这个减弱的反射活动是为了防止肌肉受伤而采取的保护性策略，是由高尔基腱器官引发的抑制作用[64]。科米和他的团队[74]还发现了力竭性 SSC 运动明显地降低了牵张反射的幅度，他们对比了马拉松赛前、赛后跳跃测试中比目鱼肌的肌电，结果显示比赛前测试牵张反射清晰可见，但是在比赛后的测试中则完全消失，以上的研究结果表明拉伸速度、拉伸负荷及疲劳程度都影响着牵张反射的程度。

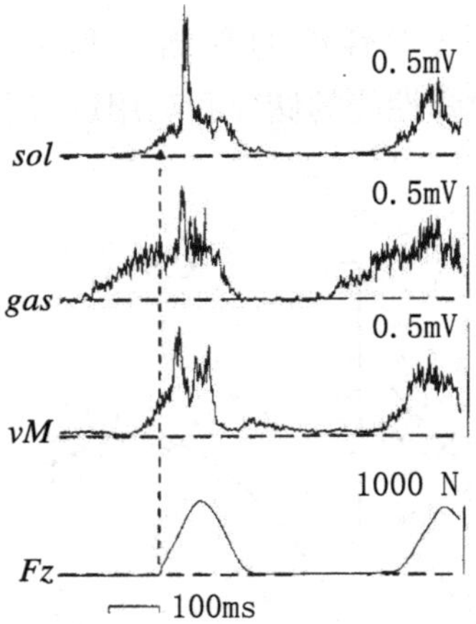

图 7-6　60cm 跳深运动中比目鱼肌、腓肠肌、股中肌的肌电及地面反作用力（Komi and Gollhofer，1997）[64]

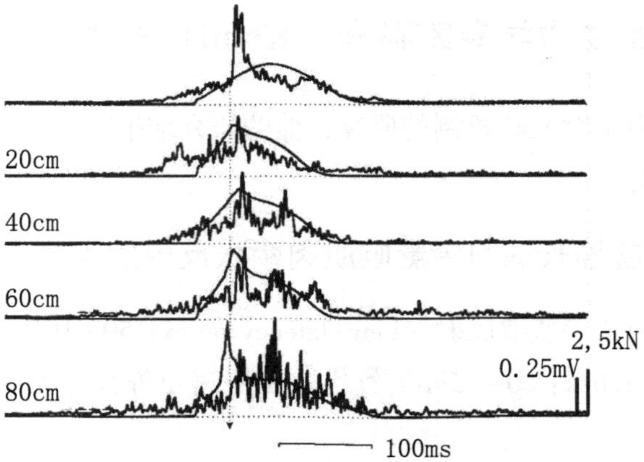

图 7-7　拉伸负荷增加时肌电与地面反作用力的变化（Komi and Gollhofer，1997）[64]

科米团队还利用高速超声技术和肌电技术记录了跑动中腓肠肌的肌束变化以及用肌电分析了中慢速跑步（2.0~6.5m/s）中牵张反射所起的作用[76]，研究结果显示在所有的跑步速度下腓肠肌在落地后都经历了瞬间的快速拉伸，但不同跑速拉伸的时机不同。较慢的跑速下（2.0m/s，3.5m/s，5.0m/s）腓肠肌的拉伸以及相应的短潜伏牵张反射发生在制动阶段的中部，而在较快的速度的情况下腓肠肌的拉伸及牵张反射的发生都明显滞后。科米提出在较慢速的情况下牵张反射提升了制动阶段（离心阶段）腓肠肌肌束的刚度，在较快速的情况下牵张反射提升了腓肠肌在向心阶段的力量。虽然跑步并非典型的超等长练习动作，但是动作结构与快速的超等长练习相似，肌肉经历了 SSC，所以研究结果有助于我们理解牵张反射在不同超等长练习中的不同作用。

（二）超等长练习中肌肉的力—速度曲线

希尔方程描述了肌肉基本的力学特性。按照经典的离体肌肉的力—速度曲线，最大的功率发生在大约最大肌力 1/3 与最大收缩速度 1 /3 结合的地方。但这是在肌肉完全激活的情况下，对抗不同的负荷所取得的结果与人体实际运动的状态相差很大。在超等长练习中肌肉并非一直保持完全的激活状态，更大的差别是肌肉肌腱复合体经历了快速拉伸再进行收缩的 SSC 而不是单纯的向心收缩。科米团队分别用传感器[62]和光纤技术[67]测量了跑跳中肌肉肌腱复合体的力—速度曲线。图 7-8 中虚线代表肌肉在最大激活水平进行单独的向心收缩，类似经典的希尔方程的曲线，阴影部分代表肌肉肌腱复合体在 SSC 中力的提升部分（force potentiation），这个曲线很好地揭示了人体运动中肌肉力学特性与希尔方程曲线的差异。

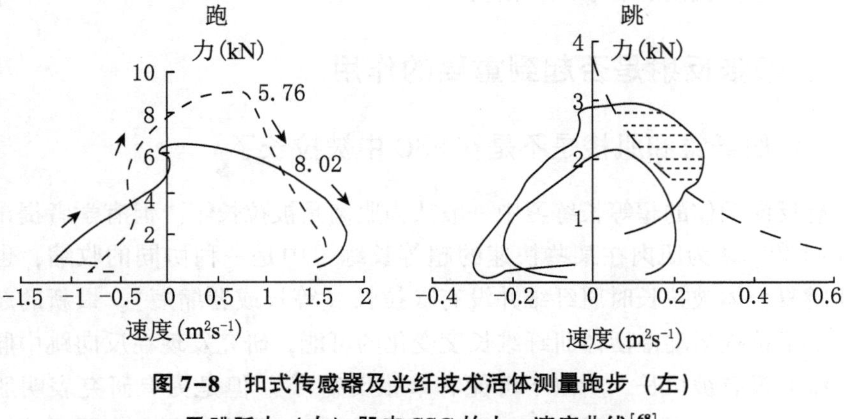

图 7-8　扣式传感器及光纤技术活体测量跑步（左）及跳跃中（右）肌肉 SSC 的力—速度曲线[68]

（三）超等长技术在越野滑雪竞技中的应用

大量的研究涉及超等长动作在跑、跳、投中的应用，以及相对应的肌力与功率提升的生理机制，而越野滑雪项目受限于苛刻的实验条件及传统的耐力主导的观念，很少有研究涉及快速屈伸技术在越野滑雪中的应用。科米是这方面研究的先驱，他是世界上第一个科学家在实验室搭建特殊设计的测力台系统，专门测量滑雪中地面反作用力（1985 年）。这套系统开始由 4 道 6m 长的测力台组成，镶嵌在雪地里可以精确地同时测量滑雪板以及雪仗的地面反作用力，系统后面扩展到 20m 长，永久地安装在芬兰武奥卡帝滑雪实验室。除了测力台，这个实验室还安装了其他精密的仪器，可以从生物力学、生理学、神经生理学等方面对各种水平的滑雪运动员进行测试研究。科米和他的团队自 20 世纪 80 年代起就通过分析滑雪运动员的各关节角位移及角速度、肌电、机械能负功、氧耗等指标对超等长技术在滑雪中的应用进行了深入的研究，研究结果证实了快速屈伸技术在滑雪中具有生物力学、生理学、神经生理学等方面的优势。基于超过 25 年的研究结果，科米认为某些高水平运动员没有很好地运用快速屈伸技术是早期青少年训练的失误，教练员应该重视传授快速屈伸技术。

第三节　超等长增强机制的理论争议

如前所述，关于超等长动作中肌肉能力提升的机制主要有以下三种：①增加了用于肌力提升的时间[27]；②牵张反射的贡献[28]；③弹性能的利用[21,28]。目前文献中对于这些机制还有争议，主要的争议如下。

一、牵张反射是否起到重要的作用

（一）肌纤维和肌梭是不是在 SSC 中被拉长了

在有反向动作的超等长练习中一般认为肌肉是被拉长了。但有学者提出了质疑，他们[77,78]认为肌肉在某些快速的超等长练习中是一种协同的收缩，也就是肌肉肌腱复合体被拉长时肌纤维并没有被拉长（等长或者缩短）。最新的超声波技术提供了检查运动中活体肌纤维长度变化的可能，研究发现在反向跳中腓肠肌的肌纤维并没有被拉长，所以不可能有牵张反射[79]。但是另有研究表明股外肌的肌纤维是被拉长了[80]。科米（Komi）的团队[76]对跑步的研究表明慢速至中等速度（2.0~6.5m/s）跑时腓肠肌的肌纤维在着地后都会被拉长，但是在超过 6.5m/s 的速度时腓肠肌是不是被拉长目前还不明确。这些研究结果表明不同的肌肉在不同的超等长动作中会有不同的肌纤维运动，某些肌肉确实被拉长了从而发生了牵张反射，但是有些肌肉确实没有被拉长，而对于急速的动作肌纤维是不是被拉长还需要更多的研究。

（二）牵张反射是否有足够的时间提升肌肉的做功能力

对于大部分爆发性的超等长练习，牵张反射的发生并没有很多争论，至少某些肌肉会发生牵张反射，但是，文献中对于牵张反射在快速动作中对提高肌肉做功能力的大小是有疑问的。有学者[27,81]提出快速的动作一定是前馈控制，而牵张反射产生的对肌肉机械能的影响由于延时而起不到实际的作用。在图 7-7 显示的 60cm 跳深运动中，肌电的爆发峰值出现在落地后的 40~45ms[65]，总的延迟时间是这个 40~45ms 加上肌电与肌力的延迟 10~12ms，也就是 50~57ms [2]，即使在触地时间最短的短跑中脚接触地面也有 90~100 ms。因此，有学者认为牵张反射有足够的时间对超等长练习中的肌力提升提供实际的贡献。但是，另有学者[27,82]反驳肌电爆发与力开始增长的延时并不能代表实际功能的延时，这个延时理论上其实是零，也就是力对肌电变化的反应是实时的[27]，但力值的增加必须达到一定的程度才能对肌肉做功能力提升起到作用。因此，设定一个阈值[82]或者用互相关（cross-correlating）的方法计算肌电反应与肌力变化的延迟是比较合适的。他们研究结果表明肌电与肌力存在 90~100ms 的延时，这个延时加上神经系统的延时 40ms，也就是说牵张反射需要 130ms 才能充分发挥作用。

从图 7-9 的被动牵拉中也可以看到，跟腱的力在牵张反射后立即开始增大直到动作结束，但肌电的峰值与肌力的峰值的延时却超过 100ms。虽然我们不能完全否定牵张反射对提升肌力的作用，但是在快速的 SSC 动作中牵张反射对肌肉做功增强的作用是受到时间限制的。伊思卡娃（Ishikawa）和科米（komi）[77]的研究发现随着跑速的增加，由于肌肉预激活的增加，肌肉刚度相应增加，腓肠肌在落地后被拉长的时机也相应地被延缓。因此，在较慢速的情况下牵张反射在制动阶段（离心阶段）就能发挥作用，而在较快的跑速下牵张反射只能在向心阶段发挥作用，可以推测随着跑速的增加牵张反射的作用更加滞后，而越快的速度着地的时间就越短。因此，牵张反射在跳远、跨栏等急速的动作中起的作用较小。

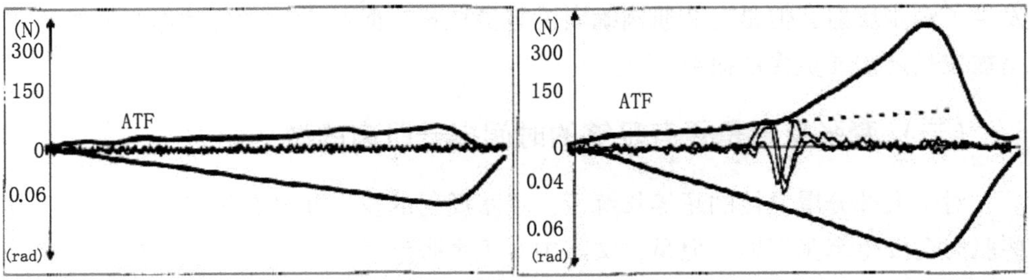

图 7-9　在被动拉伸中，牵张反射对肌肉力量增强的影响（Nicol & Komi，1998）[83]

注：速度为 0.44rad/s 时（左图），牵张反射没有发生，跟腱力（ATF）缓慢增长；在被动拉伸速度为 1.2rad/s 时（右图），激发了牵张反射，跟腱力（ATF）显著增强。

二、弹性能是否真正提升了肌肉的做功

肌肉中弹性能的储存与重利用是没有争议的，但是有些学者[27,66,84,85]质疑弹性能究竟能不能在向心阶段提高肌肉的做功，或者说超等长练习做功能力的提升是不是应该归功于反向动作中储存的弹性能，因为弹性能的存储而使串联弹性元的长度增加对于给定的关节运动幅度，这个长度的增加是以牺牲主动收缩元的做功为代价的。范因格申诺（Van Ingen Schenau）等[27]用一个模拟模型说明了在向心阶段做功并不是由储存在串联弹性元的弹性能决定的（图 7-10），相对于半蹲跳，在反向跳中弹性能的储存要多出 9.7J，但是这并不能说明弹性能增加了功的输出。当模拟模型用更快的力值提升斜率时，关节力矩与弹性能在反向跳与半蹲跳中的差别增大了，但是反向跳与半蹲跳在功输出的差别中反而从 15J 降低了 5J（图 7-10）。所以，作者得出结论弹性能并不能增加功的输出。

(a)

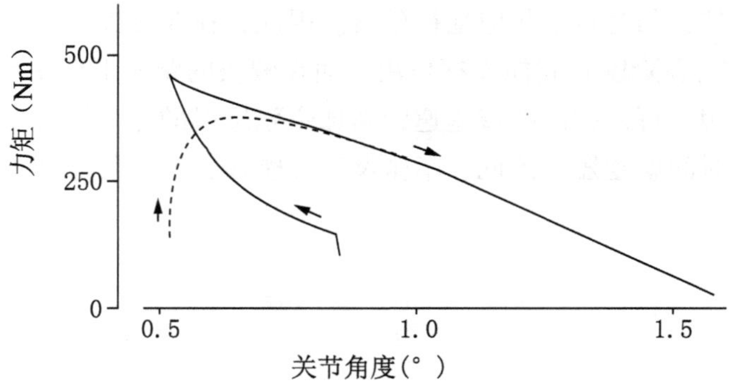

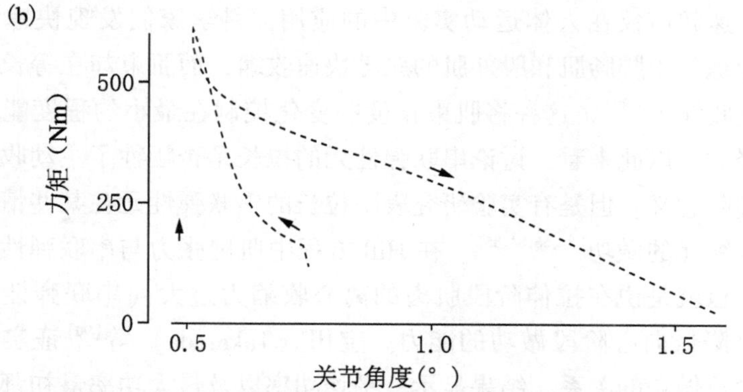

图 7-10　从正向动力学模拟得出的力矩—关节角度曲线

注：上图肌肉刺激的提升按照人体跳跃中肌电水平的提升，下图肌肉刺激与兴奋提升速率增加一倍。(Ingen Scheanu, et al., 1997)[67]

反向跳之所以比半蹲跳跳得更高的根本原因是肌肉离心与向心临界点的肌肉力值得到了提升，在蹲跳（squat jump）中，肌肉在未充分发挥肌力前已经开始向心收缩，所以一部分的做功距离上肌力是处于较低的水平。而在反向跳中，肌肉在向心收缩前已经产生了最大肌力，因此蹲跳输出的功比反向跳要小[27,86]，如图 7-11 所示，曲线下的面积等于决定纵跳高度的功[87]，很显然，反向跳曲线包含了更多的面积是因为反向跳中地面反作用力更大而做功距离相同；阴影部分的面积代表了反向跳比蹲跳获得能量的差别，这决定了反向跳能跳得更高。

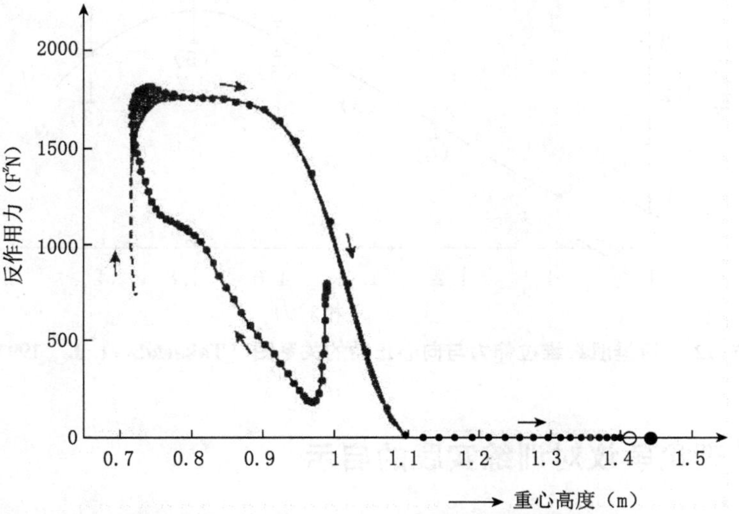

图 7-11　反向跳和蹲跳中垂直地面反作用力与重心高度的曲线（Bobbert et al., 2005）[87]

随着高速超声仪在人体运动实验中的应用，科学家们发现快速的超等长练习，如跳深练习中腓肠肌和股外肌的肌腱快速收缩，而肌束却在等长收缩或者以很慢的速度收缩[89,89]，这种将肌束长度的变化控制在最小的程度能增大弹性能的贮存和释放。以此来看，讨论串联弹性元的拉长是否牺牲了主动收缩元的做功并非具有实际意义。但是有实验研究表明拉长的串联弹性元在某些情况下确实降低了主动收缩元的做功[27,66,84,85]。在 Hill 方程中肌肉张力与串联弹性元的长度是成正比的，也就是说在拉伸阶段肌肉的离心收缩力过大（串联弹性元的长度过长）可能会降低向心阶段做功的能力。宝田（Takarada）等[90]证实了离心收缩力与向心阶段做功的关系，结果显示，平均功率以及最大功率最初都随着离心收缩力增大而增大，当离心收缩力超过最大等长收缩力 1.8 倍时平均功率以及最大功率开始下降（图 7-12），相同的趋势也同样发生在肘部的拉伸收缩运动[90]和下蹲的练习[91]。对于肌肉做功能力的下降还有一种解释，即串联弹性元拉长超过一定力值时，肌纤维的横桥可能被分离[24,25]，虽然对于机制的解释还需进一步地深入研究，但拉伸负荷过大对于超等长练习的负面影响是显而易见的。超等长训练目的之一是提高运动员对超大拉伸负荷的耐受能力，跳台的高度、助跑的速度、起跳脚落地的方式都会影响拉伸负荷大小。只有拉伸的负荷与运动员的能力相匹配，超等长练习中的功率输出才能最大化。

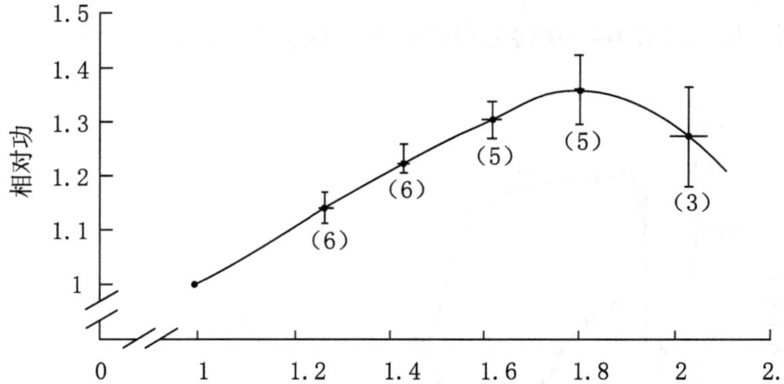

图 7-12　青蛙肌纤维拉伸力与向心正功的关系图（Takarada et al.，1997）[90]

三、理论争议对训练实践的启示

科学理论上的争议是科学进步发展不可或缺的部分，争议的由来主要是有些现象在离体肌肉或者是单个肌纤维的实验中观察到，但是在人体多关节运动层面上并不能表现出来[26]。另外，不同的超等长练习由于不同的动作结构，不同的时空特征也导致了动作机制的不同。因此，有关超等长方面的理论争议其实是对一些特殊形式超等长现象的补充解释，深入理解这些理论争议并不会导致运动实践的无所适从与左右为难，恰恰相反，这些争议有助于教练员真正认识相关动作的特性，明确训练中的主要矛盾，更有针对性地去解决问题。

（一）急速超等长、一般超等长、短程式、长程式的划分

超等长练习中肌肉都经历了较快速的拉伸收缩周期，急速的运动比如快速跑的落地动作、跳远、跳高的踏跳足触地的时间是100~250ms，而反向跳及上肢的投掷动作会大于250ms，两者相差很大[66]。因此，有学者提出按动作时间是否小于250ms来定义动作为急速超等长或者一般超等长[8]，这两类动作中的弹性能存储利用、牵张反射的作用、肌肉神经控制都会有较大的差异，这些差异也是机制上存在争议的重要原因。德国的比勒（Bührle）[92]通过对各种踏跳动作的研究认为超等长练习应在250 ms内完成，过长的动作时间不利于弹性能的产生与再利用；德国的保尔斯费尔德（Bauersfeld）和福斯（Voss）[93]等人对田径和体操青少年运动员的超等长练习进行深入研究后从神经肌肉生理学的角度按动作时间把超等长练习又细分为“短程式（少于170ms）”与“长程式（超过170 ms）”，他们认为神经系统对超等长的练习具有非常重要的影响，常规的训练很难改变超等长练习的时间，运动员的肌肉拉长—收缩时间在一定程度上受遗传的影响，同时在训练中也极易形成“动力定形”，只有运用特定的训练方法才能打破已形成的“定式”，使踏跳时间由“长程式”向“短程式”改变。陈小平[5]通过对双胞胎儿童超等长动作的研究也证实了踏跳时间的重要性，并且提出了超等长的动作时间问题应该在少儿基础训练阶段加以解决，充分利用少儿的“速度敏感期”优先发展收缩速度，在训练初期首先形成能充分发挥超等长优势的“短程式”踏跳节奏，而不是首先发展跳跃的高度或远度，为以后超等长力量的进一步发展打好基础。

（二）力量基础

质疑弹性能是否可以提升肌肉的做功能力，并非在否认弹性能的作用，在快速超等长动作中，肌肉中的串联弹性元SEE起到了功率放大器的作用，将储存的弹性能以极快的速率释放出来。在较慢速度的超等长动作中（如普通的反向

跳），弹性能的利用就并非很重要，反向动作提供了肌力提升的时间就可能是主要的机制；在重复性的超等长动作中，弹性能的作用也毋庸置疑，它能节省一部分能量损耗，提高运动的经济性。学者质疑弹性能是否可以提升肌肉做功的能力，本质上是强调 CE 主动收缩力的提升才是主因，肌肉储存的弹性能取决于 SEE 被拉长的长度，而 SEE 的长度是与肌肉张力成正比的；由于正常的人体运动中，并联弹性元很少发挥作用，因此肌肉张力完全由 CE 决定。换言之，没有肌肉主动收缩力的提升，弹性能是无法储存的，这一点反映在训练实践中也就是在进行高强度的超等长训练前必须具备一定的力量训练基础。

维尔霍山斯基甚至提出在进行跳深训练前，运动员需具备深蹲体重 2.5 倍的杠铃的能力，虽然最合理的数字还有待进一步研究，但毋庸置疑超等长训练的前提是基本力量素质。当今训练界往往采用测试功能性的力量（包括爆发力）而不是纯力量来确定一个运动员是否具备超等长训练的基本素质和能力，功能性测试时运动员需肩扛体重 60%的杠铃，要求 5 秒钟内做 5 次半蹲。如果运动员不能完成，训练计划应强调抗阻训练，而超等长训练的强度应该维持在低到中等[8]，需要强调的是一些低强度的超等长训练完全适合没有力量训练基础的青少年练习。

（三）最佳拉伸强度（负荷）

超等长动作要发挥最大的爆发力，最大程度提升运动表现，适宜的拉伸强度或者说拉伸负荷是关键。以下肢动作为例，地面冲击力就可以作为强度的指标，在跳深练习中地面冲击力是由跳台高度决定的，维尔霍山斯基的实验结果显示 75cm 是专业运动员发挥最大功率的最佳高度[53]；而对于业余运动员，最佳高度是 45~55cm[64]。可以推测，随着运动员力量素质以及训练水平的提高，这个最佳高度（最佳拉伸强度）会进一步提高；换言之，只有抗冲击的能力与拉伸强度相匹配超等长动作才能发挥最佳表现。跳深的高度、助跑跳跃中的助跑速度、负重练习中的负重量都可以调节拉伸强度，对于单个动作而言，只有最佳拉伸强度才能最大限度地提升超等长的表现，对于短期训练（8~12 周）采用最佳拉伸强度训练才能取得最佳的训练效果。但对于长期训练而言，目前缺乏研究数据。

（四）预激活

抗冲击的能力，除了与基本的力量素质有关还与着地前的肌肉预激活息息相关。一次有效的爆发性超等长动作往往具备以下特征：快速的离心拉伸速度促进力值的快速增长及提升牵张反射的效果，较小的拉伸幅度以获得“小幅度刚度”的优势及更大的弹性能，降低肌束的长度变化以优化弹性能的释放。适宜的肌肉预激活是实现以上特征的关键，同时不同的预激活水平是引起机制方面争议的重要因素。较高水平的预激活，将使肌肉迅速达到肌力的峰值，提高经受冲击力的能力，避免肌肉过度拉伸，维持“小幅度刚度”，最终能更好地储存利用弹性能。预激活提升了肌梭的敏感程度，牵张反射也会更快地发挥作用，避免了时间上的不足。总之，预激活是促进肌力发展，提升肌电水平、促进牵张反射、提高肌肉刚度、促进收缩元能力提升的必要条件，对超等长练习的功与功率输出具有决定性的作用[16]。研究证实提高助跑速度以及主动性的落地动作都能提高跳跃起跳过程中的预激活水平，而中长期的超等长训练也能提高相应动作的预激活水平。由于预激活水平的调节取决于动作任务[10]、疲劳程度[17]、前庭与视觉输入[18]以及言语指示[19]等，训练中如何有效地提高运动员超等长动作中的预激活水平还有待进一步研究。

第四节　超等长训练的发展趋势

超等长训练历经几十年的发展融入了很多新的理念以及革新的动作技术，形成了较为完善的训练理论体系，与最初的以跳深为主的超等长训练相比已经发生了很大的变化，超等长训练进入了 2G 时代，具有以下特点：

一、有关强度、量（负荷）、频率等训练因素理论初步完善

任何训练计划的制订应该基于训练前测试的结果，以一个准备期开始然后进入有特定目标的训练周期，通过训练后的测试来检验目标是否达到。一个训练计划能否达到特定目标，主要取决于重要训练因素的掌控。

（一）强度

强度是完成一个预订任务的努力程度，在超等长训练中，控制训练的强度是成功的关键。超等长练习强度的提高可以通过在某些练习中的负重、提高跳深的高度或者立定跳远的目标远度来实现。小步跳比跨步跳的负荷小，双腿跳比单腿跳的强度小，按强度从低到高，朱（Chu）[8]将不同的跳跃排序为连续原地纵跳、立定跳跃、多级跳跃、箱上跳跃、跳深跳跃。虽然这样的分法还存在一定争议，

但其背后的原理对训练计划的制订还是非常有益的。教练员制订训练计划时，必须明确各个阶段各个练习的强度，如热身活动应该维持低强度、循序渐渐、确保不会过度消耗运动员的能量。

（二）负荷量

量是在一节运动课或一个周期中所有练习的总量，在超等长练习中，量经常通过脚触地的次数来计算，如站立三级跳由三个部分组成，包括三次脚触地。朱（Chu）推荐初学者在间歇期的一节训练课中可以做低强度练习，总计60~100次脚触地，而中级水平运动员可以做100~150次脚触地的低强度练习，加上100次脚触地的中等强度练习，高级运动员能在同样的训练课中进行150~250次脚触地的低到中强度练习[8]，在热身活动中所采用的低强度练习通常不计入脚触地的次数。

（三）频率

频率是做一个练习重复的次数或者是一个训练周期里训练课的次数。有关超等长练习频率的研究并没有清晰的结论，一般认为在下一个训练课前应保证48~72小时的休息，这对肌肉完全恢复是非常必要的。如果运动员得不到充分的恢复，肌肉疲劳将导致运动员不能对训练刺激（地面接触、距离、高度）做出最大程度的努力，最终结果就是无法有效提高运动员的水平。由于超等长练习给身体造成很大的负荷而动作的质量又是关键，所以高强度的超等长训练必须安排在其他训练之前。

（四）恢复

恢复是决定超等长训练能否成功发展肌肉力量或者爆发力的关键因素，工作休息比应该是1∶5或者1∶10以确保动作的质量和强度。如单组练习需要10s完成，则恢复时间就需要50~100s；因为超等长训练是一种无氧运动，组间较短的恢复期（10~15s）不能让最大肌肉耐力得到最大的恢复。超等长训练的准备期（休赛期）应该涉及一般的动作练习，如可以提高协调能力的小跳步练习或者简单的跳跃练习，而不该去练习像变向运动这样的专项动作。随着赛前期的临近，练习可以更具专项特性。高难度的技术练习之后不应该安排高强度的、大运动量的超等长训练，而应该采用热身性的活动和低强度的超等长练习以便恢复，更好的做法是在技术练习后的第二天安排超等长训练，增加训练的多样性，同时让运动员的身心从技术练习中恢复过来。

（五）动作技术

超等长练习千变万化，但有一些基本动作是有统一规范的，如落地动作脚部应该平置、前脚掌可以先落地，但是脚的其他部分也要触地；着地后应尽快由下降转化为上升，目标是在地面上花最少的时间。通常跳跃中的摆臂动作，肘部必须后摆远离身体中线，当向上蹬伸运动开始时手臂应快速向前向上摆，练习中应该采用双臂摆动的方式。对于初学者，训练的重点是规范技术动作，主要练习方式应该是低强度的。通常需要12~18周的基础超等长训练计划来确保运动员能正确地完成超等长练习的动作，随后才可以进行更大强度、更大量的练习。

（六）预防损伤

预防损伤关键因素之一是循序渐进提高强度，并注重运动员个体的差异。如体型巨大的运动员不应该在完全适应超等长训练的冲击力前做单腿练习活动，一般运动员也需要在整个赛季练习双腿跳基础上，才能练习站立三级跳、单腿跳等。预防损伤的另一关键因素是疲劳状态下的训练安排，受伤最容易发生在肌肉出现疲劳时或者当教练说“再来一次”时，像踝关节扭伤和膝关节受伤这类普通的损伤都可能与过度疲劳下缺少控制有关。

二、超等长训练形式更加丰富，更紧密结合专项

当代的超等长训练已经远远超出了跳深单一的练习形式，经常使用的练习形式超过100种，但这些传统的超等长训练通常在硬地上进行，由于地面冲击力大，肌肉酸痛和损伤的风险较大。近年来，在沙地及水中等非硬地进行的超等长练习渐渐兴起，多项研究证实非硬地超等长练习确实能大大减少肌肉酸痛的发生，水中超等长训练能提高反向跳1.2%~7.5%[94]，与传统的硬地落地练习效果相似。对于沙地超等长训练的研究显示，沙地练习较草地上练习对于提高短跑速度相差无几，但草地上练习更能提高反向纵跳，而沙地上练习对于半蹲跳的提高更有利[95]。今后的研究重点应确定最佳水深程度以及水中沙地超等长训练的特殊机制。

超等长训练通常是不负重的，但早期的欧洲文献也提到了负重的跳跃练习，目前有关负重超等长训练的定量研究较少。现代训练界一般认为初习者不应该进

行负重超等长训练，即使优秀运动员经过多年系统训练后采用负重跳跃练习也应该非常谨慎，只有在经历了一个长的准备期后才能在一个 8 周的训练中每周采用不超过一次。一般使用负重的背心、壶铃、橡皮带等器材进行负重超等长练习，负重不超过体重的 10%，较少采用重量较大的杠铃，因为负重杠铃冲击力过大容易导致脊柱腰背损伤。在此背景下，我国学者刘宇发明了新型的负重超等长系统，可以锁定杠铃下降位置，避免对脊柱的冲击。因此，可以使用 30% 1RM 负荷进行负重超等长训练。他们的研究[96]结果显示负重超等长训练模式比起单独的重量训练或超等长训练更能有效地提高最大力量和爆发力，但是该系统较为昂贵，要在更大范围内推广使用还需有更廉价的版本以及更多的训练研究。

当今超等长训练之所以发展迅速，重要的原因之一是我们对超等长训练的机理有了更深入的认识，摒弃了一些错误的做法，又根据超等长的原理结合专项特点，创造了很多新型的练习形式，如以前很流行的错误做法是在热身活动中加入很多静态拉伸活动，期望增大肌肉的延展性以获得更多的弹性能。又如，20 世纪 80、90 年代我国部分教练员将超等长练习中的离心收缩与向心收缩割裂开分别进行练习，这种方法违背了超等长练习最基本的机理，忽视了超等长练习中最重要的离心与向心收缩的耦合[97]。创造新型练习手段时还必须根据专项特点决定着重发展水平能力还是垂直能力，如排球的扣球主要取决于能否把短距离的助跑水平速度转化成垂直的起跳速度，并在空中的最高点做挥臂的动作。因此，超等长训练应该强调发展垂直起跳的能力，而足球运动员必须优先发展从静止开始的水平加速能力，并具备快速变换方向所需的髋部侧向力量。在超等长训练中，80%的练习应该与专项中至关重要的技术动作相似，剩下的 20%可以用来练习普通身体素质[8]。

虽然只有短短几十年的发展，超等长训练无论从生理学机理、练习形式、训练理论都得到了长足的发展。今后的发展有待于教练员、科学家共同努力，创造创新练习形式、训练设备，进一步提高超等长练习的效果和效率。

参考文献

[1] Wilk K E, Voight M L, Keirns M A, et al. Stretch-shortening drills for the upper extremities: theory and clinical application [J]. The Journal of orthopaedic and sports physical therapy, 1993, 17 (5): 225-239.

[2] Komi P V. Stretch-shortening cycle: a powerful model to study normal and fatigued muscle [J]. Journal of Biomechanics, 2000, 33 (10): 1197-1206.

[3] Soest A J, Van Roebroeck M E, Bobbert M F, et al. A comparison of one-legged and two-legged countermovement jumps [J]. Medicine and Science in Sports and Exercise, 1985, 17 (6): 635-639.

[4] Fugl-Meyer A R, Mild K H, Hornsten J. Output of skeletal muscle contractions. a study of isokinetic plantar flexion in athletes [J]. Medicine and Science in Sports and Exercise, 1982, 115 (2): 193-199.

[5] 陈小平. 反应力量和反应力量的训练 [J]. 体育科学, 2001, 21 (5): 36-39.

[6] Cavagna G A, Saibene F P, Maragaris R. Mechanical work in running [J]. Journal of applied physiology, 1964, 19 (2): 249-256.

[7] 唐纳德·朱. 快速伸缩复合训练 [M]. 阮棉芳, 尹军, 译. 北京: 北京体育大学出版社, 2011: 1-5.

[8] Chu Donald. Jumping into Plyometrics [M]. Champaign: Human Kinetics, 1998: 1-5.

[9] Schenau G J V I, Bobbert M F, Haan A D. Mechanics and energetics of the stretch-shortening cycle: A stimulating discussion [J]. Journal of applied biomechanics, 1997, 13 (4): 484-496.

[10] Horita T, Komi P V, Nicol C, et al. Interaction between pre-landing activities and stiffness regulation of the knee joint musculoskeletal system in the drop jump: implications to performance [J]. European Journal of applied Physiology, 2002, 88 (1-2): 76-84.

[11] Dietz V, Schmidtbleicher S, Noth J. Neuronal mechanisms of human locomotion [J]. Journal of physiology, 1978, 42 (5): 1212-1222.

[12] Gollhofer A, Kyrolainen H. Neuromuscular control of the human leg extensor muscles in jump exercises under various stretch-load conditions [J]. International journal of sports medicine, 1991, 12 (1): 34-40.

[13] Gottlieb G L, Agarwal G C, Jaeger R J. Response to sudden torques about ankle in man. IV. A functional role of alpha-gamma linkage [J]. Journal of Neurophysiology, 1981, 46 (1): 179-190.

[14] Kyrolainen H, Avela J, Komi P V. Changes in muscle activity with increasing running speed [J]. Journal of sports sciences, 2005, 23 (10): 1101-1109.

[15] Linnamo V, Strojnik V, Komi P V. Maximal force during eccentric and isometric actions at different elbow angles [J]. European journal of applied physiology, 2006, 96 (6): 672-678.

[16] Kyrolainen H, Komi P V, Belli A. Changes in muscle activity patterns and kinetics with increasing running speed [J]. Journal of Strength and Conditiong Research, 1999, 13 (4): 400-406.

[17] Nummela A, Rusko H, Mero A. EMG activities and ground reaction forces during fatigued and nonfatigued sprinting [J]. Medicine and science in sports and exercise, 1994, 26 (5): 605-609.

[18] Avela J, Santos P M, Kyrolainen H, et al. Effects of different simulated gravity conditions on neuromuscular control in drop jump exercises [J]. Aviation space and environmental medicine,

1994, 65 (4): 301-308.

[19] Arampatzis A, Bruggemann G P, Klapsing G M. Leg stiffness and mechanical energetic processes during jumping on a sprung surface [J]. Medicine and science in sports and exercise, 2001, 33 (6): 923-931.

[20] Bosco C, Komi P V. Potentiation of the mechanical behavior of the human skeletal muscle through prestretching [J]. Acta physiologica Scandinavica, 1979, 106 (4): 467-472.

[21] Bosco C, Komi P V, Ito. Prestretch potentiation of human skeletal muscle during ballistic movement [J]. Acta Physiologica Scandinavica, 1981, 111 (2): 135-140.

[22] Rack P M, Westbury D R. The short range stiffness of active mammalian muscle and its effect on mechanical properties [J]. Journal of Physiology, 1974, 240 (2): 331-350.

[23] Bosco C, Komi P V. skeletal muscle through prestretching [J]. Acta Physiologica Scandinavica, 1979, 106 (4): 467-472.

[24] Flitney F W, Hirst D G. Cross-bridge detachment and sarcomere "give" during stretch of active frog's muscle [J]. Journal of Physiology, 1978, 276 (3): 449-466.

[25] Syme D A, Grattan M J. Effects of stretch on work from fast and slow muscles of mice: damped and undamped energy release [J]. Canadian journal of physiology and pharmacology, 2002, 80 (9): 887-900.

[26] Goubel F. Series elasticity behavior during the stretch-shortening cycle [J]. Journal of applied biomechanics, 1997, 13 (4): 439-443.

[27] Van Ingen Schenau G J, Bobbert M F, Dehaan A. Does elastic energy enhance work and efficiency in the stretch-shortening cycle [J]. Journal of Applied Biomechanics, 1997, 13 (4): 389-415.

[28] Komi P V, Bosco C. Utilization of stored elastic energy in leg extensor muscles by men and women [J]. Medicine and Science in Sports and Exercise, 1978, 10 (2): 261-265.

[29] Markovic G, Mikulic P. Neuro-musculoskeletal and performance adaptations to lower-extremity plyometric training [J]. Sports medicine, 2010, 40 (10): 859-895.

[30] Mackelvie K J, Mckay H A, Khan K M, et al. A school-based exercise intervention augments bone mineral accrual in early pubertal girls [J]. The Journal of pediatrics, 2001, 139 (4): 501-508.

[31] Witzke K A, Snow C M. Effects of plyometric jump training on bone mass in adolescent girls [J]. Medicine and science in sports and exercise, 2000, 32 (6): 1051-1057.

[32] Petit M A, Mckay H A, Mackelvie K J, et al. A randomized school-based jumping intervention confers site and maturity-specific benefits on bone structural properties in girls: a hip structural analysis study [J]. Journal of bone and mineral research: the official journal of the American Society for Bone and Mineral Research, 2002, 17 (3): 363-372.

[33] Mackelvie K J, Petit M A, Khan K M, et al. Bone mass and structure are enhanced following a 2-

year randomized controlled trial of exercise in prepubertal boys [J]. Bone, 2004, 34 (4): 755-764.

[34] Grosset J F, Piscione J, Lambertz D, et al. Paired changes in electromechanical delay and musculo-tendinous stiffness after endurance or plyometric training [J]. European journal of applied physiology, 2009, 105 (1): 131-139.

[35] Malisoux L, Francaux M, Nielens H, et al. Stretch-shortening cycle exercises: an effective training paradigm to enhance power output of human single muscle fibers [J]. Journal of applied physiology, 2006, 100 (3): 771-779.

[36] Kubo K, Morimoto M, Komuro T, et al. Effects of plyometric and weight training on muscle-tendon complex and jump performance [J]. Medicine and science in sports and exercise, 2007, 39 (10): 1801-1810.

[37] Kyrolainen H, Komi P V. The function of neuromuscular system in maximal stretch-shortening cycle exercises: comparison between power-and endurance-trained athletes [J]. Journal of Electromyography and Kinesiology, 1995, 5 (1): 15-25.

[38] Toumi H, Best T M, Martin A, et al. Muscle plasticity after weight and combined (weight + jump) training [J]. Medicine and science in sports and exercise, 2004, 36 (9): 1580-1588.

[39] Rimmer E, Sleivert G. Effects of a plyometrics intervention program on sprint performance [J]. Journal of strength and conditioning research, 2000, 14 (3): 295-301.

[40] Markovic G, Jukic I, Milanovic D. Effects of sprint and plyometric training on muscle function and athletic performance [J]. Journal of Strength and Conditioning Research, 2007, 21 (2): 543-549.

[41] Miller M G, Herniman J J, Ricard M D, et al. The effects of a 6-week plyometric training program on agility [J]. Journal of sports science & medicine, 2006, 5 (3): 459-465.

[42] Salonikidis K, Zafeiridis A. The effects of plyometric, tennis-drills, and combined training on reaction, lateral and linear speed, power, and strength in novice tennis players [J]. Journal of strength and conditioning research, 2008, 22 (1): 182-191.

[43] Ford H T, Puckett J R, Drummond J P, et al. Effects of three combinations of plyometric and weight training programs on selected physical fitness test items [J]. Perceptual and motor skills, 1983, 56 (3): 919-922.

[44] Paavolainen L, Hakkinen K, Rusko H. Effects of explosive type strength training on physical performance characteristics in cross-country skiers [J]. European journal of applied physiology and occupational physiology, 1991, 62 (4): 251-255.

[45] Myklebust G, Engebretsen L, Braekken I H, et al. Prevention of anterior cruciate ligament injuries in female team handball players: a prospective intervention study over three seasons [J]. Clinical journal of sport medicine: official journal of the Canadian Academy of Sport Medicine, 2003, 13 (2): 71-78.

[46] Mandelbaum B R, Silvers H J, Watanabe D S, et al. Effectiveness of a neuromuscular and proprioceptive training program in preventing anterior cruciate ligament injuries in female athletes: 2-year follow-up [J]. The American journal of sports medicine, 2005, 33 (7): 1003-1010.

[47] Hewett T E, Stroupe A L, Nance T A, et al. Plyometric training in female athletes. Decreased impact forces and increased hamstring torques [J]. The American journal of sports medicine, 1996, 24 (6): 765-773.

[48] Zebis M K, Bencke J, Andersen L L, et al. The effects of neuromuscular training on knee joint motor control during side cutting in female elite soccer and handball players [J]. Clinical journal of sport medicine: official journal of the Canadian Academy of Sport Medicine, 2008, 18 (4): 329-337.

[49] Van Ingen Schenau G J, De Groot G, Scheurs A W, et al. A new skate allowing powerful plantar flexions improves performance [J]. Medicine and Science in Sports and Exercise, 1996, 28 (4): 531-535.

[50] Walshe A D, Wilson G J. The influence of musculotendinous stiffness on drop jump performance [J]. Canadian Journal of Applied Physiology, 1997, 22 (2): 117-132.

[51] Kyrolainen H, Finni T, Avela J, et al. Neuromuscular behavior of the triceps surae muscle-tendon complex during running and jumping [J]. Intentional Journal of Sports Medicine, 2003, 24 (3): 153-155.

[52] Verhoshanski V. Perspectives in the improvement of speed-strength preparation of jumpers [J]. Review of Soviet Physical Education and Sports, 1969, 4 (2): 28-29.

[53] Verhoshanski V. Are depth jumps useful [J]. Track and Field Magazine. 1969, 12 (9): 75-78.

[54] Cavagna G A, Dusman B, Margaria R. Postive work done by a previously stretched muscle [J]. Journal of applied physiology, 1968, 24 (1): 21-32.

[55] Cavagna G A, Kamarek L, Citterio G, et al. Power output of the previously stretched muscle [J]. Medicine and Sport, 1971, 6 (2): 159-167.

[56] Cavagna G A. Storage and utilization of elastic energy in skeletal muscle [J]. Exercise and Sports Science review, 1977, 5 (1): 89-129.

[57] Komi P V, Bosco C. Utilization of stored elastic energy in leg extensor muscles by men and women [J]. Medicine and science in sports, 1978, 10 (4): 261-265.

[58] Van Ingen Schenau G J. An alternative view to the concept of utilization of elastic energy [J]. Human movement science, 1984, 5 (2): 107-114.

[59] Bobbert M F, Huijing P A, Van Ingen Schenau G J. Drop jumping. II. The influence of dropping height on the biomechanics of drop jumping [J]. Medicine and Science in Sports and Exercise, 1987, 19 (4): 339 -346.

[60] Bobbert M F, Huijing P A, Van Ingen Schenau G J. Drop jumping. I. The influence of jumping

technique on the biomechanics of jumping [J]. Medicine and science in sports and exercise, 1987, 19 (4): 332-338.

[61] Bobbert M F. Drop jumping as a training method for jumping ability [J]. Sports Medicine, 1990, 9 (1): 7-22.

[62] Komi P V. Stretch-shortening cycle [M]. Komi, P V. Strength and Power in Sport Oxford: Blackwell Scientific Publications, 1992: 169-179.

[63] Claire T, Farley. Role of the stretch-shortening cycle in jumping [J]. Journal of Applied Biomechanics, 1997, 13 (4): 436-439.

[64] Komi P V, Gollhofer A. Stretch reflex can have an important role in force enhancement during SSC-exercise [J]. Journal of Applied Biomechanics, 1997, 13 (4): 451-460.

[65] Meijer K, Grootenboer H J, Koopman B F J M, et al. Fully isometric length-force curves of rat muscle differ from those during and after concentric contractions [J]. Jounal of Applied Biomechaics, 1997, 13 (4): 164-181.

[66] Van Ingen Schenau G J, Bobbert M F, Dehaan A. Mechanics and energetics of the stretch-shortening cycle: A stimulating discussion [J]. Journal of Applied Biomechanics, 1997, 13 (4): 484-496.

[67] Finni T, Paavo V Komi, Vesa Lepola. In vivo muscle dynamics during jumping [R]. Third Annual Congress of the European College of Sport Science. Manchester, United Kingdom, 1998.

[68] Finni T, Ikegawa S, Lepola V, et al. Comparison of force-velocity relationships of vastus lateralis muscle in isokinetic and in stretch-shortening cycle exercises [J]. Acta physiologica Scandinavica, 2003, 177 (4): 483-491.

[69] Cavagna G A, Kamarek L, Mazzoleni S. The mechanics of sprint running [J]. Journal of Physiology, 1971, 21 (7): 709-721.

[70] Cavagna G A, Citterio G. Effect of stretching on the elastic characteristics and the contractile component of frog striated muscle [J]. Journal of Physiology, 1974, 239 (1): 1-14.

[71] Cavagna G A, Kaneko M. Mechanical work and efficiency in level walking and running [J]. Journal of Physiology, 1977, 268 (4): 467-481.

[72] Shemmell J. Interactions between stretch and startle reflexes produce task-appropriate rapid postural reactions [J]. Frontiers in integrative neuroscience, 2015, 28 (9): 2.

[73] Marsden C D, Rothwell J C, Day B L. Long-latency automatic responses to muscle stretch in man: origin and function [J]. Advances in neurology, 1983, 39 (4): 509-539.

[74] Nicol C, Komi P V, Horita T, et al. Reduced stretch-reflex sensitivity after exhausting stretch-shortening cycle exercise [J]. European Journal of Applied Physiology and Occupational Physiology, 1996, 72 (5-6): 401-409.

[75] Gollhofer A, Komi P V, Fujitsuka N, et al. Fatigue during stretch- shortening cycle exercises:

Ⅱ. Changes in neuromuscular activation patterns of human skeletal muscle [J]. International Journal of Sports Medicine, 1987, 8 (1): 38-41.

[76] Ishikawa M, Komi P V. The role of the stretch reflex in the gastrocnemius muscle during human locomotion at various speeds [J]. Journal of applied physiology, 2007, 103 (3): 1030-1036.

[77] Voigt M, Bojsen-Moller F, Simonsen E B , et al. The influence of tendon Youngs modululus, dimensions and instantaneous moment arms on the efficiency of human movement [J]. Journal of Biomechanics, 1995, 28 (3): 281-291.

[78] Alexander R F, Ker R F. The architecture of leg muscles [M]. Multiple muscle systems. Springer New York, 1990: 568-577.

[79] Kurokawa S, Fukunaga T, Fukashiro S. Behavior of fascicles and tendinous structures of human gastrocnemius during vertical jumping [J]. Journal of Applied Physiology, 2001, 90: 1349-1358.

[80] Finni T, Ikegawa S, Komi P V. Concentric force enhancement during human movement [J]. Acta physiologica Scandinavica, 2001, 173 (4): 369-377.

[81] Gandevia S C, Burke D. Does the nervous system depend on kinesthetic information to control natural limb movement [J]. Behavioral brain sciences, 1992, 15 (4): 614-632.

[82] Vos E J, Harlaar J, Jan V I S G. Electromechanical delay during knee extensor contractions [J]. Medicine and science in sports and exercise, 1991, 23 (12): 1187-1193.

[83] Nicol C, Komi P V. Significance of passively induced stretch reflexes on achilles tendon force enhancement [J]. Muscle Nerve, 1998, 21 (11): 1546-1548.

[84] Avis F J, Toussaint H M, Huijing P A, et al. Positive work as a function of eccentric load in maximal leg extension movements [J]. European Journal of Applied Physiology and Occupational Physiology, 1986, 55 (5): 562-568.

[85] Chapman A E, Sanderson D J. Muscle coordination in sporting skills [M]. Spring New York, 1990: 608-620.

[86] Bobbert M F, Gerritsen K G M, Litjens M C A, et al. Why is countermovement jump height greater than squat jump height [J]. Medicine and Science in Sports and Exercise, 1996, 28 (11): 1402-1412.

[87] Bobbert M F, Casius L J R. Is the effect of a countermovement on jump height due to active state development [J]. Medicine and science in sports and exercise, 2005, 37 (3): 440-446.

[88] Finni T, Ikegawa S, Lepola V, et al. Comparison of force-velocity relationships of vastus lateralis muscle in isokinetic and in stretch-shortening cycle exercises [J]. Acta Physiologica Scandinavica, 2003, 177: 483-491.

[89] Fukunaga T, Ichinose Y, Ito M, et al. Determination of fascicle length and pennation angle in a contracting human muscle in vivo [J]. Journal of applied physiology, 1997, 82 (1): 354-358.

[90] Takarada Y, Iwamoto H, Sugi H, et al. Stretch-induced enhancement of mechanical work pro-

duction in frog single fibers and human muscle [J]. Journal of Applied Physiology, 1997, 83 (5): 1741-1748.

[91] Takarada Y, Hirano Y, Ishige Y, et al. Stretch-induced enhancement of mechanical power output in human multijoint exercise with countermovement [J]. Journal of applied physiology, 1997, 83 (5): 1749-1755.

[92] Bühril M. Maximalkraft-Schnellkraft-Reaktivkraft [J]. Sportwissenschaft, 1989, 19: 311-325.

[93] Bauersfeld M, Voss G. Neue Wege im Schnelligkeitstraining [M]. Münster: Philippka, 1992.

[94] Martel G F, Harmer M L, Logan J M, et al. Aquatic plyometric training increases vertical jump in female volleyball players [J]. Medicine and science in sports and exercise, 2005, 37 (10): 1814-1819.

[95] Impellizzeri F M, Rampinini E, Castagna C, et al. Effect of plyometric training on sand versus grass on muscle soreness and jumping and sprinting ability in soccer players [J]. British Journal of Sports Medicine, 2008, 42 (1): 42-46.

[96] 井兰香，刘宇，田石榴．不同负重超等长练习下肢各关节作用分析 [J]．体育科学，2009，29 (5)：50-53.

[97] 陈小平，郭运．肌肉“超等长收缩”的生理学解释 [J]．河北体育学院学报，2001 (1)：28-32.

专题 8

速度训练进展

——高强度间歇训练的理论与实践

黎涌明

摘要：

高强度间歇训练（HIIT）是速度训练采用的主要训练方法之一，进入21世纪，这种训练方法被应用于速度训练之外的其他领域。在定义上，高强度间歇训练（HIIT）是以≥无氧阈或最大乳酸稳态的负荷强度进行多次持续时间为几秒到几分钟的练习，并且每两次练习之间安排使练习者不足以完全恢复的静息或低强度练习的训练；在功能上，高强度间歇训练（HIIT）被用以提高有氧能力、脂肪代谢能力；在人群上，高强度间歇训练（HIIT）被应用于运动员、健身人群和慢性疾病人群。然而，HIIT对不同训练人群的应用效果是否一样是一个不容忽视的问题。本章在回顾HIIT的历史和阐述HIIT的定义的基础上，对HIIT在不同训练人群中的应用现状进行了介绍，并对不同训练人群采用高强度间歇训练（HIIT）提出了训练建议：高水平耐力项目运动员在确保低强度持续训练的前提下通过两极化负荷安排的方式可适当增加HIIT比重；耐力项目非高水平运动员尽管可以有更大比重的HIIT，但负荷的主体仍属于低强度持续训练；高水平非耐力项目运动员的训练负荷以HIIT为主，但可适当安排一定课次的低强度持续训练；健身人群和康复人群在确保安全的前提下，可以循序渐进地结合采用两类训练方式。

第一节　高强度间歇训练的历史

德国弗莱堡大学的教练员兼生理学家伍德·盖什（Woldemar Gerschler）和汉斯·瑞德尔（Hans Reindell）在1950年之前对HIIT进行了大量的研究和实践。

1959 年，他们首次在学术期刊中对 HIIT 进行了描述[107]。但是 HIIT 作为一种训练方法被广为人知则得益于捷克中长跑运动员埃尼·扎特皮克（Ernil Zatopek）在 1952 年赫尔辛基奥运会上夺得 5000m、10000m 和马拉松三枚金牌这一壮举[20]。HIIT 自此也被众多体育项目所采用[1,20]。

1960 年，瑞典生理学家 Per Olof Astrand 所在的研究组首次对 HIIT 进行实验研究[9,34]。在第一项研究中，受试者以 350W 的强度分别进行功率自行车的持续运动和几种不同的间歇运动，其中间歇运动的负荷时间和休息时间比例为 1∶1，但是负荷时间分别为 30s、1min、2min 和 3min。结果发现，持续运动只能维持 9min，而间歇运动可以维持≥60min，并且负荷时间越长的间歇运动对应的生理负荷（摄氧量、心率和血乳酸）越大[9]。在另一项研究中，受试者以 410W 的强度分别进行功率自行车的两种不同的间歇运动，第一种间歇运动的负荷时间和休息时间的比例为 1∶2，第二种为 1∶4，两种间歇训练的负荷时间都分别为 10s、30s 和 60s。结果发现，两种负荷时间和休息时间比例下，负荷时间越长，受试者的生理学（血乳酸）反应越大[10]。这些研究表明，HIIT 可以让运动员更长时间地维持一个高生理学反应（如摄氧量、心率和血乳酸）。众多耐力性运动项目的教练员通过采用 HIIT，使运动员的 VO_2 更长时间处于或接近最高水平（VO_{2max}），以达到提高运动员运动能力的目的[20]。因此，这个时期耐力性运动项目的训练负荷中有相当大的比例为 HIIT 负荷，甚至高达 50%~75%[115]。

进入 1970 年，随着对不同竞技体育比赛专项供能特征研究的深入，各体育项目（尤其是耐力性体育项目）更加注重运动员的有氧能力[3]。众多耐力性运动项目逐渐增加了低强度有氧训练的负荷比例，降低了中强度和高强度有氧训练负荷的比例，并且在世界比赛中取得了非常优异的成绩[52,103]。运动训练的摆钟在 1980 年摆向了低强度（有氧）持续训练。一些耐力性运动项目的年度专项训练负荷中甚至有 94%是低强度（有氧）持续训练[65]。随着体育科学信息的交流与分享，进入 21 世纪后，低强度（有氧）持续训练对于耐力性运动项目的重要性已成为高水平运动队的共识，世界水平的耐力运动员都已具备高水平的有氧能力。在这个背景下，运动训练的摆钟再次摆向了 HIIT，以在保证有氧能力最佳化的前提下，运动员（尤其是耐力项目运动员）的无氧能力能够通过高质量的 HIIT 得到进一步的提高[85]。在此同时，随着对球类项目研究的深入，HIIT 也成为球类项目的研究热点[81,123]，竞技体育领域的这一转变也带动了健身和慢性疾病康复领域对 HIIT 的关注，健身人群和慢性疾病人群纷纷开始尝试运用 HIIT 进行健身和康复[77,137]。

第二节　高强度间歇训练的现状

作为一种训练方法，HIIT 早在 20 世纪前叶就被田径项目的运动员广为采用，但是对 HIIT 的学术研究直到 1960 年才出现[9,10]。通过对 PubMed 和中国知网数据库进行 HIIT 相关的文题和全文搜索，可以发现进入 21 世纪后，与 HIIT 有关的研究文献数量迅速增长。其中截至 2013 年文题包括 HIIT 有关内容的英文文献达 41 篇，全文包括 HIIT 有关内容的英文文献达 234 篇，国内对 HIIT 的相关研究相对滞后，但是近年内也呈增长的趋势（图 8-1）。可以看出，进入 21 世纪，HIIT 成为众多学者的研究热点。

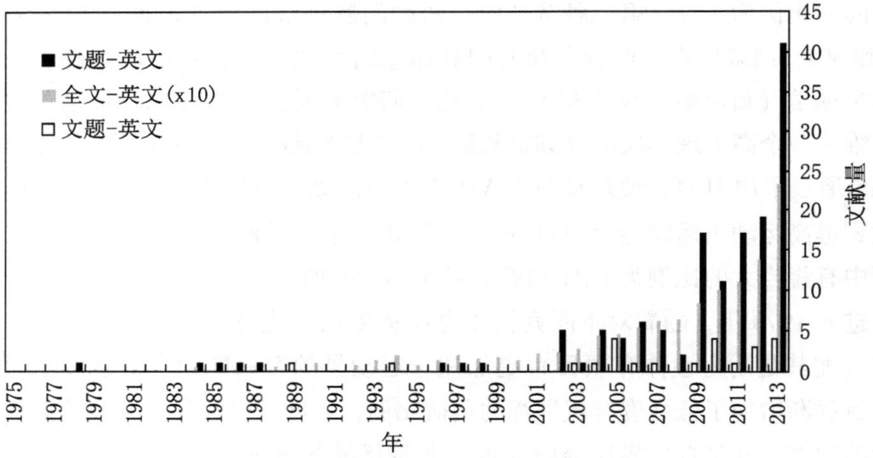

图 8-1　HIIT 相关文献量的变化趋势

注：英文部分搜索数据库为 PubMed（2014 年 2 月 14 日，关键词“high intensity interval training 或 high intensity intermittent training 或 sprint interval training 或 repeated sprint training”），中文部分搜索数据库为中国知网（2014 年 2 月 14 日，关键词“高强度间歇训练”）。

这些搜索到的研究文献大都来自竞技体育、健康促进和疾病康复这三个领域，研究对象涵盖运动员（不同运动水平）、普通人群和慢性疾病患者，涵盖的竞技体育项目包括田径、铁人三项、足球、自行车、高山滑雪、赛艇等，普通人群包括大学生、惯坐人群、普通男/女性、儿童等，慢性疾病患者主要为>50 岁，且患心血管疾病（如心脏移植）或 2 型糖尿病的老年人。下文将主要参照 HIIT 相关文献中受试者的运动能力水平（如 VO_{2max}）分别对以高水平运动员、非高水平运动员、普通人群和慢性疾病患者为研究对象的 HIIT 文献进行综述。为便于描述不同研究的 HIIT 内容，本文统一采取以下格式：运动方式每周训练课次×干预周数［负荷次数×负荷持续时间（负荷强度）/间歇休息时间（间歇休息强度）］×组数［组间间歇时间（组间间歇强度）］，如自行车 2×6w［10-15×30s（100%VO_{2peak}）/60s（0）］×2［15min（0）］表示，以自行车这种运动方式进行6周（每周2次）的 HIIT，每节训练中包含2组 10~15 次 100% VO_{2peak}强度 30s 运动，每次运动后静息 60s，组间静息 15min。

第三节　高强度间歇训练的定义

为了更全面地了解 HIIT 的训练方法，下面将 HIIT 置于所有常见的训练方法当中来进行介绍。首先，所有常见的训练方法可以根据训练过程分为“无间歇类”和“有间歇类”两大类，“无间歇类”训练方法包括持续训练（continuous training）、法特莱克训练（Fartlet training）和变速训练（pace training）；“有间歇类”训练方法包括间歇训练（interval training，即 HIIT）和重复训练（repetition training）。

相比于“无间歇类”训练方法，“有间歇类”的两种训练方法都有间歇，都属于“间歇式（intermittent）”训练方法。“无间歇类”训练方法可根据训练节奏（强度）的改变与否分为两个亚类，第一个亚类是持续训练，其训练节奏（或强度）不改变；第二个亚类包括法特莱克训练和变速训练，其训练节奏（或强度）改变，其中法特莱克训练的训练节奏（强度）是无计划的改变，而变速训练的训练节奏（强度）是有计划的改变。“有间歇类”训练方法又可根据间歇休息的充分与否分为两个亚类，第一个亚类是间歇训练（即 HIIT），其间歇休息不充分；第二个亚类是重复训练，其间歇休息充分。这两个亚类又可根据练习的强度进一步细分为次最大强度（强度从无氧阈强度到全力强度）和全力强度。根据组织形式的不同，间歇训练可以发展为有氧能力或无氧能力，而重复训练可以发展无氧能力[132]（图 8-2）。不同竞技体育项目的训练计划中几乎都包括了以上所有训练方法，只是不同训练方法的比重和实施形式根据项目特征的不同而有所区别。

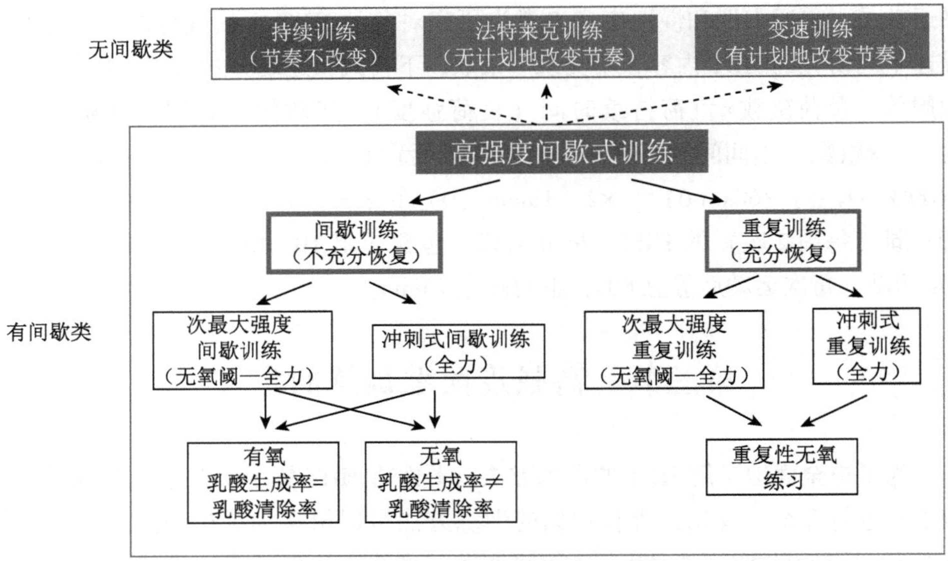

图 8-2　不同训练方法示意图（据[132]修改）

尽管对以上不同训练方法的划分争议较少，但文献中与 HIIT 有关的名称和定义却多种多样。表 8-1 是不同文献对 HIIT 的定义，这些定义对应的英文名称包括 high-intensity interval training（aerobic，anaerobic，long，short，sprint），interval training，high-intensity-aerobic interval training 等。尽管不同文献定义 HIIT 的方式有所不同，但是 HIIT 对应的负荷强度都≥无氧阈（anaerobic threshold，AnT）或最大乳酸稳态（maximal lactate steady state，MLSS），HIIT 对应的负荷持续时间则从几秒钟到几分钟，HIIT 对应的间歇休息强度为静息或低强度，HIIT 对应的间歇休息持续时间基本上没有明确的要求。鉴于此，本章对 HIIT 的定义为，以≥无氧阈或最大乳酸稳态的负荷强度进行多次持续时间为几秒到几分钟的练习，并且每两次练习之间安排使练习者不足以完全恢复的静息或低强度练习的训练方法。由于≥无氧阈或最大乳酸稳态的负荷强度属于高强度[116]，因此，间歇训练属于高强度训练（间歇训练=HIIT）[67]。

表 8-1　不同文献对 HIT 的定义

定义	负荷		间歇	
	强度	持续时间	强度	持续时间
高强度间歇训练（high-intensity interval training，HIIT）[85]	>无氧阈	短到中等时间（10s~5min）	低强度或静息	
间歇训练（interval training）[37]	95%~100%VO_{2max}	30s~5min		≤负荷时间
间歇训练（interval training）[20,21]	≥最大乳酸稳定	可短可长	低强度练习或休息	
有氧间歇训练（aerobic interval training）[20]	90%~130%vVO_{2max}			
无氧间歇训练（anaerobic interval training）[21]	130%~160%vVO_{2max}	10~15s		15~40s
	>160%vVO_{2max}			30s~5min
长间歇训练（long interval training）[9]	V_{crit} vVO_{2max}			
短间歇训练（short interval training）[34]	100%~130%vVO_{2max}			
高强度间歇训练（high-intensity interval training，HIIT）[31]	低于最大强度的高强度	短（<45s）到长时间（2~4min）		
	全力冲刺	短（≤10s）或长时间（>20~30s）		
冲刺间歇训练（Sprint interval training，SIT）[59]	全力冲刺	短时间		
高强度有氧间歇训练（High-intensity-aerobic interval training，HI-AIT）[6,137]	80%~90%VO_{2peak}	3min	40%~50% VO_{2peak}	3min

注：VO_{2max}/VO_{2peak}=最大/峰值摄氧量，vVO_{2max}=递增测试中达到 VO_{2max} 对应的最低速度，V_{crit}=临界速度。

HIIT 的“高强度”是对≥无氧阈或最大乳酸稳态的负荷强度的一个统称，然而这个强度区间却是跨度最大的一个强度区间，如在跑步类项目中，这个跨度可从<90%vVO_{2max}（vVO_{2max}=递增负荷测试中达到最大摄氧量时对应的最低速度）到>180%vVO_{2max}（图 8-3）[30]。文献中报道的不同形式的 HIIT 主要区别于所对应的不同强度，如长间歇 HIIT 对应的强度区间为 $V_{crit}$$vVO_{2max}$（$V_{crit}$为临界速度），短间歇训练对应的强度区间为 100%～130%vVO_{2max}，重复冲刺训练（RST）对应的强度区间为 120%～170%vVO_{2max}，冲刺间歇训练对应的强度区间为>160%vVO_{2max}。其他体育项目的 HIIT 同样存在这样的强度区间，只是实施这种训练方法的运动方式不一样（如游泳、骑自行车、滑冰或划皮划艇）。

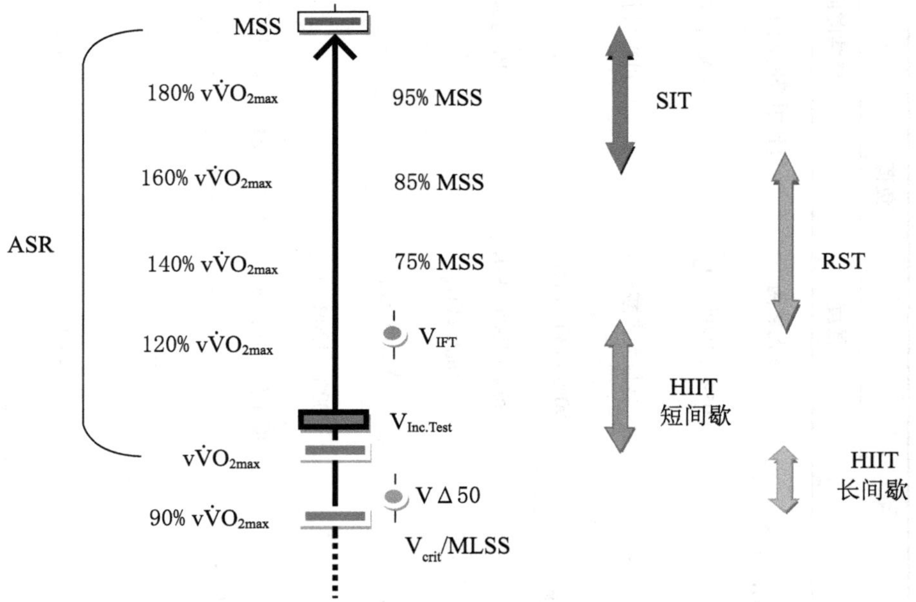

图 8-3 跑步类项目 HIIT 的强度分布[30]

注：ASR=anaerobic speed reserve，无氧速度储备；MLSS=maximal lactate steady state，最大乳酸稳态；MSS=maximal sprinting speed，最大冲刺跑速度；RST=repeated-sprint training，重复冲刺训练；SIT=sprint interval training，冲刺间歇训练；VO_{2max}，最大摄氧量；vVO_{2max}，达到最大摄氧量的最低速度；VΔ50，vVO_{2max}与 MLSS 的中值速度；V_{crit}=critical velocity，临界速度；V_{IFT}=30-15 间歇体能测试（http：//3015ift. wordpress. com/）结束时达到的最高速度；$V_{Inc.\ Test}$=递增负荷测试的结束峰值速度；HIIT=high-intensity interval training，高强度间歇训练。

从 HIIT 的定义来看，HIIT 包括运动强度、运动持续时间、恢复强度、恢

复持续时间和运动次数 5 个因素。但除此之外，HIIT 还包括运动方式、组数、多组持续时间、组间强度和组间持续时间（图 8-4）。这 10 个与 HIIT 相关的指标都是影响 HIIT 训练效果的因素，在安排 HIIT 时都要给予考虑。以往研究主要针对运动强度、运动持续时间、恢复强度和恢复持续时间这四个因素[9,10,17,28,33,43,47,49,51,69,86,87,118,120]，而其也是影响 HIIT 训练效果的主要因素。

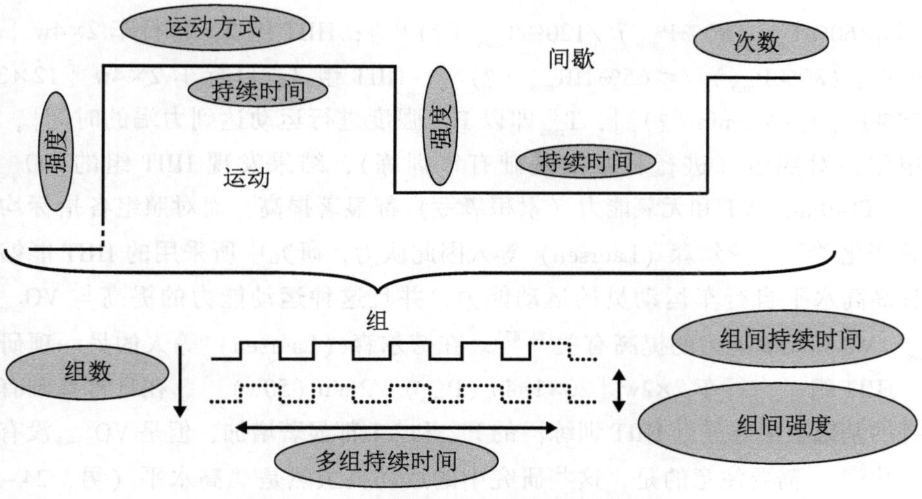

图 8-4 HIIT 的 10 个指标（据[30]修改）

第四节 HIIT 对不同人群的训练效果

一、HIIT 对高水平运动员的训练效果

因为不同文献在介绍受试对象时对“高水平”的定义不同，所以本章将文献中 well-trained，highly-trained，competitive，national elite，national team，且 VO_{2max}>60 mL · min^{-1} · kg^{-1}的运动员定义为高水平运动员[85]。对于耐力性运动项目，VO_{2max}>60 mL · min^{-1} · kg^{-1}的运动员其实并不完全属于真正的高水平，世界水平的耐力运动员往往 VO_{2max} ≥70 mL · min^{-1} · kg^{-1}。

在本章搜索到的文献中有 14 篇的研究对象为高水平运动员，涉及的体育项目为自行车（8 篇）、跑步、铁人三项和足球四个项目，研究的持续时间一般为 2~4 周（个别为 6~10 周）。研究文献常采用的负荷强度为 80%~100%P_{max}（自行车递增负荷测试中 VO_{2max} 对应的功率，个别研究采用 175% P_{max}）或 90%～100%vVO_{2max}。这些研究主要通过运动能力［如 P_{max} 和 TT_{40km}（40km 自行车计时赛的成绩）］、气体代谢指标［如 $VO_{2max/peak}$ 和 VT（通气阈）］，以及各种代谢酶［如 CS（柠檬酸合成酶）和 LDH（乳酸脱氢酶）］的变化来评价 HIIT 的效果。劳尔森（Laursen）等人将自行车运动员分成四组进行训练，其中三组在完成日常的基础有氧训练的同时额外进行三种不同的 HIIT ｛HIIT 组 1：自行车 2×4w［8×60%T_{max}（80%P_{max}）/120%T_{max}（?）①］；HIIT 组 2：自行车 2×4w［8×60%T_{max}（80%P_{max}）/≤65%HR_{max}（?）］；HIIT 组 3：自行车 2×4w［12×30s（175%P_{max}）/4.5min（?）］，T_{max} 即以 P_{max} 强度进行运动达到力竭的时间｝，第四组作为对照组（进行日常的基础有氧训练），结果发现 HIIT 组的 VO_{2peak}、P_{max}、TT40km、VT 和无氧能力（累积氧亏）都显著提高，而对照组各指标均无显著变化[86,87]。劳尔森（Laursen）等人因此认为，研究中所采用的 HIIT 能够有效提高高水平自行车运动员的运动能力，并且这种运动能力的提高与 VO_{2peak}、P_{max}、VT 和无氧能力的提高有关[86,87]。在劳尔森（Laursen）等人的另一项研究中，HIIT 组｛自行车 2×2w［20×1min（P_{max}）/2min（50w）］，在日常基础有氧训练的基础上额外进行 HIIT 训练｝的 P_{max} 和 VT 都显著增加，但是 VO_{2peak} 没有显著变化[84]。需要注意的是，这些研究中的运动员虽然是"高水平（男，24～25 岁，63～69mL·min^{-1}·kg）"，但是他们的训练量只有 285～289km/w，这个训练量都不及真正高水平自行车运动员（职业自行车运动员）的一半（>600km/w[48]）。对于这样的群体，额外增加训练量（如 HIIT）很可能会提高运动员运动能力和各生理学指标。此外，这样的群体日常的训练大都为低强度的有氧训练，在此基础上每周增加 2 节 HIIT 课（即强度课）同样可以提高运动能力。因此，劳尔森（Laursen）等人的这两项研究只能证明额外增加中等训练水平（其训练量为中等水平）自行车运动员的训练量（如 HIIT）能够提高运动能力和生理学指标。

其他几篇研究文献同样存在类似的问题。韦斯顿（Weston）等人将自行车运动员日常耐力训练的一部分替换 HIIT ｛自行车 1.5×4w［6－8×5min（80% P_{max}）/1min（100w）］｝，发现运动员的 P_{max} 和 T-150%P_{max}（以 150% P_{max} 的强度进行运动达到力竭的时间）显著提高，骨骼肌缓冲能力（βm）也有提高但并不显著，而其他代谢酶（CS，3-HAD，PFK，HK，后三者分别为 3-羟酰基-辅酶

①(?) 或缺失部分表明研究中未提及此指标。

A 脱氢酶、磷酸果糖激酶、己糖激酶）的变化也并不显著[135]。林德赛（Lindsay）等人[89]和威斯特伽·泰勒（Westgarth-Taylor）等人[134]也进行了类似的研究｛自行车 1.5×4w［6-8×5min（80%P_{max}）/1min（100w）］和 2×6-7w［6-9×5min（80%P_{max}）/1min（≤100w）］｝，发现 P_{max}、T-150%P_{max} 和 TT40km 显著提高。Lambert 等人[82]选取自行车运动员进行 HIIT｛自行车 2×4w［8×4min（80%P_{max}）/90s（自控强度）］｝，发现 P_{max}、TT40km 和运动后心率恢复速率显著提高，但 VO_{2max} 无显著变化。Simth 等人选取跑步和铁人三项运动员（男，25 岁，61mL·min^{-1}·kg^{-1}）比较了两种 HIIT｛跑步 2×4w［6×60%T_{max}（vVO_{2max}）/2×60%T_{max}（0）］和 2×4w［5×70%T_{max}（vVO_{2max}）/2×70%T_{max}（0）］｝，发现 VO_{2max} 和 vVO_{2max} 都未发生显著变化，但是 HIIT1 组的 T_{max} 和 TT3km（3km 计时赛的成绩）显著提高[120]。Kohn 等人选取长跑运动员（男，25 岁，67mL·min^{-1}·kg^{-1}）进行 HIIT｛跑步 2×6w［6×60%T_{max}（94%vVO_{2max}）/0.5×60%T_{max}（0）］｝，发现 vVO_{2max} 和 LDH 显著提高，但是 VO_{2max}、CS 和 3-HAD 并未发生显著变化[79]。这些研究的结论可以概括为 HIIT 能显著提高运动能力，不一定能提高 VO_{2max} 或 VT，不能够带来代谢酶的变化。但由于这些研究所选取的研究对象都只能算是中等水平的运动员，并且部分研究并未安排对照组。因此，这些研究并不能严格证明运动能力的提高是由 HIIT 造成的。

由于真正高水平运动员的数量有限，且研究者很难说服这些运动员的教练员更改训练计划，因此对这一群体的 HIIT 研究很难安排对照组，HIIT 研究只能通过说服教练员细微调整原有的训练计划进行研究[66]。在搜索到的针对高水平运动员的 HIIT 研究文献中，有三篇文献的研究对象为真正的高水平运动员（national elite、national team 或 professional）。斯托勒（Storen）等人研究了挪威一名国家级优秀公路自行车运动员（男，24 岁，67mL·min^{-1}·kg^{-1}）一年的训练负荷，发现冬训期间（11 月至次年 1 月）降低总负荷量（10%）和骑行负荷量（60%），但是增加跑步负荷量（764%），并且在负荷强度方面降低了 60%~80%HR_{max}（20%）、81%~89%HR_{max}（26%）和 96%~100%HR_{max}（34%）的负荷量，但是增加了 90%~95%HR_{max}（41%），且增加部分都是以跑步这种方式进行的 HIIT，｛跑步 9 天 14 次+10 天 15 次［4×4min（90%~95% HR_{max}）/3min（70% HR_{max}）］｝的负荷量。结果表明，这名运动员的 VO_{2max} 提高了 10.5%（66.6~73.6mL·min^{-1}·kg^{-1}），TT15km（测试自行车上 15km 计时赛成绩）提高 14.9%，而骑行的经济性却没有发生变化[124]。但是需要注意的是，尽管增加了 HIIT 的负荷量，但是这种强度的负荷量只是从总负荷量的 4.3%增加至 7.4%，不管冬训期还是非冬训期，总负荷量中的87%～89%为低强度有氧负荷（60%～80%HR_{max}）。比莱特（Billat）等人研究了葡萄牙和法国的马拉松国家队（男70 mL·min^{-1}·kg^{-1}，女63mL·min^{-1}·kg^{-1}）奥运测试赛前8周的训练[22]，这期间的HIIT形式为｛跑步1×8w［20×400m（V3000m）/100m（100m/45s）或4-5×1000m（V3000m）/400m（400m/2min）+3-4×2000m（V10000m）/400m（400m/2min）］［V3000m和V10000m为3000m和10000m的平均速度，分别对应为100%～105%VO_{2max}和90%～95%VO_{2max}[20]］｝，结果发现运动员的VO_{2max}显著提高（男69.8～73.9 mL·min^{-1}·kg^{-1}，女62.6～55.0 mL·min^{-1}·kg^{-1}）[22]。尽管如此，这种训练只占总训练公里数的11.6%（男）和9.2%（女）。这两则研究表明HIIT似乎能够提高（真正的）高水平运动员的VO_{2max}，但是遗憾的是，这两则研究并没有对照组，VO_{2max}的提高还并不能只归咎于HIIT。第三则研究来自职业足球，杜邦特（Dupont）等人法国职业足球运动员（1周1次比赛和8～10次训练课，男60 mL·min^{-1}·kg^{-1}）进行了10w的HIIT｛跑2×10w［12-15×40m（全力）/30s（0）］｝，结果表明，HIIT显著提高了40m冲刺跑的能力和vVO_{2max}，而HIIT前的10w正常训练并未带来这两个指标的显著变化[40]。需要注意的是，尽管这则研究中的足球运动员为职业运动员，但其VO_{2max}只有60 mL·min^{-1}·kg^{-1}，这种有氧水平对于耐力性项目而言只属于中等水平。

综上所述，以高水平运动员为对象的HIIT研究非常有限，并且这其中大部分研究的受试者并非真正意义的高水平（≥国家队水平），部分研究并没有安排对照组。现在的研究还不能证明HIIT能够提高高水平运动员的运动能力和VO_{2max}，HIIT在高水平运动员训练负荷的占比不到10%。

二、HIIT对非高水平运动员的训练效果

HIIT研究文献中的非高水平运动员的主要评价标准为VO_{2max}<60 mL·min^{-1}·kg^{-1}[85]，并且这些运动员在文献中的描述对应为recreational、moderately-trained、junior、collegiately-trained等。本研究搜索到的这类文献共12篇，包括自行车、足球、跑步、铁人三项、高山滑雪和赛艇6个体育项目。

在3项以自行车运动员为对象的研究中，格洛斯（Gross）等人比较了两种HIIT课次安排模式的训练效果，第一种模式为3节HIIT课安排在连续3天，第二种模式为3节HIIT课安排在非连续的3天（即隔天1节），两种模式的受试者进行相当内容的HIIT｛自行车3×3w［8×2.5min（P_{max}）/4min（15% P_{max}）］｝。

结果表明，两种模式都能显著提高运动员的 VO_{2peak}、P_{max}、vTT5km（5km 计时赛的平均速度）和 PTT5km（5km 计时赛的平均功率），且两种模式间没有显著性差异[63]。Seiler 等人研究了不同负荷强度与总做功时间对 HIIT 训练效果的影响，其将业余自行车运动员日常训练（4~6 节低强度有氧课）中的2节替换成三种不同的 HIIT ｛HIIT 组 1：自行车 2×7w［4×16min（88% HR_{max} 或 VT2）/3min（0）］；HIIT 组 2：自行车 2×7w［4×8min（90% HR_{max} 或 113% VT2）/3min（0）］；HIIT 组 3：自行车 2×7w［4×4min（94% HR_{max} 或 131% VT2）/3min（0）］，对照组：4~6 节/周低强度有氧课｝。结果表明，三个 HIIT 组都出现 P_{max}、P4mmol·L^{-1}（递增负荷测试中 4mmol·L^{-1} 血乳酸对应的功率）和 T80（80%P_{max} 强度下运动达到力竭的时间）的显著提高，HIIT1 和 HIIT2 组出现 VO_{2peak} 的显著提高，而对照组只出现 P4mmol·L^{-1} 的显著提高[118]。该研究表明，不同负荷强度与总做功时间确实影响 HIIT 的训练效果。柯瑞尔（Creer）等人发现 HIIT 组｛自行车 2×4w［4-10×30s（全力）/4min（50w）］，其余训练为正常训练（5h/w）｝和对照组（8h/w）都能提高 Wingate 无氧测试的 P_{peak}（最大功率）和 P_{mean}（平均功率），两组运动员的 VO_{2max} 都提高但不显著，只有 HIIT 组的下肢肌肉的肌电活性显著增加[36]。

在 3 项以青年足球运动员为对象的研究中，海拉格里德（Helgerud）等人研究了挪威青年优秀足球运动员，发现 HIIT ｛跑步 2×8w［4×4min（90%~95% HR_{max}）/3min（50%~60% HR_{max}）］｝显著提高了 VO_{2max}、vLT（递增负荷测试中乳酸阈对应的速率）、RE（跑步经济性）、比赛冲刺次数、跑动距离和带球时间（对照组无显著变化）[68]。麦克米兰（McMilan）等人发现 HIIT ｛带球跑 2×10w［4×4min（90%~95%HR_{max}）/3min（70% HR_{max}）］｝显著提高了 U17 足球运动员的 VO_{2max} 和蹲跳高度，但是 RE 和 10 米冲刺跑时间没有显著变化[98]。但是这则研究并没有安排对照组。布雷沃（Bravo）等人用两种 HIIT 替代了青年足球运动员的部分日常训练｛HIIT 组 1：跑 2×7w［4×4min（90%~95% HR_{max}）/3min（60%~70% HR_{max}）］；HIIT 组 2：跑 2×7w［6×40m（all out）/20s（0）］×4（4min）｝，结果表明两组运动员的 VO_{2max} 和 YoYo 测试都显著提高，但是纵跳能力和反复冲刺能力却无显著变化[28]。

在其他几项对跑步、铁人三项和高山滑雪运动员的研究表明，各种类型的 HIIT 都能够显著提高运动员的 VO_{2max} 和运动能力（如特定强度达到力竭的时间），而这些变化往往没有发生在对照组上[45,47,51,99]。

综上所述，以非高水平运动员为研究对象的研究文献表明，HIIT 可以提高

非高水平运动员的 VO_{2max} 和其他与运动能力相关的指标。

三、HIIT 对普通人群的训练效果

普通人群是 HIIT 研究的主要对象，本文搜索的文献中有>44 篇来自这一群体，这一群体的 VO_{2max} 大都<50 mL・min^{-1}・kg^{-1}。对这一群体 HIIT 训练效果的评价主要包括 $VO_{2max/peak}$、运动能力、代谢酶和能源物质的变化。

与对运动员群体的 HIIT 研究一样，VO_{2max} 也是研究普通人群 HIIT 训练效果的常用指标。在所有报道了普通人群 VO_{2max} 变化的文献中，HIIT 大都能够显著提高 $VO_{2max/peak}$（对 HIIT 的汇总分析同样显示 HIIT 能够提高健康和年轻人群的 VO_{2max}[59]），但是大量研究中也报告 CT 同样能够显著提高 $VO_{2max/peak}$[12,19,32,35,38,41,42,44,50,88,94,96,97,105]，这似乎说明对于没有训练经历的人群，任何形式的训练（每周≥2 次，持续≥3w，不管是 HIIT 还是 CT）都能够带来 $VO_{2max/peak}$ 的显著提高，而并不能证明 $VO_{2max/peak}$ 的显著提高是由 HIIT 造成的。其他与运动能力相关的指标也存在类似的情况。

对于相当比例的普通人群来说，保持一定的体力活动量是运动锻炼的主要目的之一。世界卫生组织公布的导致全球人口死亡的前六大致因中有五个与体力活动不足有关[138]。但是随着社会节奏的加快，缺乏时间（lack of time）成为影响普通人群不参加运动锻炼的因素之一[61,78,106,125,131]，如何花更少的时间达到同样或更佳的运动锻炼效果成为众多普通人群追求的目标[54]。大量研究表明，HIIT 可以增加全身有氧能力，提高胰岛素敏感性，软化动脉血管，降低由于体力活动不足导致相关疾病的风险[72,119]，并且这种效果与 CT 相似[32,35]。在这个前提下，HIIT 的优势就突显出来，其能够花更少的时间达到与 CT 同样的效果（即省时，time-efficeint）[32,54,55,58,72,100,119]。此外，相比于 CT，HIIT 这种组织形式更易于被练习者接受（more enjoyable）[15]。

在健身行业，HIIT 同样还受到减肥人群的青睐[27,70,130]。美国运动医学协会公布的 2015 年全球健身趋势中，HIIT 首次入选前 20，并成为仅次于自重训练的健身锻炼方法[128]。塔利安（Talalian）等人对 8 名普通女性（女，22 岁，65kg，36mL・min^{-1}・kg^{-1}）进行了间歇训练｛7 次 13 天［10×4min（90%VO_{2peak}）/2min（0）］｝，结果发现受试者在训练前后的脂肪氧化能力和线粒体酶活性［β-HAD（β-羟脂酰-CoA 脱氢酶），CS］都显著提高[126]。但遗憾的是，此研究未安排对照组，无法证明这种效果是由训练本身（7 次 13 天）还是由 HIIT 造成的。同样的情况也存在于其他研究[104,136]。Trapp 等人将普通女性分成 HIIT 组

{自行车 3×15w［≤60×8s（全力）/ 12s（0）］}、CT 组 {自行车 3×15w［10-40min（60% VO_{2peak}）］} 和对照组（无训练）进行研究，结果发现只有 HIIT 组体重和脂肪含量发生显著下降[130]。这些研究似乎都表明，HIIT 是降低皮下脂肪和腹部脂肪的一种有效方法。麦克皮尔逊（Macpherson）等人还是对两组人群分别进行 HIIT {跑步 3×6w［4-6×30s（全力）/4min（0）］} 和 CT {跑步 3×6w［30-60min（65% VO_{2max}）］}，发现两组受试者的体脂百分比都显著下降，但 HIIT 组和 CT 组间无显著差异[145]。约纳（Tjonna）等人也发现 HIIT 组和 CT 组对于降低体重和脂肪含量的效果一样[129]。柯丁（Keating）等人专门对肥胖人群（男 & 女，18~55 岁，22~25mL · min^{-1} · kg^{-1}）进行了研究，发现 CT 组 {自行车 3×12w［30-45（50%~65% VO_{2peak}）］} 降低体脂的效果要好于 HIIT 组 {自行车 3×12w［4-6×30-60s（120% VO_{2peak}）/2~3min（0）］} 和对照组（牵拉，按摩，健身球）[77]。因此，对于 HIIT 是否比 CT 能更有效地降低脂肪这一观点还存在争议，认为对 HIIT 降低脂肪的机制的研究还不够，但是支持 HIIT 的证据认为 HIIT 能够同时提高有氧和无氧代谢能力，降低抗胰岛素性，并以此来提高脂肪氧化能力[27]。从能量摄入和输出的角度来看，我们认为对于以降脂为目的的研究来说，如果不能控制不同干预手段（HIIT 或 CT）的总能量消耗（运动）和能量摄入（饮食），是很难界定何种训练方法更利于降脂。此外，以往的研究表明，当运动强度≥85% VO_{2max} 时，脂肪几乎不再参与供能，代谢能量几乎只来自体内糖的分解[4,5,76,122,133]。鉴于 HIIT 的强度往往≥85% VO_{2max}，这样 HIIT 时能量代谢的物质来源几乎全部为糖，很难消耗到脂肪。因此，HIIT 能有效降低脂肪的机制可能不在于 HIIT 提高了 HIIT 过程中脂肪消耗，而在于 HIIT 提高了日常生活和运动（如 CT）中身体氧化脂肪的能力。当然，这一猜测还有待进一步证实。

综上所述，以普通人群为研究对象的研究文献表明，HIIT 是一种能够同时提高普通人群的有氧和无氧代谢能力，提高脂肪氧化能力，是一种省时有效的健身锻炼方式，但是仍需要更多有关 HIIT 提高脂肪氧化能力机制的研究。

四、HIIT 对慢性疾病患者的训练效果

大量研究已经证明，经常进行体力活动可以预防慢性疾病和降低死亡率[112]。美国运动医学协会和美国医学协会于 2007 年提出“运动是良药（excericse is medince）”。然而，何种运动/锻炼方式是良药是疾病康复或预防领域一直在探索的问题[56]。对于慢性疾病患者，传统推荐的练习方法是 CT[11,75]。然而，近年

来，越来越多的证据表明 HIIT 似乎也是一种有效的选择。

本文搜索到的以慢性疾病患者为研究对象的 HIIT 研究文献有 7 篇，其所涉及的慢性疾病包括心血管疾病[18,101,102,111,137]和 2 型糖尿病[91,127]。Litte 等人对 2 型糖尿病人（男 & 女，62.5 岁）进行了 HIIT {走 3×2w [10×60s（90%HR_{max}）/60s（0 or 50w）]}，发现受试者日平均血糖深度显著降低，线粒体能力、线粒体融合蛋白和葡萄糖转运载体都显著提高[91]。这表明，HIIT 能够促进 2 型糖尿病患者的健康。但是这则研究由于未安排对照组，不能严格证明这些适应是由 HIIT 这种训练方法带来的。特拉达（Tarada）等人对 2 型糖尿病人（男 & 女，62~63 岁，18~23mL·min^{-1}·kg^{-1}）分别进行了 HIIT {自行车 & 走 5×12w [7-15×1min（100%VO_2R）/3min（20%VO_2R）]，VO_2R 为储备摄氧量} 和 CT {自行车 & 走 5×12w [30~60min（40%VO_2R）]}，发现两组训练效果相似，体脂都显著下降，糖化血红蛋白（hemoglobin，Alc）都无显著变化[127]。这表明 HIIT 和 CT 对于 2 型糖尿病患者降脂来说都可行[127]。比尔（Beale）等人对收缩性心力衰竭的老年人分组进行了 HIIT {自行车 2×6w [10-15×30s（100%VO_{2peak}）/60s（0）]} 和循环训练 {走—骑—踏步 2×6w [10×2min（40%~70%HRR）]}，发现两组受试者次最大强度运动的能力和生活质量（quality of life）都显著提高，且两组间无显著性差异[18]。这表明，HIIT 可作为低强度循环训练的一种替代方式[18]。Rognomo 等人对冠状动脉人分组进行了 HIIT {走 3×10w [4×4min（80%~90%VO_{2peak}）/3min（50%~60%VO_{2peak}）]} 和 CT {走 3×10w [41min（50%~60%VO_{2peak}）]}，发现两组受试的 VO_{2peak} 都显著提高，且 HIIT 组增加幅度大于 CT 组[111]。瑞格莫（Rognomo）等人认为 HIIT 对于提高这一人群的 VO_{2peak} 效果更好[111]。尼任（Nytroen）等人[101,102]和威瑟夫（Wisslof）等人[137]对心脏病患者的研究同样发现，HIIT 提高 VO_{2peak} 的效果相对于对照组或 CT 组更好，HIIT 组的受试者康复效果也更好。

综上所述，尽管对慢性疾病患者的 HIIT 研究数据不多，但是有限的研究表明，HIIT 对心血管病和 2 型糖尿病患者的康复效果类似或优于 CT，而与此相关的机制还有待更多的研究。

五、“真正的”高水平运动员的训练负荷分布

鉴于上文 HIIT 对高水平运动员的训练效果中所列文献仅有 3 篇是以“真正”的高水平运动员为研究对象，本文将对这一特殊群体的训练负荷进行介绍。“真

正”的高水平运动员1天有2~4节训练课（1周11~22节训练课），周训练时间为20个小时左右，其年度训练小时数在600~1000小时。这一层次的运动员基本上属于成年国家队运动员，以参加国际比赛（如世锦赛或国际大奖赛）为训练目标。由于这些运动员数量有限，且他们的训练任务较重（1天有2~4节训练课），试图运用这些人群进行严谨的干预性实验是很不现实的。而有关这一群体的科学研究更多的是对他们实际训练的回顾性分析。

如上所述，竞技运动训练过程中几乎会使用所有常见的训练方法，只是不同体育项目由于项目特征不同，不同训练方法对应的负荷比例和完成形式（如跑步、骑自行车、游泳等）不同。这些训练方法中，最为常见的两种训练方法是CT和HIIT，前者对应的强度基本上属于低强度（≤无氧阈1），后者对应的强度基本上属于高强度（>VT2/MLSS）。表8-2为不同高水平耐力项目运动员训练负荷的分布情况，从中可以看出，耐力性项目的负荷/专项训练负荷中的70%~94%属于低强度，中和高强度只占5%~30%。而HIIT只是5%~30%中的一部分（高强度训练还包括重复训练）。尽管进入21世纪，运动训练的摆钟再次摆向HIIT，但这对于耐力性项目而言，是确保70%~94%的低强度训练负荷的前提下适当增加HIIT的比重，并且更加注重HIIT的质量。

表8-2　高水平耐力项目运动员训练负荷分布

项目	国家	运动水平	负荷分布			负荷来源
			低强度	中强度	高强度	
速度滑冰[116]	荷兰	奥运奖牌	75%~85%	10%~20%	5%~10%	全年训练
场地自行车4000m团体追逐[136]	德国	奥运金牌	94%	4%	2%	全年训练
中跑和长跑[47]	西班牙	国家级和地区级	71%	21%	8%	8月至次年2月所有训练
马拉松运动员[24]	葡萄牙和法国	国际级	78%	4%	18%	奥运测试赛前8周所有训练
长跑[23]	肯尼亚	国际级	85%			赛前8周所有训练
赛艇[66]	德国	国际级	70%~94%	5%~22%	1%~8%	全年水上训练
赛艇[60]	德国	国青队	95%	2%	3%	全年水上训练

续表

项目	国家	运动水平	负荷分布			负荷来源
			低强度	中强度	高强度	
自行车[162]	西班牙	U23 国际级	70%~78%	20%~22%	2%~8%	11 月至次年 6 月所有训练
短距离越野滑雪[133]	挪威	国家级和国际级	80%~84%	5%~7%	9%	测试前 6 个月耐力训练

注：低强度≤无氧阈 1，无氧阈 1≤中强度≤无氧阈 2/最大乳酸稳态，高强度>无氧阈 2/最大乳酸稳态[116]。

由于非周期类项目的训练负荷很难用小时数和公里数来量化，因此还未见有关这一类体育项目训练负荷分布的报道。对这一类项目训练负荷的报道主要集中于对比赛过程中的负荷分析，如同场对抗球类项目比赛过程中不同跑动速度所对应的时间或距离[53,123]，或隔网对抗类项目比赛过程中对攻与间歇的时间[80]。但是这些报道却反映了一个共同特征，这些项目的运动员在比赛过程中>80%的时间处于静止或低强度运动，而比赛过程中的单次高强度运动大都只有几秒或<20m[53,60,80,121,123]。这些项目的比赛本身是以一种间歇式运动的方式进行的，这些项目日常的训练也主要以间歇式运动的方式（如各种专项技术练习或小场地模拟比赛）进行。对于这类体育项目而言，HIIT 可以通过同时提高运动员的有氧能力和无氧能力来提高运动员的比赛能力。已有研究证明，有氧能力与反复冲刺过程中磷酸肌酸的合成速率（反映反复冲刺能力）成正比[26]。此外，HIIT 可以提高足球运动员的有氧耐力，并带来比赛中冲刺次数、持球时间和比赛平均强度的显著提高[68]；并且，这类项目的 HIIT 可以和专项技术练习结合起来进行使用，如足球的小场地比赛（small-sided game）[71]。

综上所述，现有 HIIT 研究的主要对象为普通人群，对于这一类人群，HIIT 的训练效果与 CT 类似，但是 HIIT 的优势在于省时。尽管大量的研究表明 HIIT 能提高高水平运动员的运动能力和 VO_{2max}，但是这些研究的受试者并非“真正（≥国家队水平）”的高水平运动员。现有的研究还不能证明 HIIT 对高水平运动员有效。对“真正”高水平运动员（以耐力项目为主）训练负荷的回顾性研究却表明，这类运动员大部分（70%~94%）训练负荷属于低强度，HIIT 训练只占一小部分（<10%）。当今耐力项目的高水平运动员的训练趋势是在确保低强度有氧训练的基础上，适当增加 HIIT 训练比重，并注重提高 HIIT 训练的质量。有

限的研究表明，HIIT 对心血管病和 2 型糖尿病患者的康复效果类似或优于 CT，而相关的机制还有待进一步研究。

第五节　HIIT 提高运动能力的可能机制

人体运动是一个将生物能转换成机械能的过程，这个过程包括能量供应和能量利用两个过程[2]。运动训练的适应过程同样包括运动员能量供应能力的提高和运动能量利用能力的提高两方面。下面将从能量供应（有氧能力和无氧能力）和能量利用（经济性或效率）两方面来探讨 HIIT 提高运动能力的可能机制。

VO_{2max}是指在高强度运动中机体摄入氧、运输氧和利用氧的最大能力[16]。这一指标是综合反映人体能量供应能力的最佳单一指标[7,8]，众多研究都运用这一指标来评价训练效果[16]。VO_{2max}也是 HIIT 研究文献常用的指标。氧气从外界运输到线粒体并和 H^+反应生成 H_2O 的每个环节都有可能成为限制 VO_{2max}的因素，这些因素可分为呼吸系统摄入氧（氧气从外办进入肺部血液）的能力、心血管系统运输氧的（富氧血从肺部运回心脏，再由心脏泵至参与运动的骨骼肌）能力，以及骨骼肌利用氧（氧从血液扩散进入肌纤维，并进入线粒体与 H^+反应生成 H_2O）的能力[95]。其中前两个环节的适应称为中枢适应（central adaptation），第三个环节的适应称为外周适应（peripheral adaptaiton）。在 HIIT 相关研究文献中，常用的反映中枢适应的指标包括特定强度下的心率[40,88]、血液和血浆量[44,110]、每搏输出量（或心输出量）[38,44,69,94]、外周血管结构和功能[35,38,74]等，常用的反映外周适应的指标包括骨骼肌氧化能力[107][72]、代谢原料[14,42,57,109]、各种有氧和无氧代谢酶[14,32,43,62,72,79,90,92,93,108,109,135]等。现有的 HIIT 研究大都表明，当受试者未受过训练或者训练量小，或者受试者为青年群体时，其 VO_{2max}很可能没有达到个体的生理极限。对这样的人群增加训练量，不管是 HIIT 还是 CT，都很可能带来 VO_{2max}的显著提高，只是 HIIT 由于强度高，能同时刺激有氧供能系统和无氧供能系统，一些研究中证明 HIIT 的训练效果好于 CT[14,39,42,105,111,137]。总之，有关 HIIT 提高 VO_{2max}的机制还尚不明确[85]。

经济性（如跑步经济性）和效率是反应能量利用的两个常见指标，经济性是指在特定速度下的摄氧量，效率是指对外做功的机械能占代谢生物能的比例[73]。在现有的研究中，耐力训练、训练史、训练量、HIIT、力量训练、高原习服和柔韧练习等都被认为可能有助于跑步经济性的改善[13]。有限的几篇 HIIT

对跑步经济性效果的研究在结论方面并不一致，既有 HIIT 提高了（青年足球运动员的）跑步经济性的报道[68,69]（其中一则报道中 CT 也提高了跑步经济性[69]），也有 HIIT 没有提高（跑步运动员的）跑步经济性的报道[98]，还有不同 HIIT 分别提高和没有提高（跑步运动员）跑步经济性的报道[25,98]。

综上所述，尽管一些研究对 HIIT 提高运动能力的机制进行了探索，但并未得到一个明确的答案。出现这种局面的原因可能是多方面的，包括 HIIT 研究周期不够长、研究对象的运动水平参差不齐、对高水平的研究不够等。HIIT 提高运动能力的机制还有待更多的研究。

第六节　不同人群如何运用 HIIT

通过以上分析，我们可以知道，HIIT 对不同人群的训练效果并不相同。不同训练人群由于身体机能水平（甚至是健康水平）和训练目的不同（提高运动能力、保持体力活动量、降脂、康复等），在选取训练方法时需要考虑的因素也不相同。下面将基于现有研究，给不同人群在应用 HIIT 时提供一些建议。

一、高水平运动员

对于高水平运动员而言，通往领奖台的训练道路不只一条。在训练实践当中，综合应用所有的训练方法更可能为一个最佳的选择[83]，高水平运动员的实际训练也确实如此。进入 21 世纪，运动训练的摆钟再次摆向 HIIT。这种趋势对耐力性项目而言，意味着在注重有氧训练（占总训练负荷的约 80%[117]）的前提下适当增加 HIIT 的比重，丰富 HIIT 的方法和强度内容（HIIT 训练方法手段可参见[20,30,31]）并着重提高 HIIT 的训练质量。在这种背景下，耐力训练的训练负荷分别朝着“两极化模式（polarized model）”的方向发展[64,103,116,117]。高水平运动员在已有负荷量（每周约 20 小时的训练量）的刺激下，过多地增加高强度负荷（如 HIIT）会造成运动员的恢复不足，导致过度训练，其他体育项目（如球类项目和对抗类项目）运动员在有氧能力方面只相当于耐力项目的中等水平，因此这些运动员可以通过 HIIT 来同时提高有氧和无氧能力，并且这种训练可以结合专项技术进行练习。因为高水平运动员的干预性实验很难组织，所以 HIIT 对高水平运动员的训练效果仍需要更多地对高水平运动员的研究来证实[29]。

二、非高水平运动员

非高水平运动员，尤其是处于青年阶段的非高水平运动员，训练量少于高水平运动员，其各项生理指标大都还未达到个人的生理极限，适当增加 HIIT 负荷量或者将现有训练内容的部分替换成 HIIT 可以带来 VO_{2max} 和其他与运动能力相关的指标的提高。由于总训练量不高，运动员有充足的时间对 HIIT 产生的疲劳进行恢复，HIIT 不太可能会导致过度训练；并且由于 HIIT 更加省时，对于在学习和工作之余从事运动训练的这部分运动员来说，HIIT 是个不错的选择。但是需要注意的是，非高水平运动员的运动技术往往需要通过 CT 长时间反复的练习，过多的 HIIT 可能不利于技术的形成和提高。

三、普通人群

普通人群运动锻炼的目的主要在于保持一定的体力活动量或减脂，其每天锻炼的次数往往≤1 次，而且他们也不需要花大量的时间进行 CT 来优化运动技术。他们参加运动锻炼往往受制于时间不够，对这样的人群来说，省时有效的锻炼方法可能更具吸引力。HIIT 是普通人群进行运动锻炼的一个较好的选择，而且进行 HIIT 时其运动节奏的不断变化也可避免运动锻炼的枯燥。

四、慢性疾病患者

对于慢性疾病患者来说，运动锻炼的首要原则是安全性。尽管 HIIT 的训练效果被证明类似或优于 CT，但是对于那些健康状态（如过度肥胖或术后短时间内）欠佳的人群，应该首先征得医生的同意，然后考虑循序渐进地进行运动锻炼。运动锻炼的方式，建议先考虑 CT，以逐步适应运动刺激，待适应后再逐步增加 HIIT，并在 HIIT 的负荷强度、负荷时间、间歇时间、组数等方面同样需要遵循循序渐进的原则。

参考文献

[1] 陈小平，褚云芳．田径运动训练经典理论与方法的演变与发展［J］．体育科学，2013，33（4）：91-96.

[2] 黎涌明，纪晓楠，资薇．人体运动的本质［J］．体育科学，2014，34（2）：11-17.

[3] 黎涌明，毛承．竞技体育项目的专项供能比例——亟待纠正的错误［J］．体育科学，2014，34（10）：93-96.

[4] Achten J, Jeukendrup A. Relation between plasma lactate concentration and fat oxidation rates over a wide range of exercise intensities [J]. Int J Sports Med, 2004, 25 (1): 32-37.

[5] Achten J, Venables M C, Jeukendrup A E. Fat oxidation rates are higher during running compared with cycling over a wide range of intensities [J]. Metabolism, 2003, 52 (6): 747-752.

[6] Arena R, Myers J, Forman D E, et al. Should high-intensity-aerobic interval training become the clinical standard in heart failure [J]. Heart Fail Rev, 2013, 18 (1): 95-105.

[7] Armstrong N, Welsman J. Peak oxygen uptake in relation to growth and maturation in 11-to 17-year-old humans [J]. Eur J Appl Physiol, 2001, 85 (6): 546-551.

[8] Armstrong N, Welsman J, Winsley R. Is peak VO2 a maximal index of children's aerobic fitness [J]. Int J Sports Med, 1996, 17 (5): 356-359.

[9] Astrand I, Astrand P O, Christensen E H, et al. Intermittent muscular work [J]. Acta Physiol Scand, 1960, 48 (3-4): 448-453.

[10] Astrand I, Astrand P O, Christensen E H, et al. Myohemoglobin as an oxygen-store in man [J]. Acta Physiol Scand, 1960, 48: 454-460.

[11] Balady G J, Williams M A, Ades P A Bazzarre T, et al. Core components of cardiac rehabilitation/secondary prevention programs: statement for healthcare professionals from the american heart association and the american association of cardiovascular and pulmonary rehabilitation [J]. Journal of Cardiopulmonary Rehabilitation and prevention, 2000, 115 (20): 2675-2682.

[12] Baquet G, Gamelin F X, Mucci P, et al. Continuous vs. Interval aerobic training in 8-to 11-year-old children [J]. J Strength Cond Res, 2010, 24 (5): 1381-1388.

[13] Barnes K R, Kilding A E. Strategies to improve running economy [J]. Sports Med, 2015, 45 (1): 37-56.

[14] Barnett C, Carey M, Proietto J, et al. Muscle metabolism during sprint exercise in man: Influence of sprint training [J]. J Sci Med Sport, 2004, 7 (3): 314-322.

[15] Bartlett J D, Close G L, Maclaren D P, et al. High-intensity interval running is perceived to be more enjoyable than moderate-intensity continuous exercise: Implications for exercise adherence [J]. J Sports Sci, 2011, 29 (6): 547-553.

[16] Bassett D, Howley E T. Limiting factors for maximum oxygen uptake and determinants of endurance performance [J]. Med Sci Sports Exerc, 2000, 32 (1): 70-84.

[17] Bayati M, Farzad B, Gharakhanlou R, et al. A practical model of low-volume high-intensity interval training induces performance and metabolic adaptations that resemble "all-out" sprint interval training [J]. J Sports Sci Med, 2011, 10 (3): 571-576.

[18] Beale L, Mcintosh R, Raju P, et al. A comparison of high intensity interval training with circuit

training in a short-term cardiac rehabilitation programme for patients with chronic heart failure [J]. Int J Phys Med Rehabil, 2013, 1 (6): 1-7.

[19] Berger N J, Tolfrey K, Williams A G, et al. Influence of continuous and interval training on oxygen uptake on-kinetics [J]. Med Sci Sports Exerc, 2006, 38 (3): 504.

[20] Billat L V. Interval training for performance: A scientific and empirical practice special recommendations for middle-and long-distance running. Part i: Aerobic interval training [J]. Sports Med, 2001, 31 (1): 13-31.

[21] Billat L V. Interval training for performance: A scientific and empirical practice special recommendations for middle-and long-distance running. Part ii: Anaerobic interval training [J]. Sports Med, 2001, 31 (2): 75-90.

[22] Billat V, Demarle A, Paiva M, et al. Effect of training on the physiological factors of performance in elite marathon runners (males and females) [J]. Int J Sports Med, 2002, 23 (5): 336-341.

[23] Billat V, Lepretre P M, Heugas A M, et al. Training and bioenergetic characteristics in elite male and female kenyan runners [J]. Med Sci Sports Exerc, 2003, 35 (2): 297-304.

[24] Billat V L, Demarle A, Slawinski J, et al. Physical and training characteristics of top-class marathon runners [J]. Med Sci Sports Exerc, 2001, 33 (12): 2089-2097.

[25] Billat V L, Flechet B, Petit B, et al. Interval training at VO_{2max}: Effects on aerobic performance and overtraining markers [J]. Med Sci Sports Exerc, 1999, 31 (1): 156-163.

[26] Bogdanis G C, Nevill M E, Boobis L H, et al. Contribution of phosphocreatine and aerobic metabolism to energy supply during repeated sprint exercise [J]. J Appl Physiol, 1996, 80 (3): 876-884.

[27] Boutcher, S tephen H. High-intensity intermittent exercise and fat loss [J]. Journal of Obesity, 2010, 2011 (4): 868305.

[28] Bravo D F, Impellizzeri F, Rampinini E, et al. Sprint vs. Interval training in football [J]. Int J Sports Med, 2008, 29 (8): 668-674.

[29] Buchheit M. Should we be recommending repeated sprints to improve repeated-sprint performance [J]. Sports Med, 2012, 42 (2): 169-173.

[30] Buchheit M, Laursen P. High-intensity interval training, solutions to the programming puzzle: Part i: Cardiopulmonary emphasis [J]. Sports Med, 2013, 43 (5): 313-338.

[31] Buchheit M, Laursen P. High-intensity interval training, solutions to the programming puzzle: Part ii: Anaerobic energy, neuromuscular load and practical applications [J]. Sports Med, 2013, 43 (10): 927-954.

[32] Burgomaster K A, Howarth K R, Phillips S M, et al. Similar metabolic adaptations during exercise after low volume sprint interval and traditional endurance training in humans [J]. J Physiol,

2008, 586 (1): 151-160.

[33] Burke J, Thayer R, Belcamino M. Comparison of effects of two interval-training programmes on lactate and ventilatory thresholds [J]. Br J Sports Med, 1994, 28 (1): 18-21.

[34] Christensen E H, Hedman R, Saltin B. Intermittent and continuous running (a further contribution to the physiology of intermittent work.) [J]. Acta Physiol Scand, 1960, 50 (3-4): 269-286.

[35] Cocks M, Shaw C S, Shepherd S O, et al. Sprint interval and endurance training are equally effective in increasing muscle microvascular density and enos content in sedentary males [J]. J Physiol, 2013, 591 (3): 641-656.

[36] Creer A, Ricard M, Conlee R, et al. Neural, metabolic, and performance adaptations to four weeks of high intensity sprint-interval training in trained cyclists [J]. Int J Sports Med, 2004, 25 (2): 92-98.

[37] Daniels J, Scardina N. Interval training and performance [J]. Sports Med, 1984, 1 (4): 327-334.

[38] Daussin F N, Zoll J, Dufour S P, et al. Effect of interval versus continuous training on cardiorespiratory and mitochondrial functions: Relationship to aerobic performance improvements in sedentary subjects [J]. Am J Physiol Regul Integr Comp Physiol, 2008, 295 (1): 264-272.

[39] Driller M W, Fell J W, Gregory J R, et al. The effects of high-intensity interval training in well-trained rowers [J]. Int J Sports Physiol Perform, 2009, 4 (1): 110-121.

[40] Dupont G, Akakpo K, Berthoin S. The effect of in-season, high-intensity interval training in soccer players [J]. J Strength Cond Res, 2004, 18 (3): 584-589.

[41] Eddy D O, Sparks K L, Adelizi D A. The effects of continuous and interval training in women and men [J]. Eur J Appl Physiol, 1977, 37 (2): 83-92.

[42] Edge J, Bishop D, Goodman C, et al. Effects of high-and moderate-intensity training on metabolism and repeated sprints [J]. Med Sci Sports Exerc, 2005, 37 (11): 1975-1982.

[43] Edge J, Eynon N, Mckenna M J, et al. Altering the rest interval during high-intensity interval training does not affect muscle or performance adaptations [J]. Exp Physiol, 2013, 98 (2): 481-490.

[44] Esfandiari S, Sasson Z, Goodman J M. Short-term high-intensity interval and continuous moderate-intensity training improve maximal aerobic power and diastolic filling during exercise [J]. Eur J Appl Physiol, 2014, 114 (2): 331-343.

[45] Esfarjani F, Laursen P B. Manipulating high-intensity interval training: Effects on VO_{2max}, the lactate threshold and 3000m running performance in moderately trained males [J]. Journal of Science & Medicine in Sport, 2007, 10 (1): 27-35.

[46] Esteve-Lanao J, San Juan A F, Earnest C P, et al. How do endurance runners actually train?

Relationship with competition performance [J]. Med Sci Sports Exerc, 2005, 37 (3): 496-504.
[47] Etxebarria N, Anson J M, Pyne D B, et al. High-intensity cycle interval training improves cycling and running performance in triathletes [J]. Eur J Sport Sci, 2013, 14 (6): 521-529.
[48] Fernandez-Garcia B, Perez-Landaluce J, Rodriguez-Alonso M, et al. Intensity of exercise during road race pro-cycling competition [J]. Med Sci Sports Exerc, 2000, 32 (5): 1002-1006.
[49] Fox E L, Bartels R L, Klinzing J, et al. Metabolic responses to interval training programs of high and low power output [J]. Med Sci Sports, 1976, 9 (3): 191-196.
[50] Fox E L, Bartels R L, Obrien R, et al. Frequency and duration of interval training programs and changes in aerobic power [J]. J Appl Physiol, 1975, 38 (3): 481-484.
[51] Franch J, Madsen K, Djurhuus M S, et al. Improved running economy following intensified training correlates with reduced ventilatory demands [J]. Med Sci Sports Exerc, 1998, 30: 1250-1256.
[52] Friskerstrand A, Seiler K S. Training and performance characteristics among norwegian international rowers 1970-2001 [J]. Scand J Med Sci Sports, 2003, 14 (5): 303-310.
[53] Gabbett T J. Gps analysis of elite women's field hockey training and competition [J]. J Strength Cond Res, 2010, 24 (5): 1321-1324.
[54] Gaesser G A, Angadi S S. High-intensity interval training for health and fitness: Can less be more [J]. J Appl Physiol, 2011, 111 (6): 1540-1541.
[55] Gibala M J. High-intensity interval training: A time-efficient strategy for health promotion [J]. Curr Sports Med Rep, 2007, 6 (4): 211-213.
[56] Gibala M J, Little J P, Macdonald M J, et al. Physiological adaptations to low-volume, high-intensity interval training in health and disease [J]. J Physiol, 2012, 590 (5): 1077-1084.
[57] Gibala M J, Little J P, Van Essen M, et al. Short-term sprint interval versus traditional endurance training: Similar initial adaptations in human skeletal muscle and exercise performance [J]. J Physiol, 2006, 575 (3): 901-911.
[58] Gibala M J, Mcgee S L. Metabolic adaptations to short-term high-intensity interval training: A little pain for a lot of gain [J]. Exerc Sport Sci Rev, 2008, 36 (2): 58-63.
[59] Gist N H, Fedewa M V, Dishman R K, et al. Sprint interval training effects on aerobic capacity: A systematic review and meta-analysis [J]. Sports Med, 2014, 44 (2): 269-279.
[60] Glaister M. Multiple sprint work [J]. Sports Medicine, 2005, 35 (9): 757-777.
[61] Godin G, Desharnais R, Valois P, et al. Differences in perceived barriers to exercise between high and low intenders: Observations among different populations [J]. Am J Health Promot, 1994, 8 (4): 279-385.
[62] Gorostiaga E M, Walter C B, Foster C, et al. Uniqueness of interval and continuous training at the same maintained exercise intensity [J]. Eur J Appl Physiol, 1991, 63 (2): 101-107.
[63] Gross M, Swensen T, King D. Nonconsecutive-versus consecutive-day high-intensity interval

training in cyclists [J]. Med Sci Sports Exerc, 2007, 39 (9): 1666–1671.

[64] Guellich A, Seiler K S, Emrich E. Training methods and intensity distribution of young world–class rowers. [J]. Int J Sports Physiol Perform, 2009, 4 (4): 448–460.

[65] Hartmann U, Mader A, Petersmann G, et al. Verhalten von herzfrequenz und laktat waehrend ruderspezifischer trainingsmethoden–untersuchungen bei a–und b–kaderrudern und deren interpretation fuer die trainingssteuerung [J]. Dtsch Z Sportmed, 1989, 40 (6): 200–212.

[66] Hawley J, Myburgh K, Noakes T, et al. Training techniques to improve fatigue resistance and enhance endurance performance [J]. J Sports Sci, 1997, 15 (3): 325–333.

[67] Hawley J, Myburgh K H, Noakes T. Training techniques to improve fatigue resistance and enhance endurance performance [J]. J Sports Sci, 1997, 15: 325–333.

[68] Helgerud J, Engen L C, Wisloff U, et al. Aerobic endurance training improves soccer performance [J]. Med Sci Sports Exerc, 2001, 33 (11): 1925–1931.

[69] Helgerud J, Hoydal K, Wang E, et al. Aerobic high–intensity intervals improve VO_{2max} more than moderate training [J]. Med Sci Sports Exerc, 2007, 39 (4): 665.

[70] Heydari M, Freund J, Boutcher S H. The effect of high–intensity intermittent exercise on body composition of overweight young males [J]. J Obes, 2012, 2012 (2011): 480467.

[71] Hill–haas S V, Dawson B, Impellizzeri F M, et al. Physiology of small–sided games training in football [J]. Sports Med, 2011, 41 (3): 199–220.

[72] Hood M S, Little J P, Tarnopolsky M A, et al. Low–volume interval training improves muscle oxidative capacity in sedentary adults [J]. Med Sci Sports Exerc, 2011, 43 (10): 1849–1856.

[73] Ingen Schenau G V, Cavanagh P. Power equations in endurance sports [J]. J Biomech, 1990, 23 (9): 865–881.

[74] Jensen L, Bangsbo J, Hellsten Y. Effect of high intensity training on capillarization and presence of angiogenic factors in human skeletal muscle [J]. J Physiol, 2004, 557 (2): 571–582.

[75] Jessup M, Abraham W T, Casey D E, et al. 2009 focused update: Accf/aha guidelines for the diagnosis and management of heart failure in adultsa report of the american college of cardiology foundation/american heart association task force on practice guidelines developed in collaboration with the international society for heart and lung transplantation [J]. J Am Coll Cardiol, 2009, 53 (15): 1343–1382.

[76] Jeukendrup A. Maximal fat oxidation during exercise in trained men [J]. Int J Sports Med, 2003, 24: 603–608.

[77] Keating S E, Machan E A, H T O'connor, et al. Continuous exercise but not high intensity interval training improves fat distribution in overweight adults [J]. J Obes, 2014 (2013): 834865.

[78] Kimm S, Glynn N W, Mcmahon R P, et al. Self–perceived barriers to activity participation among sedentary adolescent girls [J]. Med Sci Sports Exerc, 2006, 38 (3): 534–540.

[79] Kohn T, Ess N-Gustavsson B, Myburgh K. Specific muscle adaptations in type ii fibers after high-intensity interval training of well-trained runners [J]. Scand J Med Sci Sports, 2011, 21 (6): 765-772.

[80] Kovacs, Mark S. Tennis physiology [J]. Sports Med, 2007, 37 (3): 189-198.

[81] Krustrup P, Bangsbo J. Physiological demands of top-class soccer refereeing in relation to physical capacity: Effect of intense intermittent exercise training [J]. J Sports Sci, 2001, 19 (11): 881-891.

[82] Lamberts R P, Swart J, Noakes T D, et al. Changes in heart rate recovery after high-intensity training in well-trained cyclists [J]. Eur J Appl Physiol, 2009, 105 (5): 705-713.

[83] Laursen P B. Training for intense exercise performance: High intensity or high-volume training [J]. Scand J Med Sci Sports, 2010, 20 (2): 1-10.

[84] Laursen P B, Blanchard M A, Jenkins D G. Acute high-intensity interval training improves tvent and peak power output in highly trained males [J]. Can J Appl Physiol, 2002, 27 (4): 336-348.

[85] Laursen P B, Jenkins D G. The scientific basis for high-intensity interval training: Optimising training programmes and maximising performance in highly trained endurance athletes [J]. Sports Med, 2002, 32 (1): 53-73.

[86] Laursen P B, Shing C M, Peake J M, et al. Interval training program optimization in highly trained endurance cyclists [J]. Med Sci Sports Exerc, 2002, 34 (11): 1801-1807.

[87] Laursen P B, Shing C M, Peake J M, et al. Influence of high-intensity interval training on adaptations in well-trained cyclists [J]. J Strength Cond Res, 2005, 19 (3): 527-533.

[88] Lesmes G R, Fox E L, Stevens C, et al. Metabolic responses of females to high intensity interval training of different frequencies [J]. Med Sci Sports, 1978, 10 (4): 229-232.

[89] Lindsay F H, Hawley J A, Myburgh K H, et al. Improved athletic performance in highly trained cyclists after interval training [J]. Med Sci Sports Exerc, 1996, 28 (11): 1427-1434.

[90] Linossier M T, Denis C, Dormois D, et al. Ergometric and metabolic adaptation to a 5-s sprint training programme [J]. Eur J Appl Physiol, 1993, 67 (5): 408-414.

[91] Little J P, Gillen J B, Percival M E, et al. Low-volume high-intensity interval training reduces hyperglycemia and increases muscle mitochondrial capacity in patients with type 2 diabetes [J]. J Appl Physiol, 2011, 111 (6): 1554-1560.

[92] Little J P, Safdar A, Wilkin G P, et al. A practical model of low-volume high-intensity interval training induces mitochondrial biogenesis in human skeletal muscle: Potential mechanisms [J]. J Physiol, 2010, 588 (6): 1011-1022.

[93] Macdougall J D, Hicks A L, Macdonald J R, et al. Muscle performance and enzymatic adaptations to sprint interval training [J]. J Appl Physiol, 1998, 84 (6): 2138-2142.

[94] Macpherson R E, Hazell T J, Olver T D, et al. Run sprint interval training improves aerobic performance but not maximal cardiac output [J]. Med Sci Sports Exerc, 2011, 43 (1): 115-122.

[95] Mcardle W D, Katch F L, Katch V L. Exercise physiology: Energy, nutrition, & human performance [M]. Maryland, USA: Lippincott Williams & Wilkins, 2007: 184-194.

[96] Mckay B R, Paterson D H, Kowalchuk J M. Effect of short-term high-intensity interval training vs. Continuous training on O2 uptake kinetics, muscle deoxygenation, and exercise performance [J]. J Appl Physiol, 2009, 107 (1): 128-138.

[97] Mcmanus A M, Cheng C H, Leung M P, et al. Improving aerobic power in primary school boys: A comparison of continuous and interval training [J]. Int J SportsMed, 2005, 26 (9): 781-786.

[98] Mcmillan K, Helgerud J, Macdonald R, et al. Physiological adaptations to soccer specific endurance training in professional youth soccer players [J]. Br J Sports Med, 2005, 39 (5): 273-277.

[99] Nevill M E, Boobis L H, Brooks S, et al. Effect of training on muscle metabolism during treadmill sprinting [J]. J Appl Physiol, 1989, 67 (6): 2376-2382.

[100] Niklas P, Li W, Jens W, et al. Mitochondrial gene expression in elite cyclists: Effects of high-intensity interval exercise [J]. Eur J Appl Physiol, 2010, 110 (3): 597-606.

[101] Nytr EN K, Annette Rustad L, Erikstad I, et al. Effect of high-intensity interval training on progression of cardiac allograft vasculopathy [J]. J Heart Lung Transplant, 2013, 32 (11): 1073-1080.

[102] Nytr EN K, Rustad L A, Aukrust P, et al. High-intensity interval training improves peak oxygen uptake and muscular exercise capacity in heart transplant recipients [J]. Am J Transplant, 2012, 12 (11): 3134-3142.

[103] Orie J, Hofman N, De Koning J J, et al. Thirty-eight years of training distribution in olympic speed skaters [J]. Int J Sports Physiol Perform, 2014, 9 (1): 93-99.

[104] Perry C G, Heigenhauser G J, Bonen A, et al. High-intensity aerobic interval training increases fat and carbohydrate metabolic capacities in human skeletal muscle [J]. Appl Physiol Nutr Metab, 2008, 33 (6): 1112-1123.

[105] Poole D C, Gaesser G A. Response of ventilatory and lactate thresholds to continuous and interval training [J]. J Appl Physiol, 1985, 58 (4): 1115-1121.

[106] Reichert F F, Barros A J, Domingues M R, et al. The role of perceived personal barriers to engagement in leisure-time physical activity [J]. Am J Public Health, 2007, 97 (3): 515.

[107] Reindell H, Roskamm H. Ein beitrag zu den physiologischen grundlagen des interval training unter besonderer beruecksichtigung des kreislaufes. [J]. Schweiz Z Sportmed, 1959, 7: 1-8.

[108] Roberts A, Billeter R, H Howald. Anaerobic muscle enzyme changes after interval training [J]. Int J Sports Med, 1982, 3 (1): 18-21.

[109] Rodas G, Ventura J L, Cadefau J A, et al. A short training programme for the rapid improve-

ment of both aerobic and anaerobic metabolism [J]. Eur J Appl Physiol, 2000, 82 (5-6): 480-486.

[110] Roels B, Millet G P, Marcoux C J, et al. Effects of hypoxic interval training on cycling performance [J]. Med Sci Sports Exerc, 2005, 37 (1): 138-146.

[111] lrind, Rognmo, zra, et al. High intensity aerobic interval exercise is superior to moderate intensity exercise for increasing aerobic capacity in patients with coronary artery disease [J]. Eur J Cardiov Prev R, 2004, 11 (3): 216-222.

[112] Sallis R E. Exercise is medicine and physicians need to prescribe it [J]. Br J Sports Med, 2009, 43 (1): 3-4.

[113] Sandbakk, Holmberg H C, Leirdal S, et al. The physiology of world-class sprint skiers [J]. Scand J Med Sci Sports, 2011, 21 (6): 9-16.

[114] Schumacher Y O, Mueller P. The 4000m team pursuit cycling world record: Theoretical and practical aspects [J]. Med Sci Sports Exerc, 2002, 34 (6): 1029-1036.

[115] Seiler K S. Exercise physiolgy: The methods and mechanisms underlying performance. http: //www. owascoveloclub. com/Education. html. 2015.

[116] Seiler K S, Kjerland G O. Quantifying training intensity distribution in elite endurance athletes: Is there evidence for an "optimal" distribution [J]. Scand J Med Sci Sports, 2006, 16: 49-56.

[117] Seiler S. What is best practice for training intensity and duration distribution in endurance athletes [J]. Int J Sports Physiol Perform, 2010, 5 (3): 276-291.

[118] Seiler S, Ranson K J, Olesen B, et al. Adaptations to aerobic interval training: Interactive effects of exercise intensity and total work duration [J]. Scand J Med Sci Sports, 2013, 23 (1): 74-83.

[119] Shepherd S O, Cocks M, Tipton K D, et al. Sprint interval and traditional endurance training increase net intramuscular triglyceride breakdown and expression of perilipin 2 and 5 [J]. J Physiol, 2013, 591 (3): 657-675.

[120] Smith T P, Coombes J S, Geraghty D P. Optimising high-intensity treadmill training using the running speed at maximal O_2 uptake and the time for which this can be maintained [J]. Eur J Appl Physiol, 2003, 89 (3-4): 337-343.

[121] Spencer M, Bishop D, Dawson B, et al. Physiological and metabolic responses of repeated-sprint activities [J]. Sports Medicine, 2005, 35 (12): 1025-1044.

[122] Stisen A B, Stougaard O, Langfort J, et al. Maximal fat oxidation rates in endurance trained and untrained women [J]. Eur J Appl Physiol, 2006, 98 (5): 497-506.

[123] Stolen T, Chamari K, Castagna C, et al. Physiology of soccer: An update [J]. Sports Med, 2005, 35 (6): 501-536.

[124] Storen O, Bratland-Sanda S, Haave M, et al. Improved VO_{2max} and time trial performance with

more high aerobic intensity interval training and reduced training volume: A case study on an elite national cyclist [J]. J Strength Cond Res, 2012, 26 (10): 2705-2711.

[125] Stutts W C. Physical activity determinants in adults. Perceived benefits, barriers, and self efficacy [J]. AAOHN J, 2002, 50 (11): 499-507.

[126] Talanian J L, Galloway S D, Heigenhauser G J, et al. Two weeks of high-intensity aerobic interval training increases the capacity for fat oxidation during exercise in women [J]. J Appl Physiol, 2007, 102 (4): 1439-1447.

[127] Terada T, Friesen A, Chahal B S, et al. Feasibility and preliminary efficacy of high intensity interval training in type 2 diabetes [J]. Diabetes Res Clin Pract, 2013, 99 (2): 120-129.

[128] Thompson W R. Worldwide survey of fitness trends for 2015: What's driving the market [J]. ACSMs Health Fit J, 2014, 18 (6): 8-17.

[129] Tjonna A E, Lee S J, Rognmo, et al. Aerobic interval training versus continuous moderate exercise as a treatment for the metabolic syndrome: A pilot study [J]. Circulation, 2008, 118: 346-354.

[130] Trapp E, Chisholm D, Freund J, et al. The effects of high-intensity intermittent exercise training on fat loss and fasting insulin levels of young women [J]. Int J Obes, 2008, 32 (4): 684-691.

[131] Trost S G, Owen N, Bauman A E, et al. Correlates of adults' participation in physical activity: Review and update [J]. Med Sci Sports Exerc, 2002.

[132] Tschakert G, Hofmann P. High-intensity intermittent exercise : Methodological and physiological aspects [J]. Int J Sports Physiol Perform, 2013, 8: 600-610.

[133] Venables M C, Achten J, Jeukendrup A E. Determinants of fat oxidation during exercise in healthy men and women: A cross-sectional study [J]. J Appl Physiol, 2005, 98 (1): 160-167.

[134] Westgarth-Taylor C, Hawley J A, Rickard S, et al. Metabolic and performance adaptations to interval training in endurance-trained cyclists [J]. Eur J Appl Physiol, 1997, 75 (4): 298-304.

[135] Weston A R, Myburgh K H, Lindsay F H, et al. Skeletal muscle buffering capacity and endurance performance after high-intensity interval training by well-trained cyclists [J]. Eur J Appl Physiol, 1997, 75 (1): 7-13.

[136] Whyte L J, Gill J M, Cathcart A J. Effect of 2 weeks of sprint interval training on health-related outcomes in sedentary overweight/obese men [J]. Metabolism - Clinical & Experimental, 2010, 59 (10): 1421-1428.

[137] Wisloff U, Stoylen A, Loennechen J P, et al. Superior cardiovascular effect of aerobic interval training versus moderate continuous training in heart failure patients a randomized study [J]. Circulation, 2007, 115 (24): 3086-3094.

[138] World Health Organization. Global health risks [M]. World Health Organization, 2009.

[139] Zapico A G, Calderon F J, Benito P J, et al. Evolution of physiological and haematological parameters with training load in elite male road cyclists: A longitudinal study [J]. J Sport Med Phys Fit, 2007, 47 (2): 191.

专题 9

力量和耐力同期训练理论

于洪军

摘要：

同期训练理论是世界竞技体育研究的热点问题，减少和避免同期训练中力量发展的不兼容性问题是体能类项目教练员在训练实践中的重点和难点。本章通过对“同期训练”理论问题进行研究文献的梳理，提出在运动实践中采用板块训练模式、力量训练每周不超过 3 次、耐力训练每次控制在 30 分钟以内，力量和耐力训练之间间隔至少大于 8 小时等训练策略，能够有效避免同期训练中的不兼容性影响。

第一节　同期训练释义和理论的起源与发展

同期训练（concurrent training）是指力量素质和耐力素质的训练任务安排在相同训练时期的一种训练方法[105]，根据人体对训练刺激适应的专门化原则，人体对力量和耐力训练刺激生理适应机制不同（表 9-1）[49]。研究报道[73]，单独力量训练刺激会使人体产生以下生理适应：肌纤维肥大、肌纤维神经募集能力提高、肌肉线粒体密度和数量减少、肌肉力量增加，有氧能力不变或下降[76,100]。耐力训练刺激会使人体产生以下生理变化：心肺功能提升，肌肉线粒体密度增加、有氧酶活性增强，最大摄氧量和有氧能力提高，力量能力不变或下降[50]。同期进行力量和耐力训练刺激可能会对人体产生不兼容性影响，导致人体力量下降[41]。

表 9-1 肌纤维对力量和耐力训练生理学适应的特点

	肌纤维类型	肌纤维形态	肌纤维的募集	酶活性	线粒体
力量	Ⅱb → Ⅱa	↑	Ⅱa 和 Ⅱb↑ Ⅱc↓	↓	↓
耐力	Ⅱb → Ⅱc	↓	Ⅱa 和 Ⅱb↓ Ⅱc↑	↑	↑

注：* *→表示转变，↑表示升高或增大，↓表示降低或减少。

在竞技运动训练中，如赛艇、皮划艇、铁人三项等运动项目既需要运动员具备强健的力量能力，又需要运动员具有良好的耐力能力（图 9-1），同期进行力量和耐力训练，避免产生互相抵消的不兼容影响是摆在众多教练员和运动员面前一个亟待解决的课题。因此，探清同期力量和耐力训练的效果，避免不兼容现象的发生，具有重要的理论和现实意义。本章通过对同期训练相关研究进行综述，以期能够从生理适应机制上和训练实践层面探讨同期力量和耐力训练对人体造成的不兼容影响，为避免或降低不兼容影响，提供参考建议。

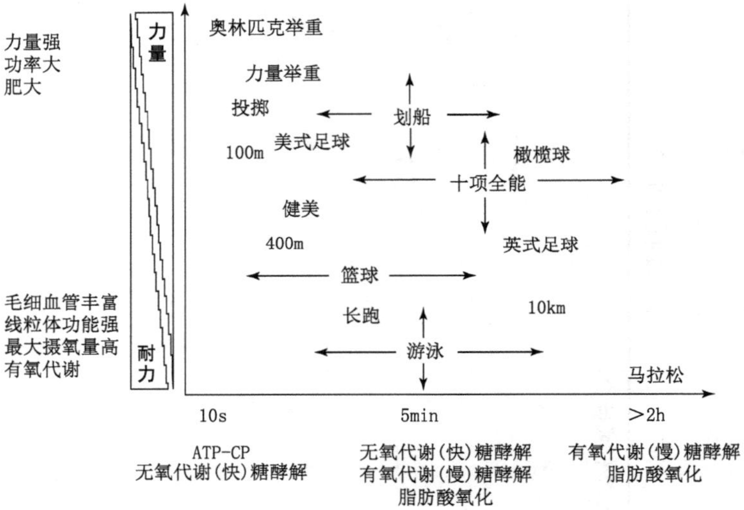

图 9-1　运动项目力量和耐力所占比例以及能量代谢特点[81]

按时间顺序我们可以将同期训练研究分为三个研究历史阶段：研究初期（同期训练问题提出）、研究中期（不兼容现象关注热点研究阶段）和研究现状（机理和应用热点研究时期）。

一、初期（1980—1994 年）

1980 年，美国运动生理学家惠科森（Hickson）首次对力量和耐力同期训练问题进行研究，并将研究成果发表于《欧洲实用生理学杂志》。惠科森（Hickson）通过研究认为同期训练对耐力的提高没有影响，但对力量会产生不兼容影响（图 9-2）[41]。在他的实验设计中，将受试者分为 3 组：力量训练组（S 组）、耐力训练组（E）、同期力量和耐力训练组（C），并进行了为期 10 周的训练。最大力量测试结果表明，在第 1 ~ 7 周实验期间，力量组（S 组）和同期力量和耐力训练组（C 组）力量提高速率相同，从第 8 周开始，力量组（S 组）最大力量继续提高，力量和耐力组（C 组）力量开始下降，在第 10 周实验期间，力量组力量提高了 44%，力量和耐力组力量提高了 25%，耐力组没有变化；最大摄氧量（VO_{2max}）测试结果显示，耐力组（E 组）提高了 25%，同期力量和耐力训练组（E 组）提高了 20%，力量组没有提高。

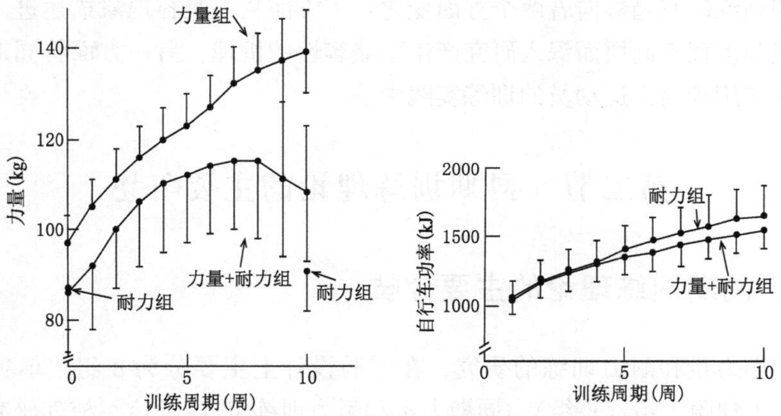

图 9-2 同期力量和耐力训练的首次研究报道[41]

在 1980—1984 年，同期训练问题没有引起学术界的足够重视，期间也没有相关同期训练研究的报道，直到 1985 年杜利（Dudley）对同期力量和耐力训练进行了验证研究[26]，但该研究报道与惠科森（Hickson）研究结果不同。该研究报道认为同期训练对最大力量兼容，但对爆发力不兼容，使爆发力下降。1987—1994 年，许多在力量和耐力研究领域的知名学者如亨特（Hunter）[52]、尼森（Nelson）[82]、赛尔（Sale）等[93]对惠科森（Hickson）提出的同期力量和耐力训练是否兼容性问题展开研究并发表研究报道。至此，学者们对同期训练对力量和耐力是否兼容问题展开争论。

二、中期（1995—2006 年）

1995—2006 年，该时期同期训练研究主要集中在学者们对力量能力不兼容的现象关注的热点时期。其中，1995 年开麦尔（Kraemer）等人[66]的研究是同期训练问题的经典研究报道，是该研究领域他引次数最多的研究之一。该研究认为，力量和耐力同期训练能够获得兼容，特别是在不同肌群之间，如进行上肢力量训练，下肢耐力训练，不会发生同期训练不兼容性影响。随后大量实验研究报道刊出，同期力量和耐力训练问题在当时成为一个研究的热点问题。

三、现状（2007年至今）

2007年以来，对力量和耐力的同期训练研究进入机理和应用研究的热点时期。同期训练研究趋势向着两个方面变化：一方面从不兼容现象描述进入分子生物学领域和生理机制层面深入研究产生不兼容性的机理，另一方面将同期训练的研究成果应用到耐力运动员的训练实践中。

第二节　同期训练理论的主要争论

一、同期训练理论的主要分歧

对同期力量和耐力训练的研究，在实验设计上主要分为3组：单独力量组（S组）、单独耐力组（E组）、同期力量和耐力训练组（C组）。梳理研究报道的结果显示，同期训练主要有两种研究报道结果，一是力量（最大力量和爆发力）不兼容，但耐力兼容，二是力量和耐力均不兼容。

二、同期训练理论的代表性人物和主要观点

（一）力量不兼容

同期力量和耐力训练会产生力量不兼容，但不会影响耐力的提高。其中，力量不兼容包括最大力量和爆发力量不兼容。

1. 最大力量不兼容

1980年，惠科森（Hickson）研究报道认为[41]，同期力量和耐力训练对最大力量产生不兼容，导致力量下降。杜立（Dudley）[26]、哈特（Hutter）[52]、亨德森（Hennessy）[40]、贝尔（Bell）[10]、普特曼（Putman）[85]等学者的研究支持了Hickson的关于最大力量不兼容观点（表9-2）。

表 9-2 同期训练对于最大力量不兼容的研究

实验者（年）	实验时间（周）	实验对象	每周训练次数	实验设计与训练负荷	实验结果（力量提高%）
Hickson[41]（1980）	10	UT23（M 和 F）；S 组 8（7M，1F，MY=22）；E 组 8（5M，3F，MY=25）；C 组 7（5M，2F，MY=26）	S，5 次/周；E，6 次/周；C，11 次/周	S 组 1RM 训练，高；E 组 VO_{2max} 训练，高；C 组=S+E，高	S↑>C↑>E↑ S 组 44%↑；C 组，第七周 34%↑，第十周 25%↑；E 组→
Dudley 和 Djamil[26]（1985）	7	T22（M=8 和 F=14）；S 组 6（MY=26）；E 组 10（MY=21）；C 组 6（MY=22）	S，3 次/周；E，3 次/周；C，6 次/周	S 组等动训练，高；E 组间歇 VO_{2max} 训练，高；C 组=S+E，高	快速爆发力 S↑>C↑>E↑
Hutter[52]（1987）	12	UT25（M 和 F），T9（M 和 F）；S 组 10（5M，5F）；E 组 7（3M，4F）；C 组 8（5M，3F）；TC 组 9（4M，5F）	S，4 次/周；E，4 次/周；C，8 次/周；TC，8 次/周	S 组 7-10RM×3 组最大力量训练，中；E 组 20~40 分钟跑步训练，中；C 组=S+E，高；TC 组=S+E	TC↑>S↑>C↑>E TC 组 32.8%↑；S 组 30.7%↑；C 组 24.4↑；E 组 6.4%↑
Hennessy 和 Watson[40]（1994）	8	T56（M）	S，3 次/周；E，4 次/周；C，5 次/周	S 组 1RM 训练，高；E 组跑步训练，高；C 组=1/2E+1/2S，高	最大力量 1RM S↑>C↑>E↑
Bell[10]（2000）	12	T35（M 和 F）；S 组 11（7M，4F）；E 组 11（7M，4F）；C 组 13（8M，5F）	S，3 次/周；E，3 次/周；C，6 次/周	S 组最大力量和肌肉肥大训练，高；E 组 30~42 分钟间歇 VO_{2max} 训练，高；C 组=S+E	最大力量 1RM S↑>C↑>E↑

续表

实验者（年）	实验时间（周）	实验对象	每周训练次数	实验设计与训练负荷	实验结果（力量提高%）
Putman[85]（2004）	12	T30（18M 和 12F）；S 组 10（6M，4F）；E 组 10（6M，4F）；C 组 10（6M，4F）	S，3 次/周；E，3 次/周；C，6 次/周	S 组最大力量和肌肉肥大训练，高；E 组 30~42 分钟间歇 VO_{2max} 训练，高；C 组 =S+E	最大力量 1RM S↑>C↑>E↑
Izquierdo 等[57]（2005）	16	UT31（M）；S 组 16（MY=38）；C 组 11（MY=37）	S，2 次/周；C，4 次/周	S 组最大力量和爆发力训练，中；C 组力量训练同 S 组，耐力训练 60~90 分钟递增负荷 VO_{2max} 训练，高；C=S+E	最大力量 1RM S45%↑≈C 37%↑>E↑
Karavirta 等[64]（2011）	21	UT80（M）；S 组 25（MY=56）；E 组 25（MY=54）；C 组 30（MY=56）	S，2 次/周；E，2 次/周；C，4 次/周	S 组 1~7 周 40%~60%1RM 负荷的肌肉力量和肌肉耐力；8~14 周 60%~80% 1RM 负荷肌肉肥大提高；15~21 周；75%~80% 1RM 爆发力量，高；E 组 1~7 周乳酸阈强度耐力；8~14 周有氧-无氧阈强度间歇训练；15~21 周最大有氧耐力提高，高；C= S +E	最大力量 S 组 20%↑>C 组 14%↑>E E9%↑ Ⅱ 型肌纤维增大（CSA）S 组 20%↑，C 组→，E 组→
Rønnestad[87]（2012）	12	T18（M）；S 组，7（MY=26）；C 组，11（MY=27）		S 组 1~3 周 10RM 强度力量；4~6 周 8RM 强度力量；7~12 周 6RM 强度力量，C 组 10 小时/周耐力训练+S	最大力量 S35%↑>C25%↑；肌肉肥大（CSA）S8%↑>C4.3%↑

注：S=力量组；E=耐力组；C=力量和耐力同时训练组；UT=没有训练经历者；T=有训练经历者；M=男性受试者；F=女性受试者；MY=平均年龄；↑=力量提高，→=不变。

2. 爆发力不兼容

美国 Ohio 大学运动生理学教授杜立（Dudley）和达吉米（Djamil）[26]于 1985 年最早提出进行力量和耐力同期训练对于速率的≤1. 68rad · s 的低速爆发力量没有产生影响，然而对于≥1. 68rad · s 的爆发力量，尤其是对于≥5. 03rad · s 的快速爆发力的发展产生阻碍作用。芬兰的学者哈金（Häkkinen）[36]等人对同期力量和耐力训练对爆发力（Power）是否产生影响进行了深入实验，该研究报道同期力量和耐力训练所产生的力量提高的适应性是不同的，其中对于最大力量的提高可能不会产生影响，然而对于爆发力的提高（500ms 之内产生的爆发力量）会产生阻碍影响（图 9-3）。

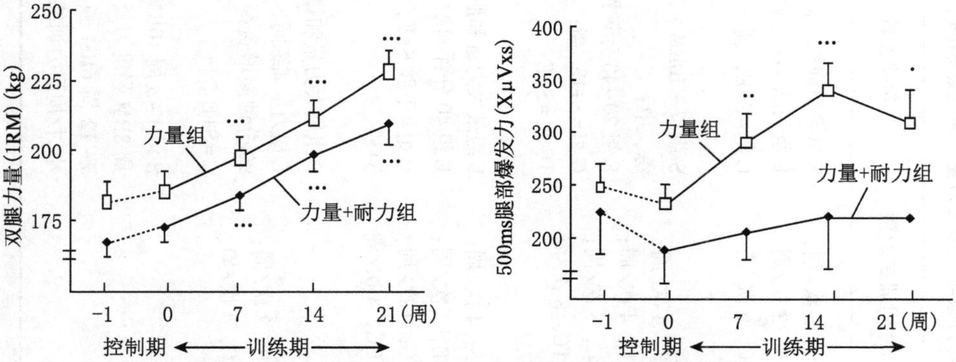

图 9-3　力量和耐力同期训练对爆发力的影响研究

哈特（Hunter）[52]、杜立（Duley）和达吉米（Diamil）[26]等人的研究报道了同期训练对爆发力不兼容影响（表 9-3）。

表 9–3 同期训练对于爆发力量不兼容影响的研究

实验者（年）	实验时间（周）	实验对象	每周训练次数	实验设计与训练负荷	实验结果（爆发力力量 RFD 提高%）
Dudley 和 Djamil[26]（1985）	7	T22（M=8 和 F=14）；S 组 6（MY=26）；E 组 10（MY=21）；C 组 6（MY=22）	S，3 次/周；E，3 次/周；C，6 次/周	S 组等动训练，高；E 组间歇 VO_{2max} 训练，高；C 组=S+E，高	快速爆发力 S↑>C↑>E↑
Hutter 等[52]（1987）	12	UT25（M 和 F），T9（M 和 F），S 组 10（5M，5F,）；E 组 7（3M，4F,）；C 组 8（5M，3F）；TC 组 9（4M，5F）	S，4 次/周；E，4 次/周；C，8 次/周；TC，8 次/周	S 组 7－10RM×3 组最大力量训练，中；E 组 20~40 分钟跑步训练，中；C 组=S+E，高；TC 组=S+E	竖直跳 TC5.7%↑=S5.7%↑>C2.5%↑>E0.5%↑
Kraemer 等[66]（1995）	12	T35，S 组 9（MY=23）；E 组 8（MY=21）；C 组 9（MY=23）UC 组 9（MY=23）	S，4 次/周；E，4 次/周；C，4 次/周，UC，4 次/周	S 组最大力量和肌肉肥大训练，高；E 组 40 分钟间歇 VO_{2max} 训练，高；C 组=下肢 S+E，高。UC 组=上肢 S+E	WAT 无氧爆发力 S↑>C↑>UC↑≈E↑
Häkkinen 等[38]（2003）	21	UT27（M），S 组 16（MY=38）；C 组 11（MY=37）	S，2 次/周；C，4 次/周	S 组最大力量和爆发力训练，中；C 组力量训练同 S 组，耐力训练 60~90 分钟递增负荷 VO_{2max} 训练，高；C=S+E	S↑>C→
Rønnestad[87]（2011）	12	T18（M），S 组 7，MY=26），C 组，11（MY=27）		S 组 1~3 周 10RM 强度力量；4~6 周 8RM 强度力量；7~12 周 6RM 强度力量，C 组 10 小时/周耐力训练+S	爆发力（RFD）S13%↑>C6.2%↑

续表

实验者（年）	实验时间（周）	实验对象	每周训练次数	实验设计与训练负荷	实验结果（爆发力力量 RFD 提高%）
Mikkola 等[78]（2012）	22	UT38（M），S 组 16（MY=38）；E 组 11（MY=37）；C 组 11（MY=37）	S，2 次/周；E，2 次/周；C，4 次/周	S 组 1~7 周 50%~70%1RM 负荷力量；8~14 周 60%~80% 1RM 负荷肌肉肥大提高；15~21 周；70%~80% 1RM 爆发力量，高；E 组 1~7 周低于乳酸阈强度耐力；8~14 周有氧-无氧阈强度间歇训练；15~21 周最大有氧耐力提高，高；C= S +E	最大爆发力（RFD）测试 S 组 38%↑>C7%↓

注：S=力量组；E=耐力组；C=力量和耐力同时训练组；TC 组有训练经历的力量和耐力同时训练组；UT=没有训练经历者；T=有训练经历者；M=男性受试者；F=女性受试者；MY=平均年龄；↑=爆发力量训练后提高；↓=爆发力量训练后下降；→=爆发力量训练后不变。

（二）力量和耐力均兼容

同期训练研究报道中的另外一个主要观点认为，同期力量和耐力训练不会对力量产生不兼容影响，力量和耐力的提高能够兼容（表 9-4）。其中，被国际引用最多的一个经典研究来自 1995 年开麦尔（Kraemer）的研究报道[66]，该研究报道了为期 12 周力量和耐力均兼容的同期训练实验，他的研究指出，对不同肌群进行同期训练，不会产生不兼容的影响。在研究设计中，将 35 名年轻军人分为 4 组：力量组（S）、耐力组（E）、同期力量和耐力训练组（C）、上肢力量和下肢耐力同期训练组（UC），每组每周从事 4 次训练；在实验设计上，采用上肢进行高强度力量练习，下肢进行高强度耐力练习，同期训练在不同肌群与单独力量组和单独耐力组在力量和耐力能力上提高相同或更高，该研究结果提出，同期训练在人体的不同肌肉之间不会发生不兼容现象。贝尔（Bell）[7]、赛尔（Sale）[93]、麦凯希（McCarthy）[75]、李奎多（Izquierdo）[57]支持了他的观点，他们认为力量和耐力合理安排不会阻碍最大力量的发展。

表 9-4　同期训练对于力量和耐力均兼容的研究

实验者（年）	实验时间（周）	实验对象	每周训练次数	实验设计与训练负荷	实验结果（力量提高%）
Sale 和 Macdougall 等[93]（1990）	22	UT16（M 和 F），S 组 8（4M，4F，MY=21）；E 组 8（4M，4F，MY=21）；C 组 16（8M，8F，MY=21）	S，3 次/周；E，3 次/周；C，3 次/周	S 组 15-20RM×6 组耐力力量训练，高；E 组 5 组间歇 3 分钟 90%～100%VO_{2max} 训练，高；C 组=S+E，高	最大力量和力量耐力 S↑≈C↑
Bell 等[7]（1991）	12	T28（M），S 组 14（MY=22）；C 组 14（MY=26）	S，3 次/周；C，6 次/周	S 组低速等动训练，中；C 组=S+40-50 分钟划船 75%VO_{2max} 训练，高	低速最大力量 S↑≈C↑
Mccarthy 等[74]（1995）	10	UT30（M），S 组 10（MY=28）；E 组 10（MY=27）；C 组 10（MY=27）	S，3 次/周；E，3 次/周；C，3 次/周	S 组 6RM×4 组最大力量训练，中；E 组 50 分钟 70%最大心率自行车训练，中；C 组=S+E，高。同一天训练，S 组和 E 组之间间歇 10～20 分钟	1RM 最大力量 S23%↑≈C22%↑
Kraemer（1995）	12	T35，S 组 9（MY=23）；E 组 8（MY=21）；C 组 9（MY=23）；UC 组 9（MY=23）	S，4 次/周；E，4 次/周；C，4 次/周；UC，4 次/周	S 组全身最大力量和肌肉肥大训练，高；E 组 40 分钟间歇 VO_{2max} 训练，高；C 组=S+E，高。UC 组=上肢 S+下肢 E	最大力量下肢双腿测试 S34%↑=34%C↑>UC11%↑>E3%↑ 最大力量上肢卧推和硬推测试 C↑>UC↑=S↑>E↑ 最大力量下肢肢单腿测试 S30%↑>C 19.5%↑>UC10%↑>E2%↑

续表

实验者（年）	实验时间（周）	实验对象	每周训练次数	实验设计与训练负荷	实验结果（力量提高%）
McCarthy 等[75]（2002）	10	UT30（M）， S 组 10（MY=28）； E 组 10（MY=27）； C 组 10（MY=27）	S，3 次/周； E，3 次/周； C，3 次/周	S 组 6RM×4 组最大力量训练，中； E 组 50 分钟 70%最大心率自行车训练，中； C 组=S+E，高。同一天训练，S 组和 E 组之间间歇 10～20 分钟	1RM 最大力量 S2↑≈C28%↑
Häkkinen 等[38]（2003）	21	UT27（M）， S 组 16（MY=38）； C 组 11（MY=37）	S，2 次/周； C，4 次/周	S 组最大力量和爆发力训练，中；C 组力量训练同 S 组，耐力训练 60～90 分钟递增负荷 VO_{2max} 训练，高；=S+E；	最大力量 1RM S22%↑≈C 21%↑
Glowacki（2004）	12	UT41（M）， S 组 13（MY=23）； E 组 12（MY=25）； C 组 16（MY=22）	S，2～3 次/周； E，2~3 次/周； C，5 次/周	S 组 6～10 次 75%～85% RM×3 组×8 种全身力量训练，中； E 组 20～40 分钟室内自行车或室外跑 65%～80% HRR 训练，中； C 组=S+E，中	1RM 最大力量 S40.8%↑≈C39.4%↑>E20.4%↑
Izquierdo 等[59]（2004）	16	UT31， S 组 11（MY=65）； E 组 10（MY=68）； C 组 10（MY=66）	S，2 次/周； E，2 次/周； C，2 次/周	S 组最大力量和爆发力训练，低；E 组 30～40 分钟自行车递增负荷 VO_{2max} 训练，低； C 组=1/2S+E，中	最大力量 1RM S41%↑≈38%↑>C

续表

实验者（年）	实验时间（周）	实验对象	每周训练次数	实验设计与训练负荷	实验结果（力量提高%）
Häkkinen（2005）	16	UT31，S组11（MY=43）；E组10（MY=42）；C组10（MY=41）	S，2次/周；E，2次/周；C，2次/周	S组最大力量和爆发力训练，低；E组30~40分钟自行车递增负荷VO_{2max}训练，低；C组=1/2S+E，中	最大力量1RM前八周S22%↑≈24%↑C；十六周后S45%↑>C37%↑>E↑
K Häkkinen（2005）	16	UT31（M），S组16（MY=38）；C组11（MY=37）	S，2次/周；C，4次/周	S组最大力量和爆发力训练，中；C组力量训练同S组，耐力训练60~90分钟递增负荷VO_{2max}训练，高；C=S+E	最大力量1RM S22%↑≈↑21%C
Libardi等[70]（2012）	16	UT47（M），S组16（MY=49）；E组12（MY=49）；C组11（MY=48）；UC组13（MY=49）	S，3次/周；E，3次/周；C，3次/周	S组1~8周10RM强度力量，9~16周8RM强度力量；E组60分钟乳酸阈强度耐力；C组=S+E	最大力量1RM C组21.75%↑ S19.9%↑；>VO_{2max} C组21.0%↑>E15.6↑
Silva等[97]（2012）	11	UT44（W），S组12（MY=23）；E组11（MY=21）；C1组10（MY=22）；C2组11（MY=24）	S，2次/周；E，2次/周；C1，2次/周；C2，2次/周	S组1~5周提高力量耐力，5~11最大力量和肌肉肥大力量；E组50分钟有氧阈强度下持续耐力；C1组S+E，C2组S+50分钟高强度间歇耐力	最大力量1RM S41%↑≈↑38.9%C1>↑32.9%C2；180S爆发力C1组13.5%↑>S7.6%↑；>C6.3%↑

续表

实验者（年）	实验时间（周）	实验对象	每周训练次数	实验设计与训练负荷	实验结果（力量提高%）
Souza 等[23]（2013）	8	UT43（F）， S 组 11（MY=25）； E 组 8（MY=24）； C 组 11（MY=22）； UC 组（MY=22）	S，2 次/周； E，2 次/周； C1，2 次/周； C2，2 次/周	S 组 1~2 周 12RM 强度， 3~4 周 8~10RM 强度， 5~6 周 6~8RM 强度， 9~11 周 10~12RM 强度力量； E80−100% VO_{2max} 强度间歇耐力； C 组=S+E	最大力量 1RM S6.2%↑≈↑6.4% C；肌肉肥大（CSA）S6.2%↑≈↑7.8%C

注：S=力量组；E=耐力组；C=力量和耐力同时训练组；UT=没有训练经历者；T=有训练经历者；M=男性受试者；F=女性受试者；MY=平均年龄；↑=力量提高。

（三）同期训练不兼容性原因分析

1. 实验设计因素

李维瑞（Leveritt）等人[16,17,24]曾对同期训练的实验设计进行综述分析后认为，产生这种研究报道结果不一致可能与实验设计中采用力量与耐力的不同组合、不同练习次数、不同练习模式、不同练习间歇等有关。开麦尔（Kreamer）等人[67]研究报道认为，受试者的训练水平对同期训练的结果扮演着重要的角色，不同实验之间受试者差异较大。在年龄上，同期训练试验中包括年轻受试者[38]、中年受试者[57]、老年受试者[12,65]；在受试者训练经历上，包括无训练经历受试者[10,20,26,33,41,56,57,61]、有运动经历受试者[9,40,42,63,66,77]、顶尖高水平运动员受试者[1,29,31,32,62,88]等；在训练和测试方法上，各研究也不一致。在力量练习手段上（最大力量，爆发力量），采用等动练习手段[3,26,82]、等长练习手段[20,41,74,93]；耐力上，采用跑步[20,40,66]、自行车[26,66,82,93]等手段；在测试手段上，力量测试采用最大力量测试[41]、爆发力量测试[37]；在耐力测试上，采用最大摄氧量（VO_{2max}）和最大有氧功（VO_{2peak}）等测试。因为试验变量、试验测试方法不同等因素将对实验结果造成差异，然而，从同期训练研究报道的结果来看，大多数的研究报道显示同期训练主要对力量能力造成不兼容影响，对耐力能力不产生兼容影响。同期训练对力量造成的不兼容影响，除以上生理基因因素之外，可能与力量和耐力的肌纤维适应不同有关。

2. 生理适应因素

总结前人研究中对力量产生不兼容影响的原因，主要有以下两点，一是长期假设机制，二是短期假设机制。长期假设机制认为，因力量和耐力在肌纤维类型和肌纤维形态学上适应的差异，骨骼肌组织不能同时适应同期训练的代谢和形态，故造成不兼容影响。短期假设机制认为耐力训练导致的疲劳会影响肌肉力量的发展，力量训练质量受到影响后，使力量能力产生不兼容影响。[69]乃德（Nader）等人[5,15,39,81]研究报道中将力量不兼容的原因解释如下：①肌纤维募集能力降低和神经快速收缩能力下降[13,26,38,41]；②肌糖原储备的长期耗竭[19,21]；③骨骼肌纤维从白肌纤维向红肌纤维转化，即从Ⅱb型向Ⅱa型转化，从Ⅱa型向Ⅰ型肌纤维转化[71,95]；④过度训练导致运动员的训练和恢复不平衡[13,27]；⑤由于耐力训练导致蛋白质合成降低，导致肌纤维横断面积减少，肌肉力量降低[66]。

根据前人的研究报道结果，同期训练造成的不兼容影响可能由自肌纤维类型、线粒体、酶活性和骨骼肌基因表达路径等因素对力量和耐力刺激不同适应造成。

3. 肌纤维类型影响

就肌纤维类型的影响而言，同期训练会导致Ⅱa 型肌纤维向Ⅱb 型肌纤维转化，在开麦尔（Kraemer）[66]的经典研究报道 12 周训练后，同期训练组Ⅱb 型肌纤维向Ⅱa 型转化的现象。该研究认为，同期训练组所产生的肌纤维的类型的适应性变化是不同于单独进行力量或单独进行耐力训练所产生的变化；随后，普特曼（Putman）[86]等人的研究报道支持了开麦尔（Kraemer）的研究，该研究报道，同期训练组对肌纤维横断面积（CSA）的提高不产生不兼容影响，但相对单独力量训练组而言，同期训练组会造成快肌纤维向着慢肌纤维转化的适应趋势。

4. 线粒体密度和酶活性的适应性

赛尔（Sale）[93]等人的研究报道，同期训练组和单独耐力组相比，线粒体密度、线粒体柠檬酸合成酶（CS）、磷酸果糖激酶（PFK）的活性没有产生不兼容性影响。在同期训练对酶活性是否兼容性问题上，贝尔（Bell）[10]等人的研究支持了赛尔（Sale）的研究结果。在贝尔（Bell）等人的研究中报道，同期训练组琥珀酸脱氢酶（SDH）的酶活性在Ⅰ型和Ⅱa 型肌纤维中在同期训练组和单独耐力组都有相同速率的提高，但该酶在单独力量组中结果活性下降，在肌纤维线粒体密度上，同期训练组也和单独耐力组速率提高相同。琥珀酸脱氢酶（SDH）和线粒体柠檬酸合成酶（CS）是肌纤维耐力能力指标的两种重要的有氧酶，同期训练对这两种有氧酶的活性和线粒体的密度提高和单独耐力组相比速率提高相同，为同期训练对有氧能力的兼容性提供了生理依据。

5. 骨骼肌 DNA 信号中 mTOR 路径的不兼容

从生物细胞学的观点来看，不同负荷刺激对肌细胞所产生的肌细胞蛋白质基因表达 mRNA 适应是不同的，力量和耐力训练对骨骼肌 DNA 信号路径的表达是不同的，力量训练产生肌纤维的肥大性适应变化是相对漫长的过程。在力量训练中有研究报道认为[84]，负荷刺激对蛋白质的破坏所产生的适应时间至少需要 48 小时恢复。在骨骼肌蛋白质路径表达上[39]，力量训练提高蛋白质合成的关键的基因是 PI3-k（phosphatidylinositol 3-kinase）基因的刺激表达（见图 9-4），该基因会进一步刺激 AKT 基因的表达，进一步刺激到 mTOR 的基因，导致 4E-BPI 和

S6K1（P70 S6k）基因表达，从而导致肌纤维的肥大性蛋白质和ⅡA型肌纤维的增长适应变化。在耐力训练中，肌纤维会产生线粒体密度和酶活性增强的适应变化，在此变化中，mRNA的基因表达是决定其线粒体和酶活性变化的关键。耐力训练会导致蛋白质线粒体有氧酶增强的关键基因PGC-1α迅速激活[39]，该基因是激活酶活性的关键基因AMPK表达的重要激活基因，通过激活AMPK基因，能够有效抑制acety1-CoA和malony1-CoA基因的路径表达，从而提高线粒体的酶活性和线粒体的密度和数量。同期训练对肌细胞基因表达路径所产生的不兼容性来自阿森（Atherthon）等人的首次研究工作[4]。在阿森（Atherthon）等人的研究报道中，他们通过解剖在力量和耐力训练后的小白鼠发现，力量训练会导致Akt-mTOR基因信号的表达，进一步刺激4E-BPI和P70 S6k，eIF2B基因表达，但并未刺激AMPK-PGC-1基因的表达，但是耐力训练却直接刺激了AMPK-PGC-1基因的激活和表达，阿森（Atherthon）提出了同期训练对Akt-mTOR基因信号和AMPK-PGC-1基因选择性信号表达和激活的不兼容性问题。然而，小白鼠和人的差异巨大，目前还没有对人体进行研究验证，同期训练是否对人体的基因细胞的表达如小白鼠一样不兼容，尚需进一步验证。

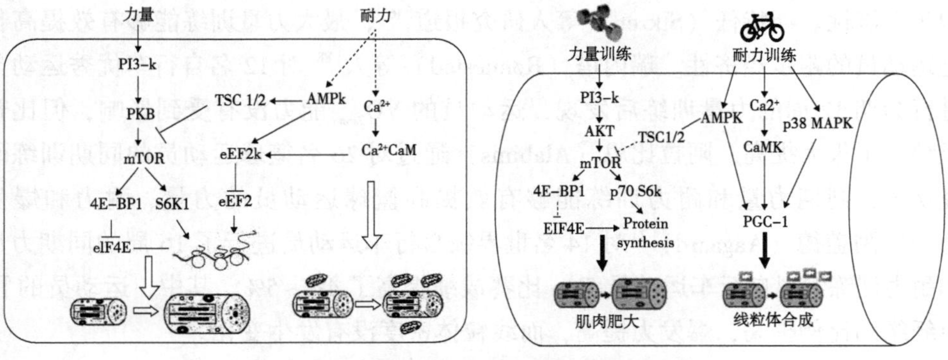

图9-4 同期训练的基因表达路径机制[39, 81]

第三节 同期训练理论对竞技训练实践的主要影响和作用

一、竞技运动员同期训练研究报道

1987年，哈特（Hutter）[52]最早首次以运动员为实验对象对耐力运动员进行为期 12 周的同期训练研究。该研究报道，同期训练组和单独耐力组的最大摄氧量（VO_{2max}）获得相同的提高，虽然同期训练组在最大力量提高幅度上低于单独力量组，但同期训练组力量的提高对耐力运动员已经产生了有益的影响[52]。贝尔（Bell）[7]对皮划艇运动员进行为期 10 周的研究，该研究认为皮划艇运动员力量先于耐力的训练顺序优于耐力先于力量的训练顺序。1999 年，潘维莱恩（Paavolainen）和哈金（Häkkinen）[83]对高水平定向越野跑运动员进行 9 周的爆发力训练后，运动员获得运动成绩和跑步经济性（RE）大幅度提高；2000 年之后越来越多的耐力项目如跑步、竞走、游泳、赛艇、越野滑雪、自行车、皮划艇和赛艇项目高水平运动员同期训练的研究报道出现（表 9-5）。其中，胡弗（Hoff）[46,48]对女性越野滑雪运动员进行 9 周的训练，其中试验组加入了每周 3 次的最大力量训练后发现，加入力量训练组比单独进行耐力训练组在试验后的最大力量和工作经济性得到了很大的提高。他的研究认为，最大力量的训练提高了越野滑雪运动员的运动成绩和运动工作的经济性并认为这种提高是由于运动员的神经肌肉能力的提高转化为跑的经济性和肌肉功能能力导致的。

米尔特（Millet）等人[12]对优秀铁人三项运动员进行 14 周同期训练研究后报道，同期训练组在不影响最大摄氧量增加的基础上，提高了运动员最大力量和跑步经济性。斯特任（Stkren）等人研究报道[46]，最大力量训练能够有效提高长跑运动员的跑步经济性。瑞内塔（Rønnestad）等人[88]对 12 名自行车优秀运动员进行为期 12 周的力量训练后发现，运动员的 VO_{2max} 能力没有受到影响，但比赛成绩有了很大提高。阿拉比思（Alabinis）通过对 26 名篮球运动员的同期训练研究认为，同期力量和耐力训练能够有效提高篮球运动员的力量、耐力和爆发力[6]。阿盖德（Aagaard）[2]对 14 名世界级自行车运动员进行了 16 周的同期力量和耐力训练发现自行车运动员 5km 比赛成绩提高了 4%~5%。其中，运动员的Ⅱa 肌纤维的比例提高，爆发力提高，而线粒体密度没有发生变化。

表 9-5 同期训练对耐力运动员的研究

实验者（年）	实验时间（周）	实验对象	每周训练次数	实验设计与训练负荷	运动能力提高%（C组）
Paavolainen 等[83]（1999）	9	18名男性优秀长跑运动员，$VO_{2max}=68\ mL \cdot kg^{-1} \cdot min^{-1}$	C=15～90分钟力量	C=68%E+32%专项反应力量；E=不变	3.1↑（5K），8.1↑（RE）
Hoff 等[47]（2002）	20	19名男性越野滑雪运动员，$VO_{2max}=69\ mL \cdot kg^{-1} \cdot min^{-1}$	C=3次最大力量/周	C=85%RM力量+E，E=不变	10↑（MAX），3.7↑（RE）
Millet 等[80]（2002）	14	15名男性长跑运动员，$VO_{2max}=67\ mL \cdot kg^{-1} \cdot min^{-1}$	C=2次爆发力量/周	C=爆发力量+E；E=44km跑步+19km游泳+210km自行车/周	5.3↑（RE）
Spurrs 等[99]（2003）	6	17名男性长跑运动员，$VO_{2max}=57\ mL \cdot kg^{-1} \cdot min^{-1}$	C=2次反应力量/周	C=反应力量+E；E=60～80km跑步	2.7↑（3K），4-7↑（RE）
Saunders 等[94]（2006）	9	15名男性长跑运动员，$VO_{2max}=68\ mL \cdot kg^{-1} \cdot min^{-1}$	C=3次反应力量/周	C=反应力量+E；E=100～140km跑步/周	4.1↑（RE）
Mikkola 等[77]（2007）	8	18名男性长跑运动员，7名女性长跑运动员，$VO_{2max}=62\ mL \cdot kg^{-1} \cdot min^{-1}$	C=3次爆发力量/周	C=81%E，19%爆发力量+E；E=不变	3↑AT
Storen 等[101]（2008）	8	17名长跑运动员	C=3次最大力量/周	C=4x4RM最大力量+E；E=不变	33↑（MAX），26↑（RFD），5↑（RE）
Rønnestad 等[88]（2010）	25	12名国家队水平自行车运动员	C=自行车专项爆发力训练，前12周2次，后13周1次	C=自行车专项力量+E，E=170h	23↑（MAX），2↑（AT），14↑（40minW）

续表

实验者（年）	实验时间（周）	实验对象	每周训练次数	实验设计与训练负荷	运动能力提高%（C组）
Aagaard 等[2]（2011）	16	14 名优秀自行车运动员	C＝2－3 次/周周期力量	C＝5-8RM 周期力量+E；E＝14~18h	12~20↑（RFD），3-4↑（5min），8%↑（45min），Ⅱa↑
Taipale 等[103]（2010）	28	28 名马拉松运动员，VO_{2max}＝51 mL·kg^{-1}·min^{-1}，CM＝11，CE＝10，UC＝7	CM＝2 次，CE＝2 次，CME＝2 次/周力量训练	CM＝最大力量+E；CE＝爆发力量+E；E≈36km	RE↑
Mikkola 等[79]（2011）	8	27 名马拉松运动员，VO_{2max}＝51 mL·kg^{-1}·min^{-1}，CM＝11，CE＝10，UC＝6	CM＝2 次，CE＝2 次，CME＝2 次/周力量训练	CM＝最大力量+E；CE＝爆发力量+E；E≈36km	3.6↑（MAX），2.6↑（AT）
Taipale[104]（2013）	8	37 名男性长跑运动员，CM＝11 名，CE＝10，CME＝9，UC＝7	CM＝2 次，CE＝2 次，CME＝2 次/周力量训练	CM＝最大力量+E；CE＝爆发力量+E；CME＝爆发力量+最大力量；E≈36km	11.8↑（MAX），CE＝21.3↑（MA），10↑（Speak）

注：C＝同期训练组，E＝耐力组；RE＝运动经济性，AT＝无氧阈，K＝公里，RFD＝爆发力。

耐力项目中，运动员的最大摄氧量（VO_{2max}）、无氧阈（AT）和运动经济性（RE）是决定运动员成绩的三个主要影响因子。在运动训练的实践中，耐力项目运动员进行同期训练对运动员无论从跑的经济性还是无氧阈都产生收益性影响，最大力量或爆发力类型力量训练虽未提高耐力运动员的最大摄氧量，但改善了运动员神经肌肉工作能力进而提高了运动的经济性，从而达到了提高运动成绩的目的。因此，在耐力运动员中进行有针对性的力量训练对于运动成绩的提高是有益的。

二、竞技训练中的同期训练实践策略

尽管有许多实验研究报道了同期训练对运动员产生了有益的生理机制影响，但对教练员而言，提出有效的训练建议，在同期训练中采取有效的训练策略，减少不兼容影响，最终提高运动员的成绩是教练员们应该关注的重点。

（一）训练周期安排—板块训练

训练实践中，训练周期安排策略是教练员们考虑的首要问题，自 20 世纪 70 年代以来，马特维耶夫的传统周期训练一直主导着训练实践。周期训练的特点是在同一阶段同时发展运动员几种运动能力，如在一个训练周期内同时发展最大力量、有氧耐力、最大有氧功等目标。因此，由同期力量和耐力训练导致的不兼容现象可能是传统周期训练不可避免的问题。随着运动训练理论的发展，任瑞（Issurin）等人提出[29,53,54]传统周期训练不能根据人体生理发展规律，在某一训练阶段集中训练负荷提高运动员的能力。伊苏恩（Issurin）等人提出的板块训练是采取集中训练负荷和目标的原则，缩短训练阶段和训练周期，将不同目标的训练能力安排在不同小周期中进行，依次发展运动员不同的能力。相对传统周期训练而言，板块训练能够有效缓解同期力量和耐力训练带来的不兼容性影响。板块训练相对于传统周期训练的优势得到来自赛艇和皮划艇高水平运动员的实验研究报道支持[29]。盖加·派拉（García-Pallarés）等[29]对高水平皮划艇运动员为期 12 周训练进行研究报道（图 9-5），训练分为两个阶段，第一个训练阶段运动员进行肌肉肥大力量和无氧阈训练，第二训练阶段采取最大力量和最大有氧功训练组合，能够有效提高运动员的有氧能力和肌肉力量能力。在该研究中，耐力上，两个阶段均集中 50%的训练负荷量在同一个耐力训练强度目标中，力量上，每一个训练都采用了 80%～100%训练负荷集中在同一个训练目标中（图 9-5）。训练结果显示，集中板块训练后，皮划艇运动员的运动成绩得到大幅度提高。

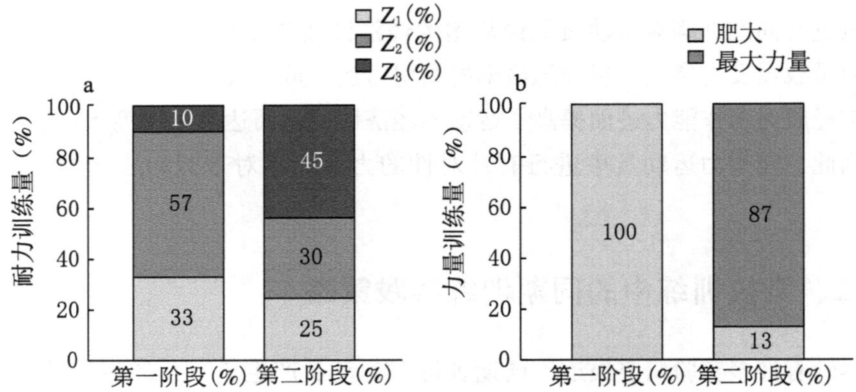

图 9-5　皮划艇运动员板块训练负荷模式[29]

盖加·派拉（García-Pallarés）等人[32]在另一个训练研究中对比了周期训练和板块训练对高水平皮划艇运动员运动能力提高的影响。与传统周期训练相比，板块训练仅涉及50%左右训练负荷的调整，其中大约10%的训练负荷集中在某一个耐力目标能力上，在3个训练阶段中，采取集中负荷的训练原则，集中了45%~60%的负荷在同一个能力目标上。训练结果表明，每个阶段5周的板块训练比传统周期训练对高水平皮划艇运动员在运动成绩上获得的提高更明显，包括桨速、每桨的功率（图9-6）。

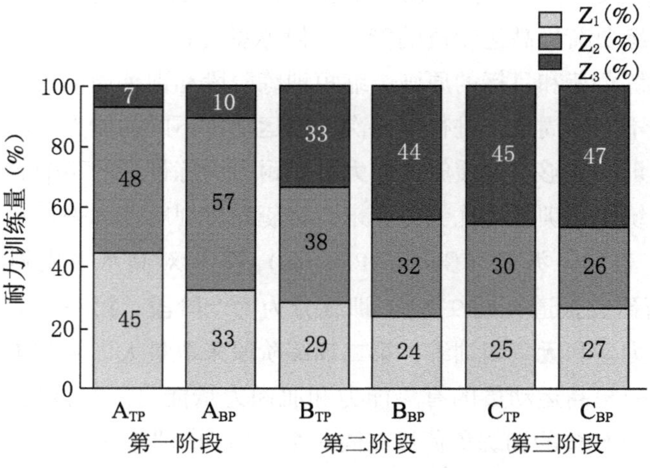

图 9-6　板块训练和传统周期训练对比

综上所述，在训练周期策略的安排上，板块训练方法采取集中训练负荷的原则，将力量和耐力能力安排在不同的训练阶段中能够有效缓解同期训练导致的不兼容影响。

（二）训练频率

研究学者认为，训练频率是造成同期训练不兼容性的另一个重要原因，每周训练的总次数对不兼容性也产生重要影响[7,38,57]。在同期训练导致不兼容研究报道中，惠科森（Hickson）[41]在研究中提到同期训练组受试者进行每周 11 次的训练可能会对受试者造成过度训练，这也许是造成不兼容的原因之一；麦凯茜（McCarthy）[74]报道每周不超过 3 次的同期训练对力量能力不会造成不兼容影响，他在随后的一系列实验中支持了这种观点[75]；赛尔（Sale）等人[92]对比了每周 4 次同期训练和每周两次同期训练的训练效果，结果认为每周两次的同期训练不会产生不兼容性影响，4 次训练则会产生不兼容性影响。许多前人研究报道认为如果力量训练每周训练频率>3 次将会对力量提高产生不兼容影响[26,40,41,52,66]，如果力量训练频率每周≤3 次，在 8~20 周训练期间，运动员能够减小或避免不兼容影响[31,32,38,62,75]。

基于 Meta-analysis 对 21 篇有关同期训练对力量造成影响研究中的 422 个受试者样本做了分析并认为[105]，耐力训练频率每周不应超过 3 次才能够有效减少同期训练的不兼容影响（图 9-7）。

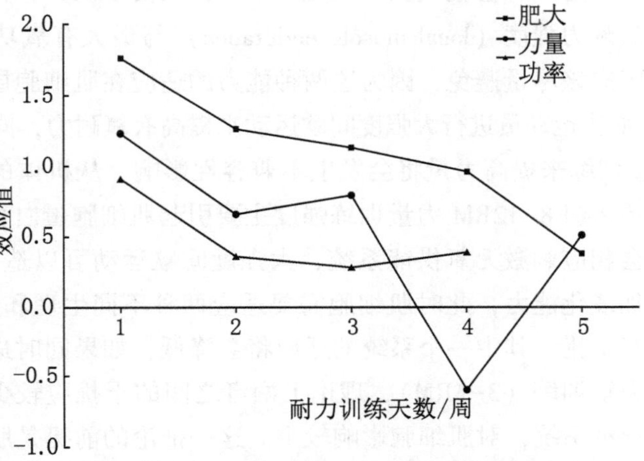

图 9-7 基于 Meta-analysis 分析的训练频率影响[105]

综上分析，同期训练中力量训练频率超过每周3次是导致不兼容影响的重要因素。因此，在竞技训练中，每周力量训练的频率应该控制在3次以内才能够减少不兼容的影响。

（三）训练强度

在竞技训练负荷安排中，相对训练频率和训练时间而言，训练强度是运动成绩最关键的影响因子[43-45,107]，机体对运动训练负荷刺激的适应主要取决于运动的强度。盖加·派拉（García-Pallarés）等人[30]总结了同期训练中机体对不同负荷强度下的力量和耐力生理适应结果（表9-6）。表中显示，力量训练在>85%1RM训练强度和爆发力训练强度在30%~60%1RM，力量训练后人体肌肉力量以神经肌肉的募集能力的提高为主[91]。力量训练强度在70%~80%1RM局部肌肉力量耐力（local muscle endurance）和肥大性肌肉力量训练强度主要是机体外周性肌肉适应，这些适应主要体现在肌肉收缩蛋白肌肉合成提高，促进肌纤维肥大和肌纤维横截面积增加，肌糖原酶活性的增加。这种适应同时也会导致线粒体和毛细化降低[24]。对耐力强度而言，训练强度在最大有氧功（MAP）或者最大摄氧量（VO_{2max}）强度主要是提高机体肌糖原储备，线粒体酶活性和毛细化增加，以及有氧酶活性的增强[24,50,51]。相反，低或中强度即无氧阈AT强度下有氧训练，主要是提高机体肺有氧运输能力，血红蛋白载氧能力和血量、每搏输出量[72]。正是基于以上研究理论，多彻蒂（Docherty）和斯派尔（Sporer）提出了一个同期力量和耐力训练检验模型[24]（图9-8），该模型认为，将肌肉肥大适应强度或局部力量耐力强度（local muscle endurance）与最大有氧功（MAP）强度的耐力同期训练应该尽量避免，因为这两种能力的适应在肌细胞层面可能会导致不兼容性[24]。如当运动员进行大强度间歇运动来提高有氧耐力，同时进行多组8-12RM强度力量训练来提高力量将会发生不兼容性影响。从机体的细胞适应角度分析，如上所述多组8-12RM力量训练强度主要引起肌细胞蛋白合成增加，随着乳酸的增加，会相应刺激无氧供能系统，大强度间歇运动可以造成肌细胞缺氧，需要肌细胞增加氧化能力，此时肌细胞需要适应两种不同生理和形态上的适应，显然会造成相互干扰，其中一个系统的适应将会降低，如果同时进行大强度间歇运动和高负荷力量训练（3-5RM），理论上两者之间的干扰应较少，高负荷力量训练主要刺激神经系统，对肌细胞影响较少。这一推论的前提是肌细胞氧化能力的提高并不影响神经系统的适应，如神经冲动的频率增加、运动单位的协同效率增加等。从生理外周和中枢适应视角分析[24]，有氧训练强度在75%~85%VO_{2max}

强度下主要提高无氧阈（AT）能力的耐力训练和局部肌肉耐力强度的力量训练（local muscle endurance）可以减少不兼容影响。最大力量和爆发力强度的力量与最大有氧功强度的耐力同期训练将会减少不兼容性影响，因为二者都是主要神经系统的适应能力提高，并不受肌肉代谢能力的影响。

表 9-6 力量和耐力不同强度下生理适应结果[30]

	中枢适应（central adaptation）	外周适应（peripheral adaptations）
	有氧阈（AT）	最大有氧功（MAP）
耐力训练 endurance training	↑血红蛋白饱和度（haemoglobin affinity） ↑肺扩散能力（pulmonary diffusion） ↑每搏输出量（stroke volume） ↑心输出量（cardiac output） ↑血量（blood volume）	↑肌糖原储备（muscle glycogen stores） ↑有氧酶活性（oxidative enzymes） ↑毛细化密度（capilar density） ↑线粒体密度（mitochondrial density）
	最大力量和爆发力（SPT_{max}）	局部力量耐力（LME）
力量训练 resistance training	↑神经肌肉单位的激活率（motor unite firing rate） ↑内外肌间协同性（intra-and inter-muscle coordination） ↑肌纤维的募集能力（motor units recruitment） ↓拮抗肌下降（co－contraction of antagonists）	↑肌纤维大小（muscle fibre size） ↑肌纤维横截面积（muscle cross-sectional area） ↑肌糖原酶活性（glycolytic enzymes） ↓毛细化密度（capilar density） ↓线粒体密度（mitochondrial density）

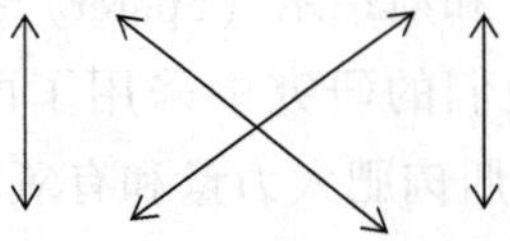

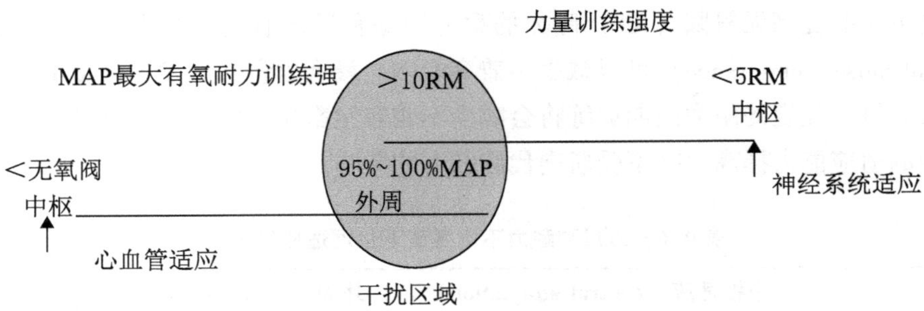

图 9-8　力量和耐力训练相互干扰的理论模式示意图[24]

有两项研究报道，对该理论模型在赛艇和皮划艇运动员群体中进行了验证性试验研究。一个是来自 De Souza 等人[22]的研究，报道了对有力量训练经历的受试者进行无氧阈和最大有氧功强度耐力训练对最大力量（≥80%1RM）和力量耐力的影响，研究结果表明持续性低强度和中强度无氧阈（AT）耐力训练对力量不会产生不兼容性影响。然而，间歇性最大有氧功训练（MAP）对力量耐力产生不兼容影响，对最大力量没有产生不兼容性影响。另一个是盖加·派拉（García-Pallarés）等人[31]对 Docherty 和斯珀尔（Sporer）提出的模型在优秀皮划艇运动员群体进行了验证研究，在他们的研究中采用了两个小周期，每个周期为期 5 周，在第一个周期中优先发展肌肉肥大力量和有氧阈耐力能力，在另一个阶段进行最大力量和最大有氧功能力耐力训练，研究结果表明运动员的最大力量提高了 10%，最大摄氧量和最大有氧功能力提高了 9%。盖加·派拉（Garcia-Pallares）等人[30]的综述研究认为，不超过无氧阈的有氧训练强度主要是中心性适应。赛艇和皮划艇项目成功的关键在于运动员提高了血红细胞载氧能力、肺扩张能力、血量和心输出量。如果通过对非专项肌群进行低于无氧阈（AT）强度的训练能够使运动员获得中心性适应结果，也能够提高运动员的总训练量，提高训练课次之间的恢复。相反，如果训练强度在最大有氧功（MAP）或超最大强度在非专项肌群中，则是不推荐的训练模式。这种训练模式可能有外周性的适应现象，不能对竞技技术模式起到决定性作用。

在其他项目研究报道中，芭拉尼斯（Balabinis）等人[6]对篮球运动员的研究报道认为，高强度短时间的冲刺训练，对最大力量和爆发力量不会造成破坏性影响。最新来自瑞亚（Rhea）[89]等人对棒球运动员的研究报道也认为，同期训练中高强度的冲刺耐力训练不会影响力量能力。来自亚美莫托（Yamamoto）[106]综述报道也认为在耐力运动员中爆发力训练和超等长训练的力量训练形式是对耐力运动员而言最为重要的推荐训练方式。来自阿佳德（Aagaard）和安德森（Andersen）最新关于同期训练对于提高耐力训练的竞技能力的研究综述认为[1]：力量训练对耐力运动员是有益的，尤其对于Ⅱa型肌纤维的提高和增加有良好效果，同期训练中高强度、短时间的力量训练是对耐力运动员最有效的训练方式。在竞技训练中，训练强度是影响同期训练效果的重要因子。在训练强度上，避免同期进行局部力量耐力（8-10RM）强度的力量训练和最大有氧功能力（MAP）强度的耐力训练，因为训练适应的相反原因，MAP、LME和爆发力强度不会产生不兼容性，都是主要神经肌肉的适应。因此，耐力训练在无氧阈（AT）或更低强度的耐力训练和爆发力或最大力量训练同期训练能够将不兼容影响降到最小。

（四）训练量

同期训练中力量训练的组数和次数，耐力训练时间是每节训练课中教练员们关注的重要问题。在同期训练中，力量训练中训练组数，每组负荷次数是力量训练实践中一个关键问题。研究报道，力量训练产生肌肉肥大适应、神经募集能力提高的效果已经得到证实[35,60,62]。

有研究报道，关于有训练经历者力量提高效果中训练组数效果研究，有训练经历的受试者进行10周中强度训练量（<85%最大训练量），比最大强度训练量100%最大重复组数和次最大强度训练85%~99%，能更有效地提高运动员的力量能力[34,35]。关于每组力量训练的组数，对皮划艇[31]和赛艇[62]运动员的实验研究报道，50%每组最大重复次数的负荷，能够有效提高运动员的力量和爆发能力。立奎尔德（Izquierdo）等人研究报道[62]8周周期训练安排中，赛艇运动员进行同期力量和耐力训练3~5组，每组4个总体多关节力量训练能够有效提高运动员力量、爆发力和提高赛艇运动员的成绩。相反，如果在短期的训练负荷安排中超过最大负荷组数和次数或急剧减少训练负荷将导致运动员的力量能力和运动成绩下降。

耐力训练中每次训练的时间是影响不兼容性的重要因素。最近威尔逊（Wilson）等人的研究综述认为[105]在每次耐力训练的时间上，同期训练的所造成的不兼容影响随着耐力训练时间的延长，影响越突出（图9-9），他建议每次耐力训练量应控制在20~30分钟以内。

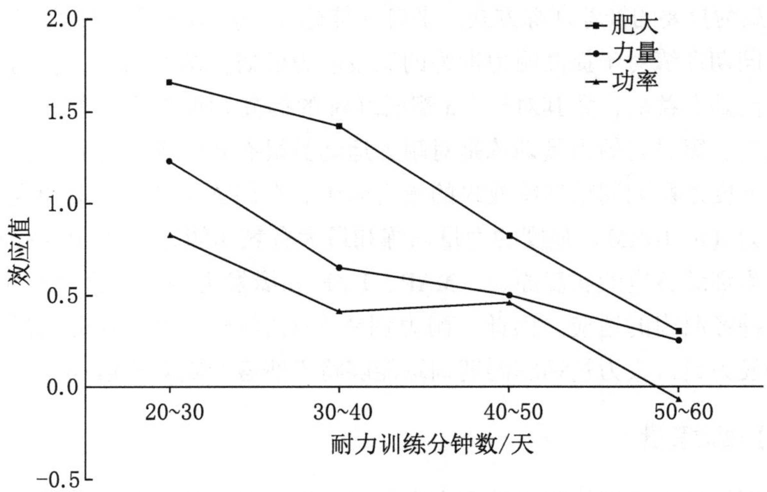

图 9-9　基于 Meta-analysis 分析同期训练的耐力时间影响效应图[105]

综上所述，每周力量次数不超过 3 次，每次训练负荷 3~5 组，每组 4~6 个专项和多关节力量为期 10~12 周的力量训练能够有效提高运动员的力量能力；耐力训练中，每次耐力训练量应控制在 20~30 分钟以内，能够降低不兼容影响。

（五）训练模式

在同期训练中，训练模式对力量能力的不兼容扮演着重要的角色，目前研究认为同期训练所造成的不兼容影响主要是具体受训肌群的影响，并未对整个身体肌群造成影响。同期训练所造成的力量不兼容报道主要来自于对下肢训练效果的报道，如果采用下肢进行上肢力量训练、下肢耐力训练则不会产生不兼容影响。来自凯梅尔（Kraemer）[66]等人的经典研究支持了这一个观点。在凯梅尔（Kraemer）的研究中，探讨了力量和耐力在不同肌群进行高强度练习的适应性的研究，他在研究中采用上肢进行高强度力量练习，下肢进行高强度耐力练习，每周练习 4 次，12 周实验后发现，相对于力量和耐力在同一肌群训练每周 4 次高强度训练后力量的提高与进行单独力量训练受到的抑制不同，这种力量和耐力在不同肌群的训练与单独力量和耐力组提高相同或更高。因此他认为，力量和耐力在人体的不同肌肉之间无论对于力量的提高还是耐力的提高都不会产生阻碍的影响。赛尔（Sale）[92]在研究中也采取相同受试者左腿力量训练，右腿耐力训练，实验结果发现，同期训练在不同肌群之间不造成不兼容的影响。

在同期训练中，耐力训练采用自行车还是跑步的锻炼模式对同期训练效果也具有重要的影响。最近有学者[105]通过元分析的方法（Meta-analysis）对以往的研究结果进行了系统分析（图 9-10），在其研究中，他对发表的 21 篇有关同期训练对力量造成影响研究中的 422 个受试者样本做了分析。他的分析结论认为，耐力训练中所选取的方式是造成力量肥大和最大力量提高不兼容的重要因素。该研究认为，在耐力训练手段的选择上，在耐力训练中建议采用自行车训练能够减少耐力对力量的不兼容性影响，避免跑步耐力训练。

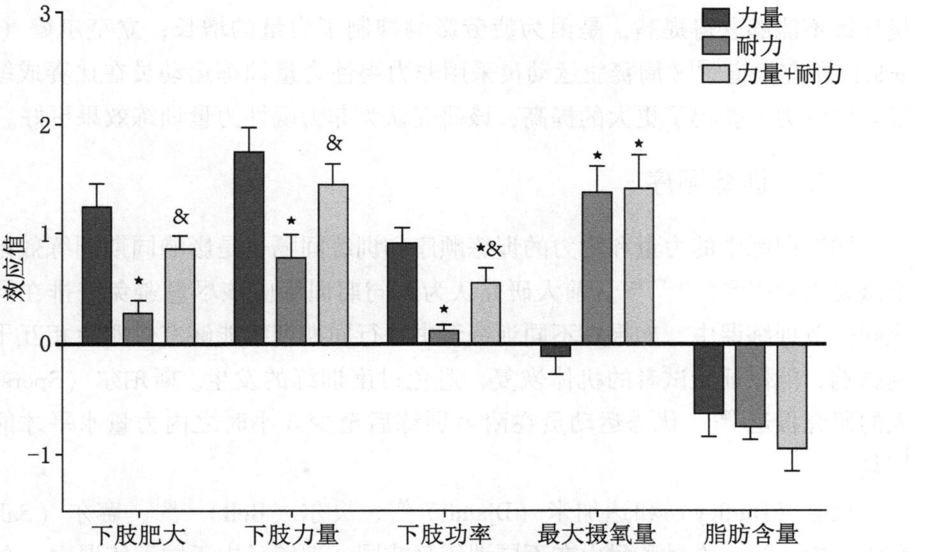

图 9-10 基于 Meta-analysis 分析的训练模式影响[105]

在耐力运动员群体中进行同期训练能够有效提高耐力运动员的乳酸阈、最大摄氧量和运动经济性已经成为许多研究的共识，但在同期训练中力量的训练模式是对耐力运动员能够提高运动成绩的关键因素。惠科森（Hickson）在 1988 年的另一个研究中认为[42]有训练经历的耐力运动员（最大摄氧量在 60mL/min/kg）进行 10 周的 4~8 分钟的耐力训练加上力量训练能够提高运动员的有氧能力 11%~13%。森托（Storen）的研究认为[102]，在男女跑步运动员（最大摄氧量在 56~61 mL/min/kg），从事 5.6~6.8 分钟 100%最大摄氧量强度下的 8 周有氧练习，从事力量训练能够提高运动员 21%的最大摄氧量能力和运动员的跑步经济性。来自亚麻莫托（Yamamoto）[106]、阿甲德（Aagaard）和安德森（Andersen）两篇关于耐力运动员的同期训练研究综述都认为[1]，在耐力运动员中，爆发力训练和超等长训练的力量训练形式是对耐力运动员而言最为重要的推荐训练方式，能够有效提高耐力运动员的Ⅱb 型肌纤维比例，提高运动员的运动经济性，使耐力运动员的运动成绩获得 3%~7%的提高。同期训练中进行固定负荷下力竭性力量训练和非力竭性力量训练目前仍存在争议。在固定负荷下力量训练的重复次数可能会影响受试者的爆发力量和最大力量能力。立奎尔德（Izquierdo）等人[55,58]对力竭性力量训练对运动员力量和爆发力的影响机制进行了研究；凯梅尔（Kramer）等人研究认为[68]，短期（<9 周）的力竭性力量训练和非力竭性力量训练相比，获得更大程度的力量提高；弗兰德（Folland）另外一些研究认为[28,90]，力竭性力量训练不能够获得提高，是因为疲劳影响抑制了力量的增长；立奎尔德（Izquierdo）研究报道[58]8 周赛艇运动员采用非力竭性力量训练运动员在比赛成绩、力量和爆发力上获得了更大的提高，该研究认为非力竭性力量训练效果更好。

(六) 训练顺序

同期训练中的力量和耐力的训练顺序和训练间隔也是影响同期训练效果的一个重要因素[11,20,22,31,57,96]。前人研究认为，同期训练应该尽量避免安排在同一天或同一节训练课中，如果在不同训练天中进行同期训练能够有效避免相互干扰机制影响，能保证受试者的机体恢复，避免过度训练的发生。斯珀尔（Sporer）等人的研究报道[98]，优秀运动员在耐力训练后至少 8 小时之内力量水平才能得到恢复。

杜立（Dudley）和达加米（Djamil）[26]、贝尔（Bell）[8,10]、赛尔（Sale）[93]在研究中认为，力量和耐力在不同训练日或同一训练日中不同训练课次（如上午力量、下午耐力）将有效降低同期训练带来的不兼容影响。就力量和耐力在相同训练课中训练顺序的问题，杜立（Dudley）和达加米（Djamil）[26]对皮划艇运动员的研究认为，耐力先于力量训练优于力量先于耐力的训练效果。他们认为力量先于耐力训练，在这么短的间歇内力量练习所导致的疲劳可能会对耐力训练产生一定的影响；杜马（Doma）等人的最新研究报道[25]对 14 名长跑运动员为期 6 个月的实验研究发现，同期训练中耐力先于力量的训练顺序对长跑运动员的成绩和跑步经济性的影响优于力量先于耐力顺序的训练效果；卡塔（Chtara）等人[14,18]对没有训练经历的受试者研究结果表明，同期力量和耐力训练顺序对受试者最大力量和最大有氧功提高没有影响；赛尔（Sale）等人研究报道[92]，对没有训练经历的受试者同期训练在相同和不同训练日安排下，受试者的肌肉肥大能力没有差别；然而，最大力量和爆发力，在不同训练日获得了更大的提高；盖加·派拉（García-Pallarés）[31]的研究报道，在优秀皮划艇运动员中力量先于耐力训练，或者耐力和力量训练间隔6~8小时训练，可以保证运动员肌糖原储备的恢复，能够有效提高运动员的有氧功能力、最大力量和爆发力能力。就同期训练的顺序而言，在跑步项目中建议先耐力后力量的顺序，但在赛艇和皮划艇运动项目中建议先力量后耐力且二者间隔8小时以上能够减少不兼容性影响。

三、训练实践建议

在优秀运动员群体中，力量训练有效提高耐力项目运动员的经济性和运动成绩是学术研究的一个热点话题[110]，研究认为，耐力运动员进行力量训练能有效提高运动成绩已取得共识[114]，在耐力运动员群体中采用何种最有效的力量训练手段是目前同期训练在优秀运动员群体中的重要问题[113, 116, 118]。

第一，训练周期安排。训练周期上与传统周期训练方法相比，采用板块训练周期安排，将训练小周期（5周左右）采取集中训练负荷（50%以上的训练量），在一种力量和一种耐力能力上能够对运动员运动成绩提高产生更加有效地训练刺激，避免同期训练产生的不兼容影响。

第二，训练负荷安排。训练频率上，每周不超过3次的力量训练频率是减少同期训练不兼容性，提高运动员肌肉力量和爆发力的最佳负荷频率刺激。训练强度上，避免同期发展LME（local muscle endurance）（8-10RM）和有氧功两种能力能够有效降低不兼容影响，因为该训练强度会导致运动员在外周生理功能适应上产生相反的适应结果；相反，力量和爆发力训练与有氧功同期训练，最大有氧功（MAP），LME（local muscle endurance）（8-10RM）和力量以及爆发力强度同期训练，不会造成同期训练的不兼容性影响。训练时间安排上，耐力低于30分钟/次可能降低不兼容影响，在力量训练的组数和次数上，在10~12周训练周期中，运动员的力量训练每次组数为3~5组，每组4~6个多关节专项化力量训练是提高赛艇和皮划艇运动员力量的足够刺激负荷。

第三，训练顺序建议。在训练顺序上，对赛艇和皮划艇运动员建议采用先力量训练后耐力训练顺序且间歇至少不低于8小时以保证运动员机体得到充分恢复，保障力量训练的质量。因为对于赛艇和皮划艇项目运动员来说，先耐力训练后力量训练会造成耐力训练后疲劳导致力量训练的效果，力量训练的数量和质量都会下降；对长跑等项目运动员来说，耐力训练先于力量训练可能优于力量训练先于耐力训练的效果且力量训练主要以反应力量或爆发性力量训练模式为主；不同肌群之间互不影响（上肢力量+下肢耐力），如在赛艇和皮划艇运动员耐力训练中，非专项肌肉（如下肢肌）从事次最大强度的耐力训练，能够提高运动员耐力训练负荷量，保证运动员专项肌群的恢复，以便专项肌从事更高强度的耐力训练。

第四，训练模式建议。耐力训练手段上自行车优于跑步，耐力运动员进行反应力量或爆发力量训练能够有效提高运动成绩和跑步经济性，在力量训练的组数安排中，在任何水平的运动员力量训练中都要避免单组力竭性高强度训练方法；与多组力竭性力量训练方法相比，同期训练课程中应该采取中强度重复负荷，非力竭性负荷刺激的方法，能够提供运动员一个更佳的力量提高环境，保障最大力量、爆发力能力和专项成绩获得最佳。同时，非力竭性力量训练能够保证皮划艇和耐力运动员机体获得早日恢复，以保证随后的耐力训练的质量。除此，斯特曼（Schumann）等人在 2018 年出版了《同期训练：科学基础和实践应用》一书，在该书中，针对于不同群体进行同期训练给出了相关的建议[119]。

四、青少年群体的同期训练建议

力量和耐力同期训练对于提高青少年的体能而言，是一个理想的训练模式，由于训练的负荷量比较低，同期力量和耐力训练能够达到单一进行力量或单一耐力训练的总效果。尤其对于以减肥为目的的青少年而言，力量和耐力同期训练会产生非常好的锻炼效果。然而，如果以提高力量为目的的青少年，同期耐力训练会对肌纤维的肥大造成一定的影响，在这个年龄阶段，建议力量训练应该在 60% 1RM，然后随着年龄的增长，力量训练慢慢达到 80%1RM 负荷强度；耐力训练的负荷强度应该在 85%~90%最大心率，因为普通青少年从事同期训练的锻炼负荷量比较低，力量和耐力同期训练对青少年的不兼容影响较少。如果青少年训练的主要目的是为了提高肌纤维的肥大性适应和最大力量能力，力量和耐力训练尽量不应该安排在同一个训练单元，尤其是不能在进行力量训练后又进行耐力训练。如果训练的主要目的是为了提高爆发力，力量训练应该安排在耐力训练之前进行。

五、老年群体的同期训练建议

对于老年人而言，同期力量和耐力锻炼是提高肌纤维质量和有氧功能的最有效方式，因为力量训练能够有效提高肌肉力量、爆发力和肌纤维的质量，耐力训练可以有效提高老年人的最大摄氧量和有氧能力。建议老年人每周进行两次的力量和耐力同期训练，老年人力量训练建议在60%~80%1RM负荷强度，每个练习2~3组；耐力训练应该是60%~80% VO_{2max}，每次持续25~40分钟；在锻炼的顺序上，建议先进行力量锻炼，再进行耐力锻炼，效果会更好。于此同时，建议老年人进行必要的爆发力训练，以提高其肌肉的功能能力。

六、优秀运动员的同期训练建议

（一）自行车运动员

自行车运动员进行同期训练能够有效提高自行车运动员的运动经济性、提高无氧功率和最大摄氧量的利用率。在自行车运动员进行力量训练时，需要注意力量训练的专门化原则，即力量训练中肌肉的用力形式要和自行车的专项化程度保持一致。因为自行车最大力量的峰值是在90度关节角度发生的，因此力量训练中需要进行90度关节角度的力量训练，建议在准备期主要进行最大力量的训练，每周安排两次力量训练，10~12周力量训练能够提高23%~26%；推荐采用4-10RM力量训练，练习2~3组，组间间歇2~3分钟，整个力量训练的时间不超过45分钟。

（二）长跑运动员

同期力量和耐力训练能够有效提高长跑运动员的跑步经济性、最大摄氧量能力和冲刺能力。力量训练能够有效地提高运动员的运动成绩，力量训练中采用最大力量、爆发力量和反应力量训练是提高跑步能力和运动经济性的最佳方法。

（三）越野滑雪运动员

越野滑雪运动员进行同期训练是提高运动成绩的有效手段。对于越野滑雪运动员而言，V2滑雪和DP技术是当今比赛中应用的主要的滑行技术，力量训练会有效改善两种技术的上肢肌肉用力能力，而且通过力量训练能够有效降低越野滑雪运动员的伤病风险，基于个性化的爆发力训练能够有效提高运动员的运动经济性。

（四）游泳运动员

同期训练在游泳运动员中也有积极的训练效果。同期训练能够有效提高游泳运动员上肢的肌肉力量，提高运动员的游泳能力和游泳速度，游泳运动员的下肢力量训练能够提高转身阶段的速度，进而提升运动员的成绩。在游泳运动员的陆上和水上训练中，采用反应力量、核心力量和最大力量的手段都对运动员的成绩具有积极作用，并且可以预防伤病的发生。

第四节　未来趋势和展望

同期训练对力量造成的不兼容现象已经得到大部分研究证实，然而对于不兼容性产生的原因，同期训练对骨骼肌细胞通讯机制尚需深入研究。另外，同期训练的效果已经在赛艇、皮划艇、跑步、越野滑雪等项目得到了应用，但对不同项中进行同期训练的最佳组合和策略，如训练的顺序、训练模式等还需要进一步研究。在研究对象上，前人大部分是对于中年男性的研究，而对于其他受试群体的研究报道较少，随后的研究需要得到其他受试群体的验证研究。造成目前实验结果不一致的原因之一是由实验设计造成的，在以后的研究中，实验设计和测试要统一，在得出不同争议的试验结论之前应该在试验设计上尽量保持与前人试验训练计划和试验分析方法一致。

同期训练在不同群体的应用研究，以及在训练实践中的效果是当前同期训练研究中关注的主要问题。如在青少年群体中，尤其是肥胖青少年采用同期训练的方法是减肥和提高体能的有效方法[115]。在普通人群中，同期训练能够获得力量和耐力的双重提高效果[112]，同期训练已经成为大众健身领域关注的一个重要锻炼方法[109]。在老年人群中，同期训练不仅会提高老年人所需的肌肉力量能力，而且能够提高老年人的有氧功能，能有效预防慢性疾病的发生[111, 117, 107]，不同群体特征组合的最佳方式[120]，不同运动项目优秀运动员的组合策略[121]未来对于同期训练的研究已经向不同群体和不同模式下的最佳训练效果和生理机制方向发展。

参考文献

[1] Aagaard P, Andersen J L. Effects of strength training on endurance capacity in top - level endurance athletes [J]. Scandinavian Journal of Medicine & Science in Sports, 2010, 20 (s2): 39-47.

[2] Aagaard P, Andersen J L, Bennekou M, et al. Effects of resistance training on endurance capacity and muscle fiber composition in young top-level cyclists [J]. Scandinavian Journal of Medicine &

Science in Sports, 2011, 21 (6): 298-307.

[3] Abernethy P J, Quigley B M. Concurrent strength and endurance training of the elbow extensors [J]. The Journal of Strength & Conditioning Research, 1993, 7 (4): 234.

[4] Atherton P J, Babraj J, Smith K, et al. Selective activation of AMPK-PGC-1 or PKB-TSC2-mTOR signaling can explain specific adaptive responses to endurance or resistance training-like electrical muscle stimulation [J]. The Faseb Journal, 2005, 19 (7): 786-788.

[5] Baar K. Training for endurance and strength: lessons from cell signaling [J]. Medicine and Science in Sports and Exercise, 2006, 38 (11): 1939.

[6] Balabinis C P, Psarakis C H, Moukas M, et al. Early phase changes by concurrent endurance and strength training. [J]. Journal of Strength and Conditioning Research, 2003, 17 (2): 393.

[7] Bell G J, Petersen S R, Wessel J, et al. Physiological adaptations to concurrent endurance training and low velocity resistance training [J]. Int J Sports Med, 1991, 12 (4): 384-390.

[8] Bell G J, Petersen S R, Wessel J, et al. Physiological adaptations to concurrent endurance training and low velocity resistance training [J]. International Journal of Sports Medicine, 2008, 12 (4): 384-390.

[9] Bell G J, Syrotuik D G, Attwood K, et al. Maintenance of strength gains while performing endurance training in oarswomen [J]. Canadian Journal of Applied Physiology, 1993, 18 (1): 104-115.

[10] Bell G J, Syrotuik D, Martin T P, et al. Effect of concurrent strength and endurance training on skeletal muscle properties and hormone concentrations in humans [J]. European Journal of Applied Physiology, 2000, 81 (5): 418-427.

[11] Cadore E L, Izquierdo M, Pinto S S, et al. Neuromuscular adaptations to concurrent training in the elderly: effects of intrasession exercise sequence [J]. Age, 2012: 1-13.

[12] Cadore E L, Pinto R S, Lhullier F, et al. Physiological effects of concurrent training in elderly men [J]. International Journal of Sports Medicine, 2010, 31 (10): 689.

[13] Chromiak J A, Mulvaney D R. A review: The effects of combined strength and endurance training on strength development [J]. The Journal of Strength & Conditioning Research, 1990, 4 (2): 55-60.

[14] Chtara M, Chaouachi A, Levin G T, et al. Effect of concurrent endurance and circuit resistance training sequence on muscular strength and power development [J]. The Journal of Strength & Conditioning Research, 2008, 22 (4): 1037-1045.

[15] Coffey V G, Hawley J A. The molecular bases of training adaptation [J]. Sports Medicine, 2007, 37 (9): 737-763.

[16] Coffey V G, Jemiolo B, Edge J, et al. Effect of consecutive repeated sprint and resistance exercise bouts on acute adaptive responses in human skeletal muscle [J]. American Journal of Physiology-Regulatory, Integrative and Comparative Physiology, 2009, 297 (5): 1441-1451.

[17] Coffey V G, Pilegaard H, Garnham A P, et al. Consecutive bouts of diverse contractile activity alter acute responses in human skeletal muscle [J]. Journal of Applied Physiology, 2009, 106 (4): 1187–1197.

[18] Collins M A, Snow T K. Are adaptations to combined endurance and strength training affected by the sequence of training? [J]. Journal of Sports Sciences, 1993, 11 (6): 485–491.

[19] Costill D L, Bowers R, Branam G, et al. Muscle glycogen utilization during prolonged exercise on successive days [J]. Journal of Applied Physiology, 1971, 31 (6): 834–838.

[20] Craig B W, Lucas J, Pohlman R, et al. The effects of running, weightlifting and a combination of both on growth hormone release [J]. The Journal of Strength & Conditioning Research, 1991, 5 (4): 198.

[21] Creer A, Gallagher P, Slivka D, et al. Influence of muscle glycogen availability on ERK1/2 and Akt signaling after resistance exercise in human skeletal muscle [J]. Journal of Applied Physiology, 2005, 99 (3): 950–956.

[22] De Souza E O, Tricoli V, Franchini E, et al. Acute effect of two aerobic exercise modes on maximum strength and strength endurance [J]. The Journal of Strength & Conditioning Research, 2007, 21 (4): 1286–1290.

[23] De Souza E O, Tricoli V, Roschel H, et al. Molecular Adaptations to Concurrent Training [J]. International Journal of Sports Medicine, 2013, 34 (3): 207.

[24] Docherty D, Sporer B. A proposed model for examining the interference phenomenon between concurrent aerobic and strength training [J]. Sports Medicine, 2000, 30 (6): 385–394.

[25] Doma K, Deakin G B. The effects of strength training and endurance training order on running economy and performance [J]. Applied Physiology, Nutrition, and Metabolism, 2013, 38 (999): 651–656.

[26] Dudley G A, Djamil R. Incompatibility of endurance–and strength–training modes of exercise [J]. Journal of Applied Physiology, 1985, 59 (5): 1446–1451.

[27] Dudley G A, Fleck S J. Strength and endurance training are they mutually exclusive? [J]. Sports Medicine, 1987, 4 (2): 79–85.

[28] Folland J P, Irish C S, Roberts J C, et al. Fatigue is not a necessary stimulus for strength gains during resistance training [J]. British Journal of Sports Medicine, 2002, 36 (5): 370–373.

[29] Jesús García–Pallarés, Miguel Carcía–Fernández, Luis Sánchez–Medina, et al. Performance changes in world–class kayakers following two different training periodization models [J]. European Journal of Applied Physiology, 2010, 110 (1): 99–107.

[30] Jesús Carcía–Pallarés, Izquierdo M. Strategies to optimize concurrent training of strength and aerobic fitness for rowing and canoeing [J]. Sports Medicine, 2011, 41 (4): 329–343.

[31] Jesús Carcía–Pallarés, Luis Sánchez–Medina, Carrasco L, et al. Endurance and neuromuscular

changes in world-class level kayakers during a periodized training cycle [J]. European Journal of Applied Physiology, 2009, 106 (4): 629-638.

[32] Jesús García-Pallarés, Sánchezmedina, et al. Physiological effects of tapering and detraining in world - class kayakers [J]. Medicine and Science in Sports and Exercise, 2010, 42 (6): 1209.

[33] Glowacki S P, Martin S E, Maurer A, et al. Effects of resistance, endurance, and concurrent exercise on training outcomes in men [J]. Medicine & Science in Sports & Exercise, 2004, 36 (12): 2119.

[34] Gonz Lez-Badillo J J, Gorostiaga E M, Arellano R L, et al. Moderate resistance training volume produces more favorable strength gains than high or low volumes during a short-term training cycle [J]. The Journal of Strength & Conditioning Research, 2005, 19 (3): 689-697.

[35] Gonz Lez-Badillo J J, Izquierdo M, Gorostiaga E M. Moderate volume of high relative training intensity produces greater strength gains compared with low and high volumes in competitive weightlifters [J]. The Journal of Strength & Conditioning Research, 2006, 20 (1): 73-81.

[36] Häkkinen K, Alen M, Kraemer W J, et al. Neuromuscular adaptations during concurrent strength and endurance training versus strength training [J]. European Journal of Applied Physiology, 2003, 89 (1): 42-52.

[37] Häkkinen K, Kallinen M, Izquierdo M, et al. Changes in agonist-antagonist EMG, muscle CSA, and force during strength training in middle-aged and older people [J]. Journal of Applied Physiology, 1998, 84 (4): 1341-1349.

[38] Häkkinen K, Alen M, Kraemer W J, et al. Neuromuscular adaptations during concurrent strength and endurance training versus strength training [J]. European Journal of Applied Physiology, 2003, 89 (1): 42-52.

[39] Hawley J A. Molecular responses to strength and endurance training: Are they incompatible? This paper article is one of a selection of papers published in this Special Issue, entitled 14th International Biochemistry of Exercise Conference-Muscles as Molecular and Metabolic Machines, and has undergone the Journal's usual peer review process [J]. Applied Physiology Nutrition & Metabolism, 2009, 34 (3): 355-361.

[40] Hennessy L C, Watson A W S. The interference effects of training for strength and endurance simultaneously [J]. The Journal of Strength & Conditioning Research, 1994, 8 (1): 12.

[41] Hickson R C. Interference of strength development by simultaneously training for strength and endurance [J]. European Journal of Applied Physiology and Occupational Physiology, 1980, 45 (2): 255-263.

[42] Hickson R C, Dvorak B A, Gorostiaga E M, et al. Potential for strength and endurance training to amplify endurance performance [J]. Journal of Applied Physiology, 1988, 65 (5): 2285-2290.

[43] Hickson R C, Foster C, Pollock M L, et al. Reduced training intensities and loss of aerobic power, endurance, and cardiac growth [J]. Journal of Applied Physiology, 1985, 58 (2): 492-499.

[44] Hickson R C, Kanakis C, Davis J R, et al. Reduced training duration effects on aerobic power, endurance, and cardiac growth [J]. Journal of Applied Physiology, 1982, 53 (1): 225-229.

[45] Hickson R C, Rosenkoetter M A. Reduced training frequencies and maintenance of increased aerobic power [J]. Med Sci Sports Exerc, 1981, 13 (1): 13-16.

[46] Hoff J, Gran A, Helgerud J. Maximal strength training improves aerobic endurance performance [J]. Scandinavian Journal of Medicine & Science in Sports, 2002, 12 (5): 288-295.

[47] Hoff J, Gran A, Helgerud J. Maximal strength training improves aerobic endurance performance [J]. Scandinavian Journal of Medicine & Science in Sports, 2002, 12 (5): 288-295.

[48] Hoff J, Helgerud J, Wisloff U. Maximal strength training improves work economy in trained female cross-country skiers [J]. Medicine and Science in Sports and Exercise, 1999, 31 (6): 870.

[49] Holloszy J O, Booth F W. Biochemical adaptations to endurance exercise in muscle [J]. Annual Review of Physiology, 1976, 38 (1): 273-291.

[50] Holloszy J O, Coyle E F. Adaptations of skeletal muscle to endurance exercise and their metabolic consequences [J]. Journal of Applied Physiology, 1984, 56 (4): 831-838.

[51] Hoppeler H, Howald H, Conley K, et al. Endurance training in humans: aerobic capacity and structure of skeletal muscle [J]. Journal of Applied Physiology, 1985, 59 (2): 320-327.

[52] Hunter G, Demment R, Miller D. Development of strength and maximum oxygen uptake during simultaneous training for strength and endurance [J]. The Journal of Sports Medicine and Physical Fitness, 1987, 27 (3): 269.

[53] Issurin V B. New horizons for the methodology and physiology of training periodization [J]. Sports Medicine, 2010, 40 (3): 189-206.

[54] Issurin V. Block periodization versus traditional training theory: a review [J]. Journal of Sports Medicine and Physical Fitness, 2008, 48 (1): 65-75.

[55] Izquierdo M, Gonz Lez-Badillo J J, H Kkinen K, et al. Effect of loading on unintentional lifting velocity declines during single sets of repetitions to failure during upper and lower extremity muscle actions [J]. International Journal of Sports Medicine, 2006, 27 (9): 718-724.

[56] Izquierdo M, H Kkinen K, Iba ez J, et al. Effects of strength training on submaximal and maximal endurance performance capacity in middle-aged and older men [J]. The Journal of Strength & Conditioning Research, 2003, 17 (1): 129-139.

[57] Izquierdo M, H Kkinen K, Ibanez J, et al. Effects of combined resistance and cardiovascular training on strength, power, muscle cross-sectional area, and endurance markers in middle-aged men [J]. European Journal of Applied Physiology, 2005, 94 (1): 70-75.

[58] Izquierdo M, Iba Ez J, Gonz Lez-Badillo J J, et al. Differential effects of strength training leading to failure versus not to failure on hormonal responses, strength, and muscle power gains [J]. Journal of Applied Physiology, 2006, 100 (5): 1647-1656.

[59] Izquierdo M, Iba Ez J, H Kkinen K, et al. Once weekly combined resistance and cardiovascular training in healthy older men [J]. Medicine & Science in Sports & Exercise, 2004, 36 (3): 435.

[60] Izquierdo M, Ibanez J, Calbet J, et al. Neuromuscular fatigue after resistance training [J]. International Journal of Sports Medicine, 2009, 30 (8): 614.

[61] Izquierdo M, Ibanez J, Hakkinen K, et al. Once weekly combined resistance and cardiovascular training in healthy older men [J]. Medicine and Science in Sports and Exercise, 2004, 36 (3): 435-443.

[62] Izquierdo-Gabarren M, Gonz Lez D T E S, Garc A-Pallar S J, et al. Concurrent endurance and strength training not to failure optimizes performance gains [J]. Medicine and Science in Sports and Exercise, 2010, 42 (6): 1191-1199.

[63] Johnson R E, Quinn T J, Kertzer R, et al. Strength training in female distance runners: impact on running economy [J]. The Journal of Strength & Conditioning Research, 1997, 11 (4): 224-229.

[64] Karavirta L, Hkkinen A, Sillanp E, et al. Effects of combined endurance and strength training on muscle strength, power and hypertrophy in 40-67-year-old men [J]. Scandinavian Journal of Medicine & Science in Sports, 2011, 21 (3): 402-411.

[65] Karavirta L, H Kkinen K, Kauhanen A, et al. Individual responses to combined endurance and strength training in older adults [J]. Medicine and Science in Sports and Exercise, 2011, 43 (3): 484-490.

[66] Kraemer W J, Patton J F, Gordon S E, et al. Compatibility of high-intensity strength and endurance training on hormonal and skeletal muscle adaptations [J]. Journal of Applied Physiology, 1995, 78 (3): 976-989.

[67] Kraemer W J, Ratamess N A. Fundamentals of resistance training: progression and exercise prescription [J]. Medicine and Science in Sports and Exercise, 2004, 36 (4): 674-688.

[68] Kramer J B, Stone M H, O'bryant H S, et al. Effects of single vs. multiple sets of weight training: impact of volume, intensity, and variation [J]. The Journal of Strength & Conditioning Research, 1997, 11 (3): 143-147.

[69] Leveritt M, Abernethy P J, Barry B K, et al. Concurrent strength and endurance training: a review [J]. Sports Medicine, 1999, 28 (6): 413-427.

[70] Libardi C A, De Souza G V, Cavaglieri C R, et al. Effect of resistance, endurance, and concurrent training on TNF-a, IL-6, and CRP [J]. Medicine and Science in Sports and Exercise,

2012, 44 (1): 50-56.

[71] Luginbuhl A J, Dudley G A, Staron R S. Fiber type changes in rat skeletal muscle after intense interval training [J]. Histochemistry, 1984, 81 (1): 55-58.

[72] Macdougall D, Sale D. Continuous vs. interval training: a review for the athlete and the coach [J]. Canadian Journal of Applied Sport Sciences. Journal Canadien Des Sciences Appliquées Au Sport, 1981, 6 (2): 93.

[73] Macdougall J D, Sale D G, Moroz J R, et al. Mitochondrial volume density in human skeletal muscle following heavy resistance training [J]. Medicine and Science in Sports, 1979, 11 (2): 164.

[74] Mccarthy J P, Agre J C, Graf B K, et al. Compatibility of adaptive responses with combining strength and endurance training [J]. Medicine and Science in Sports and Exercise, 1995, 27 (3): 429.

[75] Mccarthy J, Pozniak M A, Agre J C. Neuromuscular adaptations to concurrent strength and endurance training [J]. Medicine & Science in Sports & Exercise, 2002, 34 (3): 511.

[76] Mcdonagh M, Davies C. Adaptive response of mammalian skeletal muscle to exercise with high loads [J]. European Journal of Applied Physiology and Occupational Physiology, 1984, 52 (2): 139-155.

[77] Mikkola J S, Rusko H K, Nummela A T, et al. Concurrent endurance and explosive type strength training increases activation and fast force production of leg extensor muscles in endurance athletes [J]. The Journal of Strength & Conditioning Research, 2007, 21 (2): 613-620.

[78] Mikkola J, Rusko H, Izquierdo M, et al. Neuromuscular and Cardiovascular adaptations during concurrent strength and endurance training in untrained men [J]. International Journal of Sports Medicine, 2012, 33 (9): 702-710.

[79] Mikkola J, Vesterinen V, Taipale R, et al. Effect of resistance training regimens on treadmill running and neuromuscular performance in recreational endurance runners [J]. Journal of Sports Sciences, 2011, 29 (13): 1359-1371.

[80] Millet G P, Jaouen B, Borrani F, et al. Effects of concurrent endurance and strength training on running economy and VO (2) kinetics [J]. Medicine and Science in Sports and Exercise, 2002, 34 (8): 1351-1359.

[81] Nader G A. Concurrent strength and endurance training: from molecules to man [J]. Medicine and Science in Sports and Exercise, 2006, 38 (11): 1965-1970.

[82] Nelson A G, Arnall D A, Loy S F, et al. Consequences of combining strength and endurance training regimens [J]. Physical Therapy, 1990, 70 (5): 287.

[83] Paavolainen L, H Kkinen K, H M L Inen I, et al. Explosive-strength training improves 5-km running time by improving running economy and muscle power [J]. Journal of Applied Physiolo-

gy, 1999, 86 (5): 1527-1533.

[84] Phillips, Stuart M, et al. Mixed muscle protein synthesis and breakdown after resistance exercise in humans [J]. American Journal of Physiology-Endocrinology and Metabolism, 1997, 273 (1): 99-107.

[85] Putman C T, Xu X, Gillies E, et al. Effects of strength, endurance and combined training on myosin heavy chain content and fibre-type distribution in humans [J]. European Journal of Applied Physiology, 2004, 92 (4-5): 376-384.

[86] Putman C T, Xu X, Gillies E, et al. Effects of strength, endurance and combined training on myosin heavy chain content and fibre-type distribution in humans [J]. European Journal of Applied Physiology, 2004, 92 (4): 376-384.

[87] Rønnestad B R, Hansen E A, Raastad T. High volume of endurance training impairs adaptations to 12 weeks of strength training in well-trained endurance athletes [J]. European Journal of Applied Physiology, 2012, 112 (4): 1457-1466.

[88] Rønnestad B R, Hansen E A, Raastad T. In-season strength maintenance training increases well-trained cyclists/performance [J]. European Journal of Applied Physiology, 2010, 110 (6): 1269-1282.

[89] Rhea M R, Oliverson J R, Marshall G, et al. Noncompatibility of power and endurance training among college baseball players [J]. The Journal of Strength & Conditioning Research, 2008, 22 (1): 230-234.

[90] Rooney K J, Herbert R D, Balnave R J. Fatigue contributes to the strength training stimulus [J]. Medicine and Science in Sports and Exercise, 1994, 26 (9): 1160.

[91] Sale D G. Neural adaptation to strength training [J]. Strength and Power in Sport, Second Edition, 2003: 281-314.

[92] Sale D G, Jacobs I, Macdougall J D, et al. Comparison of two regimens of concurrent strength and endurance training [J]. Medicine & Science in Sports & Exercise, 1990, 22 (3): 348.

[93] Sale D G, Macdougall J D, Jacobs I, et al. Interaction between concurrent strength and endurance training [J]. Journal of Applied Physiology, 1990, 68 (1): 260.

[94] Saunders P U, Telford R D, Pyne D B, et al. Short-term plyometric training improves running economy in highly trained middle and long distance runners [J]. The Journal of Strength & Conditioning Research, 2006, 20 (4): 947-954.

[95] Schantz P, Henriksson J. Increases in myofibrillar ATPase intermediate human skeletal muscle fibers in response to endurance training [J]. Muscle & Nerve, 1983, 6 (8): 553-556.

[96] Schumann M, Eklund D, Taipale R S, et al. Acute Neuromuscular and Endocrine Responses and Recovery to Single Session Combined Endurance and Strength Loadings: order effect in Untrained Young Men [J]. The Journal of Strength & Conditioning Research, 2013, 27 (2): 421-433.

[97] Silva R F, Cadore E L, Kothe G, et al. Concurrent Training with Different Aerobic Exercises [J]. International Journal of Sports Medicine, 2012, 33 (8): 627-634.

[98] Sporer B C, Wenger H A. Effects of aerobic exercise on strength performance following various periods of recovery [J]. The Journal of Strength & Conditioning Research, 2003, 17 (4): 638-644.

[99] Spurrs R W, Murphy A J, Watsford M L. The effect of plyometric training on distance running performance [J]. European Journal of Applied Physiology, 2003, 89 (1): 1-7.

[100] Staron R S, Karapondo D L, Kraemer W J, et al. Skeletal muscle adaptations during early phase of heavy-resistance training in men and women [J]. Journal of Applied Physiology, 1994, 76 (3): 1247-1255.

[101] Storen O, Helgerud J, Stoa E M. Maximal Strength Training Improves Running Economy in Distance Runners [J]. Medicine & Science in Sports & exercise: Official Journal of the American College of Sports Medicine, 2008, 40 (6): 1087-1092.

[102] Storen O, Helgerud J, Stoa E M, et al. Maximal strength training improves running economy in distance runners [J]. Medicine and Science in Sports and Exercise, 2008, 40 (6): 1087.

[103] Taipale R S, Mikkola J, Nummela A, et al. Strength training in endurance runners [J]. Int J Sports Med, 2010, 31 (7): 468-476.

[104] Taipale R S, Mikkola J, Vesterinen V, et al. Neuromuscular adaptations during combined strength and endurance training in endurance runners: maximal versus explosive strength training or a mix of both [J]. European Journal of Applied Physiology, 2013, 113 (2): 325-335.

[105] Wilson J M, Marin P J, Rhea M R, et al. Concurrent training: A Meta-Analysis examining interference of aerobic and resistance exercises [J]. The Journal of Strength & Conditioning Research, 2012, 26 (8): 2293-2307.

[106] Yamamoto L M, Lopez R M, Klau J F, et al. The effects of resistance training on endurance distance running performance among highly trained runners: A systematic review [J]. The Journal of Strength & Conditioning Research, 2008, 22 (6): 2036-2044.

[107] Yu H, Chen X, Zhu W, et al. A Quasi-Experimental Study of Chinese Top-Level Speed Skaters' Training Load: Threshold Versus Polarized Model [J]. International Journal Sport Physiol Perform, 2012, 7 (2): 103-112

[108] Alcazar J, Losa-Reyna J, Rodriguez-Lopez C, et al. Effects of Concurrent Exercise Training On Muscle Dysfunction and Systemic Oxidative Stress in Older People with Copd [J]. Scand J Med Sci Spor, 2019.

[109] Amaro-Gahete F J, De-La-o A, Jurado-Fasoli L, et al. Changes in Physical Fitness After 12 Weeks of Structured Concurrent Exercise Training, High Intensity Interval Training, Or Whole-Body Electromyostimulation Training in Sedentary Middle-Aged Adults: A Randomized Con-

trolled Trial [J]. Front Physiol, 2019, 10.

[110] Berryman N, Mujika I, Bosquet L. Concurrent Training for Sports Performance: The 2 Sides of the Medal [J]. Int J Sport Physiol, 2019, 14 (3): 279-285.

[111] Cadore E L, Pinto R S, Teodoro J L, et al. Cardiorespiratory Adaptations in Elderly Men Following Different Concurrent Training Regimes [J]. J Nutr Health Aging, 2018, 22 (4): 483-490.

[112] Degens H, Stasiulis A, Skurvydas A, et al. Physiological Comparison Between Non-Athletes, Endurance, Power and Team Athletes [J]. Eur J Appl Physiol, 2019, 119 (6): 1377-1386.

[113] Denadai B S, de Aguiar R A, Rabello De Lima L C, et al. Explosive Training and Heavy Weight Training are Effective for Improving Running Economy in Endurance Athletes: A Systematic Review and Meta-Analysis [J]. Sports Med, 2017, 47 (3): 545-554.

[114] Doma K, Deakin G B, Schumann M, et al. Training Considerations for Optimising Endurance Development: An Alternate Concurrent Training Perspective [J]. Sports Med, 2019, 49 (5): 669-682.

[115] Gaebler M, Prieske O, Hortobagyi T, et al. The Effects of Concurrent Strength and Endurance Training On Physical Fitness and Athletic Performance in Youth: A Systematic Review and Meta-Analysis [J]. Front Physiol, 2018, 9.

[116] Issurin V B. Benefits and Limitations of Block Periodized Training Approaches to Athletes' Preparation: A Review [J]. Sports Med, 2016, 46 (3): 329-338.

[117] Libardi C A, Chacon-Mikahil M P T, Cavaglieri C R, et al. Effect of Concurrent Training with Blood Flow Restriction in the Elderly [J]. Int J Sports Med, 2015, 36 (5): 395-399.

[118] Mujika I, Ronnestad B R, Martin D T. Effects of Increased Muscle Strength and Muscle Mass On Endurance-Cycling Performance [J]. Int J Sport Physiol, 2016, 11 (3): 283-289.

[119] Schumann M, Rønnestad B R. Concurrent Aerobic and Strength Training: Scientific Basics and Practical Applications [M]. Springer, 2018.

[120] Nicolas B, Inigo M, Laurent B. Concurrent training for sports performance: The two sides of the medal [J]. International Journal of Sports Physiology and Performance, 2018, 14 (3): 279-285.

[121] Bishop D J, Bartlett J, Fyfe J, et al. Methodological considerations for concurrent training: Scientific basics and practical applications [M]. Concurrent Aerobic and Strength Training, 2019.

专题 10

柔韧训练理论与方法进展

阮棉芳

摘要：

本章节讨论了柔韧性基本理论，包括柔韧性的定义、柔韧性训练的益处、柔韧性训练的分类及基本生理学机制，并对柔韧性训练理论的发展历程进行了回顾，重点介绍了本体感觉神经肌肉促进疗法（PNF）的发展简史。针对柔韧性训练理论发展中的争论，重点讨论了静态拉伸对运动表现即刻影响及静态拉伸对预防运动损伤的影响。文献中大部分研究结果都显示运动前的拉伸对运动表现有统计学上的显著负面影响。对于预防运动损伤，大部分研究都认为拉伸不能在总体上降低运动损伤，而对于拉伸是否能降低肌肉拉伤类运动损伤的风险，文献中的研究结论还存在争议。在柔韧性训练实践方面，本章节重点介绍了国际体能训练权威机构推荐的训练要素，包括持续时间、频率、强度、时机。展望未来发展趋势，我们认为最佳柔韧区间的确定，拉伸对肌肉拉伤预防效果的科学验证，拉伸及准备活动整理活动的优化，柔韧性向灵活性的转变，以及与稳定性的结合，是今后柔韧性训练理论与实践发展的重点领域。

柔韧性、肌肉力量和有氧能力通常被认为是运动的三大基础，但是有关柔韧性的生物学理论及训练理论相对较少。近年来，有关柔韧性的科学研究，包括肌肉拉伸的生理学机制、生物力学特性、训练方法等方面都取得了很大的进展，对训练实践产生了很大的影响。如原先在准备活动中广泛采用的静态拉伸在实践中几乎被动态拉伸所替代，这主要是基于研究发现静态拉伸后肌肉最大力量和爆发力有所下降。本章节主要介绍有关柔韧性生物学基础研究的最新进展，训练方法研究的最新进展，以及重要的历史事件回顾与理论争议，并且展望了今后研究的发展趋势。

第一节 柔韧性的基本理论

一、柔韧性的定义

柔韧性通常是指某个关节所具有的活动范围[1]，更确切地说是指特定关节在某一方向特定运动速度下的活动范围[2]，如某些运动员髋部柔韧性很好，但是肩部却很差，或者左髋很紧，右髋柔韧性很好。总之，没有一个单一的柔韧性测试能评价全身的柔韧性[3]。

柔韧性又分为静态（被动）柔韧性与动态（主动）柔韧性。静态柔韧性是指在没有肌肉主动收缩的被动运动中一个关节所具有的活动范围[4]，通常由外力如重力、机器或者同伴提供拉伸动力，止于在受试者感到不舒服或者疼痛时。由于痛觉比较容易受个人主观影响，因此有学者建议采用测力仪器来标准化拉伸的力量以便减少可能的误差[5]。但现实中较少采用标准化拉伸测试。动态柔韧性，也叫功能性柔韧性，是指进行一个身体动作时一个关节的活动范围[6]。这样的动作可以是慢速的，也可以是快速的，如太极拳运动员慢速举腿并按一定角度停留的动作，体操运动员进行快速劈叉的动作。因此，动态柔韧性除了关节活动范围，还有动作速率和角度的元素。绝大多数的体育运动动作都有特异的动态柔韧性要求。因此，斯福（Siff）和维尔霍山斯基（Verhoshansky）[7]把功能性柔韧性训练分为三个元素：

（1）柔韧—速度，即快速进行整个关节幅度运动的能力；

（2）柔韧—力量，即在整个关节活动范围内进行爆发式动作的能力；

（3）柔韧—耐力，即重复进行整个关节活动范围运动的能力。

静态柔韧性与动态柔韧性之间的相关性并不非常明确。有研究表明髋部的静态柔韧性的提高不会直接对功能性动作中的动作幅度，即动态柔韧性产生影响[8]，因此静态柔韧性与动态柔韧性可能是相对独立的元素[9]。但是也有研究表明静态柔韧性与动态柔韧性具有中等相关（0.6~0.8）[10]，如棒球投手优势侧髋的动态、静态柔韧性比另一侧好很多[11]。

二、柔韧性训练的功能

（一）提供运动所需的关节运动幅度

柔韧性对一些运动项目的重要性是不言而喻的。如体操中的很多动作，没有较好的柔韧性根本无法完成。游泳运动员踝关节和肩关节的柔韧性要比其他运动员更好，职业棒球投手投球侧的肩关节需要有较大的外转运动幅度，以及较小的内转运动幅度，而投球的速度与肩关节外转的角度显著相关[12]。柯亨（Cohen）等[13]发现了腕关节柔韧性，肩关节向前屈及外转的角度与网球发球速度高度相关。显然，各个运动项目具有不同的柔韧性要求。而且，每个运动项目都存在一个最佳的柔韧性范围[14]。除了对运动表现有影响，柔韧性范围对受伤的风险也有重大影响。当柔韧性超出这个最佳范围，也就是说关节活动范围过大或者过小，都将增加受伤的风险。因此，柔韧性通过影响运动幅度而对运动表现产生很大的影响。

（二）放松肌肉

不必要的肌肉高张力有很多副作用，如降低感受器的敏感度，升高血压，浪费能量。肌肉高张力最终会产生疼痛—高张力—疼痛的循环[15]。长期的肌肉高张力不仅缩短了肌肉的长度，还会降低肌肉的延展性、限制运动幅度并降低了吸收冲击力的能力。消除肌肉高张力最好的方法是肌肉放松，并立即拉伸。

三、柔韧性拉伸练习的分类

提高柔韧性的主要方法是各种拉伸练习。拉伸是指肌肉及一些连接组织被拉长的过程。拉伸可以是被动的，也可以是主动的，或者主动—协助的。被动拉伸是指在同伴或者机器提供外力下，将肢体进行拉伸，以获得更大的关节活动范围，主动拉伸是指拉伸者自己提供拉伸的力量。主动—协助拉伸是指结合拉伸者自己主动的动作与同伴的帮助。

（一）静态拉伸

静态拉伸时肌肉是慢慢被拉长，以减小牵张反射的发生，在适宜的范围内保持 15~30 s。保持过程中会感觉拉伸感减小然后再继续缓慢向更深的位置拉伸然后再次保持住肢体位置。静态拉伸可以主动拉伸也可以被动拉伸。

（二）动态拉伸

动态柔韧性活动是指通过运动让某一肢体达到它的运动幅度满负荷状态。动态拉伸通常作为运动前热身活动的一部分，是指慢慢地将某一肢体拉伸到最大关节活动范围（ROM）然后保持住，这种动态运动重复多次时动作的速度会加快，从而加大关节活动范围（ROM）。

（三）弹性拉伸

弹性拉伸是通过快速、弹振式的方法让肌肉快速拉长。这种拉伸可以是主动拉伸也可以是被动拉伸，弹性拉伸应用广泛，它可以带来有力的牵张反射，让肌肉收缩更加有力，但要注意的是外部力量对肌肉的拉伸会对抗由牵张反射带来的内部收缩力，导致肌肉和肌腱过度紧张，有撕裂风险。弹性拉伸与动态拉伸存在显著差异，动态拉伸没有反弹性或是突然加速的动作，只是将肢体拉伸到适宜的范围内然后控制住。弹性拉伸的关节活动范围（ROM）要大于动态拉伸。

（四）PNF（Proprioceptive Neuromuscular Facilitation）

PNF是一种通过刺激本体感受器来提升肌肉神经机制的方法。PNF强调在整个运动幅度内进行抗阻运动，结合了等长收缩、向心收缩、离心收缩及被动动作。PNF技术是基于多种重要的神经生理学机制，PNF拉伸促进了主动肌兴奋，同时抑制了拮抗肌（被拉伸的肌肉）。拮抗肌的运动神经元被抑制后，肌肉变得更加松弛，主动动作的阻力也就减少了，主动肌的兴奋会向协同肌扩散，导致协同肌以一定的模式收缩[16]。

大部分PNF拉伸技术是在被动条件下运用或是作为一种运动的辅助方式。PNF拉伸主要分为三种不同的技术，每种技术都分为三阶段；三种技术的第一阶段都相同持续10s的预拉伸，三种技术的第二、第三阶段都不相同。下面以腘绳肌拉伸为例来说明。

1. 固定—放松

起始阶段，把腘绳肌拉伸到中等不舒服的幅度，固定10s，然后同伴施加一个屈髋的阻力，并要求运动员维持这个姿势不让腿移动；这时腘绳肌等长收缩持续6s，然后放松，同伴继续施加阻力进行被动拉伸，持续30s，最后阶段因为腘绳肌自生抑制，拉伸的幅度会很大。

2. 收缩—放松

起始阶段与固定—放松相同，腘绳肌拉伸到中等不舒服的阶段，固定 10s 后，运动员进行伸髋运动，同伴施加阻力。这个阶段腘绳肌进行了覆盖整个运动幅度的向心收缩。紧接着，运动员放松，同伴施加阻力进行被动拉伸，维持姿势 30s。

3. 主动肌收缩的固定—放松

这种拉伸前面两个阶段与固定—放松一样。第三阶段中，除了同伴施加阻力的被动拉伸，运动员的主动肌（股四头肌）进行向心收缩，增加了拉伸的力量。也就是在等长收缩后，腘绳肌继续拉伸到新的幅度，最后拉伸的幅度大主要是因为补偿抑制和自生抑制。

4. 其他方法

除了传统的拉伸练习能提高柔韧性，其他的外部刺激，包括振动训练、电刺激、热包、泡沫棒滚轴、离心收缩训练都能有效地提高柔韧性。

弗格森（Ferguson）等人[17]对比了三周的振动训练，振动训练结合拉伸训练，以及单独拉伸训练，结果显示，振动训练或者结合传统的拉伸练习都能有效地提高柔韧性。柯亨（Cochrane）等人的研究[18]表明振动训练能即刻提高柔韧性。用泡沫棒滚轴按摩小腿三头肌也被证实能有效地即刻提高柔韧性、增加运动幅度而不影响肌力[19]。尼尔森（Nelson）和邦迪（Bandy）[20]发现离心收缩与静态拉伸都能显著地提高柔韧性、增加关节运动幅度。博提（Potier）等人[21]研究了离心收缩对股二头肌的影响，结果显示不仅关节运动幅度显著增加，而且股二头肌的肌纤维长度（超声波检测）也显著增加。这些新方法可以是传统拉伸方法的有益补充，甚至有望成为替代。但是目前对这些新方法的研究还不够，机制上的理解还非常有限，影响了这些方法的推广。

四、拉伸练习的基本生理学机制

肌肉拉伸的即刻反应

肌肉拉伸时，肌肉会变得松弛，关节运动范围会增加。文献中有关拉伸促进关节运动范围增大的机制有以下几种。

1. 牵张反射（stretch reflex）的减弱

拉伸过程中，因为肌肉适应了拉伸，感受器，如腱梭变得不敏感，所以牵张反射会减弱，导致外力更容易拉长肌肉。

（1）自身抑制反射（autogenic inhibition）

如果拉伸的张力较大，激活了高尔基健体及关节的感受器，促发了自身抑制反射，抑制了运动神经元，肌肉的张力将会下降。摩尔（Moore）等[22]发现静态拉伸后运动中肌电会减少。

（2）张力松弛（stress relaxation）

肌肉及其他软组织具有黏弹性的力学特性。当一个恒定的力施加到肌肉，肌肉会发生蠕变（creep），肌肉长度慢慢变长，或者肌肉长度不变，肌张力慢慢下降。

（3）交互抑制（reciprocal inhibition）

交互抑制是指一块肌肉收缩时，与之功能相反的那块肌肉会被放松。肌肉的这种放松是神经活动的减少及本体感觉抑制的增加造成的[23]。这种抑制也是肌肉协调的基础，否则主动肌与拮抗剂会共同收缩，运动将会变得非常困难。使用PNF中的固定—放松技术时，收缩的肌肉（主动肌）进行最大等长收缩5～10s，激活了高尔基健体，促发了交互抑制，被拉伸的肌肉（拮抗肌）开始放松并进一步地被拉长。

2. 长期柔韧性训练的生理学机制

虽然柔韧性被认为是身体素质的重要方面，但是我们对有关长期柔韧性训练的生理学机制还缺乏深入地了解，文献中也存在一定的争议。一般认为长期柔韧性的改善是由于肌肉的黏弹性力学特性的改变[24]；也有研究表明增加的关节活动范围是由于减少了肌肉刚度[25]。但是大部分研究表明3～4周的训练不足以改变肌肉的刚度和弹性，柔韧性的改善可能是由于痛觉容忍度的提升[26]。有关痛觉容忍度的机制并不清楚。另有研究证实6个星期的训练显示关节运动幅度的提升主要是因为肌肉刚度的下降（$r^2=0.88$，$P<0.001$）[27]。因此，长期的柔韧性训练可能是由肌肉等软组织的力学特性改变结合神经机制来改善关节运动幅度。

第二节 柔韧性训练发展历程

一、代表人物及代表作

静态拉伸在几个世纪前就被哈他瑜伽练习者采用了，而在现代运动训练中，静态拉伸也一直是热身活动中不可或缺的一部分，教练员运动员普遍认为拉伸能提高运动成绩、减少运动伤害。但是拉伸对运动表现及运动损伤的影响直到20世纪90年代才有正式论文发表。

尼尔森（Nelson）博士是研究柔韧性生理学机制及拉伸如何影响肌肉的运动表现的先驱科学家之一，他是美国运动医学学会的院士，担任了十几个同行评议的国际科学期刊的审稿人，获得得克萨斯大学奥斯汀分校肌肉生理学的博士学位。1989年，他在路易斯安娜州立大学任教，并开始研究代谢、收缩蛋白和运动表现的关系。1998年，尼尔森带领的团队针对拉伸对力量的即刻影响发表的论文[28]，是这个领域最早期并且引用次数最多的论文之一。他们的实验显示屈膝伸膝力量在静态拉伸后下降了7%~8%，之后他们又进行了一系列的研究，结果显示，静态拉伸降低了4%的纵跳高度[29]；静态拉伸降低了20m和40m冲刺的速度[30, 31]；静态拉伸降低了膝关节屈肌的耐力[32]，静态拉伸不仅降低了初学者的屈膝伸膝力量也降低了长期拉伸者的屈膝伸膝力量[33]，30秒一组的拉伸足以降低最大收缩力量[34]；拉伸增大了对侧关节的活动范围，降低了对侧关节的力量[35]。尼尔森博士还与他的同事合著了《拉伸解剖学》（Stretching Anatomy），此书已被翻译成11种语言，英文版已经售出25万册。

在预防受伤方面，引用率最高的文章之一是瑞典林雪平大学医学与健康科学艾克斯特朗（Ekstrand）博士等人[36]所研究的。他们检测了多因素方案干预对受伤率的影响。在6个月的跟踪期中，干预组较对照组受伤率减少75%。但是这个方案除了在准备活动中进行10分钟拉伸外，还包括踝关节包扎、护具的使用、医生理疗师的监控和膝关节不稳定选手的剔除等，因此拉伸的单独效果在此研究中并未得到检验。

鉴于大部分研究支持静态拉伸会抑制肌肉力量爆发力的发挥，美国运动医学学会于2010年建议在所有需要力量或爆发力的运动项目中把静态拉伸从准备活动中剔除[37]。

有关柔韧性理论方面最全的著作是奥尔特（Alter）写的《柔韧性科学》

(Science of Flexibility)[2]，奥尔特做过体操运动员与教练员，他在佛罗里达国际大学获得了健康教育学硕士学位。这本书第一版出版于 1988 年，又分别在 1996 年和 2004 年出版了第二版、第三版。《柔韧性科学》一直被认为是有关柔韧性理论与实践方面主要的参考工具，涵盖了相关的概念和实践原则。特别是第三版，综合了当时最新的研究，包括超过 1400 篇专业的参考文献，并且配有超过 100 幅的插图和照片，内容包括柔韧性的理论原理，特别是有关限制柔韧性的因素、临床应用及提高身体柔韧性的方法。

有关动态拉伸主要著作有马克·科瓦奇（Mark Kovacs）写的动态拉伸（dynamic stretching）（Ulysses Press，伯克利，美国，2009）[38]，该书介绍了 50 多种动态拉伸的练习方法，并针对各个运动项目甚至不同位置的运动员提供了个性化的动态拉伸训练方案，是动态拉伸练习的经典著作。马克·科瓦奇博士曾经是职业网球运动员，从阿拉巴马大学获得运动生理学博士学位后，一直致力于网球与运动损伤预防的研究。他经营着一家运动科学咨询公司，专注于优化运动员的表现，曾经为数百名职业运动员提供咨询，也为 ATP 和 WTA 提供服务。他还担任过佳得乐运动科学研究所所长。

自 20 世纪 90 年代以后，运动科学界针对运动前主动肌拉伸对运动表现即刻影响进行了大量的研究，直到 2013 年才有针对拮抗肌运动前拉伸的文章发表(表 10-1)。来自尤他州立大学的桑德伯格等人[39]发现股后肌群的静态拉伸能提高伸膝的力矩，而屈髋肌和背屈肌的静态拉伸能提高纵跳的高度和最大功率。可能的机制是拮抗肌的拉伸导致拮抗肌力量和关节屈力矩的下降，从而提升了关节的伸力矩。由于肌肉共同收缩对关节稳定避免受伤非常重要，拮抗肌拉伸是否会增加关节负荷导致受伤风险增加是运动科学界必须回答的重要问题。我们的研究[40]表明，股后肌群的拉伸不仅能提高跳跃的高度，而且不会增加关节的负荷，也不会增加受伤的风险。由于下肢的主要肌肉大多是双关节肌，而在特定的动作中，髋膝踝的贡献率又有所不同，因此单块肌肉静态拉伸后肌力下降对运动表现的影响是复杂的，具有动作和个体的特异性。虽然很多问题有待更深入地研究，但目前的研究至少说明在准备活动中把静态拉伸一律剔除的做法是不合理的。

表 10-1　柔韧性训练实践与科学研究重要历史事件

年代	事件	代表人及代表作
公元前四世纪	古希腊出现了拉伸疗法用于运动员，士兵的训练	希波克拉底和盖伦[2]
1874 年	整骨疗法（软组织拉伸是重要手段）开始出现	史迪尔[41]
1904 年	交互支配原理首次提出	谢灵顿[42]
20 世纪 50 年代	PNF 技术的创立	沃斯等 [43]
20 世纪 80 年代	首次对不同的拉伸技术进行肌电分析	摩尔等[22]
20 世纪 80 年代	肌肉柔韧性与肌肉拉伤率的首次跟踪研究	艾克斯特朗[36]
20 世纪 80 年代	首部系统论述与柔韧性相关的科学知识的著作	奥尔特[2]
20 世纪 90 年代	首次验证了运动前拉伸对抑制最大力量的即刻影响	科科宁 & 尼尔森等[28]
20 世纪末	对动态拉伸首次系统描述的论著	科瓦奇 [38]
2010 年	建议在需要力量或爆发力的运动项目中把静态拉伸从准备活动中剔除	美国运动医学学会[37]
2013 年	首次验证运动前拉伸拮抗肌对力量爆发力的正面作用	桑德伯格[39]

二、PNF 发展的简史

PNF 是一种兴起于 20 世纪中叶的治疗技术，由卡巴特（Kabat）博士和两位理疗师克诺特（Knott）、沃斯（Voss）创立发展而来。谢灵顿（Sherrington）[42]有关神经肌肉系统工作模式的研究为 PNF 的发展提供了理论基础。卡巴特（Kabat）认为神经生理学的基本原则及 Sherrington 发现的辐射法两种交互抑制的基本法则应该应用到小儿麻痹症患者瘫痪的康复中。在 PNF 技术发展之前，瘫痪患者的康复方法强调“单个动作、单个关节和单块肌肉”[43]。在实业家亨利·凯泽（Henry Kaiser）的支持下，卡巴特（Kabat）于 1946 年在华盛顿创立了 Kabat-Kaiser 研究所（KKI），致力于基于神经生理学相关理论的研究并开始为瘫痪患者寻求组合动作模式的康复手段。1951 年，卡巴特（Kabat）和克诺特（Knott）已拥有 9 项肌肉康复技术，理疗师沃斯（Voss）在 1950 年开始接触 PNF，当时她在克诺特（Knott）那里学习和工作，1952 年她被克诺特（Knott）聘为助理。沃斯（Voss）和诺特（Knott）意识到 PNF 系统不仅可以用于瘫痪者的治疗，更是一种新式的康复方法。

1952 年，克诺特（Knott）和沃斯（Voss）开始推广 PNF 并培训其他理疗师；1956 年，他们出版了第一版著作《本体感觉神经肌肉促进法》（Proprioceptive Neuromuscular Facilitation）；在 20 世纪 60 年代，多个大学理疗专业提供 PNF 课程并且越来越受学生的欢迎。现在 PNF 技术在大多数理疗专业中作为本科生的一门课程。

在过去的 20 年里，PNF 拉伸方法被广泛认可，特别是在运动训练和大众健身领域得到了普遍的应用。基于 PNF 的原理和技术，近年来又产生了很多新型的拉伸方法，具有代表性的是增强性拉伸（facilitated stretching）[41]，这种拉伸方法涵盖了 PNF 拉伸中的等长收缩、螺旋线原则等。不同于 PNF，这种拉伸更强调主动拉伸，被拉伸者起主要的作用，同伴只是起监控和引导的作用。

第三节 不同拉伸练习的优、缺点及争议

一、静态拉伸的优、缺点及争议

静态拉伸的优点显而易见。首先，静态拉伸简单易行，不需器材及同伴；其次，静态拉伸对于提升关节活动范围的效果优于动态（弹性）拉伸。此外，静态拉伸可能有助于预防肌肉拉伤，但学术界对此还有争议。文献中关于运动前静态拉伸对运动表现影响的诸多方面存在一定的争议，实践界对此有一定的误解。在此我们对相关争议逐一进行梳理和分析。

（一）静态拉伸对运动表现的总体影响

虽然大部分研究显示静态拉伸对运动表现有负面影响，但部分研究显示静态拉伸对运动表现没有统计学上的显著负面影响。单个独立研究难免受到受试者个体差异、实验条件等随机误差的影响，而 Meta-analysis 能消除这种随机误差，为我们提供更高级别的证据。表 10-2 是发表在国际知名期刊上有关静态拉伸对运动表现影响的几篇 Meta-analysis 的文章。

表 10-2 静态拉伸对运动表现影响的 Meta-analysis

年代	作者	主要研究结论
2011 年	Behm 等[44]	力量-6.9%（ES：0.55），跳跃-2.7%（ES：0.18），疾跑-2.4%（ES：0.28），<30s ES 微小
2012 年	Kay 等[45]	<30s：-1.1%；30~45s：-1.9%；60~120s：-4.2%
2013 年	Simic[46]	力量：-5.4%；功率：-1.9%；爆发性动作：-2.0%；≤45 s：-0.8%
2015 年	Behm 等[47]	≥60 s：-4.6%；<60 s：-1.1%

这几篇文章综述一致说明静态拉伸对力量，特别是等动测试力量的影响较大，而对跑跳的负面影响较小（2%左右），ES（effect size）也处于中低范围。总体上对最大肌肉力量依赖程度高的简单动作更容易受到静态拉伸的负面影响，而对于较复杂的动作，动作技术起到较大的影响。因此，理论上静态拉伸的影响可能较小。但目前文献中少量研究显示静态拉伸对较复杂运动有显著影响，如贝克特格雷（Beckett）等[48]研究了静态拉伸对变向跑的影响，结果表明拉伸后变向跑速度大约下降了 5%；Gergley[49]研究了静态拉伸对高尔夫挥杆的影响，结果显示 20 分钟的全身肌肉拉伸后挥杆速度下降了 4.19%、击球远度下降了 5.62%、精确度下降了 31.04%，各个指标均具有统计学上显著差异（$p<0.05$）。由于相关的研究较少，静态拉伸对于较复杂运动的影响还难以下结论。

（二）拉伸时间对于运动表现的影响

文献中不同的研究结论除了受试者的个体差异所造成的随机误差外，不同拉伸的时间也是影响研究结果的一个重要因素。有学者质疑部分研究所采用的拉伸时间过长，每一肌群的拉伸总时间大于 90s，而运动员通常采用的拉伸时间是每组肌群拉伸 10~20s，重复 2~3 次[50]。表 10-3 中有关拉伸持续时间对运动表现的影响，结论也比较一致。短于 30s 的静态拉伸对运动表现的影响可以忽略不计，大于 60s 或 45s 的静态拉伸才会对运动表现起到较为明显的负面影响。随着拉伸时间的增加，运动表现的下降更为明显这一结论也被相同实验条件，相同受试者的重复实验（表 10-3）所验证。

表 10-3 拉伸时间对力量及运动表现的影响

研究者	拉伸的时间	被拉伸的肌肉	实验结果
Ogura 等[51]	10s，20s，30s，60s	股四肌群	等动力矩 30s：-5.5%，60s：-11.6%
Winchester[34]	1，2，3，4，5，6×30s	腘绳肌	1RM 1 组：-5.4% 6 组：-12.4%
Ryan[52]	2m，4m，8m	跖屈肌	峰值力矩 2m：-2% 4m：-4% 8m：-6%

虽然凯（Kay）等[45]和斯米克（Simic）等[46]在 Meta analysis 文章中提出了短时间拉伸（60s 内或者 45s 内）不会对运动产生负面影响，但从表 10-4 结果看，短时间拉伸对运动表现的影响个体差异较大。表 10-4 中有 4 个研究显示短时间拉伸对运动表现没有影响，但是另有 4 个研究表明运动表现在短时间拉伸后也会显著下降，而最短的拉伸时间只用了 15s。当然总体上“越短的拉伸时间对运动表现的影响越小”的结论得到了文献的支持，但是过短的拉伸时间将不能改变肌肉的黏弹性、力学特性，也不能改变肌肉的拉伸容忍度，拉伸的效果只能保持很短的几分钟，因此也就失去了拉伸的意义。为避免拉伸的负面效应而缩短拉伸时间必须在保证拉伸效果的基础上才有意义。

表 10-4 拉伸时间≤45s 急性效应的结果

研究者	拉伸的时间	被拉伸的肌肉	实验结果
Fletcher 等[54]	2 次×15s	股后，股四	纵跳下降
Holt 等[55]	3 次×5s	股后，股四，髂腰肌，臀大肌	纵跳下降
Hough 等[56]	1 次×30s	跖屈肌、腘绳肌、股四	纵跳下降
Young 等[57]	3 次×15s	臀大肌，股四，跖屈肌	跳深跳下降
Gonzalez-Rave 等[58]	3 次×15s	股四，腘绳肌，跖屈肌	跳跃高度没有影响
Knudson 等[59]	3 次×15s	股四，腘绳肌，跖屈肌	跳跃高度无显著下降
Dalrymple 等[60]	3 次×15s	股四，腘绳肌，跖屈肌	跳跃高度无显著下降
Unick 等[61]	3 次×15s	股四，腘绳肌，跖屈肌	跳跃高度无显著下降

（三）专业运动员对静态拉伸的反应

由于大部分研究的受试者是普通大学生或者体育爱好者，研究结果是不是适用于专业运动员还需作进一步探讨，有学者提出专业运动员经过长年训练可能静态拉伸后并不影响运动表现[61, 62]。从表 10-5 中可以看出，即使像体操或者艺术体操这样柔韧性非常好的运动员在静态拉伸后运动表现也会降低，这也验证了贝汉姆（Behm）等[44]提出的专业与业余运动员对拉伸的反应没有显著的差异。

表 10-5　专业运动员拉伸实验结果

研究者	受试者	拉伸的时间	实验结果
Winchester 等[31]	22 名男女高水平田径队员	4×30s	快速跑速度显著下降
Siatras 等[63]	11 名少年体操男队员	4×30s	快速跑速度显著下降
Sayers 等[64]	20 名职业女子足球队员	3×30s	速度加速度都显著下降
Di Cagno 等[65]	20 名职业女子足球队员	3×30s	速度加速度都显著下降

(四) 静态拉伸强度的影响

文献中大部分研究均采用了达到 POD（不舒适点）作为拉伸强度的控制，显然这个强度控制的主观性较大，文献中直接对比不同拉伸强度的研究很少，表 10-6 是对比两个不同拉伸强度的研究。研究结果都表明次最大强度的静态拉伸能取得最大强度（POD）静态拉伸相同或者更好的拉伸效果（关节运动幅度）。但对于运动表现的影响，两个研究结果却不一致。在扬（Young）等[21]的研究中还发现，2 分钟 90% 最大强度（以角度计算）的静态拉伸后，跳深跳跃的成绩并没有变化。而贝汉姆（Behm）等[40]的研究结果表明，所有不同强度的静态拉伸，无论是次最大强度还是最大拉伸强度，结果均发现跳跃高度显著下降[21]。两个研究结果不一致，其原因可能是，扬（Young）等[21]的研究中只拉伸了跖屈肌，而贝汉姆（Behm）等[40]的研究中静态拉伸了股四头肌、股后肌群和跖屈肌，由于文献中研究静态拉伸强度的文章太少，所以降低静态拉伸强度能否避免静态拉伸负面影响还不能确定。

表 10-6　静态拉伸强度对运动成绩的影响

研究者	拉伸的肌肉及时间	拉伸强度	实验结果
Young 等[66]	跖屈肌：1m，2m，4m	100%POD	2，4min：DJ 成绩下降
		90%%POD	DJ 成绩无变化
Behm 等[67]	股四，股后，跖屈肌：4×30s	100%POD	-4. 1 跳跃

续表

研究者	拉伸的肌肉及时间	拉伸强度	实验结果
		75%POD	-4.4%跳跃
		50%POD	-5.4%跳跃

注：POD = point of discomfort 不舒适点；90%POD 是指 POD 对应角度的 90%；75%和 50% POD 是指 POD 对应静态拉伸力量的 75%和 50%；DJ = drop jump 跳深。

（五）静态拉伸对运动表现影响的动作特异性

文献中大多数研究都采用了对股四头肌、股后肌群和小腿三头肌等多块下肢主要肌肉进行拉伸，从上述的扬（Young）等[21]和贝汉姆（Behm）等[40]的研究来看，拉伸肌肉的数量可能是一个关键因素。减少静态拉伸的肌肉数量，特别是减少主动肌的静态拉伸，甚至只针对拮抗肌进行拉伸是一种避免静态拉伸负面影响的办法[68]。理论上，拉伸主动肌如果会降低运动表现，那拉伸拮抗肌就能提高运动表现，这也得到了文献的支持[39]。由于下肢主要肌肉大多是双关节肌，如股后肌群在蹬伸的过程中起到屈膝伸髋的作用，在膝关节是拮抗肌，而在髋关节就是主动肌。而对于不同的动作，髋膝的贡献率可能是不一样的。因此，对于不同的动作，拉伸同一块肌肉引起的运动表现变化是不一样的，我们称之为静态拉伸对运动表现影响的动作特异性。我们前期的研究发现，股后肌群静态拉伸后，急停纵跳的高度会上升[68]，而加速跑[68]和急停转身的速度并没有改变[68]。目前，有关拮抗肌或者单块双关节肌拉伸的研究还很少，有待进一步地深入研究。

（六）静态拉伸对预防运动损伤的作用

对于预防受伤，大部分研究都认为拉伸不能在总体上降低运动损伤[69]。塔克（Thacker）等[70]广泛查阅关于柔韧性的文献，其中包括 20 世纪 50 年代的 361 篇文章得出的结论是拉伸和损伤之间的关系不大，有两篇综述甚至提出了在剧烈运动前进行拉伸练习可能会增加受伤风险[71, 72]。

有学者提出，运动损伤中比例最高的是过度使用相关的损伤，拉伸对预防这类损伤没有效果，但是拉伸对预防肌肉拉伤这类损伤可能有一定的效果[73]。对于拉伸是否能降低肌肉拉伤的风险，文献中的意见并不统一。蒲伯（Pope）等完成了一项大型研究[73]，总共召集了 1538 名受试者，随机分成对照组（热身活动无拉伸）和实验组（热身活动+拉伸），对照组发生大腿肌肉拉伤 10 例（803 名受试者），实验组仅发生两例（735 名受试者），实验组的肌肉拉伤率为 0.3%，对照组的肌肉拉伤率为 1.2%，具有统计学上的显著差异。克罗斯（Cross）和沃雷尔（Worrell）的研究[74]表明拉伸可以降低 48%的肌肉、肌腱拉伤率。文特莱（Witvrouw）等[75]对柔韧性与肌肉拉伤风险之间的关系进行了研究，该研究用角度计在赛季前测量了 146 名职业足球运动员的腘绳肌、股四头肌、小腿三头肌等肌肉的柔韧性，队医完整地记录了运动员一个赛季的伤病、训练时间、比赛时间，结果显示有 67 名队员被诊断为下肢肌肉损伤。损伤与非损伤队员之间的训练时间、比赛时间都没有差异。统计结果显示肌肉损伤队员的股四头肌、腘绳肌的柔韧性比非肌肉损伤的队员差，具有显著差异，回归分析显示腘绳肌柔韧性不足（小于 90 度）与腘绳肌拉伤的发生率具有显著相关。因此，笔者建议拉伸应视为预防肌肉拉伤的重要措施。

安纳森（Arnason）等人的研究[76]完成了对 17~30 支职业队连续 4 个赛季的干预研究。他们检测了离心力量训练与柔韧性训练对腘绳肌拉伤风险的影响。以前面两个赛季的数据作为基准值，第三、第四赛季采用了针对性的干预方案，包括热身活动中拉伸、专门柔韧性练习，以及离心力量训练。专门柔韧性练习是三组 55s 的腘绳肌拉伸。研究结果表明热身活动中的拉伸与专门柔韧性练习都没有影响腘绳肌拉伤的发生率，而离心力量训练结合热身活动中的拉伸却显示能预防腘绳肌拉伤。因此，笔者认为单独的柔韧性训练不能预防腘绳肌拉伤。但我们的研究显示，静态拉伸后，加速跑中股二头肌长度与膝关节力矩的曲线右移[77]，这可能使股后肌群能在更长的肌肉长度对抗更大的拉力，从而降低肌肉拉伤风险。但我们必须认识到，导致肌肉拉伤的机理非常复杂，目前还不清楚肌肉拉伤主要直接因素是应变还是应力。因此，有关拉伸预防肌肉拉伤的效果及机理都还有待进一步的研究，目前特别缺乏随机对照实验的数据，即使静态拉伸对于预防肌肉拉伤有一定的作用，教练员在准备活动中采用静态拉伸也必须考虑到静态拉伸对于肌肉力量的负面效应。因此，有学者提出以下合理建议[69]：

（1）赛前拉伸的肌肉应该是该运动中受伤风险最高的，如足球运动员的腘绳肌。

（2）至少 4~5 组 60s 的双侧的拉伸，以保证能降低肌肉的被动拉伸阻力。

（3）为避免拉伸引起的力量减弱，拉伸后应该进行一些动态练习。

反对静态拉伸的理由，除了对运动表现有即刻的负面影响，还包括以下两个方面：

（1）静态拉伸动作与运动实践相去甚远，运动实践中，肌肉的工作形式往往是弹震式的，因此，静态拉伸并不是最佳的训练方法。斯福（Siff，1993）[78]指出：静态柔韧性的提升对专业运动员意义不大，因为在运动中软组织的力学特性变化很大。虽然静态拉伸能暂时提升关节活动范围，但是并没有实际上提升软组织在运动中的延展性。

（2）静态拉伸是被动拉伸，并不能提升身体及四肢的温度。因此，长时间的静态拉伸练习并不适合在准备活动中进行。

二、弹性拉伸的优、缺点及争议

有关弹性拉伸的争论是运动科学界最具争议性的话题之一。相对于 PNF 和静态拉伸，对弹性拉伸的研究较少，对弹性拉伸相关的机理也缺乏理解，虽然争议存在，但是文献中有足够的科学证据说明弹性拉伸与静态拉伸可以有效改善柔韧性[6]。

（一）支持弹性拉伸的观点

弹性拉伸具有四大优势：发展动态柔韧性，增进友情与乐趣。

弹性拉伸具有与超等长练习相似的动作特性，因此更有利于运动表现的提升。如弹性拉伸训练使空手道运动员获得更大的牵张反射，更快地肢体加速度，更快地主动肌发力[79]，弹性拉伸也能改善反应速度。虽然弹性拉伸可能会增加受伤风险，但是有学者[80]认为弹性拉伸比大部分运动动作具有更好的控制性，因此弹性拉伸如果正确进行，比运动项目本身的受伤风险要小。

乌伊诺维奇（Vujnovich）和戴森（Dawson）[81]的研究证明静态拉伸后进行弹性拉伸，能更有效地增大柔韧性。

（二）反对弹性拉伸的观点

当肌肉快速拉伸时，肌肉没有足够的时间改变他们的力学特性，包括张力松弛与蠕动，最有效永久性拉长软组织的方法还是用小强度、长时间、升高温度情况下的拉伸[82]。反对者还提出弹性拉伸产生了巨大而不可控的角动量，当动作达到活动范围的边缘而突然停止时，角动量会超过被拉伸组织吸收能力的极限，就像不正确或者控制不当的棒球挥棒。如果软组织拉伸太快，很容易导致肌肉拉伤，产生疼痛或者减少活动范围；如果软组织被慢速拉伸，肌肉拉伤的可能性较小，因为单位时间内要吸收的能量减少了，如果突然拉伸肌肉，还将促发牵张反射，导致肌张力提高，使拉伸变得更加困难。通常，为了安全起见，拉伸时需要肌肉的收缩组织完成放松。沃克（Walker）[83]在 1961 年发现对于相同的拉伸长度，快速地拉伸比慢速地拉伸产生两倍的张力。快速的拉伸导致更大的黏弹性和刚度。快速拉伸能增加被动的拉力，这些因素都将导致受伤风险增加。

速度渐进柔韧训练（PVFP：a progressive velocity flexibility program）。

如何更安全地进行弹性拉伸呢？扎查泽夫斯基斯（Zachazewski）[84]提出了速度渐进柔韧训练方法。弹性拉伸前进行必要的热身，然后进行静态拉伸接着慢速小幅度的弹性拉伸再接着慢速全幅度的拉伸，快速小范围的拉伸最后进行快速全幅度的拉伸。幅度和动作速率都由运动员自己控制，没有其他人施加外力。有关这个方法目前缺少实验的研究，运动员在进行弹性拉伸时必须确保不过度拉伸、不产生疼痛、不拉伤肌肉。

三、PNF 的优、缺点及争议

PNF 最大的作用是提高关节活动范围。很多研究表明[22, 85]，PNF 提高关节活动范围的效果超过其他几种拉伸方法，PNF 潜在的作用还有增大力量、改善关节的稳定性[16]。因为柔韧性与力量的不匹配会增加关节受伤的风险，PNF 能同时提高柔韧性与力量，因此有可能具有预防受伤的作用。另有研究认为 PNF 能提高耐力，改善血液循环，提高协调能力[16]，但是这些潜在的作用还存在争议，需要更多科学研究的验证。

PNF 的缺点之一是需要同伴的帮助及监控。某些 PNF 拉伸比静态拉伸痛感强，也比静态拉伸更危险[86]，如 hold-relax 技术在拮抗肌处于极限位置时，进行等长收缩，对肌腱产生额外的拉力，研究也证实了 PNF 拉伸与静态拉伸抑制肌肉力量，对运动表现的负面影响也相似[87]。因此有人认为 PNF 拉伸并非比静态拉伸具有明显的优势，但有学者认为运用螺旋与对角方式的 PNF 拉伸比静态拉伸在改善关节三维运动幅度方面具有明显的优势[78]。

此外，明显的副作用是可能产生瓦耳萨耳瓦现象[88]，收缩压会升高，这对高血压患者具有明显的影响。这个过程开始于深吸气并憋气，腹压升高、动脉压暂时下降、心率升高；当呼气时，血压可能急剧升高到 200mm 以上，PNF 拉伸中，等长收缩越用力，瓦耳萨耳瓦现象越可能发生。

第四节 柔韧性训练的发展趋势及展望

近年来对柔韧性训练效果的研究及生理学机制的研究都对国际上柔韧性训练实践产生了重大的影响。最重大的变化有以下五条：

（1）减少或者剔除了运动前静态拉伸；

（2）动态拉伸在热身活动中被广泛采用；

（3）运动后拉伸普遍采用；

（4）PNF 拉伸的广泛应用；

（5）柔韧训练与力量训练的结合。

国际上有关柔韧性训练的理念和方法对中国运动员的训练也产生了积极的影响。早在 2000 年，国内就有文章[89]介绍了国外有关静态拉伸降低肌肉力量爆发力的研究成果，2005 年《中国体育教练员》杂志连续发表了两篇文章[90, 91]来介绍热身活动中减少或剔除静态拉伸的新理念，热身活动中以动态拉伸为主的理念也在一些省（市）级别的足球队、赛艇队得到了实施[92, 93]。PNF 拉伸方法也被冰球[94]、田径[95, 96]、健美操[97]等项目采用，但是很多运动队，如武术还是沿袭传统的拉伸方法，对新方法的新的理念鲜有尝试[98]。

尽管柔韧性训练的基本机理还存在一定的争议，但柔韧性训练的理念和方法已经有了长足的发展。展望未来发展趋势，我们认为中国的教练员和体育科研人员应该在以下几方面进行运动训练和科学研究的探索创新。

一、最佳柔韧区间的确定

目前很多教练员还是认为“柔韧性越好，损伤越少”[99]，科学研究已经否定了这样的理念。有学者提出任一运动项目都存在一个柔韧最佳区间的概念[14]，也就是说每个运动项目的特点决定了最佳柔韧性区间的大小，超出这个区间，也就是过高或者过低的柔韧性都会导致运动损伤风险的增大。如果运动员的柔韧性已经符合运动项目的要求，那么他的柔韧性训练的目标就不应该是继续改善柔韧性而是维持现有的柔韧性，针对不同的训练目标，柔韧性训练的方法、强度、频率、时间会有很大的不同。如果体育科研人员与教练员能针对各个运动项目量化某个项目所需的最佳柔韧性区间必将大大提高运动训练的效率及选材的成功率。

二、科学验证拉伸对肌肉拉伤的预防效果

虽然静态拉伸已经被证实不能在整体上对运动损伤起预防作用，但是时间加长的静态拉伸有可能对预防肌肉拉伤有效果。如果更多的科学研究支持这样的结论，训练实践界就能以此制订有效地预防肌肉拉伤的静态拉伸方案并广泛采用。虽然时间加长的静态拉伸对运动能力有负面影响，但是针对某些肌肉拉伤高危运动员或者是曾经受过伤的运动员来讲预防肌肉拉伤是第一位的。

长期随机的干预研究确实很难在高水平运动员身上采用，这是目前理论界缺少定论的主要原因。因此科研人员应该利用生物力学手段检测评估静态拉伸对人体运动学、关节力矩、肌电的影响，更重要的是需要实时在体质检测运动中肌纤维肌腱的应力应变，从而在受伤预防机理上论证静态拉伸对肌肉拉伤的预防效果，找到预防肌肉损伤的最佳拉伸方法。

虽然柔韧性有关的研究已经取得了很大的进展，但相对于力量耐力等素质，柔韧性训练的理论与实践还落后很多。目前力量训练能针对训练目标科学的量化负荷的强度、次数、组数。对拉伸训练中的参数，如拉伸的形式、拉伸强度、持续时间、拉伸肌肉的选择大都来自于教练员的经验总结，缺乏充分的科学研究依据。今后相关的科学研究应致力于通过优化拉伸的参数，探索最佳拉伸方案。由于拉伸往往在准备活动或者整理活动中进行，准备活动、整理活动中的其他方式如何与拉伸活动配合，才能最大限度提升准备活动与整理活动的效果也是一个亟待解决的问题。

三、灵活性与稳定性的结合

近年来国际上的体能训练提出了很多新的理念和方法，在柔韧性训练方面，新的概念“灵活性”（mobility）被提出来并在运动实践中应用[100]。体能教练更多地使用灵活性这个词，有时甚至与柔韧性交换使用，笔者这里要重申一下柔韧性与灵活性的区别与联系。柔韧性强调的是肌肉等软组织对关节的活动范围的限制，一般以一个关节在某一方向上的运动幅度来衡量，而灵活性[100]一般定义为：基于动作的，整合全身的方案，强调限制运动表现的各种因素，包括紧缩的肌肉、受限的软组织、受限的关节、动作控制因素、神经动力学因素等，一般以功能性动作中动作的自如完成和多个关节的活动幅度来衡量；如深蹲时，脚跟能否保持贴地的动作就是衡量灵活性很好的示例动作。对于大部分运动项目，提高灵

活性才是训练的最终目的，柔韧性不足会影响灵活性，但是改善了柔韧性，灵活性并不一定会自动改善，就像力量增长并不会自动地在运动表现上体现出来；相对应的，静态拉伸与 PNF 可以改善柔韧性，而动态拉伸、弹性拉伸及其他功能性的动作训练有助于将被动柔韧性的提升转化为运动成绩的提升。

在强调灵活性的同时，现代的训练理论强调稳定性的重要性，稳定性定义为控制力量及运动的能力，很多情况下稳定性是力量发挥的前提，灵活性和稳定性是力量、耐力、速度、爆发力、灵敏的基础。不足的灵活性与稳定性会造成不正确的动作姿势、降低动作的有效性、增加能耗、增加受伤的风险。动态拉伸、PNF 拉伸的广泛采用体现了灵活性与稳定性理念在运动训练中的应用，但是灵活性与稳定性在短时间内是此消彼长的关系。如腘绳肌限制了屈髋状态下的伸膝灵活性，拉伸腘绳肌能提高膝关节的活动性，但是因拉伸引起的膝关节松弛及腘绳肌力量下降也会使膝关节的稳定性下降，这将大大增加膝关节受伤的风险。武术运动员膝关节受伤率高达 31.16%，[101]这是不是与过分强调柔韧性而忽视了膝关节稳定性训练有关？虽然目前的科学研究对此问题还未有定论，但在训练中使柔韧性与稳定性同步得到发展的重要性已经得到理论界与实践界的共识，具体的训练方法与理论也将是今后发展的重点。

参考文献

[1] De Vries H A. Physiology of exercise [M]. 4th ed. Dubuque, IA: Brown, 1986.

[2] Alter, M. Science of flexibility [M]. 2nd ed. Champaign, IL: Human Kinetics, 1988: 1-5.

[3] American College of Sports Medicine. ACSM's guidelines for exercise testing and prescription [M]. 6th ed. Philadelphia: Lippincott Williams & Wilkins, 2000.

[4] Cornelius W L, Hinson M M. The relationship between isometric contractions of hip extensors and subsequent flexibility in males [J]. Journal of Sports Medicine and Physical Fitness, 1980, 20 (1): 75-80.

[5] Gajdosik R L, Bohannon R W. Clinical measurement of range of motion. Review of goniometry emphasizing reliability and validity [J]. Physical Therapy, 1987, 67 (12): 1867-1872.

[6] Corbin C B, Noble, L. Flexibility: A major component of physical fitness [J]. Journal of Physical Education and Recreation, 1980, 51 (6): 23-24.

[7] Siff M C, Verkhoshansky, Y. V. Supertraining [M]. 4th ed. Denver, Colorado: Supertraining International, 1999.

[8] Moreside J M, Mcgill S M. Improvements in hip flexibility do not transfer to mobility in functional movement patterns [J]. Journal of Strength and Conditioning Research / National Strength & Con-

ditioning Association, 2013, 27 (10): 2635-2643.

[9] Hunter D G, Spriggs J. Investigation into the relationship between the passive flexibility and active stiffness of the ankle plantar-flexor muscles [J]. Clinical Biomechanics, 2000, 15 (8): 600-606.

[10] Magnusson S P, Simonsen E B, Aagaard P, et al. Determinants of musculoskeletal flexibility: viscoelastic properties, cross-sectional area, EMG and stretch tolerance [J]. Scandinavian Journal of Medicine & Science in Sports, 1997, 7 (4): 195-202.

[11] Robb A J, Fleisig G, Wilk K, et al. Passive ranges of motion of the hips and their relationship with pitching biomechanics and ball velocity in professional baseball pitchers [J]. The American Journal of Sports Medicine, 2010, 38 (12): 2487-2493.

[12] Sandstead H L. The relationship of outward rotation of the humerus to baseball throwing velocity [D]. Charleston: Eastern Illinois University, 1968.

[13] Cohen D B, Mont M A, Campbell K R, et al. Upper extremity physical factors affecting tennis serve velocity [J]. The American Journal of Sports Medicine, 1994, 22 (6): 746-750.

[14] Gleim G W, Mchugh M P. Flexibility and its effects on sports injury and performance [J]. Sports Medicine, 1997, 24 (5): 289-299.

[15] Moulton B, Spence S H. Site-specific muscle hyper-reactivity in musicians with occupational upper limb pain [J]. Behaviour Research and Therapy, 1992, 30 (4): 375-386.

[16] Adler S S, Beckers D, Buck M. PNF in practice: An illustrated guide [M]. 2nd ed. New York: Springer-Verlag, 2000.

[17] Ferguson S L, Kim E, Seo D I, et al. Comparing the effects of 3 weeks of upper-body vibration training, vibration and stretching, and stretching alone on shoulder flexibility in college-aged men [J]. Journal of Strength and Conditioning Research, 2013, 27 (12): 3329-3334.

[18] Cochrane D J, Stannard S R. Acute whole body vibration training increases vertical jump and flexibility performance in elite female field hockey players [J]. British Journal of Sports Medicine, 2005, 39 (11): 860-865.

[19] Halperin I, Aboodarda S J, Button D C, et al. Roller massager improves range of motion of plantar flexor muscles without subsequent decreases in force parameters [J]. International Journal of Sports Physical Therapy, 2014, 9 (1): 92-102.

[20] Nelson R T, Bandy W D. Eccentric Training and Static Stretching Improve Hamstring Flexibility of High School Males [J]. Journal of Athletic Training, 2004, 39 (3): 254-258.

[21] Potier T G, Alexander C M, Seynnes O R. Effects of eccentric strength training on biceps femoris muscle arcHIITecture and knee joint range of movement [J]. European Journal of Applied Physiology, 2009, 105 (6): 939-944.

[22] Moore M A, Hutton R S. Electromyographic investigation of muscle stretching techniques [J].

Medicine and Science in Sports and Exercise, 1980, 12 (5): 322-329.

[23] Rowlands A V, Marginson V F, Lee J. Chronic flexibility gains: effect of isometric contraction duration during proprioceptive neuromuscular facilitation stretching techniques [J]. Research Quarterly for Exercise and Sport, 2003, 74 (1): 47-51.

[24] Gajdosik R L. Effects of static stretching on the maximal length and resistance to passive stretch of short hamstring muscles [J]. The Journal of Orthopedic and Sports Physical Therapy, 1991, 14 (6): 250-255.

[25] Wilson G J, Wood G A, Elliott B C. The relationship between stiffness of the musculature and static flexibility: an alternative explanation for the occurrence of muscular injury [J]. International Journal of Sports Medicine, 1991, 12 (4): 403-407.

[26] Magnusson S P. Passive properties of human skeletal muscle during stretch maneuvers. A review [J]. Scandinavian Journal of Medicine & Science in Sports, 1998, 8 (2): 65-77.

[27] Guissard N, Duchateau J. Neural aspects of muscle stretching [J]. Exercise and Sport Sciences Reviews, 2006, 34 (4): 154-158.

[28] Kokkonen J, Nelson A G, Cornwell A. Acute muscle stretching inhibits maximal strength performance [J]. Research Quarterly for Exercise and Sport, 1998, 69 (4): 411-415.

[29] Cornwell A, Nelson A G, Sidaway B. Acute effects of stretching on the neuromechanical properties of the triceps surae muscle complex [J]. European Journal of Applied Physiology, 2002, 86 (5): 428-434.

[30] Nelson A G, Driscoll N M, Landin D K, et al. Acute effects of passive muscle stretching on sprint performance [J]. Journal of Sports Sciences, 2005, 23 (5): 449-454.

[31] Winchester J B, Nelson A G, Landin D, et al. Static stretching impairs sprint performance in collegiate track and field athletes [J]. Journal of Strength and Conditioning Research, 2008, 22 (1): 13-19.

[32] Nelson A G, Kokkonen J, Arnall D A. Acute muscle stretching inhibits muscle strength endurance performance [J]. Journal of Strength and Conditioning Research, 2005, 19 (2): 338-343.

[33] Nelson A G, Kokkonen J, Eldredge C. Strength inhibition following an acute stretch is not limited to novice stretchers [J]. Research Quarterly for Exercise and Sport, 2005, 76 (4): 500-506.

[34] Winchester J B, Nelson A G, Kokkonen J A single 30-s stretch is sufficient to inhibit maximal voluntary strength [J]. Research Quarterly for Exercise and Sport, 2009, 80 (2): 257-261.

[35] Nelson A G, Kokkonen J, Winchester J B, et al. A 10-week stretching program increases strength in the contralateral muscle [J]. Journal of Strength and Conditioning Research, 2012, 26 (3): 832-836.

[36] Ekstrand J, Gillquist J. The avoidability of soccer injuries [J]. International Journal of Sports Medicine, 1983, 4 (2): 124-128.

[37] American College of Sports Medicine. ACSM's Resource Manual for Guidelines for Exercise Testing and Prescription [M]. 8th ed. Philadelphia (PA): Lippincott: Williams & Wilkins, 2010.

[38] Kovacs, Mark. Dynamic Stretching [M]. Berkeley, CA: Ulysses Press, 2009.

[39] Sandberg J B, Wagner D R, Willardson J M, et al. Acute effects of antagonist stretching on jump height, torque, and electromyography of agonist musculature [J]. Journal of Strength and Conditioning Research / National Strength & Conditioning Association, 2012, 26 (5): 1249-1256.

[40] 张洋，张强，伍勰，等．股后肌群静态拉伸对女运动员急停跳跃高度及膝关节负荷的即刻影响 [J]. 中国运动医学杂志，2016，35 (7)：625-31，59.

[41] Mcatee, Robert E, Charland, Jeff. Facilitated Stretching [M]. Champaign, IL: Human Kinetics, 2007.

[42] Sherrington, C. The integrative action of the nervous system [M]. 2nd ed. New Haven: Yale University Press, 1947.

[43] Voss D, Ionta M, Myers B. Proprioceptive neuromuscular facilitation [M]. 3ed ed. Philadelphia, PA: Harper & Row, 1985.

[44] Behm D G, Chaouachi A A review of the acute effects of static and dynamic stretching on performance [J]. European Journal of Applied Physiology, 2011, 111 (11): 2633-2651.

[45] Kay A D, Blazevich A J. Effect of acute static stretch on maximal muscle performance: a systematic review [J]. Medicine and Science in Sports and Exercise, 2012, 44 (1): 154-164.

[46] Simic L, Sarabon N, Markovic G. Does pre-exercise static stretching inhibit maximal muscular performance? A meta-analytical review [J]. Scandinavian Journal of Medicine & Science in Sports, 2013, 23 (2): 131-148.

[47] Behm David G, Blazevich, Anthony J, Kay, Anthony D, et al. Acute effects of muscle stretching on physical performance, range of motion, and injury incidence in healthy active individuals: a systematic review [J]. Applied Physiology, Nutrition, and Metabolism, 2015, 41 (1): 1-11.

[48] Beckett J R, Schneiker K T, Wallman K E, et al. Effects of static stretching on repeated sprint and change of direction performance [J]. Medicine and Science in Sports and Exercise, 2009, 41 (2): 444-450.

[49] Gergley J C. Acute effects of passive static stretching during warm-up on driver clubhead speed, distance, accuracy, and consistent ball contact in young male competitive golfers [J]. Journal of Strength and Conditioning Research, 2009, 23 (3): 863-867.

[50] American College of Sports Medicine. ACSM's Resource Manual for Guidelines for Exercise Testing and Prescription [M]. 5th ed. Baltimore (MD): Lippincott Williams and Wilkins, 2006.

[51] Ogura Y, Miyahara Y, Naito H, et al. Duration of static stretching influences muscle force production in hamstring muscles [J]. Journal of Strength and Conditioning Research, 2007, 21

(3): 788-792.

[52] Ryan E D, Beck T W, Herda T J, et al. Do practical durations of stretching alter muscle strength? A dose-response study [J]. Medicine and Science in Sports and Exercise, 2008, 40 (8): 1529-1537.

[53] Ryan E D, Beck T W, Herda T J, et al. The time course of musculotendinous stiffness responses following different durations of passive stretching [J]. The Journal of Orthopaedic and Sports Physical Therapy, 2008, 38 (10): 632-639.

[54] Fletcher I M, Monte-Colombo M M. An investigation into the possible physiological mechanisms associated with changes in performance related to acute responses to different preactivity stretch modalities [J]. Journal of Applied Physiology, 2010, 35 (1): 27-34.

[55] Holt L E, Pelham T W, Campagna P D. Hemodynamics during a machine-aided flexibility protocol [J]. Canadian Journal of Applied Physiology, 1995, 20 (4): 407-416.

[56] Hough P A, Ross E Z, Howatson G. Effects of dynamic and static stretching on vertical jump performance and electromyographic activity [J]. Journal of Strength and Conditioning Research, 23 (2): 507-512.

[57] Young W, Elliott S. Acute effects of static stretching, proprioceptive neuromuscular facilitation stretching, and maximum voluntary contractions on explosive force production and jumping performance [J]. Research Quarterly for Exercise and Sport, 2001, 72 (3): 273-279.

[58] Gonzalez-Rave J M, Machado L, Navarro-Valdivielso F, et al. Acute effects of heavy-load exercises, stretching exercises, and heavy-load plus stretching exercises on squat jump and countermovement jump performance [J]. Journal of Strength and Conditioning Research, 2009, 23 (2): 472-479.

[59] Knudson D, Bennett K, Corn R, et al. Acute effects of stretching are not evident in the kinematics of the vertical jump [J]. Journal of Strength and Conditioning Research, 2001, 15 (1): 98-101.

[60] Dalrymple K J, Davis S E, Dwyer G B, et al. Effect of static and dynamic stretching on vertical jump performance in collegiate women volleyball players [J]. Journal of Strength and Conditioning Research, 2010, 24 (1): 149-155.

[61] Unick J, Kieffer H S, Cheesman W, et al. The acute effects of static and ballistic stretching on vertical jump performance in trained women [J]. Journal of Strength and Conditioning Research, 2005, 19 (1): 206-212.

[62] Egan A D, Cramer J T, Massey L L, et al. Acute effects of static stretching on peak torque and mean power output in National Collegiate Athletic Association Division I women's basketball players [J]. Journal of Strength and Conditioning Research, 2006, 20 (4): 778-782.

[63] Siatras T, Papadopoulos G, Mameletzi D, et al. Static and Dynamic Acute Stretching Effect on

Gymnasts' Speed in Vaulting [J]. Pediatric Exercise Science , 2003, 15 (4): 383-391.

[64] Sayers A L, Farley R S, Fuller D K, et al. The effect of static stretching on phases of sprint performance in elite soccer players [J]. Journal of Strength and Conditioning Research, 2008, 22 (5): 1416-1421.

[65] Di Cagno A, Baldari C, Battaglia C, et al. Preexercise static stretching effect on leaping performance in elite rhythmic gymnasts [J]. Journal of Strength and Conditioning Research, 2010, 24 (8): 1995-2000.

[66] Young W, Elias G, Power J. Effects of static stretching volume and intensity on plantar flexor explosive force production and range of motion [J]. Journal of Sports Medicine and Physical Fitness, 2006, 46 (3): 403-411.

[67] Behm D G, Kibele A. Effects of differing intensities of static stretching on jump performance [J]. European Journal of Applied Physiology, 2007, 101 (5): 587-594.

[68] Ruan Mianfang, Zhang Qiang, Wu Xie. Acute effects of static stretching of hamstring on performance and ACL injury risk during stop-jump and cutting tasks in female athletes [J]. The Journal of Strength and Conditioning Research, 2017, 31 (5): 1241-1250.

[69] Mchugh M P, Cosgrave C H. To stretch or not to stretch: the role of stretching in injury prevention and performance [J]. Scandinavian Journal of Medicine & Science in Sports, 2010, 20 (2): 169-181.

[70] Thacker S B, Gilchrist J, Stroup D F, et al. The impact of stretching on sports injury risk: a systematic review of the literature [J]. Medicine and Science in Sports and Exercise, 2004, 36 (3): 371-378.

[71] Shrier I. Stretching before exercise does not reduce the risk of local muscle injury: a critical review of the clinical and basic science literature [J]. Clinical Journal of Sport Medicine: Official Journal of the Canadian Academy of Sport Medicine, 1999, 9 (4): 221-227.

[72] Weldon S M, Hill R H. The efficacy of stretching for prevention of exercise-related injury: a systematic review of the literature [J]. Manual Therapy, 2003, 8 (3): 141-150.

[73] Pope R P, Herbert R D, Kirwan J D, et al. A randomized trial of preexercise stretching for prevention of lower-limb injury [J]. Medicine and Science in Sports and Exercise, 2000, 32 (2): 271-277.

[74] Cross K M, Worrell T W. Effects of a static stretching program on the incidence of lower extremity musculotendinous strains [J]. Journal of Athletic Training, 1999, 34 (1): 111-114.

[75] Witvrouw E, Danneels L, Asselman P, et al. Muscle flexibility as a risk factor for developing muscle injuries in male professional soccer players. A prospective study [J]. The American Journal of Sports Medicine, 2003, 31 (1): 41-46.

[76] Arnason A, Andersen T E, Holme I, et al. Prevention of hamstring strains in elite soccer: an in-

tervention study [J]. Scandinavian Journal of Medicine & Science in Sports, 2008, 18 (1): 40-48.

[77] Ruan M, Li L, Chen C, et al. Stretch Could Reduce Hamstring Injury Risk During Sprinting by Right Shifting the Length-Torque Curve [J]. Journal of Strength and Conditioning Research, 2018, 32 (8): 2190-2198.

[78] Siff M C. soft tissue biomechanics and flexibility [J]. Fitness and Sports Review International, 1993, 28 (4): 127-128.

[79] Mortimer J A, Webster D D. Dissociated changes of short- and long-latency myotatic responses prior to a brisk voluntary movement in normals, in karate experts, and in Parkinsonian patients [J]. Advances in Neurology, 1983, 39 (5): 541-554.

[80] Shrier I, Gossal K. Myths and truths of stretching: individualized recommendations for healthy muscles [J]. The Physician and Sports Medicine, 2000, 28 (8): 57-63.

[81] Vujnovich A L, Dawson N J. The effect of therapeutic muscle stretch on neural processing [J]. The Journal of Orthopaedic and Sports Physical Therapy, 1994, 20 (3): 145-153.

[82] Light K E, Nuzik S, Personius W, et al. Low-load prolonged stretch vs. high-load brief stretch in treating knee contractures [J]. Physical Therapy, 1984, 64 (3): 330-333.

[83] Walker S M. Delay of twitch relaxation induced by stress and stress relaxation [J]. Journal of Applied Physiology, 1961, 16 (8): 801-806.

[84] Zachazewski J E. Flexibility for sports [M]. SANDERS B. Sports physical therapy. Norwalk CT: Appleton & Lange. 1990: 201-238.

[85] Prentice W E. A comparison of static stretching and PNF stretching for improving hip joint flexibility [J]. Athletic Training, 1983, 18 (1): 56-59.

[86] Condon S M, Hutton R S. Soleus muscle electromyographic activity and ankle dorsiflexion range of motion during four stretching procedures [J]. Physical Therapy, 1987, 67 (1): 24-30.

[87] Marek S M, Cramer J T, Fincher A L, et al. Acute Effects of Static and Proprioceptive Neuromuscular Facilitation Stretching on Muscle Strength and Power Output [J]. Journal of Athletic Training, 2005, 40 (2): 94-103.

[88] Cornelius W L, Jensen R L, Odell M E. Effects of PNF stretching phases on acute arterial blood pressure [J]. Canadian Journal of Applied Physiology, 1995, 20 (2): 222-229.

[89] 崔玉鹏. 韧带拉伸练习对肌肉爆发力的影响 [J]. 北京体育师范学院学报, 2000, (3): 56-8, 66.

[90] 唐敏东. 准备活动中肌肉拉伸练习的效果（综述）[J]. 中国体育教练员, 2005, (4): 48-49.

[91] J·普罗斯特, 李来新. 准备活动中拉伸活动的新视角 [J]. 中国体育教练员, 2005, (4): 53.

[92] 封旭华, 杨涛, 孙莉莉, 等. 功能性动态拉伸训练对男子足球运动员功能动作测试

（FMS）和运动损伤患病率的影响［J］. 体育科研，2011，32（5）：33-36.

［93］张秀云．拉伸练习对提高我国优秀赛艇运动员柔韧素质和专项运动成绩的研究［J］. 北京体育大学学报，2008，31（7）：908-912.

［94］项树清．冰球运动员柔韧素质的训练方法与手段［J］. 冰雪运动，2008，30（2）：14-17.

［95］常颖，王晓东．PNF 法拉伸和静力拉伸练习对改善跨栏运动员的髋关节柔韧性作用的比较［J］. 北京体育大学学报，2005，28（11）：1516-1517.

［96］谢冰．神经肌肉易化拉伸法在柔韧素质训练中的应用——以 400 米跑运动员为例［J］. 体育研究与教育，2012，27（1）：114-117.

［97］张绍伟．PNF 拉伸练习在健美操训练中的实验研究［J］. 体育时空，2013，(9)：140-141.

［98］姜熙，朱东．柔韧性训练科研现状及发展趋势——兼议武术套路运动员柔韧性训练的科学化趋向［J］. 首都体育学院学报，2008，20（2）：30-34.

［99］陈占营．韧带拉伸在帆板运动中的重要性［J］. 山东体育科技，2009，31（1）：35-36.

［100］Cook，Gray. Athletic Body in Balance［M］. Champaign，IL：Human Kinetics，2003.

［101］邓永明．山东省武术套路运动员膝关节损伤的调查与分析［J］. 现代预防医学，2008，(13)：2469-2471.